国际工程承包项目管理指导手册

Guiding Manual

For International Engineering Contracting Project Management

祁建国 著
Ran Qi

北 京
冶 金 工 业 出 版 社
2017

内 容 提 要

本书立足国际工程承包项目管理工作实务，阐述了国际工程承包项目从立项、踏勘、投标、签约、设计、采购、运输、土建、结构、安装、调试、试车、验收、竣工等不同阶段的全程管理，归纳了项目策划、组织、投标、合同、融资、造价、设计、采购、质量、财务、分包、HSE、成本、HRM、进度、考核、风险、保险、竣工、信息、法律争议等国际工程承包项目管理的基本规则和理论实践，力求全面客观，达到国际工程承包项目管理工作的国际水准。

本书可供从事国际工程承包项目管理的领导者、高级管理人员及高等院校有关国际工程管理专业教育研究工作者阅读参考，也可作为相关工程技术管理人员的工作指导用书。

图书在版编目(CIP)数据

国际工程承包项目管理指导手册/祁建国，(美) 祁然著．—北京：冶金工业出版社，2017.9

ISBN 978-7-5024-7608-3

Ⅰ.①国…　Ⅱ.①祁…　②祁…　Ⅲ.①国际承包工程—项目管理—手册　Ⅳ.①F746.18-62

中国版本图书馆 CIP 数据核字(2017)第 232072 号

出 版 人　谭学余
地　　址　北京市东城区嵩祝院北巷 39 号　邮编　100009　电话　(010)64027926
网　　址　www.cnmip.com.cn　电子信箱　yjcbs@cnmip.com.cn
责任编辑　张熙莹　唐晶晶　美术编辑　彭子赫　版式设计　孙跃红
责任校对　李　娜　责任印制　牛晓波
ISBN 978-7-5024-7608-3
冶金工业出版社出版发行；各地新华书店经销；固安华明印业有限公司印刷
2017 年 9 月第 1 版，2017 年 9 月第 1 次印刷
787mm×1092mm　1/16；19.5 印张；472 千字；297 页
79.00 元

冶金工业出版社　投稿电话　(010)64027932　投稿信箱　tougao@cnmip.com.cn
冶金工业出版社营销中心　电话　(010)64044283　传真　(010)64027893
冶金书店　地址　北京市东四西大街 46 号(100010)　电话　(010)65289081(兼传真)
冶金工业出版社天猫旗舰店　yjgycbs.tmall.com

前　言

国际工程承包项目管理是按照国际FIDIC条款为通用基本原则在国际范围内开展的工程项目系统化、标准化、专业化的管理活动与研究。国际工程承包项目管理泛指项目甲乙方以规范标准的国际合作形式对项目全过程（包括立项投资研究、预可研、勘察设计、招标投标、设备材料建造采购、劳务派遣、工程建设施工、竣工试车验收等）实施的管理工作。

国际工程承包项目管理是一个历久弥新的课题，对照中国国际工程管理发展的经历，可谓是管理与秘籍交织流传的历史篇章！中国的国际工程管理伴随着新中国的成立而萌生成长：第一阶段是以无偿援助修建坦赞铁路为典型代表的社会主义国际工程的生长阶段；第二阶段是中国改革开放以后，对友好的发展中国家开展基础设施援建，探索承建港口、机场、矿山、石油等大型国际工程的拓展阶段；第三阶段是目前中国各大专业工程公司、集团公司与发达国家的国际工程公司比肩竞争，依照国际标准惯例及竞标规则，展开全球范围内各种大型、超大型交钥匙工程或EPC等承包模式的国际工程发展阶段。纵观上述国际工程管理不同阶段的变化与发展，中国国际工程管理从无到有，从低到高，历经磨难，实践与理论相结合，经过了长期的积累、演变与发展，逐渐与国际工程管理规范标准及水准相接轨。

中国国际工程项目管理曾经付出高昂的国际主义政治代价和技术与物资、鲜血与生命的经济代价。新中国成立之初，尚未从战争硝烟中走出的中国，又经历了抗美援朝战争。战后的中国可谓是一穷二白，即便是在这种困窘的条件下，中国还援建了朝鲜首都平壤的浩大地铁工程，使之成为朝鲜至今向世界宣传的骄傲。几乎同时，中国集中国防与工程技术的精锐力量，援助越南修建了机场、铁路等交通系统工程，奠定了越南国家经济中至今依然发挥作用的骨干交通基础。在20世纪60~70年代，中国出于国际政治的考虑，投入巨大的国力，修建了连接坦桑尼亚和赞比亚之间1860多千米的坦赞铁路。上述国际工程为新中国成立之初的国际外交突破作出了巨大的贡献。但是，这些震惊世界的无偿援助国际工程也给中国经济建设和人民生活带来了一定的负担，某种程度上影响并滞后了中国经济建设的发展进程，成为军事化管理攻坚与特殊政治地缘工程相结合的国际工程典范。

中国国际工程承包项目管理步入正轨始于20世纪80年代，改革开放政策为中国国际工程承包创造了走出国门的机遇，国际承包工程成为带动中国外派劳务与设备出口的国际合作优势。限于当时中国缺乏完备的国际工程管理标准制度体系与相关的法律法规，国际工程管理人员大多处于边干边学的状态。中国国际工程承包项目在不同文化、不同政治体制、不同经济结构的国家和地区所遭遇的政治、经济、文化、战争、自然灾害等一系列问题，成为国际工程管理或喜或悲、或成或败的实践案例。甚至，一些腐败分子假借国际工程合作的名义大肆侵吞国有资产，给国家和企业造成了巨大的损失和恶劣影响。因此，“规范化、国际化、标准化”一度成为国际工程承包项目管理的口号。

21世纪初，随着中国“一带一路”倡议的高歌猛进，中国国际工程与经济技术合作进入了全新发展的历史阶段。中国经济高速发展成为中国国际工程承包竞争的助推器，进入全球国际工程承包前列的中国企业更具国际化、专业化、标准化的综合竞争实力。因此，从事国际工程管理工作的各级各类人员亟待提高专业管理知识与实际管理能力，达到国际工程承包项目管理的工作要求。浏览国内外有关国际工程承包项目管理著作，大多缺乏中国国际工程承包项目管理的实践基础，甚至仅停留在理论层面上的照本宣科。

本书立足国际工程承包项目管理工作实务，阐述了国际工程承包项目从立项、踏勘、投标、签约、设计、采购、运输、土建、结构、安装、调试、试车、验收、竣工等不同阶段的全程管理，归纳了项目策划、组织、投标、合同、融资、造价、设计、采购、质量、财务、分包、HSE、成本、HRM、进度、考核、风险、保险、竣工、信息、法律争议等国际工程承包项目管理的基本规则和理论实践，力求全面客观，达到国际工程承包项目管理工作的国际水准，为从事国际工程承包项目管理的领导者、高级管理人员及高等院校有关国际工程管理专业教育研究工作者提供有益的理论实践指导。

在此，特别感谢美国 FLUOR 工程监理公司、美国亚利桑那大学、英国邓迪大学、香港皇家工程师协会、清华大学国际经济研究所等国际专业组织的国际工程合作管理专家、学者、同事、朋友们为出版此书给予的学术交流与支持。

特别感谢本书的合著者，美国亚利桑那大学 Ran Qi 博士对于本书关于 FIDIC/ISO/EURO CODE/ACI、ANSI、ASME、ASTM 等国际系列标准和欧美系列标准的引用校勘、工程设计管理论著、英文专业术语校勘、英文编辑、封面封底设计所作出的突出贡献。

特别感谢多年来支持我从事国际经济技术合作研究与国际工程管理工作的妻子、女儿所做出的奉献。

作　者

2017 年 6 月

目　　录

1 总　　则

1.1 编制原则

本手册编制原则为：

（1）国际咨询工程师联合会 FIDIC 条款：

1）《土木工程施工合同条件》（红皮书）。

2）《电气与机械工程合同条件》（黄皮书）。

3）《设计、建造和交钥匙工程合同条件》。

4）《土木工程施工分包合同条件》。

5）《招标程序》。

6）《业主/咨询工程师标准服务协议书》（白皮书）。

7）《咨询公司合资协议》。

8）《分包协议》。

（2）国际标准化组织（ISO）系列标准。

（3）中华人民共和国 GB 工程系列标准。

（4）中华人民共和国建设部《建设工程质量管理条例》。

（5）中华人民共和国商务部系列法规：

1）《对外承包工程项下外派劳务管理暂行办法》。

2）《外派劳务培训管理办法》。

（6）欧洲设计规范（EURO CODE）系列规范。

（7）美国 ACI、ANSI、ASME、ASTM 系列标准。

（8）俄罗斯标准及系列规范。

（9）中国对外承包工程商会《国际工程总承包项目管理导则》。

（10）中国银行、国家开发银行相关规定。

1.2 适用范围

本手册适用于国际工程承包项目管理及其从事国际工程承包项目管理的高级经理人员和高级管理人员参考使用；适用于国际工程管理规范化、标准化、专业化、国际化的国际工程承包项目参考使用；适用于国内外工程承包项目有关企业在管理工作中参考使用；适用于国内高校相关工程专业的教师学生参考使用。

1.3 使用总则

为适应国际工程管理领导人员和管理人员的工作要求，提高国际工程承包项目管理水平，规范国际工程承包项目管理工作流程，促进国际工程管理工作的规范化、标准化、专业化、国际化，赢得企业与国际工程管理人员的效益和权益，研究编写本手册。

本手册主要针对中华人民共和国境外承包实施的国际工程建设项目、国内企业实施的具有涉外资本建设性质的工程承包、分包项目，中国企业与外企合作的国际工程承包项目及协作项目。其他国际工程项目可根据通用性原则予以参考。

本手册遵循国际工程承包项目的国际通用管理流程，是国际工程管理领导人员和高级管理人员在实际工作中，特别是在建立项目管理组织、规范项目管理行为、考核评价项目管理成果等有关重要工作中的具体参考程序和工作指南。

国际工程管理领导人员和高级管理人员可根据本手册，结合项目业主、管理、咨询方的具体合约要求，制订、修订、补充、完善适用其国际工程项目的管理制度、管理细则、管理流程、管理合作等各项具体的管理考评等规定。

本手册阐述了从投标、签约、设计、采购、运输、土建、结构、机电、安装、调试、试车、验收、竣工等工程项目不同阶段的全过程管理工作，规范了**项目策划管理、组织管理、投标管理、合同管理、融资管理、设计管理、计划管理、采购管理、质量管理、财务管理、分包管理、HSE 管理、成本管理、HRM 管理、进度管理、考核管理、风险管理、保险管理、竣工验收管理、信息管理、争议管理**等项目全程不同专业的管理工作流程，务求实现国际工程承包项目管理工作的指导原则与当今最前沿的国际工程管理实际工作相互结合，真正实现国际工程承包项目管理规范化、标准化、专业化、国际化的国际工程承包项目管理工作标准和目标。

1.4 国际工程承包项目管理原则

国际工程承包项目管理工作必须遵循国际工程合同中约定的有关标准及规范，严格依照公认的、强制性标准履行合同，坚持在国际工程管理工作中规范创新，务实高效。同时，树立符合时代科技发展要求的国际工程承包项目管理理念和标准化管理意识，采用先进的管理技术和现代化管理手段，实现国际工程承包项目管理工作的目标和效益。

国际工程承包项目管理应坚持以人为本，以经济效益为中心，不断改进和提高工程项目管理的工作水平，履行国际工程承包项目管理工作的经济责任和社会责任，实现国际工程承包项目合同双方的互惠互利和可持续发展。

国际工程承包项目管理必须与国际工程承包管理模式相接轨，建立健全国际工程承包项目管理体系和管理制度，形成与国际工程管理标准化、规范化相一致的项目管理组织体系，不断完善提高国际工程承包及项目管理的制度和流程，实现规范、合法、标准的经营管理目的。

国际工程承包项目管理领导人员和高级管理人员须在管理工作中发挥基础性、先导性和决策性的作用，按照管理工作体系中的具体工作职责、职能要求加强各项管理工作，确立国际工程承包项目管理的权威性、标准性、执行性的有关职能和职责。

国际工程承包项目管理必须树立合同管理的规范化主导意识观念，建立健全合同管理机制，注重日常合同管理的基础工作，准确、深入、全面记录工程实施的全过程。加强信息管理，加强工程项目谈判、洽商、签约、设计、咨询、监理、招标、采购、设备、标准、施工、安装等各个方面有关信函、纪要、备忘录等各种文件的管理；利用一切合法管理手段和管理方式，做好国际工程承包项目管理工作的信息管理和文件档案管理，保证工程项目信息与管理记录的完整、准确、合法、系统。

国际工程承包项目管理须按照工程承包项目的不同模式、不同国别、不同风险等因素，完善项目组织风险预案。在市场开发、项目考察、投标、设计、采购、施工、验收等国际工程管理的各个阶段保持妥善应对、不断调整相关阶段的风险识别、分析和评估，采取一切必要措施回避、减轻、转移、化解或主动应对风险，实现国际工程承包项目管理的工作目标。

国际工程承包项目管理工作要求各个层级的管理团队均须相互协调配合，以人为本，以项目、企业、国家利益为重，遇到突发、隐蔽、失误、事故、灾难等重大问题，必须立即启动紧急响应预案，在相关权限内及时采取相应的管理、处置、报告措施，不得拖延、误导、隐瞒相关问题，避免造成人员、企业、国家的直接、间接生命财产损失与延续、扩大、转化性政治经济损害及危害。

国际工程承包项目管理工作须遵循项目合同的约定及有关法规，依照合同及相关法规维护国际工程项目的合法权益。根据不同的情况，有理、有利、有节地运用项目合同条款及法律手段做好工程项目管理工作。必要时，通过友好协商、争议、裁决、仲裁或诉讼等工程项目管理问题解决机制，维护项目、人员、企业及国家的合法权益。

国际工程承包项目管理须遵守工程所在国的法律，尊重工程所在国的宗教和风俗习惯，履行国际工程项目的社会责任。同时，国际工程承包项目管理须建立、健全、落实管理机制，持续培养国际工程承包项目管理的各方面人才，组成国际工程承包项目管理的复合型人才团队，在管理工作中不断完善、研究、探索、创新、提高国际工程承包项目管理水准。

2 国际工程项目策划管理

2.1 国际工程项目策划管理规定

国际工程承包项目管理的策划管理工作包括两部分：项目工程投标前的策划管理工作，项目中标后的策划实施管理工作。项目投标前的策划管理工作须满足项目业主招标文件的规定要求；项目中标后的策划实施管理工作须满足项目合同条款约定的要求。项目策划管理的主要输出文件是编制、拟定“两书”，即《项目管理计划书》和《项目实施计划书》。

国际工程项目策划管理首先要掌握工程所在国项目建设的技术、环境、经济、政治、法律、人文、资源、自然、气候、风险等相关系列条件，对照项目招标文件、合同约定和企业的综合能力，推演项目实施的关键环节、关键流程、关键资源、风险控制、管理目标和控制节点，逐项梳理，找出问题和解决的方法。概算项目开发、承包、建设的经济指标，协调项目动员的商务、设计、采购、运输、建设的合作资源，拟定项目管理模式、组织构架、职责分工、资源配置、风险管控、制度建设、信息沟通和对策措施等，有关各方须达成初步协议，编制完整的《项目管理计划书》和《项目实施计划书》。

《项目管理计划书》和《项目实施计划书》是目标项目策划管理工作的纲领性文件，主要内容包括对目标国际工程项目的建设目标、建设内容、建设组织、建设时间、建设标准、建设资源、建设方法、建设流程、建设成本、建设价格、建设质量、人员技术及建设承诺，进行管理、计划、实施的集成、演示和预案性承诺。

项目策划管理基础工作的主要依据由《项目管理计划书》和《项目实施计划书》组成，项目策划管理相关专业的“动员计划”和“组织计划”构成《项目管理计划书》和《项目实施计划书》的辅助系统，分别由不同专业范畴的执行主体完成相关专业领域的工作内容。项目承包单位主管项目开发的核心领导负责组织动员项目策划管理领域有关的企业、部门、院所等工程、设计、技术、商务人员团队做好上述各项工作，才能较好完成以“两书”为工作成果的项目策划管理工作。

项目策划管理工作可以在确定目标项目的建设规模、等级、标准、工程、经济、技术、集成和效益等综合目标之后，将《项目管理计划书》和《项目实施计划书》调整完善，合并编制，拟定为该项目的《项目管理实施计划手册》。

国际工程项目策划管理工作须依据项目业主方的建设目标、技术指标、标准规范、资本构成、商务条件等各个相关文件，组织上述管理工作，提出上述计划书及手册，以满足项目要求为目标而进行的国际工程项目策划管理工作。

2.2 国际工程承包项目策划管理工作的基本程序

国际工程承包项目策划管理工作必须根据业主方提出的项目建设目标、工程质量、工期进度、成本效益、职业健康安全、生态保护、风险管控、技术指标等主要核心目标，组织系统化的项目整体策划管理工作，形成有步骤的项目策划管理工作基本程序，响应并满足国际工程项目招投标文件规定的建设目标、中标合同约定和国际工程承包项目所在国的强制性标准等系列项目要求。

编制《项目实施计划书》应遵循的基本工作管理程序：

（1）根据招投标文件，研究项目承包合同的具体构成内容及约定条款、项目实施计划的必要条件和项目建设要求等各方面的必备条件，进行系统化的有效数据及信息采集，构成研究基础资料。

（2）根据上一步系统化的汇总分析工作，深入研究技术、商务、投资、效益分析等各方面的分析过程和结论意见，编制《项目实施计划书》纲要。

（3）按照商务、技术、法律三大部分内容，界定相关专业的编写人员和分工，结合目标时间和工作量拟定人力资源表和工作日程表，按照编制的纲要组织落实编写《项目实施计划书》。

（4）按照国际工程承包项目的合同约定时间，编制《项目实施计划书》中规定的项目实施计划时间表。采集各方数据，解决各专业的对口、接续、协调、配合等工作节点和工作路径，汇总、修改、完善《项目实施计划书》。

（5）按照企业管理工作规定，通过工程项目部及专业会议评审，履行报批程序，经相关管理部门及专业技术委员会、企业法人批准，落实执行项目策划管理工作的《项目实施计划书》。

国际工程承包项目的策划管理工作包括以下主要内容：

（1）根据业主方的项目招标文件等有关资料，核准承包项目的勘察、设计、采购、供货、施工、安装、调试、运行、竣工、验收等各个阶段的工程质量、工期进度、成本效益、职业健康安全、生态保护、风险管控、技术指标等工作指标和管理目标。

（2）根据业主方与项目开发方的商务、技术、法律谈判等达成的纪要、基本协议等文件，明确承包项目的组织模式和管理体系，包括组织架构、管理体系、工程总包及采购供货等一系列工作体系。

（3）依据项目开发建设的总体目标，拟定项目管理体系与人力资源组织架构及编制定员，明确管理体系的职能和人力资源组织职责，确定管理与组织的具体工作标准及工作职能，建立健全相关的考核标准。

（4）依据项目开发建设的总体目标，具体细化并确定项目开发、设计、建设、投产等不同阶段的工作目标与任务，明确项目各个工作阶段的目标任务分解，完善项目各个阶段的划分及起承转合。

（5）核定项目开发建设的协同配合公司主体与其他伙伴公司的经济合作关系，界定项目承包工程的分包与设备材料采购供货范围，招投标工作程序及相关的具体工作方案。

（6）严格依照业主方及承包建设主体方的项目开发建设目标，确定项目设计、设备建造、材料制备、土建建设、机电安装等相关工作所采用的设计规范、建设规范、生产标准、技术标准、验收标准及强制标准等规范化、标准化、制度化的标准体系。

（7）明确项目合同规定的设计与建造工作中的重点、核心、关键、大型、难点工程的具体施工组织设计和施工组织方案。按照工作规定程序报批报备，组织确定相关的执行主体，落实相关方案中需要进行的资源配置，开展组织准备与落实实施。

（8）根据合同规定的设计、生产、建设等各个相关工作方面涉及项目所在国法律法规涵盖的税种、税率、汇率、费率、劳务、签证等具体情况，进行充分研究，做出细致完备的应对工作方案及紧急应对预案。

（9）组织相关部门人员，对项目及项目所在国的经济、政治、军事、自然、人文、宗教等主要影响因素及趋势变化进行专业化的风险评估，制定项目风险管控机制，规定明确的定期性调整及风险范围、种类、识别、评估、规避的具体预案。

2.3 国际工程承包项目的《项目管理计划书》及基本管理工作程序

国际工程承包《项目管理计划书》须由国际工程项目承包公司及其项目经理部负责组织编制，旨在满足国际工程承包项目的计划管理和项目业主方的计划管理要求，符合项目承包公司及其项目部实施国际工程承包目标、开发、建设的相关规划和计划要求。公司审核之后，经公司工程管理部门协同有关技术、设计、财务、工程、法务、商务、HSE 等部门与公司主管工程的责任经理按照工作职责分工和工作流程进行审定，将经过审核、审定的《项目管理计划书》报公司审批备案之后，予以颁布执行。

国际工程承包项目《项目管理计划书》编制的规则及程序：

（1）公司及其项目部所承包的国际工程项目必须遵守所在国的相关产业领域现行政策、法规；必须依照项目所在国相关产业、行业、领域的国家、地方以及业主方的中长期发展规划；必须符合项目所在国强制法规及标准的要求。

（2）公司及其项目部承包的国际工程项目，应在响应业主方的招标文件基础上，开展现场踏勘及投标前的技术、商务、标准、人力、资源等调查，做好与业主方各方面的基础交流文件；项目开发须做好国际工程承包项目技术、经济及资源等综合性、可行性研究报告；项目开发建设的基本前提是该项目的工程建设环境、市场条件、风险分析、经济预测、规划及建设方案等基础资料。

（3）公司及其项目部承包的国际工程项目，必须完全响应其相关的设计规范及其国际工程项目所在国的强制性技术标准和有关法律法规。项目的投标、设计、建设、调试、验收均需符合项目招标方及业主方提供的项目特殊性要求及相关信息资料的规定。

（4）公司及其项目部承包的国际工程项目，必须符合项目业主方及项目承包方及其项目执行方的商誉、信誉的共同利益。特别，项目承包方须足够全面评估项目业主方及其项目执行方在项目所在国、所在地区的经济、政治影响力以及与项目所在国家、地区的政府合作关系能力。

国际工程承包项目《项目管理计划书》的主要原则内容：

（1）《项目管理计划书》总则及适用范围。

（2）项目工程经济技术概况及综合目标论述。

（3）项目合同类型（例如：EPC）确定的合同规定模式及方案。

（4）项目合同确定的标准、技术、环境、安全、健康（HSE）、设计、建设、资源、风险、工期、签证等必要条件及其项目合同实施遵循的基本原则。

（5）项目管理目标、管理模式、组织架构、财务方案。

（6）项目管理的关键过程、阶段、专业控制与管理：招投标管理、设计管理、采购管理、工程施工管理、人力资源管理、标准与规范管理、监理与验收管理等资源配置计划和时间进度计划。

（7）项目管理涉及的争议、索赔、仲裁、财税、劳务、保险等法律法规及预案。

（8）项目管理的风险评估、不可抗力、风险预案。

（9）项目管理的技术、管理等培训及其有关重要附加条件及组织认证机制。

2.4　国际工程承包项目的《项目实施计划书》及基本管理工作程序

编制国际工程承包项目《项目管理计划书》的工作目标原则是：提出具体的项目工程工作要求，细化分解工程承包项目的工作目标，从而使《项目实施计划书》成为落实项目具体工作目标的指南性文件。《项目实施计划书》须在《项目管理计划书》完成之后，具体规定工程承包项目的计划实施步骤；落实完成项目管理策划的工作要求。上述两书须由项目经理负责，组织相关部门及有关方面的专业人员结合项目实际工作编制完成。《项目实施计划书》须经公司工程管理部协同财务部、人力资源部等有关部门联合审定，报公司总部批准、经项目业主方认可同意（如果合同中有相关条款的要求），各方签字生效，发布执行并落实。

国际工程承包《项目实施计划书》编制的原则及程序：

（1）国际工程承包项目合同约定的及工程项目所在国强制性技术标准和有关行业、技术、环保、劳务准入等领域的强制性法律法规。

（2）国际工程承包项目所在地域、国家的建设环境、资源条件、交通状况、劳务资源、技术要求、合同工期、合作条件、市场条件的调查分析资料。

（3）国际工程承包项目《项目管理计划书》的编制主责单位及其相关的综合能力、资质、条件，有无相关项目管理计划工作的经验及相关资源。

（4）国际工程承包单位在相关技术领域及相似项目的国际工程参考依据、施工业绩和经验。

（5）国际工程承包项目《目标管理责任书》的拟制依据，意向目标。国际工程承包项目所属公司的战略规划及与此项目相关的决策性发展计划和实施计划。

国际工程承包项目《项目实施计划书》应包括下列内容：

（1）国际工程承包项目概况及项目简要说明。

（2）国际工程承包项目的目标实施计划，包括年度、季度、月度的目标分解和相关工作内容的实施计划。具体内容包括但不限于：施工进度分解、资源配置计划、成本实施计划、人力资源计划、采购计划、安装计划、验收计划等。

（3）国际工程承包项目的总体实施方案中，应包括设计计划、施工组织计划、技术设计计划、标准计划、采购计划、现场管理计划、土建工程实施计划、结构工程计划、机电设备安装计划、机电设备试车调试计划、工程分部及工艺验收计划、整体试车验收计划等各个阶段的具体实施、考核、计划。

（4）国际工程承包项目管理应用软件的认同及兼容工作，其中涉及工程管理系统化、集成化、标准化的软硬件规定。例如：工程项目甲乙方及相关施工单位须共同使用 P6 或其他相关的工程管理软硬件规定要求；符合国际标准及通用规范的国际工程承包项目的管理应用系统；适用于国际工程项目的经济指标、技术指标及考核系统。

（5）国际工程承包项目的基础管理工作，包括建章立制，遵循甲乙方企业自身的管理制度体系和建设工作标准，必须符合“三体系”的标准要求，使国际工程建设项目达到相关的考核标准。

（6）国际工程承包项目的监理公司、咨询公司、顾问公司的相关实施计划及概预算。国际工程承包项目上述各项工作及不同工作阶段的详细红线图和相关实施计划（例如P6计划）。

国际工程承包项目概况包括下列主要内容：

（1）国际工程承包项目的名称、地理位置、甲乙方对此工程的协议关键词。

（2）国际工程承包项目的合同额、范围及承包工程方式（例如EPC），工程技术标准及建设目标。

（3）国际工程承包项目合同的主要实物工程量、建成后的生产规模、发展规划。

（4）国际工程承包项目的产品特点、工程技术及标准水平、建设意义。

国际工程承包项目总体目标的主要内容：

（1）国际工程承包项目论证得出的管理目标。

（2）国际工程承包项目初步设计的总体建设工程量。

（3）国际工程承包项目详细设计确定的质量技术标准和技术目标。

（4）国际工程承包项目设备材料及运输的招投标整体计划。

（5）国际工程承包项目财务预算与融资目标。

（6）国际工程承包项目成本管理与效益目标。

（7）国际工程承包项目HSE管理目标及计划。

（8）国际工程承包项目人力资源计划及目标。

（9）国际工程承包项目基础管理及架构管理。

（10）国际工程承包项目风险管理及预案。

国际工程承包项目投标、设计、建设、安装、试车、竣工（六大阶段）不同建设阶段的管理目标：

（1）制订国际工程承包项目的策划计划。

（2）制订国际工程承包项目的投标、招标计划。

（3）制订国际工程承包项目的财务年度计划及投融资计划。

（4）制订国际工程承包项目的设计管理计划、勘察设计及图纸交付计划。

（5）制订国际工程承包项目的设备材料、图纸清单、设备制造及监制计划。

（6）制订国际工程承包项目的土建工程、结构工程计划。

（7）制订国际工程承包项目的施工计划，包括土建、结构、机电设备安装、单调、联调、工艺工段试车、整体试车、投产测试达标等工作计划。

（8）制订国际工程承包项目各个阶段的分包、技术咨询、指导、监理等工作计划。

（9）制订国际工程承包项目的HRM计划、外派劳务、工作签证、技术服务等工作计划。

（10）制订国际工程承包项目的成本控制、财务管理计划。

（11）制订国际工程承包项目的施工图纸、技术文件、标准规范、验收文件、施工单据、商务谈判、技术交流、设计修改、设计变更等所有工程文档管理计划、文件编码、资料归档等工作计划。

(12) 制订国际工程承包项目的信息化管理、标准化管理、制度化管理、规范化管理的工作流程计划，整体项目的竣工计划。

国际工程承包项目施工组织方案及重大、关键、核心工程的实施方案内容：

(1) 国际工程承包项目的施工组织方案应遵循合同规定编制施工组织方案，方案须依据合同规定的设计标准、装备标准、工艺指标、技术规范、工程质量、工程计划、施工进度、设备制造、材料供应、成本费用、人力资源、职业健康、外派劳务、安全环保、技术服务、风险管控等主要内容进行编制并经业主认可。

(2) 国际工程承包项目施工组织方案中应包括施工组织、施工模式、管理机制、施工设备、人员编制、职责分工等内容。

(3) 国际工程承包项目施工组织方案须明确划分不同施工阶段及施工界区，明确不同工作阶段的分解及协同配合、联合工作。确定施工组织活动中有关的踏勘、初步设计、详细设计、设备、材料、采购、运输、供货、仓储、施工、安装、指导、调试、联调、验收、试车、竣工、质保、决算、审计等工作流程。

(4) 国际工程承包项目施工组织方案应将必要的附录和施工组织、管理应用软件或系统通报给业主及工程监理方，以便工程有关各方统一认可并应用，提高施工组织方案的执行力。

(5) 国际工程承包项目施工组织方案须纳入项目设计执行计划，与项目执行计划相辅相成，使项目施工方案与项目设备材料采购计划相联系，达到施工与进度的关联统一。

(6) 国际工程承包项目施工组织方案与项目实施方案统一结合，按照工艺、工段及专业工程划定的各级各类分包工程，避免行政命令式的分包，避免造成工程施工的工艺分裂和专业矛盾与损失。

(7) 国际工程承包项目施工组织方案须遵从项目实施方案的总体资源配置和成本控制计划。遵从项目设计确定的施工平面布置和进度网络计划，不得随意改变项目现场施工模块，必须遵循项目实施过程的关键、重要控制节点。

(8) 国际工程承包项目施工组织方案须确定项目业主与总包、分包之间的信息沟通与协调内容、时间、流程和传递方式。明确国际工程承包项目各阶段的工作纪要、文件往来、记录的档案管理要求和标准化编码系统与传递方式。

国际工程承包项目管理全流程应具备标准化、系统化、模块化、集成化的基本要素，满足国际工程承包项目管理与发展要求的内容：

(1) 国际工程承包项目的工作流程及基本内容包括：勘察设计、技术标准、资源配置、投资融资、采购供货、合同管理、施工安装、工程质量、成本效益、控制统计、计划进度、环境保护、职业健康、财务管理、税费保险、风险控制、应急预案、争议索赔、费用结付、联调试车、竣工资料、验收报告等。

(2) 管理工作流程是指上述各项工作彼此交融、相互衔接、互为促动，而不是管理工作过程中单一独立、相互分离、互为制约的工作关系。

(3) 项目全流程管理必须从上述各项工作的开始就遵循标准化的工作要求，各项工作形成相互结合、相互衔接的系统工程，使各个方面的工作形成模块化的友好工作界面，满足项目全流程各项工作集成化的工作要求。

（4）国际工程承包项目管理的模块化、集成化基本工作内容为：项目承包方隶属总公司的标识（logo）、识别系统、管理标准、技术标准、质量标准、HSE 管控、人员培训、施工机械、督查考评、效益评价。

国际工程承包项目《项目管理计划书》《项目实施计划书》的执行应符合下列要求：

（1）《项目管理计划书》《项目实施计划书》由项目经理负责牵头组织相关方面编制，编制完成论证之后，须向业主方、监理公司、总承包方隶属公司及相关主管领导申报，会审通过之后，经由国际工程承包项目的有关管理方批准（如合同要求，须经项目业主审批），在项目具体相关工作中推行、落实执行。

（2）如果国际工程承包项目的《项目管理计划书》《项目实施计划书》的内容与项目合同，公司的规章、制度、规划、计划、指标，国家法律法规等相违背，负责审核、审定、批准的各个工作环节及相关方面均可对其进行否决。

（3）国际工程承包项目的《项目管理计划书》《项目实施计划书》是项目隶属公司对该项目管理工作进行考核的重要依据。结合实际工作完成情况，对照项目经理与项目隶属公司签订的《项目管理目标责任书》实施考核奖惩。

（4）公司工程管理部门须组织、配合、协同有关部门定期或不定期对国际工程承包项目进行检查和评价，《项目管理计划书》《项目实施计划书》与《项目管理目标责任书》是工程管理检查考核依据的核心文件，评价其具体的管理结果。

（5）依照合同及《项目管理计划书》《项目实施计划书》与《项目管理目标责任书》的规定，若发生重大问题或责任事故，公司工程管理部门及相关管理部门将对国际工程承包项目经理部进行警示、警告、纠正，直至向其隶属公司提出动议，报请公司按照工作及法律规定程序处分、撤换、免职、开除项目经理或相关主要问题事故的责任人，依照公司规章制度及法律法规严肃处理相关工程问题事故，直至对引发问题事故的责任人或责任方追究其相应承担的经济、法律责任。

（6）国际工程承包项目竣工后，国际工程承包公司及其项目经理部应认真总结承包项目管理、策划、实施、组织、协调、控制、施工、质量、标准、技术、指标、验收、劳务、法规、效益等各个方面的经验和教训，形成《××××国际工程承包项目总结报告》报送隶属公司及主管方面归档备查。

3 国际工程承包项目组织管理

3.1 国际工程项目组织管理工作网络图及其管理办法

图 3-1 所示为国际工程项目组织管理网络图。

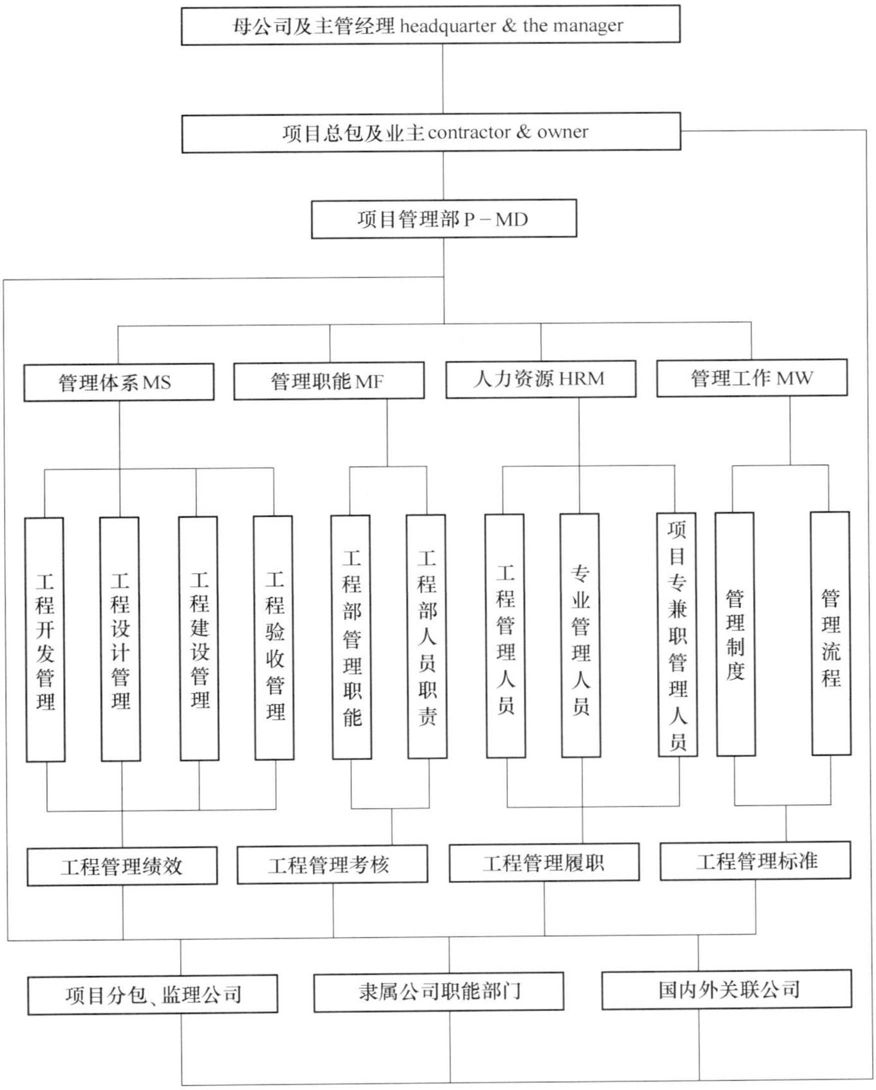

图 3-1 国际工程项目组织管理网络图

国际工程项目组织管理办法：根据项目合同和公司管理制度、关键业务流程工作规定，结合项目整体工作目标，落实推行项目工程管理制度化、专业化、标准化，制订《××××项目工程管理工作办法》（以下简称《管理办法》），全面实施工程项目的基础管理、过程管理、考核管理、规范管理工作。

工程项目管理基础工作主要包括：管理制度、管理体系、管理文件、标准规范、图纸文件、会议纪要、档案记录、信息报告等。

工程项目过程管理工作主要包括：项目开发、设计投标、工程合同、成本预算、劳务分包、招标采购、仓储运输、现场施工、安全质量、试车竣工、决算考核等。

工程项目考核管理工作主要内容包括：

（1）计划管理（年度、季度、月度计划，计划调整、批准、报备）。

（2）进度管理（目标进度、进度差异、单项进度、综合进度、进度问题）。

（3）合同管理（成本构成、预算管理、回款管理、核算管理、目标管理）。

（4）采购管理（招标管理、投标管理、评审管理、合同管理、采购问题）。

（5）施工管理（施工方案、质量管理、安全管理、设计监理、验收管理）。

（6）分包管理（分包工程、分包核算、分包管理、分包考核、分包问题）。

工程项目规范管理工作主要包括：工程管理体系、工程管理职能、工程管理监理、工程管理合作（合资、股权、权益、产权、增项、变更、风险）等。

3.2　国际工程项目组织管理工作原则

根据国际工程项目承包合同，建立满足承包项目合同约定及满足国际工程承包公司及其国际工程项目部工作需求的项目管理组织，确立其国际工程承包项目管理职能、职责。

国际工程承包项目组织管理体系建设与制度建立工作原则：

（1）国际工程管理组织的职能、职责必须依照公司及工程要求进行明确与设定，组织机构齐全，管理功能完备，机制架构符合国际工程管理专业化、标准化、规范化的工作要求。

（2）国际工程承包项目管理应在母公司整体管理框架之内，按照公司规范的管理机制赋予项目部职责权限，采用公司集权和项目分权的互为方式，优化国际工程项目部与母公司之间的扁平化管理设计，简化管理工作环节，加强对国际工程项目的督导调控职能，从而实现国际工程承包项目管理快速高效的标准化管理，依照国际化的公司运营机制和组织原则，实现责、权、利的管理到位，赢得国际工程项目的管理效益和权益。

（3）国际工程承包项目管理的组织管理必须满足国际工程承包项目合同的建设目标、项目规模、质量规范、环境影响、技术标准、装备水平、HSE 规定、生产指标、建设要求等，必须响应国际工程项目的专业行业标准和建设水准。

（4）国际工程承包项目管理的组织管理必须保持相对稳定的管理机制和管理体系，避免朝令夕改的随意性，依照项目合同和公司签订的管理目标责任书完成国际工程项目的阶段性和整体性建设任务。

（5）根据项目合同要求，国际工程承包项目管理部须整合国内外相关的优质资源，集成国际工程项目的资源优势，避免管理短板，力求形成优势互补、利益共享、风险共担、合作共赢的国际化、标准化、专业化管理团队。

（6）国际工程承包项目管理的组织管理与人力资源管理应该保持项目管理团队核心组织和关键人员的相对稳定，不能因项目出现非原则性问题、业主或监理方的异议、突发性事件等偶然情况就轻易改变或者任免更换项目核心组织中的关键管理人员，例如，项目经理或总工程师。应该给予管理调整应对的空间和权利，进行必要的支持、调整、充实管理资源，使公司及项目部均能发挥最大化的管理主导作用及管理效能，把握引领关键管理工作，疏导掌握关键管理环节，形成国际工程承包项目的管理合力，达到项目总包、分包以及各个关联方的优势互补，形成项目整体管理的利益共同体。

3.3 国际工程项目组织管理职责

国际二程承包公司一般采用专业事业部的项目经理责任制和项目目标管理，并在“项目管理目标责任书”中明确不同的专业工程事业部及其项目经理部应达到的国际工程承包项目的阶段性工作目标，明确工程项目经理的职责、权限、利益以及应当承担的风险责任。

国际工程承包公司及其事业部下辖的项目经理责任制是公司国际工程承包项目管理工作的基本制度，是公司考核评价事业部和项目经理及工程事业部及项目经理部工作绩效的依据。

国际工程承包项目经理作为公司国际工程承包工作的代表，须依据公司法定代表人授权的范围、权限、时限和“项目管理目标责任书”中规定的内容，对国际工程承包项目实行全过程的标准化、国际化、专业化目标管理，确保项目各阶段和年度预算、决算、计划、建设、经营和管理目标的完成达标。

国际工程承包公司在组建专业事业部及其项目经理部时，应对其综合管理的整体能力进行设计，对项目组织及管理人员的职能职责进行设定，对项目管理团队的执行力进行评估，这样，才能合理配置各方面的管理资源，满足国际工程承包项目的管理要求，达到项目合同期望的管理工作目标。

国际工程承包公司及其事业部、项目部管理职能职责的重点如下：

（1）确定国际工程承包项目的管理组织架构、工作岗位和职责，确定国际工程承包项目各个阶段的工作目标，确定国际工程承包项目不同专业的工作内容，确定国际工程承包项目交叉整合的任务分解和集合。

（2）核定国际工程承包项目实施的工程成本、造价、预算，核实国际工程承包项目的工程标准、工程质量、工程进度，核算国际工程承包项目的造价费用、生态保护、职业健康、安全风险等成本，核定国际工程承包项目向母公司融资、投资承担的责任，明确国际工程承包项目对业主方、工程监理方的工作责任，明确项目总包或分包及相关各方的所有相关及连带责任。

国际工程承包项目须建立健全项目管理制度，使项目的全过程管理达到规范化、标准化、国际化。

国际工程承包项目必须实行计划管理，避免中国工程管理传统式的“边设计、边施工、边完善、变谈判”的粗放管理模式。实行精准计划的资源运营管理模式，达到现代国际工程承包项目管理工作的标准目标。

国际工程承包项目是整合有关设计、技术、标准、材料、设备、运输、保管、通关、仓储、施工、安装、调试、试车等各个协作方的综合工程管理，必须采用各方认可通用的管理系统，进行科学合理的统一协调和资源配置，实现高效严谨的专业管理。

国际工程承包项目须满足工程项目有关各方的管理要求，全面响应各方的规范化专业要求，主动协调、配合项目各方的工作程序，实施严格的引导、监督、检查、考核、服务、评价等方式的管理活动，依照相关工作程序完成管理工作目标。

国际工程承包项目须建立健全项目管理的风险梳理、评估和防范管控机制，从项目投资、项目融资、项目勘察、项目设计、设备采购、材料供货、施工安装、调试试车等项目工程的不同阶段不断调整完善项目的管理工作，使项目的经济效益和相关各方的核心竞争能力得到最优化的管理成果。

国际工程承包项目须建立健全项目的风险预案，实行国际工程承包项目的主动、前导、即时响应的风险管理。严格遵守项目所在国的相关法律法规、质量标准、HSE 的强制性规范规定，完成项目建设工作。

国际工程承包项目须在工程项目竣工验收之后，依照合同条款的规定，及时结清工程账务，撤销工程保函，提交工程项目竣工报告，经业主方和承包管理方的认可批准，申请解散项目部，实行项目组织管理的正常结束。

3.4 国际工程承包项目规模划分基本原则

根据不同行业及不同专业领域的国际工程公司经营规模，可以依据国际工程承包项目合同总额、专业及行业领域内所涵盖的合同工程总量及建设规模，将国际工程承包项目规模划分为特大型、大型、中型、小型等 4 个等级。根据不同的项目规模等级，科学合理地配置不同规模的综合项目资源，构建相应规模且满足执行项目合同的组织，达到规范化、国际化、专业化、标准化的国际工程承包项目管理目标，实现国际工程承包项目合同的经济与社会效益最大化，遵循国际通行的国际工程承包项目规模划分原则。

国际工程承包项目的规模划分，须科学严谨地评估项目投资规模、专业范围、设计与技术标准、建设与建造标准、工艺设备配置水平、工程建设工期、产能及产品达标要求、管理及技术水准等具体的重要内容，构建管理模型进行系统科学的专业和管理评估，得出合同执行期内相对完整的预期结论，项目对应性的组织规模管理建设运营体系。按照国际惯例和国内外的项目建设规范进行项目规模的划分，直接影响到国际工程承包项目的成败。因此，必须认真科学地遵循项目规模划分原则，做好项目规模划分工作。

国际工程承包项目规模具体划分的基本依据如下：

（1）特大型项目。国际工程承包单项合同金额在 10 亿美元（含）以上，设计、设备、结构、施工、工艺等技术非常复杂（跨领域、跨专业等）的密集型工程。

（2）大型项目。国际工程承包单项合同金额在 10 亿美元以下，5 亿美元（含）以上，设计、设备、结构、施工、工艺等技术比较复杂的密集型工程。

（3）中型项目。国际工程承包单项合同金额在 5 亿美元以下，2000 万美元（含）以上，设计、设备、结构、施工、工艺等技术复杂密集型工程。

（4）小型项目。国际工程承包单项合同金额在 2000 万美元以下的工程，设计、设备、结构、施工、工艺等技术密集型工程。

3.5 国际工程承包项目管理的组织架构

首先，国际工程承包项目的组织架构须根据项目合同的专业工作要求设置相关的总体工作组织，按照合同范畴的相关各项工作和项目甲方及项目监理公司的组织设立相应的部门。然后，根据项目管理工作职能和对外协调配合的项目工作，设立国际工程承包项目部的内部组织分工和工作组织流程。再根据上述内外工作内容，结合项目规模、技术标准、工作环境、法律法规等完善项目组织架构，满足项目管理、建设等各方面的工作要求。

按照国际工程承包项目组织架构的通行性惯例，一般按照项目规模进行项目组织架构的详细设置。大型或特大型国际工程承包项目，鉴于项目管理实施工作过程中涉及复杂专业技术等工作内容，涉及多方的国际化合作，涉及浩大工程量及诸多复杂工程，需要的各方资源较多，此类国际工程承包工作适宜采用矩阵式的组织架构。

按照合同额及其项目规模、专业、人力资源等要素条件，界定为中、小型的国际工程承包项目，一般适宜采用直线职能式组织架构设立国际工程承包项目经理部。

按照合同额及其项目规模、专业、技术、标准、产能、资源等各方面要素条件，国际工程承包项目被界定为大型或特大型项目的项目管理机构，项目隶属公司主管部门应授予项目部相应的管理权限，批准所属的国际工程承包项目经理部设置综合部、设计部、工程部、安全部、质量标准部、合同部、人力资源部、财务部、采购部、仓储运输部、监理部等专业组织部门。

国际工程承包项目隶属公司的总部管理部门，应对国际工程承包项目及其经理部施行并设置与国际工程项目国际化管理机制相一致的组织架构和管理模式。这种国际化的管理机制往往是国际一流的国际工程管理（咨询、监理）公司通行的管理体系，并且获得项目业主方的认可，依据项目合同中甲乙方的相关协议条款得以施行的管理模式。

国际工程承包项目部的组织架构和人力资源配置，须严格依照组织职能和人力资源职责进行架构和职级设置。人力资源配置基本由项目经理、项目副经理、总工程师、会计师（经理）、经济师（经理）、施工主管（经理）、设计主管（经理）、采购主管（经理）、财务主管（经理）、质量主管工程师（经理）、计划主管工程师（经理）、工料测量师（quantity surveyor，QS）、材料主管工程师、机械主管工程师、安全主管工程师（经理）、合同主管工程师（经理）、预算主管工程师（经理）、信息工程师（经理）等岗位组成。

国际工程承包项目组织架构的组成方，必须由业主方认可的、在承包方所在国家及主管部委注册认定的、具有国际工程项目承包业绩，持有国家建设部、商务主管部门颁发注册的相关资质。我国的建设企业及单位须具备建筑工程施工总承包特级、一级或有关专业施工总承包特级（一级）企业资质，具有对外承包工程或进出口经营权的企业、分包企业、设备材料制造企业及供应公司组成国际工程承包项目。

国际工程承包项目部应在其隶属公司及工程管理部门的领导下，在该国际工程项目中标后正式组建，制定该国际工程项目部的总成本预决算计划，项目实施计划，项目管理计划等，并经其隶属公司审批、审计通过，在完成该国际工程承包项目各项建设任务之后，获得业主及其监理方颁发的项目验收竣工证书、释放项目履约保函和完成合同规定的所有义务后，经其隶属公司确认其完成该国际工程承包项目的所有工作任务之后，正式予以并批准该国际工程项目部撤销解散。

3.6 国际工程承包项目部组织机构的建立与人力资源管理设置

国际工程承包项目部组织机构的建立与人力资源管理设置工作要点：

（1）国际工程承包项目的主管公司须通过组织管理工作流程确立项目管理组织架构，从而建立项目经理部；通过人力资源管理工作程序确立国际工程项目经理部的管理工作职责范围及职能。

（2）国际工程承包项目部建立后，须通过人力资源管理工作程序，确定项目经理部组织机构人员的构成及职责，明确项目经理部各个岗位的设置及编制定员，启动相关聘任工作。

（3）国际工程承包项目部须经主管公司的管理工作程序，成立工程项目经理部，并与主管公司签订国际工程承包项目的“项目管理目标责任书”，依照工程合同和建设计划开展实际国际工程管理工作。

（4）国际工程承包项目部必须建立健全项目经理部的各项规章制度及管理工作流程，确定主要管理和技术人员的工作职责及权限。根据国际工程项目的管理标准开展各自的工作，配合协调与本项目有关的监理公司、项目所在国有关质量、技术、标准、劳务、司法等各个相关方面开展履职工作。

（5）国际工程承包项目部必须接受主管公司根据“项目管理目标责任书”及公司管理工作规定进行的管理及考核，并对有关工作内容做出及时有效的奖惩处理，不断提高管理工作效率和效益。

国际工程承包项目部必须具备与项目业主方及其各相关部门、项目中外的分包商、制造商、设备材料供应商等相关组织良好顺畅的沟通协调职能。必须具备项目组织实施和控制的工程建设、计划控制、勘察设计、技术标准、人力资源、采购供货、运输仓储、施工安装、劳务管理、调试投产等项目管理建设全过程的各项工作职能。

国际工程承包项目经理部由项目经理领导，接受其隶属公司总部的指导、监督、检查、考核和服务，并对项目资源进行合理配置和动态管理。项目经理部对项目实施的工程质量、工期进度、成本费用、职业健康、安全环境和风险管控等各项目标全面负责。

国际工程承包项目经理部经理根据其隶属主管公司的授权，有权按照项目经理部管理体系及相关制度，根据相关工作岗位责任制度对相关工作人员的工作进行管理评价，定期进行月度、季度、年度的检查、考核和奖惩，建立系统完整的管理考核体系。

国际工程承包项目经理部的主要工作岗位、职责及基本工作要求：

（1）项目经理按照公司法定代表人的授权委托，负责承包项目实施的总体策划、组织、实施、控制和改进，严格履行国际工程承包项目合同，对承包项目的设计、供货、土建、结构、机电、调试、试车、验收、考核等涉及所有的施工质量、进度计划、成本指标、生态保护、HSE 和投产、达产及预期与实现利润等各项建设目标负责，并且对项目合同的后续质量保证负责。

（2）项目副经理按照公司任命的职责范围和工作职能要求，对项目经理布置分工的工作负责，对承包项目的工作计划和实施计划进行组织设计，协助项目经理进行综合管理和控制，指导和管理项目部所属各个专业的工程技术人员和管理人员进行实际执行工作。特别，对于工程项目的输出及输入文件进行审核，对国际工程承包项目的实施、计划、执行、现场、绩效等各项目标全面负责。

（3）项目总工程师全面负责项目的技术管理与技术设施工作，必须在项目部的组织框架内完成项目的整体技术策划工作，确保完成国际工程承包项目的质量管理目标和技术建设指标。负责组织编制国际工程项目的质量计划、进度计划与安全管理计划。负责明确勘察、设计、施工等图纸文件的协调、组织、评审工作。在项目有关的设备、材料采购、招标、投标等工作中，进行技术质量方面的全面控制，对运输、供货等工作过程进行控制管理，负责协助项目经理和项目副经理做好项目设备材料和建设施工的最终检验试验流程和控制节点工作。负责制订国际工程承包项目的创优工程规划和样板工程实施计划，并且对实现有关计划做出规范标准的组织方案，实现项目全过程的质量控制和技术管理工作目标。

（4）国际工程承包项目的财务经理必须做好项目所在国的财务管理工作，同时，必须做好项目承包方所在国家的财务管理工作。使项目财务管理工作不仅符合本国的相关法律法规要求，也要符合项目所在国相关的法律法规要求。而且，要按照公司的管理体制、按照国家的有关法规，做好财务审计、审核的基础工作。在项目经理的领导下，完成国际承包项目的计财税等财务管理核算工作。在项目合同的基础之上，负责组织完成国际工程承包的成本管理、预算管理、决算管理等财务工作，在符合相关法律法规的前提下，做好财税风险防范和合理避税等财务费用管理工作。在国家和公司项目相关法律及合同条款允许的范围内做好项目与金融机构的投融资等现金货币管理工作，负责做好项目建设要求的正常财务体系运转保障工作。

（5）国际工程项目的设计经理须做好与项目设计单位（设计院所等机构）与项目监理公司、项目甲方设计代表等组织机构的协调配合工作。负责做好项目部的组织设计管理工作，负责做好项目部的项目勘察、设计交流等组织实施工作。负责国际工程承包项目的工程勘察设计编制、实施、控制、交流、确认等工作，须通过设计管理的细化和优化工作实现设计质量和设计定额，确保项目设计进度与质量、工程造价与设备材料选型等均满足项目合同的技术指标要求和设计标准，满足项目的设备制造和材料质量标准要求，使项目设计工作达到项目施工建设的总体要求。

（6）项目施工经理一般可以任命为项目现场经理。现场经理或项目施工经理应对项目现场的施工建设负责，须能够组织协调项目经理及项目部主要管理人员协同工作，对国际工程承包项目的具体施工、安装、调试、验收、考核等各项施工工作总体负责，组织、执行并落实项目建设的进度、质量、HSE 等各项项目施工工作。在公司和项目部授权的范围内有特殊的现场紧急处置决策权力，满足施工建设期间突发性出现的特殊问题处置与决策的工作要求。全面负责项目施工涉及的规范化、标准化、国际化、制度化的工作管理体系运营。

（7）项目采购经理必须在国家法律法规和公司相关管理制度的前提下，做好项目的采购管理工作，做好采购涉及的招投标管理工作。全面负责国际工程承包项目设备、材料、给养、物资、劳保等项目所有的采购管理工作。组织做好项目采购和项目物流管理工作，对有关采购计划的编制、实施、控制等工作负责，组织协调做好项目的采购、监造、催货、检验、运输、报关及物流管理工作。做好项目要求的国内采购与项目现场的采购管理工作，做好项目所在国的采购管理与组织运营等管理工作。

国际工程承包项目经理部的基本工作职责和工作职能：

（1）国际工程承包项目经理部基本上采用计划单列或模拟法人的管理形式为宜，符合且便于满足国际工程承包管理的国际化工作要求。项目经理部应对国际工程承包项目的前期策划、项目踏勘、项目初步设计、项目投标、项目投融资、项目设计、项目采购、项目供货、项目建设施工、项目调试运行、项目考核验收、项目竣工交付等项目合同的全流程涉及的各个工作阶段负责。项目经理部须在国家及公司相关法律法规及管理体系指导下，完成《项目管理计划书》《项目实施计划书》规定的工作任务和工作目标。

（2）国际工程承包项目经理部须在公司赋予的工作职能和职责范围内，按照《项目管理计划书》《项目实施计划书》编制项目的月、季、年等项目工程量实施管理计划和项目资源配置管理计划，真正实现项目各个阶段的目标、进度、质量、安全、工程回款、工程考核、工程验收等工作目标，报项目现场业主、监理、建设等有关公司和隶属公司的相关管理部门核准、备案、执行。

（3）根据项目开发建设的专业特点，工程项目部须推荐或建议可满足承包项目合同专业要求的勘察单位及设计单位、专业设备及通用设备的优秀供货单位、协助项目建设开发及施工安装的潜在优秀分包单位、特种设备制造商和供应商，严格按照招投标管理的工作程序，协调、配合、履行公司相关管理部门的指导和招投标工作程序，通过招投标的方式选择上述单位参与国际工程项目有关工作。严格执行项目合同中规定的供货、付款、劳务、技术、服务等相关条款规定，与中标的有关单位签订分包、供货及其他相关合同。依照项目主合同的要求，编制确定项目参与单位的分项合同，原则上使分项合同与主合同一致。为避免与分包商产生纠纷，依法维护公司的权益，应在项目主合同的基础上，适当提高分项合同的要求，使分项合同的各项要求均高于主合同的有关条款要求，以确保项目达标完成。

（4）国际工程项目部须协调、配合公司相关管理部门，按照公司的管理体系组织梳理和编制承包项目管理关键流程及标准化作业指导书，并在实际工作中严格落实执行。协调、配合公司相关管理部门，组织国际工程承包项目设计、技术、质量文件的专业评审，必要时邀请境内外行业专家和业主代表、工程师参加评审活动，切实做好技术标准、工程质量和造价的设计工作。

（5）国际工程承包项目须严格遵守执行项目所在国的强制标准，依照有关要求对照设计、建设等相关文件，报送项目所在国有资质的管理部门批准备案，确保项目合法合规进行建设。认真调查确定并编制承包项目检验试验和测量仪器设备清单，专人负责并依照工程项目所在国的法定检定机构和周期定期报送报检。

（6）国际工程项目部须协调、配合公司相关管理部门，制订承包项目国际劳务使用计划与招聘计划，报公司主管部门批准后执行。遵守中国及项目所在国的相关劳工法令，对承包项目中方人员进行外派劳务培训，实行劳工指标控制和出入境申报审批制度。

（7）国际工程项目部依照工程所在国法律规定和承包项目国际惯例，设立专业部门协同配合当地委托或业主方指定的专业公司，进行项目设备、材料等到岸进口的清关工作，按照项目合同规定的双方义务和责任进行纳税及清算。

（8）国际工程项目部须严格依照合同的进程安排，及时组织编制工程项目的总成本预算书和决算书，按照工程项目的管理工作程序报送公司审批、审计。项目预算决算工作必须按照国家的有关法规进行，切实做好项目经营管理、工程费用收支、财税申报管理等工作，依法合规做好承包项目的工程变更、索赔和工程量核算等相关专业管理等工作。

（9）国际工程项目部须在每季度、每年度的最后一周，分别向公司工程管理部、事业部报送项目工程的质量、技术、安全、环保、进度、成本、风险、问题等各项内容的管理报告表，确保数据真实可靠。必要时，可报送申请公司主管领导阅示的专项报告。及时配合工程监理公司等内外部有关的关系关联单位，妥善处理、解决总包与分包、分包与分包之间的工程接口、重叠、交叉、验收等工程问题和争议。

（10）国际工程项目部在项目执行过程中若发生重大质量、环境或职业健康安全事故和突发事件，必须严格依照中国及项目所在国的相关法定程序，第一时间向项目所在国使领馆、公司领导、公司相关管理部门、事业部报告，并通过业主向项目所在国相关政府部门及主管部门报备，提出处置意见方案和整改措施方案，执行使领馆、公司、相关管理部门、事业部的相关决定意见。协调、配合公司相关管理部门和驻外代表处，建立承包项目重大事项向中国驻外使领馆、国际工程承包商会的请示报告制度，争取中国驻外使领馆及商会的支持和帮助。

（11）国际工程项目部须认真做好工程项目的信息及综合管理工作，设立专业部门或指定专人负责承包项目相关文件、资料、信息的识别分类、标识、发放、更改、归档、信息发布等信息管理工作。协调、配合公司相关管理部门，推进承包项目信息化建设，以信息化手段强化沟通和固化项目管理成果，及时更新数据库。协调、配合公司相关管理部门，组织编制承包项目管理总结和专题报告，优选课题申报国家优质工程及科技成果奖项，同时推荐专业技术和项目管理论文在国内外知名刊物发表。

（12）国际工程项目部必须按照承包项目合同规定或约定的 HSE 等相关管理体系要求、格式和内容，策划并编制项目施工、技术、质量、安全、验收、竣工等工作程序文件和相关 HSE 管理信息文件，报送项目监理方确认批准，报送项目业主方和国际工程项目隶属公司相关部门备案，严格执行落实 HSE 的上述方案及相关文件规定的管理工作。

（13）国际工程项目部须认真组织承包项目工程开工、中期和竣工等不同阶段的相关结算，确保按照承包合同约定结算预付款、工程款，递减及释放预付款保函、质保金、履约保函、保留金保函和缺陷责任期银行保函等相关结算，确保合同规定的所有内容均得到圆满落实完成。

3.7 国际工程承包项目及项目经理部的编制定员

国际工程承包部及项目经理部的人力资源配置必须通过规范专业的工作流程确定满足国际工程承包项目合同约定和工程所在国强制性技术标准的规定及工作需求。编制定员不仅符合项目专业的工作要求，而且符合项目管理及项目建设的相关要求。

国际工程承包项目及项目经理部的编制定员须根据项目的规模、性质和合同约定的各方面具体情况，由公司、主管部门、人力资源管理部门、外派劳务公司等相关部门和单位协调配合，核算人力资源费用和项目有关成本费用，制定编制和定员，审核相关人员的资格和能力，满足项目各项工作岗位的工作要求。具体编制及人员可参照下列标准：

（1）承包特大型项目 40 人左右。

（2）承包大型项目 25 人左右。

（3）承包、分包中型项目 15 人左右。

（4）承包、分包小型项目 5 人左右。

国际工程承包项目及项目经理部须依照隶属公司的管理工作体系及管理工作程序，完成项目经理部的人力资源编制、聘任、招聘、外派等各项有关工作。国际工程承包项目及项目经理部根据具体项目和所在国情况，应在投标阶段及早考虑使用当地管理人员、联合体成员或分包商，并应将此类因素在项目投标阶段和项目实施计划中予以充分考虑，采取人力资源、工程项目成本等管理措施，进行属地化管理。特别，在一些对中国管理及劳务人员有限制性规定的国家或地区，按照项目所在国的有关法规要求，采用合适的比例聘用中国管理人员及项目所在国当地管理人员及劳务人员，完成项目经理部的中外人力资源编制及配置工作。

3.8　国际工程承包项目及项目经理部应建立和执行的制度

国际工程承包项目及项目经理部的制度须在项目隶属公司总体管理体系的基础上建立，建立健全符合国际工程承包项目合同规定及工程项目所在国强制性法律法规工作要求的制度体系。满足工程管理的整体目标要求，确保工程项目在制度体系的框架下保持良好的运营。

国际工程承包项目及项目经理部应遵守公司及事业部制订的各项规章和制度。如工程事业部及项目经理部制订的规章制度与隶属公司总部及相关管理部门的现行规定不一致时，应报公司及相关管理部门备案、修改、批准或核准之后再颁布执行。

国际工程承包项目及项目经理部须及时编制《项目管理计划书》，协同项目有关的设计、建设、采购、运输、监理等各个方面的有关单位和部门交流、协商、确认，力求达成一致的全过程、全方位、标准化、规范化的管理工作程序，对项目进行专业化、标准化、国际化、规范化的管理。

国际工程承包项目及项目经理部应对各项目经理部各个关键岗位的人员进行管理、综合评价和考核。通过由上而下全员考核管理体系工作，使国际工程承包项目的各项工作按照每个人的管理职能职责有效执行、落实并达标。

国际工程承包项目及项目经理部主要制度内容如下：

（1）国际工程承包项目及项目经理部管理职能职责制度。

（2）国际工程承包项目及项目经理部投资融资管理制度。

（3）国际工程承包项目及项目经理部财务费用管理制度。

（4）国际工程承包项目及项目经理部计划进度管理制度。

（5）国际工程承包项目及项目经理部勘察设计管理制度。

（6）国际工程承包项目及项目经理部工程技术管理制度。

（7）国际工程承包项目及项目经理部工程质量管理制度。

（8）国际工程承包项目及项目经理部工程验收管理制度。

（9）国际工程承包项目及项目经理部采购运输管理制度。

（10）国际工程承包项目及项目经理部工程款收支管理制度。

（11）国际工程承包项目及项目经理部工程变更及索赔管理制度。

（12）国际工程承包项目及项目经理部 HSE 方案及管理制度。

（13）国际工程承包项目及项目经理部薪酬奖励制度。

（14）国际工程承包项目及项目经理部工程分包及劳务合作管理制度。

（15）国际工程承包项目及项目经理部项目管理例会与协调会管理制度。

（16）国际工程承包项目及项目经理部施工机械租赁管理制度。

（17）国际工程承包项目及项目经理部项目现场设备材料管理制度。

（18）国际工程承包项目及项目经理部工程技术管理培训制度。

（19）国际工程承包项目及项目经理部项目现场宿舍及食堂管理制度。

（20）国际工程承包项目及项目经理部现场车辆管理制度。

（21）国际工程承包项目及项目经理部劳务人员管理制度。

（22）国际工程承包项目及项目经理部工作休假管理制度。

（23）国际工程承包项目及项目经理部重大突发性事件管理制度。

3.9　国际工程承包项目管理目标责任书

在国际工程承包项目中标之后，正式开工之前，公司法定代表人或授权人应通过管理工作程序聘任项目经理，根据项目合同与项目经理协商签订国际工程承包《项目管理目标责任书》。目标责任书作为考核评价项目经理、工程事业部、项目经理部各个工作阶段、季度年度、整体绩效的依据。

国际工程承包《项目管理目标责任书》的编制应依据下列资料及条件：

（1）国际工程承包项目招标、投标文件和项目中标后签订的项目合同。

（2）国际工程承包项目隶属公司的发展战略、经营理念和工程项目建设目标。

（3）国际工程承包项目隶属公司相关的管理制度及项目部的相关规定。

（4）国际工程承包项目合同执行的总体管理计划和项目实施计划、年度计划。

（5）国际工程承包项目总体预决算计划、利润计划、年度分项计划。

（6）国际工程承包项目总体管理计划书。

（7）国际工程承包项目年度各项工作的考核指标及奖惩方法。

国际工程承包项目制定的《项目管理目标责任书》应包括下列内容：

（1）具体规定国际工程承包项目总体及年度工程质量、工期进度、成本费用、职业健康、风险管控、安全、环境、利润等各项管理目标和指标，并提出阶段目标的主要工程里程碑节点及达标目标。

（2）具体规定国际工程承包项目与其隶属公司、事业部、项目经理部之间的责任、权限和利益分配细则，各方的职责、关系及管理流程。

（3）具体规定国际工程承包项目的现场勘察、初步设计、招标投标、签订合同、设备采购、物流运输、材料供货、建设施工、安装调试、验收投产、质保服务等不同阶段的管理内容及工作目标。

（4）具体规定国际工程承包项目与其隶属公司、工程事业部及项目经理部承担和防范的国际工程承包项目的主要风险。对公司、工程事业部及项目经理部进行奖惩的依据、标准和办法。

（5）具体规定国际工程承包项目所需资源配置，提供的时间、方式和核算办法。承包项目管理目标和指标考核评价的原则、内容及方法。

（6）国际工程承包项目隶属公司法定代表人向项目经理及项目经理部委托要求的管理目标及其有关的其他工作事项。公司对项目经理的任命、更换、解聘和项目经理部设立、解体的条件及方式。

国际工程承包项目管理目标和指标的确定应遵循下列原则：

（1）必须满足承包项目合同约定和工程所在国强制性技术标准要求。

（2）符合公司发展战略、经营目标和管理模式的规定。

（3）国际工程承包项目切实组织落实管理梳理、重大风险评估和防范专业工作。

（4）国际工程承包项目须保证实现公司的利润指标，对利润有明确的责任奖励，对亏损有明确的问责指标。考核指标的设置和量化具有较强的针对性、指导性和可操作性。

（5）国际工程承包项目的考核须遵照其隶属公司的管理体系，由项目及合同规定的共同指标、专项指标和加减分指标组成，体现项目所在国别、行业、规模等差异化的求真务实的工作原则。

国际工程承包项目隶属公司对承包项目实行全过程和阶段目标与整体目标相结合的职能性管理与考核。工程管理部、财务部、人事部、质环部等相关部门需分别依照管理职能，对《项目管理目标责任书》的内容完成情况进行定期考察和年度考核，形成考核报告，呈报公司核准，依据考核结果和《项目管理目标责任书》的规定，对项目经理和项目经理部进行奖励或处罚。

3.10 国际工程承包项目经理的任职资格、条件及工作职责

国际工程承包项目经理任职资格、条件如下：

（1）具有国家注册一级建造师、高级工程师、高级经济师的专业工程技术管理资格。

（2）具有国际工程承包项目管理的实际工作经验，掌握国际工程承包项目管理工作流程，具备工程管理专业背景，熟练掌握工程技术、工程合同、商务谈判、项目建设、工程法律法规及知识产权等必要知识和工作经验。

（3）具有较强的管理决策、组织、协调和沟通能力，丰富的国际工程承包项目管理执行能力，较为突出的国际工程管理工作业绩，较为丰富的国际工程管理实践经验，能够正确有效地协调国际工程承包项目业主、监理公司、设计单位、分包商等与项目具有重要关联的单位和人员，保质保量推动并落实国际工程承包项目完成工作。

（4）具有强烈的工作事业心，认同公司的发展理念和高度的国家责任感和荣誉感，工作求真务实、灵活高效，能够领导并带领项目团队完成国际工程承包合同约定的各项工作任务。遵从和恪守良好的职业道德，杜绝贪腐，遵纪守法，违纪必究。

（5）具备较高的综合管理与日常管理能力，掌握领导艺术，体现国际工程管理的专业能力和管理能力，能够在敏锐判断的基础上用稳妥合适的方式处理重大不可预见的问题，做到在依法合规的前提下正确处理突发事件及其他相关的应变处置工作。

国际工程承包项目经理应履行下列职责：

（1）在公司有组织的领导下，尽心尽责地全面推动国际工程承包项目的前期策划、现场踏勘、招标投标、签订合同、落实执行国际工程承包项目等各项工作。

（2）严格执行承包合同约定，接受承包项目业主监督和监理公司、顾问公司工程师的监理，听取项目工程管理人员、工程技术人员的意见和要求，遵守公司的各项管理制度，

管理到位，维护公司的合法权益，确保承包项目履约圆满，追求并实现承包项目经济效益最大化。

（3）全面负责、组织对国际工程承包项目的现场勘察、项目设计、设备采购、物流供货、建设施工、安装调试、项目验收、试车运行、验收考核、竣工交付等项目的全流程工作，并且对项目的管理全过程进行科学组织、有效策划、组织实施，全面负责国际工程承包合同约定及其实现项目各项指标和目标的管理责任。

（4）组织管理承包国际工程承包项目全过程的工程计划、质量标准、工期进度、成本费用、环境保护、职业健康、人身安全、风险管控、现场管理、设备采购、物资运输等各个方面的工作。正确理解并组织建立国际工程承包项目的管理组织架构、工作职能、岗位职责、人力资源管理、财务管理及其各项工作的管理制度和管理体系。

（5）领导并组织编制国际工程承包项目的月度、年度及其完整的工程管理计划和资源配置计划，组织编制国际工程承包项目的成本费用计划、投融资计划及相关财务管理计划，组织有效严谨的项目成本及项目管理工作，分解、整合国际工程承包项目的各项工作计划，定期分析掌握有关建设指标与计划目标，实现工程承包项目的经济效益和管理综合效益。

（6）领导项目经理部各个专业、各个部门人员，及时有效地做好国际工程承包项目的工程变更、工程索赔和工程计量工作，及时足额结算工程回款，在各项费用计划的原则基础上开源节流，提高项目建设效率，使国际工程承包项目的经济效益和社会效益最大化。

（7）全面完成国际工程承包项目与公司签订的年度“项目管理目标责任书”所承诺的各项工作任务和指标，严格规范地接受公司及工程监理方相关的考核奖惩，对项目合同结果承担相关工作责任。

（8）在公司的领导下，及时、主动、有效、妥善地协调解决好国际工程承包项目与业主、总包、分包商之间的重大工程技术管理等一系列问题，确保国际工程承包项目工作按照项目的整体目标和计划落实完成。

（9）负责组织国际工程承包项目的工程竣工验收等工作。规范标准地组织项目各阶段的工程验收工作，在公司领导之下，有序地组织完成项目竣工验收和办理项目移交、工程合同结算等必要工作手续。

（10）根据项目所在国的不同法律法规要求，认真组织国际工程承包项目的大型设备生产制造、监造验收、集港报关、到岸清关、项目所在国境内外的运输、项目现场设备材料仓储等相关技术与管理工作，组织项目部中外有关部门做好协调配合管理工作，避免设备材料制造、运输、仓储、安装等出现重大问题导致的工期延误甚至重大经济损失。

（11）在公司统一部署及管理的前提下，统筹组织国际工程承包项目及其公司内外的相关管理部门和业务部门，为国际工程承包项目中外全体员工购买必要的境外人身伤害、旅行、健康等相关保险，确保相关的理赔高于国内现行保险提供的赔付标准。

（12）依照公司制度，配合公司相关管理部门的工程管理、三体系贯标、审核审计等工作，做好项目经理部设立、解散等各个阶段的全部工作。做好项目管理的其他一般规定性工作。

国际工程承包项目经理应具有下列权限：

（1）在公司有组织的领导下，始终参与国际工程承包项目的策划、投标等全过程管理工作，是国际工程承包项目招标、投标、合同签订、项目重大决策与管理的成员之一。

（2）全面主动配合公司的主管领导，提出国际工程承包项目经理部管理组织架构的建议，推荐或聘任项目经理部主要管理成员，确定项目经理部人员的岗位职责，报公司领导及人力资源部核准后执行。

（3）全面主持负责项目经理部各项工作，批准项目经理部制订的各项管理制度。依照公司和项目经理部的管理职责，在授权范围内决定承包项目资源的调配和使用。

（4）按照公司规定，推荐具有相应资质和资格的合格分包商、制造商和供应商，按照招投标管理的规范工作程序，选择上述工程合作方，签订相关的工程合同。

（5）按照公司规定，以公司和项目经理部制定的工作目标为标准，对国际工程承包项目的专业单项和综合工作进行评价，对项目人员进行内部绩效考核和薪酬奖惩。

（6）按照公司规定，执行公司法定代表人授予的其他权力，在项目经理部的组织架构中协调处理项目部相关的内、外部各项工作。

国际工程承包项目部经理应享有的权益：

（1）按照公司管理规定，获得公司规定的基本工资、岗位工资、绩效工资等以及项目开发建设的有关考核奖惩。完成承包项目的《项目管理目标责任书》目标和指标，除按《项目管理目标责任书》所规定获得的物质经济利益外，还可获得各项表彰奖励及优秀项目经理等荣誉称号。

（2）按照公司管理规定，经过公司考核和审计管理工作程序，对于国际工程承包项目取得显著绩效、超额完成《项目管理目标责任书》目标和指标并取得较好经济和社会效益的，按照公司规定给予国际工程承包项目经理管理贡献奖。

（3）依照公司管理工作程序，如果由于项目经理失职导致未完成项目合同或未能完成《项目管理目标责任书》规定的目标，甚至给公司造成重大损失，经公司组织考核和审计，将依照公司管理制度并对照《项目管理目标责任书》给予相应经济和行政处罚。因项目经理工作失误及其他主管原因造成国际工程承包项目发生重大事故或经济损失及人员伤害等问题，经公司联合有关部门审计认定，将依照有关法规进行处理。如果其行为及问题违反了中国及项目所在国的法律法规，项目经理须接受公司政纪处置直至移送国家有关司法机关依法处理。

3.11 国际工程承包项目管理团队的组织建设工作

在公司统一领导下，依照国际工程承包项目管理团队各个工作岗位的职责要求，进行公司内外部人力资源招聘、公示、聘任等工作，组建国际工程承包项目的管理团队。

国际工程承包项目管理团队是项目建设的核心，具体组织建设工作如下：

（1）国际工程承包项目管理团队必须明确掌握承包项目工作的总体目标和各项关键指标，在实际工作中组建运行高效、真抓实干、和谐共赢的国际工程承包项目管理团队。项目管理团队必须落实执行项目合同约定的具体标准、项目设计与施工等有关标准的同比转换、项目建设及施工规范、国际工程项目投资融资、项目勘察与设计、项目现场施工安装管理、国际工程劳务合作、国际工程相关的国内外设备材料供货运输及物流、工程项目建设及项目设备材料的集成等各项具体管理工作。推动国际工程项目标准化、规范化、制度化、国际化创新，提高国际工程承包领域及合作模式拓展管理，将上述国际工程管理工作纳入公司的发展战略之中，并与国家“一带一路”的发展战略相结合。

（2）按照国家外派劳务人员的有关规定对国际工程承包项目管理团队进行全员培训。然后，对国际工程承包项目管理团队进行公司管理制度的重点培训。同时，项目管理团队必须在项目实际工作中全方位维护提高公司的企业文化和公司品牌及商誉，不断提高承包项目管理团队自觉遵从公司核心价值观和公司品牌的经营管理理念，形成项目管理团队相互配合、相互支持、工作高效、相互促进、公平透明、标准规范的项目管理工作体系和项目管理工作机制。

（3）国际工程承包项目管理团队中管理人员与技术人员的设置须满足项目工作要求，各个专业岗位及人员配置相对完备。项目管理工作须依据项目的组织架构进行完善畅通的管理与技术信息共享协作，在工作中构建运行高效的项目管理工作平台。国际工程承包项目管理团队的各项工作须及时、高效、正确、可靠、可追溯、有记录、责权利清晰。

（4）国际工程承包项目管理团队须提倡正直守信、廉洁勤奋、创新奉献的高尚情操，培养国际工程承包项目一专多能、求真务实、德才兼备的复合型人才，创造公司人才成长的氛围和条件。

国际工程承包项目管理团队建设工作必须有明确的工作目标，结合项目实际工作进程和不同阶段，不断完善项目管理体系和工作体系，形成高效合理的工作流程和项目团队及领导管理工作体系。具体内容如下：

（1）国际工程承包项目经理应对国际工程承包项目管理团队建设负责，在项目建设管理工作中全面推进公司企业文化建设、公司经营理念、公司品牌及商誉维护提高等工作。不断加强项目团队的管理与风险防范综合能力，在实际工作中开展公司及国家核心价值观教育。提倡国家荣誉感和公司的企业文化精神，增强项目管理团队每一个成员的管理与专业能力相互促进、相互结合的综合能力，使团队成员具备工作的责任心、事业心和优秀的领导能力。

（2）国际工程承包项目经理在其职责权限范围内，依照公司及项目管理制度，带领项目管理团队进行常态的管理信息交流，强化项目管理团队的工作效率，运用管理协商、督导、检查、考核、批评、培训、表彰、奖励等各种不同方式的管理手段，追求项目管理团队高效运营的最大化和最优化，不断完善、创新、提高项目管理的工作效率和工作成果，从而实现项目管理工作全面完成的工作目标。

（3）国际工程承包项目管理团队建设的核心工作是项目管理各项工作的实施绩效，项目经理须鼓励并不断推动管理团队成员的各项工作业务潜力，鼓励管理团队的优秀成员及项目管理团队潜在的优秀管理人员不断提升自身的综合能力，培养一支管理与专业能力与时俱进的优秀团队。

（4）国际工程承包项目管理团队须自觉实施公司及国家有关国际工程承包与国际合作的诚信战略，高度重视公司的社会责任、人文情怀、质量环保、国际水准、优秀管理等理念，提升公司品牌在工程所在国的信誉和市场竞争力，倾力打造公司的国际品牌。

3.12 国际工程承包项目经理部的组织解散与撤销

在圆满完成国际工程承包项目各项工作之后，项目部应依照公司的管理工作程序有序撤离项目现场，有序撤出项目管理人员，有序安排项目离队人员，有序组织移交项目档案资料，有序接受公司有关部门的组织审计，有序向业主方移交项目相关固定资产及管理资料，有序组织、配合项目部与公司相关管理部门进行项目经理部的组织解散撤销工作。

项目经理部组织解散撤销工作的条件如下：

（1）依照国际工程承包合同各项条款的约定，工程合同中商务部分、技术部分、设计部分、设备部分、建设部分等各项工程范围和内容均已完成，完成的各项工作均已通过项目承包方、监理方、质检方、业主方组织的竣工验收。各项验收文件均已获得业主方确认，业主方已经向承包方签发“项目竣工验收证书”。国际工程承包项目已经收回全部工程款，业主方已经向承包方释放了项目履约银行保函。

（2）国际工程承包项目已经签订了项目工程质量缺陷责任期保修协议书，项目竣工资料及国内外固定资产残值已按照公司的规定办理了移交或处置，相关手续得到了业主方与公司的确认。

（3）项目部发生的项目争议均已达成协议和处理，项目部发生的裁决、仲裁或诉讼均已完成处理，项目部对项目有关的法律事务均已处理完成。如果项目部须在项目竣工后组成法律应对小组进行项目后期有关的争议解决工作，必须得到公司认可批准的负责人及专门组织完成项目争议、裁决或相关仲裁委员会、仲裁庭或法院做出最终裁决或判决为止。

（4）经过公司组织的对国际工程承包项目经理部的各项工作检查、考核、审计，项目部已经完成《项目管理目标责任书》规定的各项工作任务，项目部已经完成与承包项目业主、分包商、制造商和供应商的工程款和材料设备款的结算。项目人力资源、财务管理、固定资产处置、项目后续质保技术合作服务等工作均已妥善安排，项目的竣工审计和项目经理离任审计已经结束。项目部已经全面完成项目合同，项目部与公司授权委托的项目管理合同责任已经解除，项目部可依照公司管理的工作程序提出项目部解散撤销的报告，公司正式批准并向公司内外及业主方公告该项目部解散撤销。

4 国际工程承包项目投标管理

4.1 国际工程承包项目投标管理原则

国际工程承包项目须建立承包项目的投标管理组织程序，遵循投标管理的组织程序开展项目策划、项目预研、项目考察、项目测算、项目预审、标前会议、现场踏勘、投标组织、投标策略、标价核算、标书编制、投标文件、投标审核、投标报价、中标签约、项目谈判等工作为管理原则。

国际工程承包项目须依据承包项目的投标管理程序及有关规定，实施系统化的投标设计、投标测算、投标采购、投标施工、投标标准等各个方面的集成，响应招标方的项目建设要求，并且对投标工作的各个方面进行科学有序、守时高效的组织管理，达到投标组织管理的关键决策及重点工作循序完成。

国际工程承包项目须分析承包项目招标方及项目所在国的各项有关法律法规及强制性标准，全面掌握项目招标方及业主方的项目名称、建设要求、标准、指标等，全面响应招标文件中技术包、商业包、服务包、法律包等各项要求，遵循项目投标过程要求及投标方的责任义务条款。

国际工程承包项目须根据投标组织隶属母公司的自身能力，结合国际工程承包项目在我国业务关联方的综合集成能力，有针对性地选择国际工程承包的投标项目。项目投标工作须制定较为完善且有创意的投标计划，胆大心细的投标策略，做出有突破性的合理投标决策方案。在同业竞争中扬长避短，发挥我国设备制造、人力资源等综合优势，与国际水平的国内外合作方合纵连横，杜绝国际工程承包项目不计成本、好大喜功的原始盲动情况发生，立足企业与国家的综合优势，在与国际同行比肩竞争中博得投标工作的成功。

国际工程承包项目须遵纪守法，坚决维护企业与国家的根本利益。决不允许发生通过国际工程投标管理工作谋取个人私利、损公肥私、转移侵吞国家资产、行贿受贿、接受利益相关方的贿赂等违法乱纪的情况发生。切实遵守国际工程承包项目投标管理工作的各项工作原则和组织原则，达到国际工程承包项目投标工作目标。

4.2 国际工程承包项目调研管理

国际工程承包项目须在正式投标之前开展项目策划、项目预研、项目考察、项目测算、项目预审等准备工作。详细严谨地做好投标组织管理工作所涉及的工程指标、工程概况、基本条件、国别风险、技术规范、系统标准、合同要求、商务条件、市场准入、劳务输出、造价标准、法律法规、自然灾害、政治影响、战争风险、经济形势变化等各个方面的具体情况分析。

国际工程承包项目调研管理的基本工作内容如下：

（1）国际工程承包项目所在国的综合概况。内容及具体指标应包括项目专业领域目前的状况、国家对有关项目专业领域的政策、国家政治局势与历史情况、国家经济发展与现状、国家自然条件及资源、国家自然地理与交通运输、国家发展历史与国家计划、国家法律体系与国际合作体系、国家政治经济与自然灾害潜在风险、国家的国际政治经济地位与战争风险、国家有关项目建设方面的其他可借鉴参考的相关案例及综合信息等。

（2）国际工程承包项目需要的综合信息管理工作，应通过快速高效的现代化方式获取准确可靠的有效信息。信息来源包括但不限于项目所在国的驻外使领馆、经商处、代表处、咨询公司，应涵盖项目所在国类似的国际工程项目、相关领域合作方、相关专业领域的设计建设及商业企业的可借鉴参考的有效信息。

（3）收集国际工程承包项目所在国的驻华使馆、商务代表、项目业主、设计及咨询公司等公开发布的有效信息，目前与项目所在国有合作项目及合作业务工作的管理、技术专家及曾经有过类似国际合作的人员机构提供的相关信息，国际组织及政府间合作设立的专门机构提供或公布的可靠数据、案例等相关信息。

国际工程承包项目现场踏勘及项目初步调研的主要工作内容为：项目现场自然概况，确定目标项目的地点、名称、范围、业主、资源、人力、市场、价格，项目招标方的咨询公司、代理公司、监理公司、工程范围、投资能力、融资能力、商务劳务、项目方式、招标合同、投标期限、项目专业领域综合能力水平，项目业主对项目当地及项目所在国政府的影响力、目标项目预计建设工期、建设生产、质保服务期限、优惠政策、报关运输、国际合作相关方面的财税及法律法规等具体内容。

国际工程承包项目的技术规范及标准管理工作包括：

（1）国际工程承包项目合同规定执行的标准和强制标准、工作规范和技术规范、产品规格及达标参数、工艺配置及设计文件、勘察测量与水文地质、施工文件与设计图纸、标准转换与监理核查、施工造价与质量标准、装备条件与设备水准、建设规范及施工方法等具体要求与规定。

（2）国际工程承包项目的商务管理工作须根据国际工程承包项目的承包形式不同，遵循相应的融资方式、担保形式、投资来源、收支方式、结算方式、货币方式、预付方式、保函方式、保险方式、税收方式、劳务方式、签证方式、财税缴纳减免等有关方式方法的具体工作内容。

（3）国际工程承包项目的市场准入机制管理工作应充分考虑相关专业、行业工程建设领域内的准入标准；目标项目的规模、核心专业设计建造能力、重点分项工程的先进程度、项目生产建设目标、预期建成达到的经济效益和社会效益；充分预见国际工程承包项目建设领域内对项目所在国、所在地区带来的影响；预先掌握国际工程承包项目与相关市场领域产生的合作与冲突；引导国际工程承包项目在市场准入机制中积极主动的拓展方法；全面分析评估国际工程承包项目合同执行前期、中期、后期的各方面优劣局势，做出科学理性的国际工程承包项目取舍决策、管理准则和工作目标。

国际工程承包项目须根据上述工作程序所取得的综合信息，全面评估、组织项目投标决策。在决定进退的决策之后，充分采纳上述工作所取得的调研结论，做好项目投标管理组织工作。严格按照工作程序进行项目投标的准备、落实、推进、拓展、突破等国际工程承包工作。无论进退的抉择，均应避免失之毫厘谬以千里的投标失误。

4.3 国际工程承包项目资格审查管理

国际工程承包项目的招投标工作须严格依照工程项目所在国的法律法规和项目业主方对投标方的资格预审及资格后审要求为标准，全面组织投标资格部分的文件整理归纳和准备工作。项目资格审查工作不得有冒用、有偿借用等造假行为的发生，必须严格依照招标方的规范化、标准化要求逐一响应招投标的资格要求，满足国际工程承包项目的资格预审或在投标时参加项目的资格后审标准。

国际工程承包项目须严格按照招标方及业主的资格预审文件要求进行投标文件的组织准备，规范填写提交投标资格预审文件或投标资格后审文件，如实办理提交招标方及业主方对投标方要求的资质文件、保函、证明等投标必备资料，提交方式及提交时间均按照招标方及业主方的要求完成。

国际工程承包项目最好以公司为单位进行独立投标，一是便于国际工程中标后的项目管理实施要求，二是符合招标惯例的要求。针对涵盖专业复杂且规模巨大的项目，招标方也可允许投标方以联合体方式进行投标。

为满足项目要求采用联合体投标的国际工程承包项目，须遵循有关的法律法规组建合规专业的联合体，落实相关的组织文件和组织规范，明确联合体的工作业务职责范围及权益，出具规范标准的联合体投标组织文件，通过招标方及业主方的招标审核。投标联合体必须满足法律法规对于招投标的有关限制性规定，满足公司法及相关法律法规对于联合方式的有关要求条件。

联合体提交的投标文件须明确说明联合体各方之间的关系、主要业务范畴等申明内容。具体管理工作如下：

（1）投标联合体所有的各方成员单位须签署组成联合体的法律文件，包括联合协议、备忘录、会议纪要、出资证明等。有关文件须明确联合体各方成员的业务、权利、责任、义务、分工、股份、专业工作的分工等具体内容。联合体发起人与主要成员应为国际工程承包项目投标的冠名公司，联合体的主责单位与成员单位须有明确的业务责任关联说明，联合体成员单位在投标及项目执行期间不能随意退出，原则上，联合体成员单位对投标的国际工程承包项目共同承担责任。如果在项目中标之后有联合体成员申请退出，须履行相关的法律程序，且须征得招标方及业主方的同意。否则，申请退出联合体的方面需承担相关法律及经济上的赔偿责任。

（2）投标国际工程承包项目的联合体须有主责单位，主责单位应满足招标方及业主方的重要招标条件，特别是招标项目的关键性限制条件，例如，专业领域的工程建设业绩、投融资能力等。投标国际工程承包项目的联合体参与成员单位应满足招标方及业主方对某一特定专业领域的特别要求，达到相关限制条件的业绩和资本能力。因此，投标国际工程承包项目的联合体成员单位各方相关资格及综合能力集成，可以响应招标文件的规定要求，达到招标方及业主方对于国际工程承包项目设计、建造、人力、标准、规范、指标等有关的各项要求。

（3）国际工程承包项目投标联合体成员单位不得以独立方式、与其他单位的联合体方式等任何方式作为其他投标方参加同一项目的投标，不得以同业竞争的方式损害联合体其他成员单位的投标竞争利益。

（4）国际工程承包项目投标联合体成员单位以合法的形式退出联合体之后，可以参与原投标项目之外的其他工程的投标竞争。但是，不得泄露原来所参加的联合体成员单位的商业秘密，不得损害原来参加的联合体成员单位的商业利益。必须依照国际工程承包项目有关的招投标法律法规合法参与同业竞争。

（5）国际工程承包项目投标联合体在通过招标方及业主方的单独或联合审核之后，如果发生联合体内的成员单位合法或不合法退出，参与投标的联合体须及时向招标方及业主方声明，申请按照招标方或业主方的规定时间及要求重新提交联合体投标的有关文件，重新接受有关招标申报文件的审查。退出联合体单位不得单独或再行组织其他联合体或以其他方式参与同一项目的投标竞争。

（6）国际工程承包项目投标单位、联合体投标单位及其他方式参与投标的组织及单位，均需按照招标方及业主方的有关要求申报投标资格预审文件。严禁招标方或投标方以虚假招投标的形式套取工程资金、融资或其他方式违法牟利、侵害国家利益、转移资金等情况的发生。严禁招标方和投标方相互串通，编制虚假招投标文件等，以国际工程承包项目的招投标方式进行金融诈骗等违法乱纪的情况发生。一旦发现类似问题须及时终止相关活动并向企业及国家有关部门举报，以便企业及国家相关部门采取有效措施阻止损害企业及国家利益的情况发生，并依法处理相关问题。

上述工作相辅相成，不得随意转变，须规范遵守国家的有关法律法规。

4.4　国际工程承包项目标前会议和现场考察管理

国际工程承包项目策划管理人员须按时参加招标方及业主方召开的标前会议，通过公开的信息渠道掌握投标项目的各方面情况和重要信息。标前会议公布的信息为合法权威的投标信息基础，国际工程承包项目策划管理人员须将有关信息作为编制投标文件及报价文件的参照系，及时向投标编制人员及组织进行沟通交流，结合投标各方的优势和资源科学编制投标报价文件。

国际工程承包项目策划管理负责人及专业技术人员应在标前会议上对招标方及业主方代表提出项目有关踏勘、设计、标准、技术、指标、采购、运输、商务、设备、材料、合同、签证、界限、风险、法律等相关部分条款的有关问题，必要的后续书面澄清文件等。

国际工程承包项目策划负责人应有针对性地组织专门的投标策划工作组，工作组成员由国际工程承包项目投标专家、技术专家、商务人员、法务人员、翻译人员等组成，全面做好项目所在国的投标前期各项准备、调查、公关、商务、技术等工作。对于一些小语种的国家，必须随队派遣精通项目所在国官方语言与通行使用的小语种的翻译，切实做好项目所在国风土人情、政治经济、项目概况等有关基础准备工作。

国际工程承包项目策划负责人及其策划小组须按照招标方的规定参与招标方及业主方组织的各项有关活动，尽可能地掌握有关项目各个方面的信息，做好相关信息及数据的纸质及电子文档的记录保存工作，避免后续投标工作因小失大的疏漏发生，也要尽可能抓住某一特定信息带来的商机优势和突破性的可能机遇。

国际工程承包项目策划负责人及其小组应积极主动开展项目投标的策划准备工作，包括拟定考察提纲、考察路线、考察专业、考察工程、考察工艺、考察投标项目相关的市场等，做到分工明确、工作到位。根据考察提纲做好相关部分的信息采集和记录，尽可能通过具体的有效数据或实物图片等文字及影音形式落实投标项目的各方面有效信息。通过各种允许的方式获得招标方及业主方对该项目的专业、管理、主要指标、分项工程、设计及施工参数等重要核心的数据进行收集整理，真正掌握招标方和业主方对项目主要达标内容的不可更改的要求和可更改的预期期望值等关键内容，从而总结出项目策划投标的目标、方法、步骤和路线图。

国际工程承包项目策划负责人及其小组成员须采用项目踏勘、项目建设地区考察、项目业主商业洽谈、项目所在国有关市场状况访谈等多种形式开展具体的策划工作。

策划工作内容基本包括：

（1）项目现场准备、进场、临时设施、施工作业机械、施工人员、餐饮住宿、作业条件等。

（2）项目建设用地的征地拆迁法律手续及项目相关的建设许可等。

（3）项目现场设备材料的运输与仓储，包括进口清关等。

（4）项目现场施工配电、水源、氧气及乙炔气等施工用材料资源。

（5）项目现场“三通一平”（通水、通电、通路及项目场地平整）的基本条件。

（6）项目现场建设施工的主辅材、工程量预估、管理办公等工作。

（7）项目现场劳务、工程公司、租赁公司、咨询管理等公司情况。

（8）项目现场涉及的落地签证、政府、宗教、财税等预案准备工作。

国际工程承包项目策划负责人及其小组应对项目涉及的法律法规、强制标准等做出相应的调查。

国际工程承包项目重点法律法规包括：

（1）拟投标项目所在国和项目建设地区（州、府）项目领域有关的法律、法规和强制性条令及强制性标准；拟投标项目所在国及项目建设地区（州、府）相关领域的财税法律法规；拟投标项目所在国和项目建设地区（州、府）项目领域有关的外资、投资、金融、外汇等管理法律法规及条令；拟投标项目所在国和项目建设地区（州、府）有关EPC、PPP等不同形式项目的专项政策；拟投标项目所在国和项目建设地区（州、府）项目领域有关的人力资源、劳务签证、技术服务及其企业和个人的税费缴纳规定，其他有关项目领域的特殊法律法规等。

（2）国际工程承包项目所在国家和地区的财务、会计、银行等管理制度；建设项目领域相关的抵扣、汇兑等管理制度；项目属地化用工、外来用工、外派劳务、管理服务等水准、薪酬、配置比例、资源等概况；项目领域有关专业资格、培训、劳工组织、工会组织等基本概况；项目工作内容与中国法律法规的差异性，以及解决有关问题的合法方式等。

（3）国际工程承包项目所在国家和地区所认可的工程设计、咨询、监理的资格、资质、市场准入及退出等情况；项目设计、建设、检验、验收等重点工作涉及的标准、规范、指标等差异化同质转换的认定、认可、报备、核准等符合项目合同要求与政府法规认定的程序及方法。

（4）国际工程承包项目所在国家和地区的项目招标方及业主方特殊性制定或指派的项目建设参与组织、分包企业等概况；项目当地与项目相关的生活供给、医疗救助、危机救援等基本条件；项目所在国和项目当地政治、经济、军事、自然、人文等对项目产生的特殊影响及潜在问题和处置预案等。

4.5 国际工程承包项目投标价格测算及调整管理

国际工程承包项目投标工作须根据我国的项目建造成本测算系列标准为基本准则，参照国际工程承包项目所在国家和地区的建造成本价格体系进行系统的比照测算，重点在项目涵盖的规范、技术、标准、劳务、设备、材料、管理等成本费用与运输、报关、仓储等相关各个方面的成本费用差异，乘以拟定的利润比例，核销部分出口退税等优惠政策的收益，测算同业竞争投标方的差异化优劣数值，校正投标测算价格，调整项目总价微调系数，科学合理、严谨细致、完整灵活、目标清晰地决定极富竞争力的项目投标报价。

国际工程承包项目投标工作在投标前期尚未具备设计施工及相关图纸造价的情况下，必须参照招标方和业主方出具的有关地勘、分析、可研等基本资料进行实际复核，特别是涉及关键指标的资源（如矿石品位、精矿含量、水文地质、自然气候等）进行认真复检核实。

国际工程承包项目投标负责人及其小组须联合国内隶属公司及其合作方（设计、建造、施工等）组织通力合作，尽快提出自己的现场踏勘和初步设计方案。必须有针对性地编制投标文件的基础材料，在此基础上测算投标项目的工程量、标准、指标、造价、成本、预算、毛利等关键核心数据，以便推进后续投标报价工作顺利展开。

国际工程承包项目投标工作小组的预算人员和报价核算人员应有分有合地相对独立开展工作。对分的工作部分须尽可能地做出有效数据测算；对合的工作部分须尽可能地相互质询之后做出科学有效的数据整合，对双方彼此都需要掌握的设计指标、造价指标、技术标准、作业规范、工程分项、建造计量等均须互通有无，并且及时对项目现场或项目所在国传来的修正信息和新的有效数据进行消化吸收，避免投标核算过程中发生疏漏，不断完善提高项目投标估算、测算、核算、计算的参照数据，为项目中标之后的设计、建造、采购、施工等奠定可靠的基础。

国际工程承包项目投标工作必须尽可能预设项目发生的显性、潜在、隐蔽、交叉等工程量，科学测算各个项下发生的资源配置条件及工程成本和消耗，系统整合项目的实物工程量，确保项目工程预算、核算、测算的准确。上述核心数据、过程及结果均为项目投标机密，参与者必须严守秘密，谨防各种泄露发生的可能。当然，投标负责人及其小组应签署相关的保密协议，也应在保密协议中确定相关的责任、处置、奖罚细则。

国际工程承包项目投标工作应分为商务组、专业组、设计组、综合组等开展高效工作，无论项目投标涉及的核心工作（投标组织及投标专业工作）还是外围工作（如机票、住宿、保险等）切实做到专业的人做专业的事，合适的人做合适的事，对的时间取得对的投标工作成果。

国际工程承包项目投标工作须在投标方案所涵盖的具体细则方面有效开展系统专业工作：根据拟投标项目的工程总承包、工程分包、工程合作等不同情况，尽可能详细估算、测算、核算相关工程、相关专业、相关分项的设计与造价；尽可能采集项目投标小组提供的信息数据，结合国内外不同情况的变化要求进行估算、测算、核算，并且应当乘以相关的系数。有关投标的关键系数必须经过详细的讨论、评估、决策，方可在投标过程中使用。

国际工程承包项目投标工作须充分评估拟投标项目的设备造价、人工成本、材料价格、施工机械、租赁购置、水电气费、技术咨询、通信交通、运输保险等各种工程项目的相关费用，寻找扬长避短、发挥优势的项目差异，确定我方投标的靶点，确定我方投标的关键决胜点、整合性竞争力和综合性优势。

国际工程承包项目投标工作须在编制完成投标项目的投标文件之后，对如下投标文件中的重点内容及重点分项进行核准：

（1）宏观造价指标分析。在投标项目的投标总报价及分项报价确定之后，国际工程投标小组必须把上述两个价格进行拆分，再次与调查所得到的项目所在国同类项目的宏观造价指标、国内同类项目的宏观造价指标进行比照性价格分析，确保投标项目文件的分项报价和总报价确定在招标价格的合理范围区间，且具有超越同业竞争方的竞价优势。

（2）微观单价分析。在投标报价文件包完全响应招标方的规定之外，投标报价须保持分项单价竞价优势，也能够保持核心竞争力分项单价竞争利润的合理。因此，投标保价有必要做细致规范的微观单价分析。

（3）综合价格分析。通过咨询投标项目所在国专家和相关领域内权威人员的指导与参考意见，结合项目所在国及其地区从事相关项目或相关领域内工作的企业、个人等经验教训，充分评估项目投标方案及投标文件中的修正空间，及时完成估算、测算、核算、预算的投标价格流程工作，形成投标报价的系统参照系，在此基础上及时做出投标报价及投标方案的完善、修正和调整，实现相对一段时间、相对专业领域内具有综合竞争优势的投标报价及投标方案。

4.6　国际工程承包投标报价决策管理

国际工程承包项目的投标报价与投标标书需要通过决策机制进行确定。首先，投标报价完成之后，须经专家小组与领导小组的核心层对投标项目的投标报价和项目承包价格做比照分析，澄清其差异性区间的共性与个性价格，明确总价与分项价格的竞争策略，决策投标项目的现有经济效益和企业经营战略的中长期市场竞争目标，在此基础之上，做出投标项目的确定性决策。

国际工程承包项目的标书编制工作必须充分收集竞争对手的信息情报资料，全面了解、分析竞争对手的关键状况。对竞争对手的资源优劣、联合投标伙伴、合作市场前景、市场资源背景、设计施工优势、管理体系差异等竞争项目进行比照推敲，做出相应的竞争调整，有针对性地做出竞争性攻击方案，并将有关内容补充进入相对应的投标文件条款之中。同时，确保在投标截止日期之前，做好自身投标优势的保密工作。从而做到投标报价和投标方案与竞争对手的对称性和不对称性竞争优势，保证投标报价与竞争性系数与项目建造成本利润基数的竞争胜算。

国际工程承包项目投标小组接受隶属公司企业法人的委托，具体承办项目投标工作。根据招标方和业主方的投标要求，投标小组及其负责人根据隶属公司的最终投标决策，确定履行投标价格及投标方案的实施和执行工作。在投标报价及投标方案的实施执行过程中，须充分考虑投标方的综合实力，确定投标报价及报价竞争策略；结合隶属公司决策层的企业发展战略，做出超越竞争对手的判断，遵从与市场竞争和投标报价决策提交投标标书，填报封存投标项目的最终投标价格。

特别说明：国际工程承包项目投标价格与投标方案须基于项目所在国、所在地区的货币价值与投标项目确定结算的国际流通货币兑换比率，按照合同执行期限的年限预测并测算工程项目工程款与项目确定结算货币的预期收益与损益，测算人民币与项目所在国国家货币和项目合同确定结算货币（如美元、欧元等）三方汇率的货币贬值、升值、通胀等波幅和趋势，尽量采用定期结算或兑换率锁定的互利方式确定投标报价的竞争性优势，以便在中标之后在项目合同中确定相关上述条款。

4.7 国际工程承包项目投标标书及相关文件编制管理

国际工程承包项目投标报价和投标标书确定之后，经过投标方隶属决策领导的决策确认，依照招标方及业主方的投标规定要求编制完成投标标书及相关文件；依照招标方及业主方的投标规定时间提交编制完成的投标标书及相关文件；投标负责人及相关人员持续性跟进投标工作，参加开标会议等后续有关工作。

国际工程承包项目投标文件的编制工作具体内容为：投标文件中规定的格式内容需准确填写，每项空白要求的内容均需依照规定填写，填写可采用打印方式或手写方式完成。无论打印或手写，字迹规范清晰，符合规定要求；填写过程中不得擅自改变投标文件的格式；投标标书及相关文件须按照招标方要求的字号、标准、版式打印，装帧符合相关规范要求；投标标书及其相关文件的统计、计算数字准确，分项单价、报价包价格、项目投标总价须相互印证，价格大小写数字规范准确；投标标书及相关文件应有完整规范的包装，包装上有醒目规范的中英文投标标识，符合招标方及业主要求的投标函一并提交。投标函须有符合招标法律法规规定资格要求的法人代表亲笔签名，体现投标方对招标方及业主方的规范性商业诚信。

5 国际工程承包项目合同及合同管理

国际工程承包合同是在工程领域开展规范化国际合作的经济合同。一般是以两个不同国家的企业组织分别作为项目的甲乙方以实现工程项目建设为目标的工程承包合作，项目合同中因工程建设需要包括第三国或更多国家的技术、专利、设备等多边国际合作的合同，是依照 FIDIC 条款及国际合作的相关法律法规，为确保国际工程项目合作的业主方与承包方之间开展国际合作的权利和义务，经招标、投标、谈判等专业活动协商并达成共同遵守的一致意见所签订的合同。

国际工程承包项目合同文件一经签订，项目双方各自承担的责任和义务得到确定，项目双方之间产生的相关权利和义务关系也得到确定，两者之间的国际合作权利、义务和关系具有法律效力并受到法律保护和法律制约。项目甲乙方的任何一方如果不履行项目合同或违反项目合同的约定，就要负责赔偿等责任，或接受仲裁，直至诉讼，接受法律的制裁。

因此，国际工程承包项目合同管理是基于国际规范开展的标准化、专业化、制度化的国际工程承包项目管理活动，也是依照合同执行并实现国际工程项目建造与建设的具体管理工作。

5.1 国际工程承包项目合同原则

国际工程承包项目合同原则遵循国际上通用且得到国际间认可的 FIDIC 条款合同。

FIDIC 是“国际工程师协会”法文名称“Fédération Internationale Des Ingénieurs-Conseils”单词的首个字母的组合，英文名称为：“International Federation of Consulting Engineers”，1913 年由欧洲 5 国独立的咨询工程师协会在比利时根特联合成立，目前，总部在瑞士洛桑。

FIDIC 条款是一种国际工程合作的基本惯例。世界银行、亚洲开发银行及美国总承包商协会（FIEC）、中美洲建筑工程联合会（FIIC）等国际组织均推荐把 FIDIC 条款作为工程项目国际招标采用的通用合同条款。FIDIC 条款也是世界各国工程项目建设和工程项目管理世纪性的经验总结，它把土木工程、工程技术、工程管理、经济合作、法律法规等相互结合，用标准规范的合同形式固定下来。由于 FIDIC 条款的科学性、公正性和严谨性，它得到了国际工程建设领域广泛的认可和使用。

目前，我国同世界银行、亚洲开发银行、亚投行等国际金融组织开展良好的合作，我国政府及外国政府担保贷款及投资信贷的国际工程项目均要求采用 FIDIC 条款进行国际工程承包项目管理。FIDIC 条款及其在国际上通称的“红皮书”（《土木工程施工合同条件》）、“黄皮书”（《电气和机械工程合同条件》）和“白皮书”（《业主/咨询工程师标准服务协议书》）等不应狭义理解为标准的合同条款，从广义上讲，FIDIC 条款是国际工程项目建设、建造、实施的标准化招标文件，通过公开招标的形式竞争性选择国际工程项目承包商，通过第三方独立性的监理公司（监理工程师）的监理方式对国际工程项目进行监督管理，通过国际工程项目经理部的形式按照业主方（发包方）与承包方之间签定的合同进行国际工程项目的建造、建设与管理，达到国际工程承包项目合同管理的目标。

国际工程承包项目投标中标之后，国际工程承包项目合同管理工作开始。国际工程承包项目合同管理工作重点包括：合同文本选定、合同条款谈判、合同分项确认、合同正式签约、合同履约公告、合同执行与变更、合同索赔、合同质保、合同技术服务、可能发生的合同违约与终止及有关协商、仲裁等法律法规框架内的合同管理过程。国际工程承包项目的合同管理也包括对工程分包、设备建造、物资采购、技术服务、工程监理等各类分包合同（包括项目工程项下的招投标合同）的管理。国际工程承包项目为履行项目合同而订立的其他项目合同项下的各类分包合同，须严格依照项目合同的目标、指标、标准、规范等相关条款要求的原则保持一致，并且一同并入项目合同管理的范畴之内。国际工程承包项目合同管理必须严格遵循国际通用准则及国家相关的法律法规进行，严禁合同管理过程中的违纪违规情况发生。

国际工程承包项目中标之后所签订的项目合同，必须严格按照甲乙双方的权利、责任和义务全面履行合同。国际工程承包合同的基本原则是互利共赢、诚实守信；合同双方均应遵守彼此国家的法律法规和双方企业的管理原则；合同双方人员须尊重彼此的文化、宗教、信仰、公德和社会责任；合同双方须在合同的基础上承担彼此的责任和义务，竭诚开展工程合同管理及项目管理的全面合作。

国际工程承包项目的合同管理工作应从参与项目投标工作开始。项目投标过程中所取得的招标文件及其相关招标方及业主方的要求等，均应视为项目合同管理的基础资料。拟担任项目中标后的项目部核心管理人员应参与项目投标及有关工作。项目正式投标完成之后，该项目的合同管理工作及其合同管理职能同时启动。投标组织与拟成立的项目部组织应有清晰的管理结合，共同完成项目部未来合同管理和项目管理的工作纲领，并且在此纲领下及时组织建立相关的项目部组织机构。

国际工程承包项目中标之后，原来组成的项目策划与投标管理组织应在隶属公司的领导下转移，其成员应分别结合或进入为中标项目所组成的项目部组织机构中，承担起项目部运营管理的相关责任。项目部正式成立之后，原来的项目投标组织、策划组织解散。

国际工程承包项目部的管理制度体系中须建立健全承包项目合同的评审制度。项目部须在合同基础上接受隶属公司国际工程管理部的业务领导，依照公司管理制度体系的规定开展工作。项目合同及其项下的其他合同评审，须遵守公司有关合同评审管理制度的规定。

国际工程承包项目合同评审工作应由公司组织的合同评审专家组或专门的组织机构及其成员完成，合同评审专家成员须具备国际工程管理理论与实践经验，具备相关的资格和资历，具备优秀的管理与专业工作指导能力。评审专家组成员选聘、组织机构的设置、评审管理流程、合同评审意见、合同审核批准等工作均由公司负责，相关工作依照公司的有关管理制度执行。

国际工程承包项目须依照投标管理工作要求开展项目合同管理工作，项目投标组织及拟成立的项目部管理组织中应设置合同管理岗位和负责人员，明确合同管理的工作职责和管理职能。确保项目合同及其项下的有关合同有条不紊地持续开展，做好项目合同及其项下合同的洽商、谈判、评审、批准、签约、执行等管理工作。同时，必须向拟成立的项目部及公司管理部门的有关工程技术人员和管理人员提供项目合同的贯彻、备案、咨询、协调、落实、执行等工作。

国际工程承包项目合同管理工作的始终应与项目的始终保持一致，合同管理工作须贯穿于项目执行过程的全程。合同管理工作中的各类文件可以作为项目竣工文件的重要组成部分。因此，项目合同管理是项目管理体系中的重要工作，也是项目工程管理的核心工作之一。按照项目合同管理的工作要求和项目部组织机构及人员的不同职责、职能及分工，项目部工程技术管理人员须全员参加项目合同管理的有关部分工作。

国际工程承包项目的合同管理工作包括工程工作、专业工作、商务工作、技术工作、法律事务工作等几大重要部分；合同管理的各项工作须保留管理工作过程，备案符合法律法规和合同约定要求的有关工作文档（纸质文件、电子文档等）。合同执行文件和管理文件均属于项目管理重要文件，具有相应的法律效力。

5.2　国际工程承包项目合同谈判管理

国际工程承包项目合同谈判管理是项目管理核心机密工作之一，因此，涉及项目合同谈判的关键报价、数据、指标、标准等均属于商业秘密。所以，国际工程承包项目合同谈判涉及的计划书、设计规划、初步设计、投标报价、配置水准、指标能力、建造标准、采购运输、调试验收等重要工作的谈判均应在保密的前提下进行。上述有关工作的谈判、妥协、修正、调整等工作管理均由谈判双方依照合同保密原则在法律的框架下进行。谈判双方均对谈判结果负责，同时，对一旦发生的泄密等状况承担各自相关的责任。

国际工程承包项目合同谈判工作须围绕项目建设目标进行，采用谈判双方集中于尚未达成一致意见的关键目标进行谈判。理论上采取循序渐进的谈判方式，也不排除突破式的单项谈判。谈判过程经过双方决策领导的授权，对未经授权的部分谈判应作为框架协议成为正式谈判的基础要件。谈判团队成员组成应满足项目专业、技术、设计、管理、商务等各项工作的超高水准要求。谈判代表须具备合同谈判的优秀领导能力和渊博的知识，谈判团队须具备项目涵盖各个领域的综合能力。特别，谈判双方的成员及代表须得到各自决策领导的充分授权。

国际工程承包项目合同谈判管理工作必须做到符合国际工程管理惯例和水准，符合国际工程承包有关法律法规及基本准则。谈判成果性文件须以双方约定认可的语言文字表述，谈判文件符合合同规范的标准。

国际工程承包项目合同谈判的主要内容包括：合同启动预付款的付款方式、预付款比例；项目现场进场开工及准备工作；项目商务（包）条款；项目技术（包）条款；项目合同工程范围；项目合同组织及人员；项目合同涉及的签证及双方责任与义务；项目合同工程款、劳务费用、技术服务费用、监理费用、检测验收费用的责任及付款方式；项目合同技术装备水平，合同技术指标，合同约定采用的标准，合同约定的土建、结构、机电安装、调试、验收等工作阶段的标准及时限；项目合同甲方有关项目管理、生产、运营等各类人员的培训；项目合同甲乙方承担提交或交换的有关资料文件；项目合同约定的管理、标准、技术、规范及其软硬件管理程序；项目合同付款条件及付款方式和时间；项目合同争议或法律争议的处置方式与解决方法；项目合同内所涉及的其他关联问题等。

国际工程承包项目合同谈判应本着友好协商、互惠互利的原则进行，但是，并不排除正常的商业谈判手段和追求的商业谈判利益。特别，合同谈判属于经济技术合作的商业战争，谈判双方均应竭尽全力赢得合同谈判的胜利。合同谈判不是单纯的输赢关系，应该是谈判中取得的双赢。所以，谈判方法、谈判手段、谈判策略、谈判方案均应严密准备以达到有效实施。

国际工程承包项目合同谈判的团队组成基本上包括谈判代表、谈判成员、谈判助理、谈判翻译、谈判后勤管理等人员。谈判人员的职责必须清晰完整；谈判组织职能须相互协调、有效配合；谈判成果须共同分享；谈判策略及达成谈判共识结果的关键节点须大胆、谨慎、灵活、机智、科学、严谨，且符合企业和国家的根本利益，符合企业在本项目中的诉求目标。

国际工程承包项目合同谈判的基本要求包括：谈判人员、专业、内容等对等，谈判涉及的专业术语和特殊内容彼此理解，谈判采用合乎国际标准规范的商业及技术谈判语言，谈判具备友好和谐的氛围、地点及相关条件，谈判双方的基本背景须适度公开，谈判双方彼此尊重对方的信仰、宗教、政治等客观条件，谈判双方应避免用非法语言和手段攻击对方，谈判双方应共同避免正常工作环境条件下的禁忌情况发生（如饮酒、吸烟、谩骂、暴怒等），谈判双方禁止发生工作范畴之外的人身威胁攻击等。

国际工程承包项目合同谈判应努力做到知己知彼，掌握谈判对手的核心诉求，控制谈判节奏和大局，达到谈判共识，赢得谈判胜利。特别，谈判团队所有人员必须遵守保密准则和工作原则，切实履行自己的谈判职责，严格遵守相关的法律法规。

国际工程承包项目合同谈判的主要信息包括：项目合同的自然环境数据，项目合同水文地质条件，项目合同建造标准、指标、规模等方面的有效信息，项目合同设计、设备、材料标准，项目合同商业条件要求，项目合同执行过程关联方的核心信息，项目合同谈判对手的综合背景和基本信息，项目合同谈判双方的预期目标信息等。

国际工程承包项目合同谈判的优劣管理包括：经过对该国际工程承包项目收集整理的信息筛选得出的优劣结果；对自身企业及国家针对该项目的合同执行预测和评估；通过投标及项目内外相关综合信息系统评价得出的企业与国际水准所具备的优势和劣势；上述优劣针对本项目合同谈判的应对及解决方案，特别，综合优劣条件针对本项目的扬长避短方略。

国际工程承包项目合同谈判计划管理包括：通过系统研究确定的合同谈判目标，项目谈判达到的合同最低值、最高值可接受的区间指标，项目合同谈判后续跟进的工作程序，项目合同谈判同步进行的测算与评估，项目合同谈判工程技术领域预测的风险和应对方案，项目合同谈判金融、政治、战争、自然灾害的潜在影响及解决方案等。

国际工程承包项目合同谈判的基础准备工作包括：项目合同谈判的议题、谈判的切入点、谈判的核心目标、谈判的竞争策略、谈判的失败及退出方式等，项目合同谈判预演模拟，项目合同谈判基础资料（包括电子资料、图像资料、设备材料及厂家资料等）准备，项目合同谈判的其他特定应对方案等。

国际工程承包项目合同谈判双方确定的基本工作：双方决策层确定的合同基准目标和互利共赢的合作基本准则，双方谈判小组约定并确定的项目合同谈判议程，双方谈判代表确认的谈判工作日程安排等。

项目合同谈判程序基本包括：谈判双方开始的介绍与陈述，双方谈判代表明确表达的谈判原则，双方谈判成员按照谈判工作日程开始的具体谈判，双方谈判成员达成的谈判结果及有关文件，双方谈判代表签字确认的谈判成果文件等。

国际工程承包项目合同谈判的基本要求：谈判须明晰落实项目合同的要求，谈判须集中于合同条款的整体目标和范围，谈判须界定合同双方在不同条款的重点责任和义务，谈判须明确阐述双方约定的合同标准和质量指标，谈判须确认双方执行合同的责任和义务，谈判须达成双方任何一方若发生违约将承担的责任和法律解决方式，谈判须严守双方的法律法规和商业准则，谈判须固化合同开始和结束的时限和目标等。

国际工程承包项目合同谈判涉及的不同分项内容须符合国际规范，具体内容包括：合同谈判涉及的项目设计标准、规范、指标均得到双方的认可，合同谈判的文字表述严谨准确，合同谈判的过程须严守商业秘密要求，合同谈判分歧须得到合理的解决，合同谈判的妥协须符合双方的法律法规要求，合同谈判的最终结果须得到双方决策代表签字确认生效。

国际工程承包项目合同谈判甲乙双方达成一致工作阶段时应注意的工作要点：

（1）项目合同总价的确认。如果甲乙双方通过谈判已经完成了合同各个部分的商务与技术谈判，相关部分的合同分项价格也已经基本确定，那么，作为中标方须独立复核合同分项价格与合同总价之间的关系，合同总价构成的比重，合同总价组成的顺序，合同总价中预付款和质保金所占总价的比例。通过复核分项价格及预付款和质保金的比例，可以按照设备材料价格、运输报关财税、土木结构施工、机电安装工程、设备调试验收、人力劳务成本、培训质保服务等工程项目的七大组成部分所占资金费用的正常比重，发现是否存在重大疏漏或不合理问题。如果发现相关问题出现，一定要尽快调动相关专业人员进行专项工作核算调整，在谈判中及时提出并做出调整。如果没有相关的问题，可以按部就班地整合分项价格，组成有理有据的合同总价。

（2）合同总价及分项价的增减调整。根据谈判双方达成的基本一致意见，甲方往往会在合同临近谈判结束时对合同总价及分项价提出去掉尾数取整的建议，或是貌似随意提出一些新的工程内容补充进入合同的要求。作为承包方不能被合同趋于结束就简单允诺或是将甲方提出的新要求随意写入合同，更不能急于求成而放弃核心利益对甲方做出新的合同承诺。合同总价与分项价的取舍应有理有据地说明相关部分的潜在费用尚未计入分项价和合同总价；新的工程内容可以作为增项内容在有关部分工程进行时视具体情况做出增项，甲乙双方本着友好合作的原则以成本价格对甲方提出的这部分工程协商结算；投标方可以基于合同提供高附加值的技术指导、质量保证、管理服务、特别培训等方式免除相关的合同费用，使得甲乙双方都能在项目合同合作中受益。当然，必要的让步可以做出，不能严重影响项目合同的核心利益，更不能给合同带来不可预知的风险。

（3）合同谈判达成一致的文件及存档。无论项目合同谈判达成一致意见或是谈判破裂，有关合同谈判的文件必须严格依照资料管理分类编码及相关管理制度进行整理归档。特别，经过双方谈判代表及成员签字确认的谈判文件必须由专人收存。对于部分难以达成一致意见的条款或谈判破裂的内容，可以如实表述，作为合同附件以备后期继续探讨解决。文字及语言表述必须规范，对于达成一致意见的部分须规范严整；对于未达成一致意见的部分内容则清晰描述并留有谈判的余地。特别，合同谈判甲乙方的签字、备忘录等合同文件、合同附件、合同要件等必须规范、标准、合法、完整。

国际工程承包项目合同谈判负责人及其谈判小组须定期对谈判的进程进行团队沟通和评估，做出相应的目标调整和整体谈判意图，完成谈判战略的整体与分项战略目标。谈判团队在谈判过程中须及时通报、分享、分析谈判成败的原因及结果，做到信息共享和信息保密工作，及时应对谈判危机，在做出谈判取舍的同时有策略地争取达成谈判分项与整体之间最终一致的总体谈判目标。

5.3 国际工程承包项目合同正式签约管理

国际工程承包项目谈判甲乙双方达成一致谈判意见之后，投标方须在与业主方（甲方）正式合同签订之前，将项目合同谈判结果及时交给投标项目评审专家或咨询专家评估会审。评估会审的时间必须限定在甲方要求正式签订合同的时间之前完成。大型、超大型合同须按照国家有关法规及企业规定，上市公司须完成总经理办公会和董事会的审核批准；央企公司须按照国资委等有关国家部委管理机关的规定完成合同审核批准，必要时报党政联席会议审核之后，由公司董事会批准。

合同评审、审批内容及审核工作流程基本如下：

（1）专业技术审核。由工程设计、施工、建造、管理等项目涉及的各个方面的有关专家组成的评审小组按照规定工作程序和评价方法审核。审核意见为机密，审核意见须得到决策层的快速处理并出具决策意见。

（2）商务管理审核。由商务管理、财务管理、预算管理、决算管理等项目商务涉及的各个方面的专家组成的评审小组按照规定的工作程序和评价方法审核。审核意见为机密，审核意见须得到决策层的快速处理并出具决策意见。

（3）法律法规审核。由企业负责法律事务的律师及工程项目法律事务专家组成的小组按照规定的工作程序及评议方法审核。审核意见为机密，审核意见须得到决策层的快速处理并出具决策意见。

上述三项内容完成之后，由投标企业决策人（法人或法人代表）对国际工程承包项目合同做出最终投标的决策意见。合同评审过程中发现的各方面问题应及时要求澄清并解决，结果以书面方式确定。投标方与招标方就合同工作范围以及双方权利义务全部的谈判内容均达成一致意见之后，按照法律规定签订书面合同，合同签字生效。

国际工程承包项目合同谈判过程中的备忘录、附加协议、合同附件、谈判纪要、谈判声像资料等均属于项目必要文件。上述文件在项目执行期间对项目甲乙双方均有约束力，有关内容须得到落实确认。上述文件与项目合同保持一致，投标方应在项目执行过程中与甲方及时确定有关内容的优先级和落实执行的先后顺序，保证项目合同正确执行。

国际工程承包项目在签订承包合同时应同业主约定合同从签字之日起生效，或商定具体的合同生效条件，同时应明确下达开工令的方式和如何确定开工日期。

国际工程承包项目合同签约时，签字人如果不是公司法人或法定代表人直接签约，签字人须出示公司法人出具的授权委托书作为取得授权的代表人在项目合同上签字，同时，甲乙双方须分别加盖各自公司的合法印章，明确填写合同签署日期和生效日期，并按照法律要求及商务要求在合同的每页上签字确认。至此，项目合同谈判、签字、生效工作达成。

5.4 国际工程承包项目合同变更管理

国际工程承包项目合同原则上不应发生重大变更。如果因为客观存在的条件发生重大变化而引起的合同变更，变更发起方必须承担相应的责任。合同双方在严格遵守项目合同规定的设计、建造、安装、采购等各个工作程序的基础上，针对客观发生的工程变化或缺陷进行变更处理。重大变更须得到甲乙双方决策层的同意方可在合同的相关部分进行合作变更，任何一方都不得强制、擅自变更合同内容。甲乙双方同意的合同变更部分内容须得到项目工程监理方和检验方的认可。

国际工程承包项目合同变更处理的基本工作程序：

(1) 根据合同条款对相关部分的规定清晰界定相关变更内容。

(2) 由项目甲方或其委托代表的管理方向乙方发出合同某一部分的变更令。

(3) 由项目承包方根据变更令做出的变更建议书（变更方案）提交监理方、项目甲方确认。

(4) 在取得变更方案确认函的前提下，项目承包方落实执行项目合同变更工程。

国际工程承包项目承包方对不可实现的合同变更管理方式：在确定无法落实执行业主的变更令之后，项目部须及时通知业主并向隶属公司报告，客观、清晰、完整地陈述无法落实执行合同变更的原因、现状、情况，具体涉及的原因包括但不限于如下内容：

(1) 项目部在业主要求的时间内难以或不能取得实施该变更所需要的施工材料、施工专用设备、施工专业人员、施工动力等必备资源。

(2) 项目部在落实执行变更工程时发现变更工程将对原有工程的重要核心功能、标准指标、设计寿命、项目年限等产生破坏性影响。

(3) 项目施工在落实执行变更工程时将产生或存在重大工程安全、质量、污染、环境等问题或隐患，甚至造成工程项目工程安全、质量、污染、环境等方面的重大事故。

项目部对上述情况的处理必须在得到业主方的确定回复通知之后，才能开展有关问题的善后处理或保全工作。善后处理及保全工作目标在于尽快达成变更工程的撤销、重新设计或项目增项谈判等方式解决。在没有得到项目业主方及管理方的答复意见期间，须明确记录变更施工停止的时间及澄清发生延误的情况，在达成后续处理意见时向管理方及业主方一并发出索赔。

国际工程承包项目现场发生工程变更时，如果管理方或业主方仅以口头指令的形式现场要求施工方执行，项目部有关管理人员及代表须及时向管理方或业主方代表提交确认文件，确认文件须得到相关负责人的签字。不然，口头变更令无效。

国际工程承包项目合同管理负责人及项目经理须认真审核招标方或业主方的致函、要件资料及文件，按照工作职责分工及时安排有关部门人员做出处理，根据处理意见统一回复上述致函。对于合同范畴内的内容，须及时要求责任人员或职能部门做出响应；对于超越合同的内容必须考量是否属于合同变更或增项，按照变更或增项的工作程序进行合同管理工作。上述工作须严格依照项目合同的有关条款进行，必要时须向招标方及业主方明确说明做出回复及处理意见所依据的合同具体章节及具体条款，以便后续工作规范顺利进行。

国际工程承包项目合同管理工作不仅要依照合同的具体章节条款规定，而且要根据实际工程工作的进行和变化按照工程管理的造价原则执行合同。

合同价格及相关工程变更的造价调整基本包括如下要点：

（1）国际工程承包项目合同中并未涵盖或适用的工程分项及变更。对于这部分工程的造价或合同调整及变更，承包公司或项目经理部须及时书面通报项目现场监理公司，要求监理公司确认有关书面文件，再与招标方及业主方及时协商重新确定这部分工程的调整变更及造价和价格。如果项目承包合同中已经对类似的小范围及造价有规定，可以按照相关规定条款处理。如果没有类似的规定条款，须逐项申报、确认、累计，与甲方预定定期调整变更工程的工程款调整及结付。合同中相同或类似工程造价及材料单价可作为变更工程的参照价格的结算依据，供监理方及甲方确认。

（2）国际工程承包项目合同中没有类似工程造价及单价参照，原则上应以工程现场变更工程所产生的成本价格计算这部门造价及价格。但是，大型变更工程应单独开展变更工程谈判或增项谈判，有关费用及工程造价价格等另行计算，双方达成协议后执行。

（3）国际工程承包项目合同的执行管理须严格按照合同甲乙双方的规定进行。如果甲方或业主委托授权的甲方代理方在合同执行过程中提出修改或建议性方案，工程项目部须依据合同乙方的权利和义务审议、回复甲方的修改或建议方案，在重视甲方要求的基础上，代表合同乙方认真履行合同责任和相关义务，对照合同规定进行专业分析，判定甲方的修改或建议方案是否属于工程变更，甚至是合同变更。由此，进一步判定合同甲方或业主方提出的有关修改建议要求是否构成合同执行过程中的实质性工程变更及合同变更。根据判定结果，首先及时向隶属公司汇报项目部的有关建议及应对方案，在征得隶属公司决策层同意或指示意见的基础上，正式做出对甲方有关修改建议的回复意见，正式照会甲方，书面及口头告知其修改建议所产生的工程费用、设计费用、工程造价、施工工期、工程质量、项目指标等变化的具体方案和甲方须承担的相关责任。上述快速反应管理及审核评估管理是项目执行过程中非常重要的工作流程之一，也是应对合同执行过程中经常出现类似情况的规范性管理机制。

国际工程承包项目须按照项目合同规定的工程文件编码体系进行国际化、规范化、标准化的文件体系编制、使用、存档，切实做到工程项目执行全过程的工程文件规范、专业、完整。特别是项目甲乙方的会议纪要，会议文件，往来管理邮件，施工图纸，设计文件，规范标准文件，工程变更、安全、环境、质量管理文件，工程项目验收文件，工程款及工程费用文件，设备材料说明书等重要核心的工程资料及文件须由专人及专业部门机构按工作要求落实完成。上述文件不仅是合同甲乙方的必要管理文件，而且可以作为具有法律效力的依据和备查文件，甚至可以作为合同甲乙双方一旦发生争议、仲裁等使用的法律要件。因此，项目合同执行过程中必须认真严谨地做好上述工程项目管理工作。

5.5　国际工程承包项目合同索赔管理

国际工程承包项目的索赔管理包括**专业工作、商务工作、法务工作**三部分，而且，这三部分工作须形成有机结合的完整体系，才能做好项目的索赔管理工作。项目索赔是合同甲乙方对照合同做出的反应管理机制，是工程项目执行过程中经常遇到的管理情况，也是项目甲乙方维护自身权益的通行做法。索赔已经不是“投标靠报价，盈利靠索赔”的老黄历，随着国际工程承包项目管理的发展变化，索赔管理日趋成熟完善，并且显现出国际化、规范化、标准化的势头。项目管理部及项目管理人员须重视并熟练应用合同条款，在项目执行过程中做好索赔管理工作。

国际工程承包项目合同索赔管理工作范畴：

（1）项目合同设计阶段发生违反项目设计条款的设计变更、设计标准变更、计量标准变更、设计指标变更、设计规范变更、设计时间变更、设计专业变更等设计工作范畴内出现的严重违反项目合同，并且给项目及工程带来严重影响的设计问题。无论合同甲乙方引发的上述设计问题，相关方必须承担相关的责任，并且按照索赔协议落实有关追索及赔偿的义务。特别，合同乙方作为承包方，须保持足够的重视，不卑不亢、有理有据地做好索赔工作。必须避免索赔工作的敷衍了事、得过且过、日积月累、养成大患的江湖义气的处理方式；必须遵循国际化的人情与工作相互分离的工作原则。否则，项目竣工时往往会招致项目甲方“倒打一耙”的索赔、危机及损失，甚至造成项目管理及企业不应有的信誉、商誉和利益损失。

（2）国际工程承包项目合同订货阶段发生违反设备、材料、装备、配置、标准等方面的变更。如果发生改变原合同约定的重要技术指标、参数、标准等，并形成工程造价、施工费用、人力资源、技术装备等项目合同相关专业领域发生的任何资源与费用的变化，项目管理部及隶属公司须本着合同规定的相关条款，依据合同适用的相关法律法规提出并进行索赔。

国际工程项目经常发生索赔的主要方面包括但不限于如下内容：

（1）国际工程承包项目甲方或业主及其委托的代理方变更了工程项目的范围、主要建设生产指标、技术及质量标准、工程项目的装备配置、合同规定的工程项目建造阶段、工程项目验收指标及技术服务体系等。

（2）国际工程承包项目甲方或业主及其委托的代理方未按照合同约定的按时、按量支付工程款、设备款、材料款、劳务费用、管理费用等项目费用。

（3）国际工程承包项目甲方或业主及其委托的代理方未能按照合同约定的工作方式，未能按时或故意延误项目承包方对其发出的各类工程项目执行文件的回复、答复、批复、核准等业主方履行的义务及工作职责造成的直接损失和间接损失。

（4）项目甲方或业主委托的代理方向项目乙方及承包方提供的项目信息错误或项目条件错误，造成项目建设出现错误而实施的项目变更；项目实施不同阶段因项目甲方或业主委托方未能按照合同约定的条件向项目乙方提供项目执行条件，例如：甲方未能按时向乙方提供施工进场的条件，甲方未能按时向乙方提供项目所在国及其所属地区政府管辖的必要许可及批准条件等，造成项目乙方无法按照合同执行项目建设造成的损失。

（5）项目现场施工过程中遇到或发现国家法律规定必须等候国家相关部门处理后方可继续项目建设的情况，例如：古迹或遗址发现、文物或古生物发现等，造成项目乙方及承包方阶段性失去应有的工程权利及其不能继续施工所造成的损失。

（6）项目甲方或业主委托的代理方向项目乙方提出项目合同约定之外的各种检验、调试、评估等强制性工程内容所造成的直接及间接损失。

（7）项目甲方或业主委托的代理方对项目乙方及承包方提出的工程审核、确认、检验、验收、许可等工程管理及技术文件未能、拖延或故意缺乏及未有履行甲方义务的回复，造成项目乙方在相关工程领域的直接及间接损失。

（8）项目甲方或业主委托的代理方人员在项目乙方及承包方工程范围内人为原因造成

的妨碍、阻止、误导、失误、失职、事故等原因造成的直接及间接损失。

（9）项目甲方或业主委托的代理方对项目乙方及承包方回复的设计、标准、规范、采购、建造、安装、检验、验收等各类工程基础数据、参数、指数、基准的错误所造成项目乙方的直接及间接的损失。

（10）项目甲方或业主委托的代理方对项目乙方及承包方无理提出终止合同或违反相关合同法律法规的行为所造成的项目乙方直接及间接的损失。

（11）项目甲方或业主委托的代理方因其国家或行政主管部门的原因，违反项目合同条款做出的有损于项目乙方工程项目利益的失信、违规、违法决定所造成的项目直接或间接损失。

国际工程承包项目索赔管理须按照国际惯例准备相关的索赔文件，索赔文件及索赔程序应包括如下重点内容：

项目索赔项及项下所发生的时间、地点、情况描述、甲乙双方的关系人，项目索赔项及项下发生的直接损失费用核算、依据、总额，项目索赔项及项下甲乙双方采取的管理措施、行为、结果，项目索赔项及项下应甲乙双方认可的记录文件、纪要、处理结论等文件资料，项目索赔项及项下乙方提出的申述要求、索赔依据、索赔证据、索赔报告及所有相关资料文件，项目索赔项及项下依据合同相关条款解决相关索赔工作的原则及乙方提出的索赔意见声明。

国际工程承包项目索赔须按照索赔工作的组织、准备、实施、执行、结束等五个基本工作阶段进行管理。组织专业齐全的人员形成索赔工作组；落实各项索赔工作需要的准备资料、证据、依据、商务、财务、法律等各方面符合索赔规范要求的音像资料及书面文件；全面有效地实施索赔工作的洽谈、谈判、仲裁、起诉等各类索赔工作；坚定迅速做好索赔工作的协议、决议、裁决、判决等执行管理工作；妥善灵活处理好索赔工作与项目甲方或业主方的索赔协调、配合、合作等管理工作，认真严谨、规范专业地做好索赔全过程的各方面组织管理工作。

国际工程承包项目工程索赔文件的组织管理。索赔文件资料须包括收集、整理、保留项目执行过程中潜在、可能及已经发生的索赔事项的必要资料、证据、依据和文件，具体资料文件不限于声像资料及书面文件，包括但不限于如下内容：

（1）项目招投标甲乙双方相互提供的有法律效力的文件，其中包括：招标文件、投标文件、中标通知书、项目签约合同等原始合同文件、项目合同附件。

（2）项目甲乙双方确认的设计、采购、设备、材料、技术、规范、标准等工程技术管理文件。

（3）项目甲乙双方签字认可的工程开工令、停工令、变更令、检验单、验收等施工管理文件等。

（4）项目甲乙双方往来的财务结算、工程结算、投融资协议等工程成本、造价、费用、资金的各类财务管理文件。

（5）项目甲乙双方签字确认的会议纪要、声明文件、澄清备忘录、周月季报等各类工程及综合管理文件。

（6）项目甲乙双方签字确认的人力资源培训、外派劳务、专家指导服务、技术咨询服务等工程技术服务管理文件。

(7) 项目甲乙双方签字认可的项目施工阶段划分、项目工程总包与分包、项目属地化分包商及供应商的隶属与管理等各类工程计划管理文件。

(8) 项目甲乙双方签字认可的签证、国际结算、工程担保、工程保险、报关运输、甲乙方国家强制法规等各类会商协议的商务管理文件。

(9) 项目甲乙双方签字认可的其他一切与工程项目有关的信息文件等，例如：项目所在国政府有关部门公布的各类价格、工程造价参照表、强制标准及各类有关的行政法规法令等。

上述文件不仅是项目索赔管理工作的基础依据，也是项目管理工作的基本管理程序之一。因此，上述工作可由负责项目管理的综合部门负责，统一收集、整理、编码、归档、管理，并按照标准规定对上述文件、资料、文档等进行保密等级的划分，按照使用的权限进行管理。

国际工程承包项目索赔的文件归纳工作。索赔文件资料的归纳工作须严格依照保密及综合文件管理工作的规定进行汇总，以图表的形式进行归纳，主要具体文件及相关汇总表如下：

(1) 项目合同工程分类表及汇总表。

(2) 项目合同工程设备表及材料表。

(3) 项目合同工程费用表及收支表。

(4) 项目合同工程变更表及实施表。

(5) 项目合同施工计划表及进度表。

(6) 项目合同工程日志表及报告表。

(7) 项目合同工程延误表及备忘表。

(8) 项目合同工程验收表及竣工表。

(9) 项目合同工程税费表及保险表。

(10) 项目合同工程事故表及责任表。

(11) 项目合同工程预算表及决算表。

(12) 项目合同工程索赔表及汇总表。

(13) 项目合同工程担保表及保函表。

(14) 项目合同工程重点索赔项目表。

上述表格并非是索赔工作单一使用的资料，也是工程管理的过程文件，从而可以按照国际惯例认可为工程索赔的基础依据之一。因此，上述表格须按照索赔工作的需要和规范与符合法律效力的主体索赔文件相结合，作为索赔主体文件的附录佐证。总之，索赔管理及其组织准备工作必须有理有据、合理合规、专业严谨、依法有效，才能使工程索赔管理及索赔工作取得成功。

国际工程承包项目索赔管理工作须遵循“三个注重”的整合组织管理：注重合同原始约定的条款及其相关责任，注重合同变更条款阐述内容及其合同附属文件的协议条款，注重合同甲乙方对合同分歧承担的责任及解决方式的约定方式。才能全面掌握各项索赔之间的相互关联与因果关系，才能更好地充分利用合同及仲裁及法律规定的支持性条款，才能主动锁定索赔项目的范畴，以索赔单项与总体结合的方式，一环扣一环地循序解决各项索赔，从而引导索赔工作的进展并取得索赔工作的总体成功。

国际工程承包项目索赔额度：应按照“估算、概算、预算、结算、决算”的工程造价原则进行分项计算和汇总计算。过程一般按照国际认可的英国工程师协会的造价体系作为索赔路径，计算一般按照国际认可的会计师核算体系为工作方法，结果一般按照国际认可的“实际费用、总体费用、合理价值”的比照法核定，达成项目甲乙方的索赔分项及总额协议。

国际工程承包项目索赔分歧管理须依照合同管理和工程过程管理的路径进行双向说明，具体主要内容应包括：

（1）项目甲方及其委托代理方对项目乙方及其分包方违反合同约定造成的各类干扰、影响、损失、延误等事件的客观记录和文件佐证。

（2）项目甲方及其委托代理方对项目乙方及其分包方发出的错误指令所造成的各类结果、事故、伤亡及其处理过程的文件记录和结果证据。

（3）项目甲方及其委托代理方造成的过错导致项目乙方及其分包方工程停工、罢工、损毁等各类工程突发性违法乱纪的事件所造成的工期延误及相关恢复工期（以连续计算的工作日为单位）及有关直接和间接损失，有关事件的音像视频证据及相关政府执法文件证据。

5.6　国际工程承包项目索赔文件——《索赔报告书》

《索赔报告书》的各部分内容须符合合同索赔的原则及相关法律法规，具有清晰完整的过程因果逻辑关系，阐述、论证、证据及其佐证文件合法有效，索赔计算专业准确，文字表述规范严谨，索赔陈述全面严整。在正式提交《索赔报告书》之前，一般须经过由技术、管理、法务、审计、财务、商务、工程、管理等专家组成的索赔工作专家委员会（或小组、组织机构）的审议论证，特别是索赔分项费用及总额须经过专业严谨的反复计算和核准，得到项目索赔方管理决策层及法人的审核与批准。

国际工程承包项目《索赔报告书》的编制原则：依据合同、客观完整、实事求是、合理合法、严谨准确、索赔明确。

《索赔报告书》的篇章结构及内容一般包括索赔说明、索赔项目、索赔证据、索赔计算、索赔结论、索赔附录。各部分的主要具体内容如下：

（1）索赔说明。索赔说明须简明清晰地陈述索赔发生的背景，索赔项目合同名称，索赔项目的概要内容及范围，索赔相关方的主体（企业、责任人、代表人等）责任，索赔诉求及索赔额。

（2）索赔项目。《索赔报告书》依据项目合同及其具有法律效力的附属文件，索赔项目序号、名称、内容及其相关合同条款的引证。索赔各项内容所依据的合同条款及其支持性法律法规；索赔项目所涉及的有关责任和义务。索赔分项内容层次清楚，索赔所引证的合同条款须准确清晰，索赔依据的法律法规须严正有力，索赔损失、赔偿金额及各项诉求须有理有据。

（3）索赔证据。项目招标文件、投标文件、中标通知书、项目签约合同及其附件规定的工程项目内容，发生违规、违约、违法的事件，对应合同条款的责任及相关法律法规。针对上述内容的佐证资料（有关各类工程技术管理文件、汇总表等）。依照上述合同条款及其法律法规形成的不可改变的责任及后果依据和证据资料等。

（4）索赔计算。索赔计算基本上可以分为直接损失索赔计算和间接损失索赔计算两大类，按照不同的专业组织及管理方法做出索赔计算。

直接损失索赔计算：包括责任方造成的各种合同违约、违规、违法及其工程勘察、设计、技术、管理、施工、建造、运输、安装、检验、验收等在项目工程范围内所造成的直接损失费用，包括但不限于成本费用和其他直接发生的关联费用。

直接损失索赔的计算基于造价准则的“估算、概算、预算、结算、决算”的工程造价原则进行分项计算和汇总计算。

间接损失索赔计算：包括责任方造成的各种直接损失导致发生的其他工程的勘察失误、设计缺陷、技术错误、管理失败、施工事故、建造报废、运输损毁、安装失败、检验错误、验收作废等有关各类连锁性关联问题事故及其损失，包括但不限于现在发生的间接损失费用和即将发生的关联性信誉、商誉、品牌、战略发展所丧失的费用损失。

间接损失索赔的计算基于国际准则的“实际费用、总体费用、合理价值”的比照法核定，一般由享有国际声誉的会计师组织机构及其独立与项目甲乙双方之外的第三方相关管理咨询组织所做出的专业评估。

（5）索赔结论。索赔结论主要包括索赔合约法律原则依据概要、索赔主项归纳、索赔证据概括、索赔总额声明等五部分。索赔结论须简明完整、合法有效，索赔额度准确，结论陈述的内容分类、数字、文字、逻辑规范严正。

《索赔报告书》的结论部分一般由技术、管理、法务、审计、财务、商务、工程、管理等专家组成的索赔工作专家委员会（或小组、组织机构）审议、整理、修正、拟定。通常，项目甲乙双方间对接损失费用索赔额的认可差距较大，可以按照友好协商、妥协协议、申诉仲裁、司法控告的不同方式寻求达成项目双方认可的索赔协议及结果。

（6）索赔附录。索赔附录一般包括《索赔报告书》涉及的各类索赔分类表、汇总表、合同条款索引、法律条款索引、视频音像证据编号、公证认证、专业机构评估报告等。

5.7　国际工程承包项目的合同终止管理

国际工程承包项目合同终止管理须依照合同条款的规定，在合同甲方造成合同不能继续执行时或由于合同乙方不能完成合同时，以及由合同甲乙方违约终止合同时所做出的主动或被动处置性管理工作。

合同终止管理的工作原则是依照合同及相关法律法规，尽可能维护企业及项目人员的利益，将合同终止的损失降低到最小，将企业及项目人员的利益争取到最大，维护企业及项目人员的合法权益。

国际工程承包项目的终止管理必须严格按照合同终止的有关条款，遵守项目合同适用的法律法规，履行项目甲乙方有关合同终止的责任、权利和义务。不论发生项目总包合同的终止，还是发生项目分包合同的终止，项目管理部必须及时启动项目终止管理预案，由相关的法律、商务、技术、管理专业人员介入、组织、执行、完成项目终止工作。

国际工程承包项目合同终止的管理过程必须充分体现合同甲乙方的权利和责任。如果合同终止发生出现有违合同条款及相关法律法规的情况，项目受损方有必要记录、提醒、保全相关的证据，对造成项目损失的责任方提出声明或控诉。

国际工程承包项目经理部须首先确认造成项目终止的原因、依据，迅速做出结果性反应。对项目甲方或业主委托管理方发出的指令、信函、文件、电子文件等报告隶属主管公司及其相关部门，得到专业的管理支持和决策意见。特别，需要对合同终止造成的结果做出初步评估和管理建议。

国际工程承包项目经理部须有针对性地迅速向项目甲方及业主方声明项目终止的意见和将要采取的管理措施，保留相关权利、责任的声明。合同终止声明应简要陈述合同终止条款及造成项目工程出现的后果，导致发生的免责项目和索赔项目，按照合同依法提出限时回答的要求，并且，严正声明将要发生的损失和责任。

国际工程承包项目执行过程中如果发生项目合同违约行为及其项目甲乙双方任何一方肆意造成发生合同终止的行为或事件，有关责任方须承担项目终止的全部责任。

国际工程承包项目终止执行的主要违约行为如下：

（1）项目甲方或乙方因项目工程之外的其他原因出现破产、倒闭、查封、资信丧失或其他不能履行项目甲方责任与义务的情况。

（2）项目甲方或乙方未能依照合同履行项目开工、项目建造、项目工程各个有关方面的履约，停止或失去项目继续执行的根本条件。

（3）项目甲方或乙方公开声明终止项目合同执行的情况。

（4）项目甲方或乙方擅自将项目合同转让、托管、质押给项目合同之外的第三方及其他机构。

（5）项目甲方或乙方未能按照合同条款的约定按时提供项目合同合法必需的企业、政府、国家的担保，未能按时提供项目合同启动的必备条件。

（6）项目甲方或乙方因违反项目双方国家相关的国家法律法规导致出现的行政干预、司法起诉、政府禁止、国家干涉等情况发生，甚至造成相关的国际争端，及其他相关决定性情况的发生所导致的合同终止。

国际工程承包项目甲方或业主方突然终止项目合同之后，项目乙方及承包方须立即启动终止合同应急方案。

应急方案的主要内容包括：项目合同终止管理方案及实施管理；项目管理机密资料的整理保管及转移；项目工程人员名单及撤离名单；项目工程承包方的施工设备、车辆及工机具（包括租赁设备、车辆及工机具）保全撤出清单；项目现场办公、住宿、食堂、油站、仓库等固定资产清单及转移计划；项目建设材料、设备及相关工程资料的保全、转移或移交；项目乙方及承包方代表与项目甲方或业主委托的代理方的项目终止声明文件签署、项目交接文件的签署等，上述工作须有条不紊地落实实施，避免忙中出乱及各类损失的发生。

国际工程承包项目合同终止善后转移及撤出索赔工作：按照合同有关终止执行条款的约定，项目乙方及承包方须按照业主规定的时间移交项目并撤出所有乙方人员。项目乙方须避免与业主发生冲突，应主动寻求协商、谈判、仲裁的方式解决项目移交及撤出问题。项目乙方及承包方人员、设备、材料、资料的撤出及转移须做好管理记录，费用由乙方及承包方先行垫付，尽力保全项目乙方及承包方企业、人员的最大利益。撤出工作遵循“先人、后物，先大、后小，先近、后远”的管理原则，分时分批撤出人员及设备资产。同时，项目现场管理团队须做好现场指挥、现场协调、现场驻守的管理工作，在完成与甲方或业主委托的代理方签署项目终止文件及撤出确认文件之后，最后撤离项目现场。上述各项合同终止管理工作须根据现场的实际情况，及时请示项目承包隶属公司的指示意见，协调现场有关各方的管理行动，切实做好合同终止善后转移及撤出索赔工作。

项目乙方及承包方须及时向项目甲方及业主委托的代理方提出正式的照会，并将符合法律法规要求的照会声明文件正式交给甲方或业主委托的代理方，要求甲方签字确认收到乙方的声明照会文件。项目乙方及承包方按项目甲方或业主委托的代理方要求滞留、接管的项目材料、设备及相关资源须明确形成书面文件，要求项目甲方或业主及其委托的代理方承诺支付上述工程材料、设备及相关资源的直接费用和间接费用。条件允许的话，有必要现场录音录像，保留相关的音像视频资料成为项目后期索赔的法律证据。

国际工程承包项目合同终止执行的主要管理文件。项目终止文件分为两大类：一类是项目正常完成之后的项目常规终止文件（详见相关章节）；一类是项目未正常完成而非正常终止的特殊文件，主要内容文件如下：

（1）项目乙方及承包方截至项目甲方或业主委托代理方发出项目终止令（声明或通知）之日，国际工程承包项目已经完成的工程量清单、项目材料及设备清单、项目仓储及在途运输货物清单、项目固定资产投入清单、项目其他有关方面的资源费用清单。

（2）项目乙方及承包方截至项目甲方或业主委托代理方发出项目终止令（声明或通知）之日，国际工程承包项目发生的工程费用收支表，项目融资、贷款、担保、保险、税务统计表，项目人力资源表；项目工程资产负债表（财务报表）等商务文件，需要及时声明因甲方或业主方及其委托的代理方发出的合同终止令（声明或通知）乙方及承包方不得不做出的融资、贷款、担保、保险、税务等相关方面的撤回、冻结、终止或转移。上述有关各类商务费用直接发生及间接发生损失的声明及后续发生的索赔声明。

一般情况下，工程承包项目合同终止均有预兆情况发生，主要预兆情况如下：

（1）项目甲方或业主方及其委托代理方无故拖欠大额工程项目进度节点的工程款，且无理由拒绝对工程款的审批核准单及相关甲乙方的支付手续文件签字及回复，甚至对项目工程费用无故冻结。

（2）项目甲方或业主方及其委托代理方无故停止甲乙双方及工程监理方定期或例行的工程会议，且对相关的管理文件停止签批及履行有关手续。

（3）项目甲方或业主方及其委托代理方不再向项目乙方及承包方提供项目所在国、所在地政府、银行、海关、移民局等要求提供的证明文件。

（4）项目甲方或业主方及其委托代理方负责项目工程建设管理的核心管理人员无故撤离项目，且没有按照管理工作程序通知项目乙方及承包方。

（5）项目甲方或业主方及其委托代理方对项目乙方及承包方对上述情况及其他有关方面的质疑和要求工作联系函不做任何回复。

一般情况下，工程承包项目合同终止预兆情况发生时，采取相关的预警性管理工作如下：

（1）项目乙方或承包方须及时向隶属公司决策层全面反映情况及建议，进一步收集掌握相关的重要信息，分析推论工程项目终止可能发生的各方面条件和时间，提出切实可行的管理建议。

（2）项目乙方或承包方须及时调整项目现场及项目相关重大工程、设备、材料、人员的工程管理进度及相关商务、付款、运输、安装、派遣等关联性工作，避免发生不必要的扩大性损失。

（3）项目乙方或承包方尽快采取各项有关善后性的管理工作，例如：暂停大型施工设备的租赁，暂停大额设备材料的采购，暂停大宗设备材料的发货及运输，暂停大批量项目属地化的人力资源聘用等。采取各种切实有效的预警性的管理措施，避免项目抵押、质押等各种执法性处置情况的发生，力求减低或减少工程项目停工预兆情况带来的预警性的风险及责任。

（4）项目乙方或承包方立刻向项目甲方或业主方及其委托代理方发出照会要求，请求其澄清有关问题并作出承诺性答复，陈述上述情况的发生将导致项目工程停止，甚至导致项目工程合同终止。特别，声明由此导致发生的所有责任和损失将由项目甲方或业主方承担。

国际工程承包项目经理部在合同终止趋于明确判定的条件下，必要时可依照项目合同采取主动终止执行合同的管理措施，保护国际工程承包项目经理部及其隶属企业的合法利益和权益。主要条件如下：

（1）国际工程承包项目已经失去项目甲方或业主及其委托代理方的决定性项目合作，项目甲方或业主及其委托的代理方已经不再履行或行使其项目合同约定的工作责任及职能。

（2）国际工程承包项目已经判定项目甲方或业主及其委托代理方已经失去或不能提供项目资信、资金、法律、商务等工程管理必要条件的能力，及其不能按合同规定履行其合同义务。

（3）国际工程承包项目已经证明项目甲方或业主及其委托代理方已经丧失了工程项目管理的资格、资质或其他相关能力。例如：业主方破产倒闭、被项目所在国政府或管理机关撤销或取消了企业运营资格、被项目所在国执法部门查封等。

国际工程承包项目合同终止正式生效后，国际工程承包项目经理部及隶属公司须马上采取有关合同终止的应对管理。具体主要的管理工作如下：

（1）项目经理部立刻签发项目声明函，立刻向所属承包方发出停工令，立刻向工程项目设计、咨询、监理、供货、建设、安装、运输、服务等各有关企事业单位发出通知，立刻向项目甲方或业主方发出限期项目移交、人员撤离、工程评估、设备转移等工作函。妥善做好项目终止的行政、信息、商务、法务等管理工作。

（2）项目经理部须采取专业化的管理方式和技术手段，将不能立刻关停的机电、化工、冶炼等类似项目的运行设备、工艺工段、实验测试等（例如：发电站、制氧站、蒸汽锅炉、冶炼车间、硫酸车间等）相关专业技术工程工作逐步降级、减速等专业化工作处理，直至达到其相关规定标准允许的指标范围内，按照相关专业、技术、标准的规定，采取定时保护性启动或维护性启动等手段方式方法进行保全性停止。上述工作的停止工作须向甲方限时做出移交，避免后续环境、健康、安全等各类责任问题的发生及损失，影响项目终止导致相关方面的索赔。妥善做好项目终止的工程技术管理工作。

（3）项目乙方及项目承包方（包括项目经理部）须及时报告主管上级企业取得工作决定意见，同时，及时向项目所在国的中国使领馆商务机构报告有关事项内容，取得中国政府驻外机构的及时帮助，必要时可请求采取外交手段维护国际工程承包项目的合法权益。切实协调组织做好项目终止后项目现场管理技术等各方面人员的安全有序撤离工作，避免发生人员冲突及质押等恶性事件的情况发生。

（4）项目合同终止后，如遇到急迫形势，在有关现场人员撤离前需要解决的工资、财物等各类问题尽可能保持最大限度保全的前提下，可以采取“人员先行回国，事后依法解决”的办法。

（5）项目合同终止生效之后，项目乙方及承包方须依法将项目现场属于项目甲方的资产移交给项目甲方或项目业主委托的代理方。项目乙方及承包方已经发生且不可退回、不可撤销的项目设备材料、税费保险、质保服务等各类费用及产品转移给项目甲方或项目业主及其委托代理方，依法取得费用款项或后续提出相关的索赔。

（6）项目合同因不可抗力导致合同终止的情况发生，按照国际惯例和国际工程承包项目的通用管理准则，项目乙方及承包方的所有损失均可依照项目合同签约的成本费用索偿。但是，项目合同的预期利润一般难以得到索赔判定的最终支持和响应。

（7）国际工程承包项目合同终止后，项目乙方及承包方须依照国际工程承包项目合同的约定及相关的法律法规，尽快办理撤销或停止相关的项目国际业务，例如：终止保函、终止担保、终止信托、终止融资、终止汇兑等国际业务，尽可能维护项目及其所属公司的合法权益。

（8）国际工程承包项目合同终止发生之后，项目乙方及承包方须本着实事求是的原则，客观做好企业公关及媒体通报工作。如果属于上市公司，须按照上市公司的工作要求及时向社会公众通告。同时，为保护公司的商誉和信誉须做好公共关系及新闻、网络等媒体媒介的主动工作。

（9）国际工程承包项目合同终止后，须依照合同原则，一般采用“先外后内，先人后企”的原则，先处理好涉外甲乙方的合同终止工作，再处理好承包企业内部及国内合作方的合同终止工作。然后，依照人力资源法规与合同管理的工作原则，先处理好项目人员的合同终止工作，后处理好项目涉及企业的合同终止工作。上述两方面工作均须应力求以和解、转移、变更或其他双方认可的接续性合作处理方式方法，避免被动采用争议争端的破裂式解决方式方法。

（10）国际工程承包项目合同终止的法律程序管理工作。无论工程项目合同终止采用什么样的方式方法达到项目合同甲乙方的最终合同终止协议，合同终止须履行相关的法律法规程序。按照项目甲乙方的合同责任与义务，遵循项目合同甲乙方及仲裁方不同国别的相关法律法规，包括但不限于采用争议谈判、合同仲裁、诉讼索赔等方式方法，必要时甚至通过双方国家之间的外交照会等干涉，甚至利用甲乙双方两国互惠政策、投资协定、保护协定及相关国际条约，最大可能维护项目涉及企业及人员的人身安全及合法权益。

6 国际工程承包项目设计与设计管理

6.1 国际工程承包项目设计与设计管理的工作原则

国际工程承包项目设计是指项目乙方按照项目甲方提出的合同要求实施的项目土建、结构、机电、设备、安装、检验、验收、试车、竣工等相关所有工程设计全部内容，达到项目甲方质量标准的具体参数指标所要求包含的技术、规范、标准的系列化功能、使用、生产、运营等完整配置设计工作。

国际工程承包项目设计管理工作是指项目乙方按照与项目甲方签订的合同，组织完成项目土建、结构、机电、设备、安装、检验、验收、试车、竣工等相关所有工程设计内容，达到项目甲方质量标准的具体参数指标所要求包含的技术、规范、标准的系列化功能、使用、生产、运营等完整配置设计过程的设计管理工作。

国际工程承包项目设计工作与项目设计管理工作是相辅相成的联合体，是国际工程承包项目承前启后的重要工作，也是国际工程承包项目设备材料、工艺配置、招标采购、工程建造、施工管理的基本原则。因此，设计与设计管理工作在国际工程承包项目实施过程中始终起着关键性的原则指导作用，必须充分实现科学、规范、标准化的项目设计与设计管理工作原则。

国际工程承包项目设计工作包括设计单位招标或合作的规范性基础工作和设计专业技术实施工作两部分。项目设计管理工作包括设计单位招标组织及设计管理实施工作两部分。项目设计与设计管理须建立相互关联的项目设计与管理整体计划方案，根据设计计划方案组织设计工作机构与工作程序。

国际工程承包项目设计程序及管理程序必须完全对应性响应项目合同规定的标准规范、技术指标、设备材料、建造监制、运输仓储、检验报关、土建结构、机电安装、设备调试、联合试车、验收移交等项目全过程的整体设计要求。

国际工程承包项目设计工作应分为两部分：一是国际工程承包项目公司及其项目经理部组成的联合设计管理团队；二是以招标、选择、指定、委托、协议、合作等不同的规范方式，确定落实具备相应设计资质和能力的专业设计、咨询企业单位承担并完成国际工程承包项目的设计工作。

国际工程承包项目的设计与管理须根据项目合同的设计要求，依照项目所在国家、地区有关的法律法规和强制性标准，符合专业领域内技术与发展的最前沿设计趋势，规划有利于环境和项目和谐共存的设计方案，实施节能减排、高效环保并可持续发展的专业设计，满足承包项目合同约定的技术性能、技术指标、质量标准、工程施工、操作维修、产业升级等工程项目有关内容的要求。

国际工程承包项目的设计须全面考虑项目管理的分项与整体需求，对项目设备、材质材料、招标参数、工艺配置、装备水准、设备制造、报关运输、土建施工、机电安装、调试运行、联合试车、验收移交等项目全过程工作有精准的设计和规范。全面满足项目甲方及业主方对项目技术、生产、产能、指标等关键目标和基础指标的要求。

国际工程承包项目设计与设计管理须在不断论证优化设计方案及设计成果的前提下，有针对性地对项目合同的各个工作阶段、程序、环节、节点做出具体的设计，寻求并确定项目合同投资建造、工程成本、工期进度、质量收益等项目承包与建设之间的最佳平衡点，确保工程项目投资、建设、进度和质量四大重点工作的技术与管理的设计基础，实现项目甲方及业主方获得合同目标效益、项目乙方及承包方圆满完成项目建设并取得合同管理效益的双赢，体现国际工程承包项目合同甲乙双方合作共赢，项目人员及各方参与合作方的多方合作共赢目标。

国际工程承包项目设计及设计管理工作的造价原则：设计及设计管理工作应尽早伴随项目开发、探勘、投标、初设等国际工程承包早期工作开展。这样，便于国际工程承包项目的国别特殊性及特定信息与项目设计工作相结合，也有利于更好地开展项目设计工作。特别，项目设计可采用“成本设计、比照设计、创新设计、应用设计”等不同方式方法开展具体的设计及设计管理工作。

国际工程承包项目设计与设计管理工作须注重造价基础工作。项目设计及设计管理工作应注重“估算、概算、预算、结算、决算”的造价工作程序及基础开展项目设计工作，造价管理内容须在设计及设计管理工作有重要的体现。因此，国际工程承包项目概算及预算应编入设计工作程序，关键工艺、核心技术、专利应用、专有设备等部分的精算可由专业组织或咨询机构完成。这样，不仅可以为国际工程承包项目的投标工作提供基础依据，也可以成为项目中标之后项目设计及管理工作的基础。

国际工程承包项目的设计与设计管理须按照国家有关法律法规做好相关的保密工作，同时，切实做好知识产权保护、专利技术、创新应用的涉外涉密管理工作。特别，有关设计的谈判、交流、评审、图纸、电子信息资料等均应做好上述设计与设计管理工作。有关专家应接受上述专业工作的有关必要培训并与国际工程承包项目合同签约的承包方就中标或委托接受设计工作签订相关的保密协议或保密合同。

6.2　国际工程承包项目的设计策划和设计程序管理

国际工程承包项目设计策划工作可以划分为项目投标中标前和项目投标中标后两个阶段的工作：

（1）项目中标之前，项目设计策划工作的主要目标是使项目的设计满足项目甲方或业主方的招标要求，完成项目投标方投标全过程的有关项目设计意图和有关投标设计文件。一般来说，这个阶段的成果性文件是初步设计。

（2）项目中标之后，项目设计策划工作的主要目标是使项目乙方及承包方的项目设计体现项目合同的设计要求，完成项目投标方在中标后的项目设计工作任务。一般来说，这个阶段的成果性文件是详细设计。

无论处于上述设计策划工作的哪个阶段，项目设计程序管理工作必须在策划的基础上将设计与项目连贯起来，使设计与项目形成有序结合的整体。这样，项目投标与中标后的项目实施工作才能实现在设计基础上的工程管理达标。因此，设计策划和设计程序管理工作是平行交叉的同步工作。

国际工程承包项目策划工作基于项目投标小组及项目中标后成立的项目经理部开展如下具体主要工作：

（1）研究确定项目设计目标。

（2）调研拟定项目设计策略。

（3）策划组织设计管理方案。

（4）规划制定设计程序体系。

（5）组织建立设计管理团队。

（6）选定落实设计专业机构。

（7）管理完成设计工作任务。

国际工程承包项目设计策划是项目设计启动的基础准备工作。因此，项目设计策划必须依据项目合同的设计要求，结合项目设计有效数据和信息开展设计标准、设计要点、设计方法、设计方案的策划工作。立足项目乙方的综合能力和条件，运筹项目设计需要的人力资源、技术资源、设计资源高效结合，把设计策划工作变为设计现实工作。

国际工程承包项目的设计程序管理是设计实施工作过程的组织、调整、完善、实现的动态体现。设计程序科学、规范、高效是设计程序管理工作的核心，也是设计程序管理的系统整合过程。随着项目设计开始、执行、细化、深化、分化，项目设计各个专业在项目整体设计中的先后、分合、技术、应用、配置、系统等均须按照项目设计原则和设计主线展开，形成有序完整的标准化、程序化项目设计体系。

国际工程承包项目策划管理与程序管理可以归纳进入项目总体设计方案，设计方案是项目总体工作中最先实施的工程管理工作。因此，项目设计方案工作应由项目承包公司及其项目经理部牵头，会同项目设计单位、项目参与承包建设的单位、承包项目的工程技术管理团队，依照合同要求协同有关各方策划并最后确定项目设计与设计程序，经过进一步系统论证确定项目设计方案。项目设计方案由设计单位负责编制并提出，按照承包公司管理流程规定进行审核、审定、审批，经业主评审确认后实施执行。

国际工程承包项目设计与设计管理的重点工作是项目设计方案。项目设计方案须详细说明设计工作范围、原则、程序、要求、内容、接口、汇总等专业工作，明确项目设计的统一规定、设计采用的标准规范、设计指标、关键参数、设计进度、设计节点、设计里程碑等管理工作，界定设计单位、承包单位和相关部门机构相互之间的合作责任及合作关系。项目设计方案工作重在管理，项目设计计划工作重在落实。

项目承包方与项目发包方最终确定的设计方案是项目设计工作的纲领性文件，项目设计单位及有关设计组织机构均须严格按照项目设计方案落实执行项目设计工作。

项目设计方案的主要内容如下：

（1）项目设计概况。项目名称、地理位置、自然概况、工程范围、建造规模、设计标准、工艺方案、产品目标、设计内容、设计程序、装备水平、时间计划、技术指标、设计成果（设计文件、图纸、3D 图示、说明等）、设计费用等。

（2）项目设计范围。项目工艺技术标准来源与选定、项目设计整装配置流程范围、项目专业技术分项、项目分项工程各个子项、项目工艺配置设计、项目设备选型设计、项目基础工程设计、项目结构工程设计、项目控制管理系统设计、项目技术服务培训设计、项目设计范围详表。

（3）项目设计文件。初步设计文件，详细设计文件。

（4）项目设计造价：设计造价原则及类型、项目合同设计造价、项目设计分项费用概算、项目设计指标成本、项目设计专利技术费用、项目技术服务培训预算等。

（5）项目设计结论：按项目合同要求完成的各专业设计图纸及项目合同范围内的工程施工图纸，符合设计验收程序的有关规定，项目业主方及承包方对设计方的设计结论。

国际工程承包项目的设计程序管理可以按照项目设计管理的基本工作阶段划分：

（1）项目设计可行性研究阶段。

（2）项目设计投标设计阶段。

（3）项目设计初步设计阶段。

（4）项目设计详细设计阶段。

项目设计的可行性研究阶段基本包括如下内容：

（1）工程开发过程中对 EPC 等各类国际工程承包项目信息的跟踪与整理。

（2）项目立项前后有关的各项信息内容分析。

（3）项目招标前的设计准备。

（4）项目可行性考察及现场踏勘。

（5）项目信息汇总及综合分析。

（6）项目可行性研究报告。

项目设计的投标设计阶段基本包括如下内容：

（1）招标文件分析。

（2）投标设计研究。

（3）投标设计策略。

（4）投标设计创新。

（5）投标设计方案。

上述设计工作须紧密结合招标文件及业主方的具体要求，对照项目可研报告对招标资料进行深度分析，发现投标设计的强弱因素，确定投标设计的特殊优势和实现方法，协助投标决策，确保投标报价依据投标设计核算的基本准确，规范严谨系统地提出投标设计成果文件。

项目设计的初步设计阶段基本包括如下内容：

（1）项目投标方组织建立项目初步设计工作组。

（2）项目投标方与项目招标方组织的联合现场踏勘。

（3）项目招标方与项目投标方的项目设计技术交流。

（4）项目招标方向项目投标方正式提供的项目设计技术资料（包括业主方前期的项目研究报告、项目立项文件、项目地勘资料、项目招标文件的设计说明附录资料文件等）。

（5）项目投标方编制的项目可行性研究报告深度澄清及会审。

（6）项目初步设计要求的项目所在地区、国际对项目产业领域的政策法规。

（7）项目工程风险分析。

（8）项目设计规模、产能、参数、指标、标准、规范等基础设计文件。

（9）项目设计建设环境、原料、资源、电力、能源等设计基础条件。

（10）招标方有关项目建设及所在国家产业政策的中长期规划。

（11）项目信息汇总分析及设计应用。

（12）项目建造全程主要工程及专业阶段的分项初步设计。

（13）项目整体各个专业及工段的整合基本设计。

（14）项目初步设计说明等。

（15）全面系统地研究项目对所在国家、社会、政治、经济的影响，组织专业技术工程设计，按时完成并提出项目设计初步方案。

国际工程承包项目的初步设计是项目工程造价和建造规模的基础依据。项目的初步设计须依照项目招标方及业主方的设计要求，也可以按照招标方及业主方批准公布的项目设计文件开展初步设计。初步设计不仅要求项目现场定位测量、地质勘探复核等基础工作，而且要求设计工程核算、工程范围、施工组织等基础工作。特别，初步设计需要做专业系统的方案优化，只有这样，初步设计文件才能响应并满足招标方及业主方的设计目标。同时，初步设计也要对项目承包方的主要工程内容做出科学合理的基本确定，达到初步设计满足项目合同甲乙双方的工作要求。

上述各项工作包括但不限于项目初步设计的程序管理。

项目设计的详细设计阶段主要包括如下内容：

（1）项目中标方或承包方组织的项目设计组织机构。

（2）项目中标方或承包方组织的项目设计招标评审及确定设计单位。

（3）项目中标方或承包方组织的项目设计专题或联合（邀请业主方）论证。

（4）项目设计单位组织的项目初步设计深度分析论证。

（5）项目设计单位组织的项目工程设计方案拟制、提交、批准、执行工作。

（6）项目设计单位开展执行的项目工程设计方案（包括项目设计规模、产能、技术、标准、参数、指标、规范、系统等，对项目工程、建设环境、资源利用、合作条件、工程造价、投资融资、经济效益等规定性限制设计）。

（7）项目中标方或承包方会同项目设计单位向项目招标方或项目发包方（甲方或业主方及其委托代理方）进行详细设计方案定期交流、说明、核准。

（8）项目设计单位向项目中标方或承包方按照设计合同要求提交完成的项目详细设计方案及其所有必要设计文件等。详细设计成果文件为涵盖国际工程承包合同项目的全套完整设计文件。

工程项目的详细设计包括详设图纸（施工图）等完整设计文件，相关图纸文件在完成项目施工工程之后（含施工期间发生的设计变更、施工变更等）便成为项目竣工图纸资料。因此，详细设计是国际工程承包项目建设施工的核心依据。所以，工程项目的详细设计必须按照项目甲方及业主方审批的初步设计文件为基础，编制系统化的项目详细设计，有序成为项目详细文件及其附录设计图表、设计说明、计算依据等项目详细设计的系统设计文件。

上述详细设计工作及其设计程序管理工作既要满足项目甲乙双方的设计要求，也要满足项目乙方与设计单位的设计合同要求。

国际工程承包项目经理部应定期组织设计单位和施工单位进行交流，设计单位了解项目施工单位对设计工作的具体反馈意见，施工单位了解设计单位对施工工作的具体指导意见，有利于设计与施工双方及时修正、完善、提高设计与施工的工作细节与质量。

国际工程承包项目开发期间拟制的项目可行性研究报告须严谨体现项目考察和初步研究的客观公正性，不能以开发成败为前提。负责项目可研报告的组织、设计、咨询单位及人员须承担可研报告的客观公正责任。但是，为了项目开发的成功，必须充分全面收集、整理、使用有关工程项目各个方面的有效数据和信息，才能达到项目可行性研究报告的客观公正目标。这样，项目开发工作的投标报价及后期相关工作才能基于可研报告正确定位，避免项目开发建设工作的主流方向出现偏差，才能进一步做好项目投标技术设计方案，满足项目中标后编制项目工程标段及工程造价书的工作要求。

国际工程承包项目设计方案是承包项目管理决策的依据。参照国际工程承包项目所在国的有关中长期行业发展规划，结合国际市场需求与发展的趋势，充分掌握相关产业领域内的标准、技术、规范、指标、限制、经济、环保、安全、资源、专利、人文、政治等各方面的信息，建立国际合作研究论证模型，纵向横向均应建立参考坐标系，掌握国际工程承包工作的先导权和主动权。

国际工程承包项目设计方案是确立在工程技术统筹基础上的系统文件，设计工作的主要统筹分析包括：

（1）项目建设方案、建造规模、主要参数指标和技术标准统筹分析。

（2）项目建设方案、建造方案等设计方案的筛选、优选、推荐统筹分析。

（3）项目设计基础性概预算、设计计算、工程量核算的统筹分析。

（4）项目设计的机电安装工程、设备及主辅材核算、土建与结构工程核算。

（5）项目建设场地场平、仓储、大临、建设用地工程核算的统筹分析。

（6）项目建设工期计划和工程总造价统筹分析及概算等。

（7）项目的其他相关重要关联性潜在要素、条件的统筹分析等。

上述设计工作的统筹分析，既要体现工程技术设计规范的要求，也要体现工程建设经济利益的要求。

6.3 国际工程承包项目设计公司与咨询公司的选择管理

国际工程承包项目设计公司与咨询公司的选择通常采用合作方式、招标方式选择。

国际工程承包项目设计合作方式基于项目前期开发阶段设计与咨询公司的参与介入，一般会与项目开发公司逐渐形成合作关系。这种合作关系的确定需经过符合相关法律法规的规范方式形成合作方式。合作方式的具体分工及责任应通过项目开发建设公司与设计咨询公司双方的合作文件确定。

国际工程承包项目设计招标方式基于项目合同规定的设计要求，按照工程设计招标工作程序公开招标、邀请招标、协议招标的方式进行项目设计与咨询公司的竞争性选择。采用招标方式选择项目设计与咨询公司，是国际工程设计工作的规范发展方向和趋势，可以更好地体现市场竞争、优胜劣汰的合作原则。特别，可以避免上市公司出现的“关联交易”“利益输送”“不当竞争”等有关违反国家法律法规的问题发生，也能更好地履行项目设计合同。

国际工程承包项目设计招标管理的基本要求：

（1）设计招标须严格依照项目合同的设计要求，根据项目设计水准、规模、专业等综合条件，参照项目合同额与设计费用的取费比例，核算并划分项目设计工作的大、中、小等级，按照设计等级比照相关领域内设计与咨询公司的能力、资质、业绩，开展不同形式的设计招标工作。

（2）设计招标须依照国际工程承包项目管理与公司管理机制的工作程序进行招标：大型设计项目宜采用公开招标的方式；中型设计项目宜采用邀请招标的方式；小型设计项目宜采用协议招标的方式；无论采用哪种招标方式，均须要求设计与咨询公司满足项目合同设计要求，不得随意降低或变相提高项目设计要求的整体装备、工艺配置、产能性能等项目核心设计内容，杜绝项目设计导致的国际工程承包项目造价、标准、规范、成本、技术、人力、设备、材料等后续问题的发生。

国际工程承包项目设计招标的基本方法：

（1）大型国际工程承包项目的设计招标基本采用公开招标的方式，要求竞标参加设计招标的设计与咨询公司具备甲级勘察设计资质，具有相关领域内的丰富优秀的设计业绩，具备相关专业领域的高级设计专家及设计研究机构，具备国际化水准的工程设计软硬件条件和综合实力，满足项目设计工作整体要求和特殊要求。

（2）中型国际工程承包项目的设计招标基本采用公开招标或邀请招标的方式，邀请相关工程项目领域年内具有专业方向优势的设计与咨询公司参与项目设计招标的竞争。一般要求参加设计招标的设计与咨询公司具备甲级勘察设计资质，具有相关专业领域内成功的设计案例，具备相关专业领域工程设计专家及专业人员组织，具备满足国际工程承包项目设计要求的专业水准，满足国际工程承包项目设计要求。

（3）小型国际工程承包项目设计招标基本采用邀请招标或协议招标的方式，组织相关工程项目设计与咨询单位参加项目设计招标竞争选择。一般要求参加设计招标工作的协议方具备相关工程项目成功设计经验和案例，具有相关工程项目设计资质或特殊许可，具备项目设计要求的设计水准和条件，具有专业项目与专业资质的设计与咨询专才组织，能够满足项目设计的一般要求和特定专业工程技术设计的要求。协议招标可以选择采用设计方案的比选、优选等方式，通过项目设计专家评审组织的评审，协议选择项目设计与咨询公司。

国际工程承包项目设计与咨询招标基础审核评选工作包括：设计与咨询公司按照设计招标要求提供的企业资质、设计业绩、设计体系、设计研究、人员组织、资格构成、设计案例、设计方案、设计报价等各个方面进行综合审核评选。

国际工程承包项目设计与咨询公司以合作或招标的方式确定之后，国际工程项目承包公司及其项目经理部须规范履行项目设计合同签约工作程序，以设计合同的方式明确双方的责任和义务，相互配合、统一合作，按照承包项目合同的要求，全面完成设计合同约定的全部项目设计工作，确保双方完成的项目设计工作满足承包项目合同的全部设计要求。

6.4 国际工程承包项目设计工作组织管理

国际工程承包项目的设计组织工作由设计与咨询公司负责；国际工程承包项目的设计管理工作由承包项目的公司及其项目经理部负责，设计组织与设计管理相互结合，协同配合，开展具体的项目设计工作。

国际工程承包项目设计与咨询单位须设立项目设计专项工作组织，一般采用“总设计师”负责制的设计组织方式，明确项目设计项下的各个专业分项、各个分支专业负责人及组织成员设计体系。明确项目设计计划，明确项目设计专业任务，明确设计成果文件方式，明确设计规范标准，明确设计工作机制。项目设计组织工作包括项目设计整体方案的各个专业、各个设计研究室以及分项及整体设计任务。

国际工程承包项目设计组织基本上采用“项目责任制”项下的专业部室设计经理或设计负责人方式，组织遴选设计组成员完成设计基础构建，基础方式，结构方式，工艺流程，工艺配置，专利技术应用，Know-how，设计图绘、制、签、审、核、准、批、报等各个设计工作环节和专业工作环节的制定及全流程执行工作。确保按照设计计划及要求完成项目设计工作各项具体分项的进度、质量等一系列工程专业设计工作。

上述设计工作属于设计与咨询单位的内部工作流程，须遵循设计与咨询单位的工作管理机制完成上述设计工作。

国际工程承包项目设计组织工作的基本工作职责及设计组织任务主要包括如下内容：

（1）参加承包项目甲乙双方的谈判、交流，及时修正、完善、澄清设计。

（2）参加承包项目核心技术设备的选型、设计、评审。

（3）参加承包项目工程建设单位的设计交底、设计文件澄清等工作。

（4）参加承包项目工程监理单位的有关工程设计技术咨询回复工作。

（5）参加承包项目工程安装方案、技术方案、实施方案等方案技术工作。

（6）参加承包项目工程现场设计、设计变更等设计及服务工作。

（7）参加承包项目工程采购、建造等造价管理服务咨询工作。

（8）参加承包项目工程现场实施管理的设计技术咨询服务工作。

（9）其他合同项下设计与咨询单位履行的设计与咨询工作责任与义务。

上述设计工作属于设计与咨询单位的外部工作流程，须遵循承包项目合同及承包单位与设计咨询单位签订的合同履行相关的工作责任与义务，完成上述各项设计工作。

国际工程承包项目设计管理工作由承包项目公司及其项目经理部负责，一般采用项目设计工作组的方式落实完成项目设计管理工作。具体设计管理责任及主要工作内容如下：

（1）组织承包项目甲乙方与项目设计单位的设计交流。

（2）组织承包项目有关第三方包括其他国别的设备材料供应商参与设计。

（3）组织项目设计咨询单位进行必要的设计考察、交流、学习。

（4）组织项目管理团队参与项目设计管理工作。

（5）组织项目设计有关信息、资料、法规、技术、管理等督导工作。

（6）组织项目设计咨询单位赴现场工作人员资格、能力等管理工作。

（7）组织设计咨询单位按照承包项目合同制定项目设计总计划及方案。

（8）组织承包项目所在国政府及管理机构对项目设计的批复等工作。

（9）组织承包项目设计咨询其他有关强制性等必要管理工作。

上述工作须严格依照承包项目合同及项目设计合同履行设计管理工作程序，全面推动落实并执行项目设计管理工作，达到设计管理的工作目标。

国际工程承包项目设计组织与组织管理工作配合完成的工作基本包括如下内容：

（1）国际工程承包项目设计组织与组织管理双方代表设计咨询单位与项目承包单位的合作关系，两者的工作是相辅相成的合作统一关系。

（2）国际工程承包项目设计组织与组织管理须共同完成项目总体设计计划及项目总体设计方案。

（3）国际工程承包项目设计组织与组织管理双方须协调完成项目设计审核、计划、交流及向承包项目甲方提交项目设计文件的整体工作。

（4）国际工程承包项目设计组织与组织管理双方应共同参与项目现场及项目实施的工程技术交流、设计进度、控制流程等项目设计执行工作。

（5）国际工程承包项目设计组织与组织管理双方应在完成项目现场日常设计咨询工作的基础上，共同推进提高设计管理的进度、反馈、变更、比较等设计与工程管理相结合的相关工作。

（6）国际工程承包项目设计组织与组织管理双方共同组织对设计成果及重大设计创新奖励的设计初审、申报等科技进步工作。

（7）国际工程承包项目设计组织与组织管理双方共同应对项目设计变更及索赔等重要工程管理工作。

（8）国际工程承包项目设计组织与组织管理双方协调解决工程技术难题、关键指标技术突破、新型材料、专利技术、特殊工艺的应用等工作。

（9）国际工程承包项目设计组织与组织管理双方共同完成合同项目重大工程阶段的全过程技术服务、设计与咨询、方案论证、设计文件签注等关键设计咨询技术服务工作。

（10）国际工程承包项目设计组织与组织管理双方根据合同约定共同完成的其他突发性工作。

上述工作须在双方友好协商、合作共赢的前提下，致力完成国际工程承包项目的设计与咨询组织及管理工作。设计组织与组织管理应各自合并进入设计咨询单位和项目承包单位的工作模块，按照各自的管理机制完成承包项目的共同设计工作目标。

6.5　国际工程承包项目投标阶段的设计组织及设计管理

国际工程承包项目投标阶段的组织管理工作须引导设计组织工作与投标阶段的工作同步。设计组织工作是投标阶段的必备基础之一，设计管理工作是投标阶段的规划工作之一。因此，设计组织与设计管理必须相互结合，才能有效发挥项目开发单位与项目设计单位的优势，实现优势互补，取得项目投标工作的良好开端。

国际工程承包项目准备投标之前，一般会邀请意向合作的设计与咨询单位参与项目投标的可行性研究工作。项目投标公司成立投标组织之后，基本采用会商的形式组织参与投标的设计单位对项目招标文件的“技术包”进行专题设计研究，从设计的角度充分掌握项目设计标准、技术、规范、指标等，力求掌握项目招标方或业主及其委托方的项目建设目标、项目范畴、项目期待最大值等项目建设期望和愿景，掌握项目业主方“有什么，缺什么，要什么，干什么，想什么”的信息。从而，根据投标方的条件、能力、目标分析推论项目设想设计方案及项目预想建造方案的合理性、突破性及其工程项目综合工程量、利润效益等关键性投标基础。

国际工程承包项目投标阶段的设计组织与设计管理应从项目信息归纳工作开始。设计组织成员需要了解掌握项目建设所在国家、地区的项目建设条件、项目资源等设计基础信息资料，因此，项目投标联系阶段收集整理的信息资料需要按照设计需求进行分类归纳，具体内容基本包括：

（1）投标项目的建设地点的自然条件、地质勘探、交通运输、原料供应、产品目标、法律法规、强制标准、材料价格、人力资源等。

（2）投标项目的产业领域状况、现有水平、目标水准、市场发展等。

（3）投标项目的预想设计方案与招标方或业主方期待的建设方案的相似度、相差度，项目设计方案可以提供给招标方或业主方的“意外之喜”的合理性、可行性等。

（4）投标项目的设计技术交流，尽可能最大程度取得项目招标方或业主方及其委托代理方的信任和合作。

（5）投标项目的可行性研究及初步设计草案的拟制，根据经济技术数据模型的分析，比照类似项目设计与建设的造价和效益，建立投标项目的项目管理分析参照模型，推论概算项目造价，建议项目预期承包建设利润和效益，核算出有竞争力的项目投标报价。

国际工程承包项目投标方最好采用“二合一”的方式，取得最大程度的投标设计成功几率。将投标阶段的设计组织分为两组，在同等基础条件下提出两种投标设计方案。通过“背对背”和“面对面”的设计与交流的工作程序，论证两个方案的不同优缺点，不断推动完善设计的竞争力。在投标阶段中期，将两个投标设计方案整合成为一个投标设计方案。实践证明，这种“二合一”设计管理方式非常实用高效，符合项目投标管理工作要求和投标竞争策略要求，颇具投标策略和实际成效的成功率。

设计组织与设计管理须审时度势，因势利导，追求实效，有效规避项目投标风险，有效解决项目技术关键问题，有效预警项目投标及项目中标后的项目设计与项目管理的策略。

6.6 国际工程承包项目实施阶段的设计组织与设计管理

国际工程承包项目实施阶段的设计组织与设计管理是建立在项目中标之后的项目管理工作机制之中，相对其他管理工作具有独立前导性的设计组织实施与设计管理作用。设计组织实施是为了更好的设计管理实现，设计管理实现是为了正确的设计组织实施。只有这样，设计工作才能真正起到承包工程项目的前导性作用。

国际工程承包项目实施阶段的重要前提是承包项目具备开工建设的设计条件。如 EPC 项目的工作包括：E——工程设备、P——招标采购、C——工程建设三大部分。EPC 三大部分均要求项目设计提供相关的设备配置选型设计、设备材料招标采购规格数量、工程建设阶段确定及工程量等设计图纸文件和说明等，只有具备上述设计条件，三大部分的工作才能实际开展。

国际工程承包项目实施阶段设计组织与设计管理需要达到设计组织与设计管理的基础工程要求。工程项目实施阶段大多从基础工程开始，基础工程基本上是土建工程。因此，土建工程不仅要求解决地质地貌等自然条件方面的问题（如流沙、地下水、岩洞等），还要解决项目所在地施工建设期间的自然气候条件问题（如高温、高寒、雨季、季风等）。上述问题均须依照有关设计文件编制项目施工方案，采取对应性的技术手段和方法解决相关问题，达到项目设计要求。

国际工程承包项目实施阶段设计组织与设计管理需要达到先导性程序管理要求。国际工程承包项目的工程程序基本上遵循项目土建工程、项目结构工程、项目机电设备安装工程、项目建设单连调工程、项目投料试车检验工程、项目验收竣工工程等工作程序，项目工程建设的各个程序阶段相互衔接、连贯、接续，包括部分提前、交叉、同步、交汇、对接等工作程序，因此，相关的设计组织与设计管理尤为重要。例如：项目土建工程即将结束时，项目结构工程需要的大型结构件（钢结构、预浇结构件等）必须到达项目现场达到进场条件；项目结构工程即将结束时，项目设备基础结构必须完成，达到项目设备就位的条件，满足接续的项目设备机电安装要求；项目机电安装工程即将结束，项目单调、联调的水电、控制等各个专业方面的工程内外部条件必须满足启动调整的要求，所以，上述相关工程的设计需要先于工程施工完成设计工作，不能按照“边建设，边设计；边设计，边采购”的陈旧方式或“大跃进”的方式搞国际工程承包工程。因此，项目实施阶段的设计组织与设计管理必须达到工程项目建设先导性程序管理的工作要求。

国际工程承包项目实施阶段设计组织与设计管理需要达到工程总体计划与分项计划管理的节点与整合工作的要求。工程设计、设备建造、采购运输、工程施工、试车检验、验收竣工等项目实施过程中，设计组织与设计管理须明确落实设计计划与实际设计进度，将设计管理纳入工程管理总体工作体系之中。例如：工程项目的进度与计划节点，需要设计到位的支持与保障。设计组织与设计管理既要保证工程设备材料招标采购生产计划与进度实际需求，也要保证施工组织节点计划要求的周期需求，按计划节点和工程计划阶段完成设计交图等一系列设计工作。按照项目整体设计计划，动态迎合项目实施阶段的设计需求，按时完成设计、审核、批准、交付和项目甲方及业主方的设计任务。

国际工程承包项目实施阶段设计组织与设计管理需要达到国际工程承包《项目管理计划书》和《项目实施计划书》的相关要求。项目设计组织与设计管理是对项目两书及项目总体建设方案的深化、完善和补充，是项目管理系列文件中的重要基础文件。因此，设计组织与设计管理均须通过规范标准的设计计划与设计评审工作流程在设计合同的基础上达到《项目管理计划书》和《项目实施计划书》的相关要求。

国际工程承包项目实施阶段设计组织与设计管理需要依照承包方与设计方签订的合同制定项目设计总体计划，建立健全项目设计编制和评审工作组织与管理程序，制订项目设计与咨询工作的详细专业分工、专业分项、专业统一的设计组织与管理体系。项目设计文件完成交付项目承包方之后，须经过项目甲方或业主及其委托方签批，报项目承包方隶属公司工程管理部门备案，由负责项目开发建设的项目经理部执行相关的建造实施。

国际工程承包项目实施阶段设计组织与设计管理需要满足项目现场设计变更的工作要求。项目执行过程中，经常发现项目建造的新需求、新发现、新问题、新缺陷。因此，项目甲方或业主方提出设计变更往往超越原设计范围提出更高的要求或需求；项目乙方或项目承包方及其分包商提出的设计变更往往是项目建造过程中发现的隐性设计问题暴露或设计缺陷；无论是哪一方提出的设计变更，项目设计与咨询单位须做出快速反应，及时做出相关的设计说明、设计澄清或设计变更，避免影响项目建造进度和设计引起的项目性能、功效、质量等相关重大问题。

国际工程承包项目实施阶段设计组织与设计管理要求：负责项目设计管理工作的项目经理按照项目承包合同的要求规范管理项目设计工作，并须及时组织设计管理部门对项目实施各个阶段的设计文件与承包合同规定的工作内容做适应性审查与对接。一方面全面实施设计工作，一方面反馈设计工作意见。保证设计文件及其相关设计资料向项目甲方或业主方或其委托代理方的顺利交接及审批。从而，项目现场才能顺利完成设计项下的施工与实施的工程建造任务。

国际工程承包项目实施阶段设计组织与设计管理的依据文件如下：

（1）国际工程承包项目合同。

（2）国际工程承包项目设计标准、规范、指标体系。

（3）国际工程承包项目立项文件及其相关国家管理部门的批准文件。

（4）国际工程承包项目投标设计文件及设计方案。

（5）国际工程承包项目承包方与设计方的设计合同。

（6）国际工程承包项目所在国家、地区及其行业领域的法律法规。

（7）国际工程承包项目甲乙双方的管理机制和工作流程。

（8）国际工程承包项目论证通过的总体设计方案。

（9）国际工程承包项目承包方与设计方的设计组织、管理组织工作机制。

国际工程承包项目设计计划与设计方案包括如下主要内容：

（1）国际工程承包项目设计依据：项目合同中的技术包及其“设计”条款，项目合同文件及附属的设计基础资料。

（2）国际工程承包项目设计范围、设计原则、设计规范标准、设计指标。

（3）国际工程承包项目甲乙双方的设计管理组织机构及其工作流程。

（4）国际工程承包项目设计深度要求和设计广度要求。

（5）国际工程承包项目相关产业领域内的强制标准及相关法律法规。

（6）国际工程承包项目设计质量保证程序和设计服务具体要求。

（7）国际工程承包项目设计进度计划和设计控制节点。

（8）国际工程承包项目设计文件交付的形式、要求、名称、程序等。

（9）国际工程承包项目设计的 HSE 健康、安全、环保等要求。

（10）国际工程承包项目技术经济指标及产能、效能的要求。

（11）国际工程承包项目设计合同有关的其他方面规定及要求等。

国际工程承包项目设计组织与设计管理须满足项目建造进度和项目设计进度的计划要求。因此，项目设计工作要充分考虑工程踏勘、详细勘察、开工进场、设备采购、工程施工、调试检验、试车验收等总体进度与进度计划。设计组织与设计管理工作须遵循项目管理的工程逻辑及专业关系，支持项目管理实施的资源配置，达到科学、严谨、完整、系统的设计目标。

国际工程承包项目设计组织与设计管理须明确项目设计费用。项目设计工作涉及众多专业行业的材料设备及技术，是复杂系统的集成设计。在集成设计工作中，必然涉及设备材料的选型和水准，相关的设计费用也会有所不同，特别是高精尖产品或国际专有专利设备的设计费用高昂，后期相关的设计服务等费用也会很高。因此，采用设计费限量等控制方法进行项目设计，不仅可以更好地控制设计技术与设备材料的水准，而且可以控制项目后续建造安装与技术服务等各项相关费用的比例。项目承包方与项目设计方应采用既能满足项目合同设计要求的设计方案，又要充分考虑项目设计实际装备水平的设计方案，使两者达到设计合同和项目合同一致的设计目标。

国际工程承包项目设计组织与设计管理须按照设计合同双方确定、项目甲方批准的设计计划执行。设计过程中一方面强化设计进度实施的动态控制，一方面优化设计质量控制的动态调整。项目“总设计师”会同各个专业的设计负责人，定时组织检查设计进度和设计成果，分析设计工作中出现的各方面情况，校正设计偏差，调整设计技术与管理程序，定期与项目承包方和项目业主方进行设计交流会审，保质保量完成设计工作任务。

国际工程承包项目设计组织与设计管理须执行项目设计文件及相关设计说明等设计成果的规范标准。这样，国际工程承包项目的设计图纸和有关设计文件可以和国际设计惯例采用的标准规范接轨，达到符合项目合同设计规定的标准规范要求，从而达到项目甲乙双方预期使用设计图纸文件及相关设计文件的设计管理目标。

国际工程承包项目设计组织与设计管理须按照项目合同的要求，一般采用设计文件目录的方式，分项、分专业、分格式向项目承包方和项目业主方（项目甲乙方）及其委托代理方提交规范标准的设计文件。

设计文件提交工作需要强制推行设计控制节点，一般控制节点包括：

（1）项目设计各专业部室之间的设计专业的接口及进度节点。

（2）项目设计各专业不同设计阶段的设计文件完成及提交的时间节点。

（3）项目设计各专业关键路径的设计进度及设计文件提交的进度节点。

（4）项目设计各专业核心设备及相关材料选型设计的计划节点。

（5）项目设计各专业相互衔接、配合、完成整体设计工作的管理节点。

（6）项目设计各专业及项目整体成套设计文件提交给项目甲方的节点。

国际工程承包项目设计组织与设计管理须落实项目业主方和项目承包方有关设计交流达成一致的设计意见。对合理化设计意见进行评估，对各方达成一致意见之后的设计意见，须根据合同规定和设计工作程序进行设计修改和更正；对尚未达成一致意见或设计与技术不允许更改的设计意见，须按照专业技术设计依据予以拒绝，及时做出有理有据的答复、说明及澄清。避免项目业主方和项目承包方利用设计文件提高或降低项目设计功能、功效、等级、水准、指标等工程设计意图，保持符合项目合同要求的项目整体专业设计水准。

国际工程承包项目设计组织与设计管理须贯彻落实合同原则。项目设计方须及时提醒项目承包方及项目业主方依照合同对项目设计图纸和设计文件的审核审批。如项目承包方或业主方及其委托代表未能在合同规定的期限内对项目设计方的设计文件进行审核审批，项目设计方可依据合同规定提出设计工作日相应延长及相关的设计索赔。

国际工程承包项目设计组织与设计管理须妥善避免或处理设计争议。如果发生严重的设计争议或纠纷，争议双方应根据合同规定的争议解决程序循序谈判，将设计争议提交合同双方约定的争议裁决委员会进行仲裁或裁决，引起严重后果的设计争议可提起诉讼，通过司法诉讼解决争议及责任。

6.7 国际工程承包项目的设计合同管理与设计分包合同管理

国际工程承包项目设计合同管理与设计分包合同管理工作包括两个方面：一是项目承包方（承包项目乙方）与设计方（设计合同乙方）签订的承包项目合同项下的设计合同管理；另一方面是设计方（设计合同乙方）与第三方签订的设计合同项下的设计分包合同管理。

一般来说，项目设计分包合同基于项目特定或指定应用的第三方或第三国别的专有技术、专有设备或专利设备材料在总设计方案中的分项应用设计。

特殊情况下，也有承包项目业主方将与项目承包方签订的项目承包合同中的设计部分剔除，将此部分设计工作作为相对独立的招标工作包，直接与设计方签订的设计合同。这种情况通常是项目业主方主张将项目设计方和项目承包（建造）方分开，委托相对独立的项目监理方作为项目业主方（项目甲方）的代表，同时对项目承包方和项目设计方进行管理，达到项目建设的目标。❶

国际工程承包项目设计合同管理与设计分包合同管理均须遵循项目承包主合同中的设计规定。项目承包主合同中设计部分明确规定项目设计采用的设计标准、设计规范、强制标准、强制规范及设计边界条件，包括承包项目合同甲乙方约定的设计时间。甲方规定的强制标准、强制规范必须在设计方案中作为指定内容予以落实。当然，在设计交流和设计谈判允许的条件下，工程承包方会同设计方可以提出相关的替代性设计方案。替代性设计方案必须经过设计理论、设计标准、设计案例的充分论证，争取说服项目甲方认可并采用项目承包及设计方的建议的替代性设计方案。目的在于采用项目承包方及设计方熟悉掌握的标准和规范，规避了采用项目所在国强制规范、强制标准所带来的施工建造期间诸多审核批准困难及问题，也降低了相关工程设计、建造、检验、安装、人力、物力、消耗及其各方面成本费用的潜在风险。

国际工程承包项目设计合同管理与设计分包合同管理基于项目合同设计方案确定后业主方提出的设计变更，应采用设计谈判的方式签订设计附加协议。协议须明确项目甲方提出设计变更之后应提供的设计资料及承担的责任，例如：项目甲方自行组织的地质勘探、勘察设计报告、自然条件、资源概况、物料指标等。协议须基于设计变更发生的工艺、标准、指标等关键性影响对整体设计方案的变化，明确具体的工程造价系统报价修正，明确项目甲方对上述设计承担的责任。

国际工程承包项目设计合同管理与设计分包合同管理须确定设计分包合同与设计主合同相互一致的设计原则。项目设计分包合同一般基于项目特定或指定应用的第三方或第三国别的专有技术、专有设备或专利设备材料在总设计方案中的分项应用设计，所以，设计分包合同必须在保证满足设计合同的整体设计方案的前提下，明确设计单位与设计分包单位的技术、技术服务、设计配套等相关责任。规定设计分包遵循设计主合同的规范、标准、指标、参数等一系列设计规定，也要明确分包合同与设计合同设计费用、计费标准、设计时限、设计文件等各个方面的细则、深度等规定。同样，设计分包合同须承担项目设计合同中向项目甲方提交设计文件，履行设计文件交流、说明、澄清、批准等工作程序的共同责任。

国际工程承包项目设计合同管理与设计分包合同管理须对各自承担的设计内容进行阶段划分。项目业主方指定的设计内容、项目各个专业、各个工艺阶段、各个工程阶段等节点是设计阶段划分的基本依据。基本采用专业相对独立、工段相对独立、大型专利技术设备相对独立、各个工程建设阶段相互结合、科学对接的原则，科学划分设计总包与分包的设计任务。保证设计无重复、无遗漏，处理好专业、工艺、结构等设计交叉的问题。科学、高效、节约组织设计合同与设计分包合同的管理，力求责任、义务、质量、效益的优

❶ 本书立足于国际工程承包项目管理，重点论述项目承包方主导的设计合同管理和设计分包合同管理。因此，不对业主方与设计方签订的独立设计合同管理及设计分包管理做深入的论述。

化均衡设计目标。

国际工程承包项目设计合同管理与设计分包合同管理须明确设计文件交流、提交、审核、批准的工作程序。项目设计文件应按照专业、工段、工艺等不同类别进行提交和审批。避免设计文件无序提交和审批导致的同一工段不同专业设计文件的反复提交和审批，避免设计文件无序提交和审批导致的项目现场工程施工的混乱发生。因此，必须确定设计文件清单，确定项目合同甲乙方关于设计文件提交和审批的工作流程及工作日。提高设计文件提交和审批的工作效率。

国际工程承包项目设计合同管理与设计分包合同管理须制度化规定设计文件提交和批准工作争议的解决机制。对于业主方提供的前期设计进入设计方案的部分内容，须明确界定业主应承担的设计责任。对项目甲乙方出现的设计问题或争议，双方应按照设计争议解决机制的规定限期解决有关问题，避免无限期扯皮影响项目设计进度和设计工作。

国际工程承包项目设计合同管理与设计分包合同管理中关于专有技术、知识产权的归属界定，承包项目甲乙双方须遵守相关知识产权保护的法律法规。对于项目设计中专有技术、知识产权应用导致的项目甲方和项目乙方归属权的划分，应采用原始隶属的原则，不应因项目应用的项目归属甲乙方而导致专有技术和知识产权的甲乙方归属权转移。但是，项目甲乙方因设计需要与专有技术、知识产权所有方洽商购买、部分范围内授权使用并为此支付相关费用，且签署相关法律和商务文件的情况除外。

国际工程承包项目设计合同管理与设计分包合同管理中关于专有技术、知识产权的归属性文件基本如下：

（1）设计文件中明确注明专有技术、专利技术、知识产权归属方的文件。

（2）设计文件中明确注明专有技术、专利技术、知识产权授权的文件。

（3）设计文件中明确注明项目甲方提供给项目乙方及设计方的专有技术、专利技术、知识产权文件，一般限定于本项目使用。

（4）设计文件中明确注明项目乙方或设计方提供给项目甲方授权使用的专有技术、专利技术、知识产权文件。

（5）设计文件中明确注明项目乙方及设计方自有的专有技术、专利技术、知识产权文件，一般限定于本项目的使用，超出项目范围须另行谈判。

项目承包方及项目设计方拥有知识产权的设计、技术、管理、培训、操作、维修等成果文件一般包括如下内容：

（1）国际工程承包项目的《设计手册》。

（2）国际工程承包项目的《培训手册》。

（3）国际工程承包项目的《设备手册》。

（4）国际工程承包项目的《操作手册》。

（5）国际工程承包项目的《维修手册》。

上述内容一般限定于项目甲方在本项目范围内授权使用，超出本项目使用则另行谈判。需要注意的是，项目自控部分涉及的应用控制软件和管理软件较多，须按照软件管理及知识产权的有关法律法规明确使用范围、使用的软硬件知识产权条件及其限制。违反相关知识产权合同条款，须承担相应的赔偿及法律责任。

6.8 国际工程承包项目设计文件审查管理与批准管理

国际工程承包项目设计文件审查管理是指项目乙方或承包方对项目设计方提供的设计文件进行的设计审查活动。一般项目乙方或承包方会同设计方共同完成设计审查工作。之后，项目乙方或承包方将组织项目甲方或业主方及其委托的代理方对项目设计方提出的设计文件做决策性审查。

项目设计的批准管理一般由项目乙方或项目承包方按照项目合同规定的设计文件提交审核批准程序，组织项目甲方或业主及其委托的代理方对项目设计方提供的正式设计文件做出批准。

国际工程承包项目设计文件审查管理与批准管理是设计管理的重要组成部分。设计文件审查是设计批准的基础，设计批准管理是对设计审查结果的管理，也是设计文件正式批准通过的管理程序。

国际工程承包项目设计文件审查管理程序在设计合同中有明确的规定。设计文件审查管理一般包括设计文件提交的清单、时间、专业、内容、图签、审查步骤、审查程序、审查结果、结果处理、审查结论等规定内容。特别，设计单位需要按照设计单位内部的设计管理程序对上述设计审查工作程序予以响应，达到设计合同规定的设计审查标准和目标。

国际工程承包项目设计文件批准管理程序在项目承包合同中有明确的规定。设计文件的批准管理程序一般包括承包单位会同设计单位将设计文件向项目甲方的提交报告、交流会审、设计说明、设计澄清、设计修改、设计变更、设计通过、设计文件清单及分部设计文件的提交签字、按照承包合同规定的套数和要求提交项目全套设计文件等。项目承包方须按照项目承包合同中有关设计条款的规定，组织落实项目设计文件批准的管理工作，达到承包合同中设计文件批准工作的要求。

国际工程承包项目设计文件审查管理和批准管理，均由国际工程承包项目公司及项目经理部负责组织实施。项目设计、设备制造、材料加工、施工安装等相关单位须组织有关专业的工程技术人员，按照“总师负责制”的管理形式，包括聘请相关领域的专家学者，对项目设计、设备制造、材料加工、施工安装等核心技术部分进行论证和审查，确保设计为龙头的有关设备制造、材料加工、施工安装等工作达到承包合同设计规定的要求。

国际工程承包项目设计文件审查管理和批准管理须保证提交批准的设计文件符合招标文件和承包合同中有关设计规定的要求，而且在设计、审查、批准的管理过程中充分考虑项目设计专业技术的科学性、合理性、创新性、适用性、准确性、规范性等，保证项目设计方案及审查批准的设计文件成为项目建设的施工指南。

6.9 国际工程承包项目设计文件阶段划分

国际工程承包项目设计文件划分为初步设计文件和详细设计文件两个阶段。这两个阶段的设计文件审查管理和批准管理有所不同，具体分为内部审查批准和外部审查批准工作程序，主要审查批准管理工作如下。

国际工程承包项目初步设计文件内部审查批准管理工作由国际工程承包项目公司会同设计单位组织实施。设计单位有关专业设计部室的人员按照设计分工组织完成初步设计文件，项目承包公司组织设备制造、材料加工、施工安装等参与项目建设的单位参加设计单位初步设计审查会议。如有必要，相关方面均可聘请相关专业的专家学者代表有关方面参加初步审查会议，对有关设计专业的有关设计体系及设计文件进行审查，提出具体的审查意见，要求设计单位对审查意见做出具体的回复，各方在初步设计审查会议纪要文件上签字确认。设计单位须按照初步设计文件审查达成的意见，对初步设计进行相应的调整，提交正式通过审查批准的初步设计文件。初步设计文件图纸及相关资料完整，设计单位须按照设计工作要求履行图签、签注、提交等工作。

国际工程承包项目初步设计文件的外部审查批准管理工作由项目承包方组织项目发包方或甲方及其委托代理方参加，完成对项目设计方的初步设计审查和批准。项目承包方须组织带领项目设计单位有关专业的设计代表团队和项目设备制造、材料加工、施工安装等参与项目建设单位的代表团队，参加项目承包方组织的项目初步设计审查会议，重点工作是答复项目甲方在初步设计审查过程中提出的有关各种意见。对项目甲方技术管理审查人员提出的有关意见进行明确的答复及确定处理意见，各方在初步设计审查会议纪要文件上签字确认。初步设计会审之后，按照合同规定的项目甲方内部对项目初步设计审查批准工作须有明确的时间规定，要求甲方在完成初步审查内部审查批准工作之后给予项目承包方和项目设计单位有关审查批准文件。设计单位须按照初步设计文件外部审查的意见，对初步设计进行相应的最后调整设计和设计校对，会同项目承包方向项目甲方提交正式通过审查批准的初步设计文件。初步设计文件图纸及相关资料均须按照项目合同的规定和管理程序提交，确保项目初步设计达到项目合同规定的工作要求。

国际工程承包项目设计审查与批准管理需要规范化提供系统完整的设计文件，具体设计文件基本如下：

（1）项目可行性研究报告。

（2）项目设计方案。

（3）项目设计专业分工计划。

（4）项目设计标准、规范、原则。

（5）项目各个专业及系统设计原则。

（6）项目设计造价、核算、审核、批准过程文件。

（7）项目设计基础、地质、环境、安全、消防、抗震等基本设计。

（8）项目设计配置、工艺、设备、装备、功能、效能、寿命等体系。

（9）项目设计深度、设计范围、专业集成、方案整合。

（10）项目合同设计规定复核、施工组织设计、设计交底资料构成。

（11）项目专业组织设计、绘图、3D 设计、制图等技术管理程序。

（12）项目设计方案比选、优化、审核、批准管理程序。

（13）项目设计文件目录及文件体系。

（14）项目设计文件套数、方式、介质、包装、运输、移交等规定。

6.10 国际工程承包项目详细设计文件内外部审查批准

国际工程承包项目详细设计文件的审查管理与批准管理由详细设计的内部审查批准和外部审查批准两部分工作组成。

国际工程承包项目详细设计文件的内部审查批准由项目设计方负责，组织项目承包方及项目分包或建设单位参加，全面论证项目详细设计的设计方案、施工方案、招标采购、加工制造、运输仓储、施工安装、调试验收等项目全过程使用的详细设计文件。项目各个专业、各个工段的施工图，各个设备、各个装备的建造图等详细设计均应达到开工建造的标准。

国际工程承包项目详细设计文件的外部审查批准由项目承包方负责，组织项目甲方和项目设计单位对项目的详细设计进行论证并取得审查批准。项目详细设计文件必须规范完整，满足项目合同的设计要求和项目施工建设的要求。未经项目甲方或业主方及其委托代理方的审核批准，项目详细设计文件不得在项目建设工作中使用。项目详细设计文件必须通过规范严谨的审核批准管理程序提交给项目甲方，再由项目甲方以正式批准生效的文件方式交付项目承包方用于开展项目建造和建设工作。

国际工程承包项目详细设计文件的审查与批准管理须严格依照项目承包合同规定落实执行。项目承包方（乙方）向项目发包方（甲方）提供标准化的系统设计文件，**详细设计文件基本如下：**

(1) 项目详细设计方案及设计说明（包括工程总体设计方案、分项设计方案、项目的各类结构建筑物、项目机电设备及相关控制配套设施、预警安全系统、抗灾防火消防系统、道路交通体系、管理控制体系、总体平面布置、工程施工图表、设备清单、工程数量、设计说明、设计许可等）。

(2) 项目详细设计专业分工管理工作表（包括专业设计总设计师、各个专业部室设计组组长及成员、设计计划与设计工作量详单、专业分项设计工作表、工艺配置及整体设计方案工作组等）。

(3) 项目详细设计标准、规范、原则（包括强制标准、法规；项目各个专业及系统设计原则等）。

(4) 项目设计方案中有关项目详细设计基础、地质、环境、安全、消防、抗震等基本设计。

(5) 项目详细设计造价、核算、审核、批准过程文件（除项目直接造价之外的内容，还包括项目施工期间的临时工程：项目大临、设备租赁、交通通信、场平仓储、油气水电、拆迁移改等具体的工程量与设计造价）。

(6) 项目详细设计范围、专业集成、方案整合（包括项目详细设计配置、工艺、设备、装备、功能、效能、寿命等体系）。

(7) 项目详细设计与设计合同规定的复核、施工组织设计、设计交底资料构成（包括专业详细设计管理、绘图、3D 设计、制图等技术管理程序等）。

(8) 项目详细设计方案分项设计与总体设计的比选、优化、整合、审核、批准管理程序（包括项目详细设计文件目录及文件体系等）。

(9) 项目详细设计文件套数、方式、介质、包装、运输、移交等合同规定工作执行安排及管理工作流程。

国际工程承包项目详细设计文件审核工作与管理工作主要包括如下内容：

(1) 项目设计合同中执行落实的标准规范及强制性标准与项目合同中设计规定的内容是否一致，有关设计内容是否履行了项目甲乙方对项目设计方的审核、批复、批准等工作程序。

（2）项目详细设计是否按照工程项目建设地点的详勘地质数据资料做出有关详细设计处理，设计是否达到地质地貌特殊条件下建设要求、专业要求、生产使用要求、抗灾要求等标准规定。

（3）项目详细设计的设计选型、材料应用、结构形式、水电动力、设备安装、技术标准等是否合理且经过计算论证和优化。

（4）项目详细设计标准图、通用图、参考图、布置图（包括平面图、立体图、剖面图、配置图、流程图等及其设计说明）等是否准确、科学、标准、合理。

（5）项目详细设计中各个专业、各个工段、各个配套辅助设施等的设计、规格、形式、配置等是否满足项目生产、使用、运营规定的设计能力和指标要求，详细设计方案中涉及的上述方面兼容性、维护性、适用性、升级性等是否友好且满足实际要求。

（6）项目详细设计中的临时设施与永久性设施是否应用与管理程序合理，满足项目建设、过渡、竣工等不同工程阶段的功能、深度等目标要求。

（7）项目详细设计中应用及采用的新工艺、新材料、新技术、新专利、新标准等是否取得项目合同甲乙方及有关项目国家的认证和许可，是否通过了详细设计批准。

（8）项目详细设计中核心重点的设计部分是否构建了设计模型，是否建立了专业集成的计算设计程序，是否使用输入了有效数据参数，是否经过详细设计论证及批准等设计管理程序。

（9）项目详细设计涵盖的 HSE 部分内容是否经过有关专业及项目甲乙方专业部门及监理咨询公司的审核，HSE 内容是否满足项目合同设计规范的要求，HSE 设计内容是否与项目甲乙方批准的内容一致，HSE 设计内容是否与其他专业的设计同步。

（10）项目详细设计方案与项目初步设计方案是否经过比对，项目详细设计方案超越项目初步设计方案的关键、核心、重要的技术、管理、工程量、工程造价、建造水准等内容是否经过论证与批准。

6.11　国际工程承包项目设计质量管理与控制管理

国际工程承包项目设计质量管理与控制管理包括人力资源组织管理工作和质量控制管理措施两部分。其中，人力资源组织管理工作是实现设计质量与控制的基础，质量管理与控制管理措施是实现设计质量目标的管理保证。

国际工程承包项目质量与控制的人力资源组织管理工作须根据设计合同的目标，组建满足设计工作要求的项目设计人力资源组织。项目设计人力资源组织须按照设计管理工作机制，形成专业齐全、计划完备、相互配合、分工明确的设计团队，按照项目合同规定的设计内容开展具体的设计工作。设计工作的过程管理与组织管理应遵循“总设计师”负责制、专业设计组组长分工负责的扁平化管理构架，形成科学高效、有序分合、目标明确的设计机制，创新性开展设计工作并按时提交系列化设计文件。

国际工程承包项目设计的质量控制管理措施须按照设计单位的质量管理控制体系，明确项目设计人力资源组织的质量责任、设计任务、计划落实、流程控制、管理方法等具体制度。要求项目设计团队在项目设计人力资源组织结构中按照设计质量控制管理措施的工作流程开展专业化、制度化、标准化、规范化的设计工作，落实并完成项目设计任务。

国际工程承包项目设计质量与控制管理的根本目标就是落实完成项目设计合同规定的设计任务，具体组织管理工作内容如下：

（1）承包项目设计管理组织机构管理流程图。

（2）承包项目设计管理组织工作程序和专业设计工作程序。

（3）承包项目“总设计师”职责。

（4）承包项目“专业设计模块”图。

（5）承包项目“专业设计模块组”组长职责及设计组成员专业任务。

（6）承包项目设计进度计划表及设计任务分配表。

（7）承包项目各个专业模块相互配合、衔接、接口、节点规定。

（8）承包项目设计编码体系表、设计标识标准、设计制图规范。

（9）承包项目设计变更、审核批准工作规定。

（10）承包项目设计标准、规范、设计资料、设计文件管理规定。

国际工程承包项目须按照设计单位的质量管理标准体系建立设计、交流、修正、审核、评审、批准的工作程序。在设计的不同工作阶段定期开展上述工作。上述设计过程文件及设计结果文件均须达到责任到人、专业到组、方案到总设计师的设计全程可追溯性的管理要求，各项设计文件规范、完整、标准且按照文档信息管理标准留存归档。

国际工程承包项目设计质量与控制须遵从项目“总设计师”的设计指导与管理决策。“总设计师”下属的各个专业组织负责人及设计团队成员须满足如下设计质量与控制的要求：

（1）项目设计各个专业组负责人及其设计组成员的技术资格与能力。

（2）项目设计各个专业组设计输入的控制。

（3）项目设计各个专业组设计输出的控制。

（4）项目设计各个专业组设计变更的控制。

（5）项目设计各个专业组设计技术方案的交流与控制。

（6）项目设计各个专业组设计成果文件的提交、审核、校审、签批。

（7）项目设计各个专业组设计协调、整合、总体设计节点管理与控制。

国际工程承包项目设计质量与控制涉及第三方或第三国特定专有技术设备或专利技术设备时，须在设计合同的框架下取得项目业主方的同意和批准，开展与第三方或第三国专有技术设备、专利技术设备的设计质量与控制合作。这种第三方或第三国的设计质量与控制管理合作须建立在项目合同设计要求的基础上，对有关设计质量与控制予以明确的界定和要求，明确相关的设计责任和质量与控制责任，达到项目设计合同的规定要求和设计质量控制管理目标。必要时，可以聘请有关第三方或第三国的专家参与有关部分的设计工作，设计单位的有关专业负责人也可以参加第三方或第三国特定专有技术设备、专利技术设备的设计质量与控制管理工作。例如：设计审查、建造监制等有关工作，确保国内外设计工作的相互衔接和专业接口。

国际工程承包项目设计质量与控制涉及项目设计规定的核心难点工作，必须掌握其Know-how（特定的诀窍、实际知识、专门技能、专有技术等），也可在相关部分的工作中明确要求该部分的设计专业研究带头人亲自完成。甚至，必要时可以邀请业界内的专家组成专家组进行核心技术设计与Know-how的设计论证与审核及评审，达到设计质量与控制管理的要求，达到设计方案的关键核心技术设计要求。

6.12　国际工程承包项目设计变更与技术管理

国际工程承包项目的设计变更通常可以分为两大类：一类是承包项目甲方或业主方及其委托代理方提出的项目设计变更；一类是承包项目乙方或承包方提出的项目设计变更。

承包项目合同甲方或业主方及其委托代理方提出的项目设计变更通常涉及提高设计标准、提高技术水平、提高装备配置、提高功能指标、提高工艺材料、提高设计规格等超出设计合同和项目承包合同设计规定的要求。一般，承包项目甲方或业主及其委托代理方既不愿意增加上述工作内容带来的增项费用，又不愿意放弃这些某种程度上不合理的更高设计要求，因此，设计单位须本着设计合同规定的根本性原则要求，在不影响项目设计根本变化的前提下，力求满足其更高的设计要求。

承包项目合同乙方或承包方提出的项目设计变更通常涉及同类专业技术设计替代、类似设备优化、相同技术设备材料选型、简化工艺流程、优化设计配置等降低工程造价、优化项目设计的要求。承包项目乙方或承包方一般会按照设计合同的规定要求设计方满足其上述设计工作要求，同时，又不愿意额外承担上述设计工作工作量增加带来的设计费用支出及补偿。因此，设计单位须合理调剂设计资源，优化设计人力资源与合作资源的潜力发挥，在设计合同规定的条件下，力求满足承包项目合同乙方或承包方的上述设计要求。

国际工程承包项目设计质量及控制管理工作须紧密结合项目现场施工及工程管理工作，设计单位须向项目现场派驻设计代表或设计工程师，履行设计质量与控制管理工作。设计代表或设计工程师须及时解决项目现场施工及工程管理工作中发现的设计问题，对有关问题进行优化或变更处理，监督现场施工及工程管理工作按照施工图及工程设计的要求开展工作。

项目现场设计代表或设计工程师的主要职责及工作内容如下：

（1）根据设计合同规定及设计工作要求，现场设计代表或设计工程师须做好向设计合同甲方或项目承包方及项目建设单位的设计与技术交底工作。负责在项目现场落实基准点的勘测交桩、永久性基准点的建立、施工技术交底、土建基础工程设计施工图核验、结构工程施工图验放、机电安装工程关键问题交底、施工过程中因实际技术需求做出的设计变更及各类设计图纸和施工图的问题、参加项目现场设计施工例会、代表设计方对现场的设计变更等图纸文件签字确认或拒绝认可等设计工作。特别，现场设计代表或设计工程师须负责向设计方及设计主管单位及时汇报协调，做好现场技术设计工作的同时，也要做好现场难以解决的更高级或专业更复杂、需要国内设计方提供团队支持的上传下达设计工作，保证现场设计工作及设计服务工作满足项目施工及合同规定的工作要求。

（2）现场设计代表或设计工程师须承担对项目设计合同甲方（项目合同乙方或承包方）的首要设计责任，配合设计合同甲方即项目合同乙方或承包方向项目合同甲方即项目业主方及其委托代理方提供设计与设计服务责任。同时，通过现场工程管理的工作机制，建立与项目监理方或管理方的合作机制，切实做好项目现场设计技术、设计服务、设计管理等工作。如果在项目建设过程中发现有违设计规范或设计施工等方面的问题，须及时发出设计技术警告通知，通过项目现场经理发出修正、整改、暂停、停工、返工的指令，切实做好项目现场设计与设计管理服务工作。

（3）现场设计代表或设计工程师须按照项目现场工作制度，定时巡检项目现场的设计与施工落实工作。按照设计施工图复检项目施工的关键环节和关键节点，对项目施工过程中发现的有关公差超限、程序错误、技术遗漏、设计缺项、专业矛盾等各种设计施工问题，须及时记录、反馈、处理。对现场解决不了的复杂设计技术问题，须及时协调设计方及国内设计团队认真研究，提出新的设计变更或处理方案，协调现场项目甲方及监理方审核批准，确保项目现场施工顺利进行。

（4）现场设计代表或设计工程师须认真履行其工作责任，按照施工设计的标准规范，督导项目现场项目承包方及其施工单位或施工组织按照施工图实施现场工程的各项施工建设及施工建造工作。及时答复项目甲乙方及其监理方或项目管理方提出的各种设计质询问题、设计变更建议、设计不合理或设计优化等各类问题，做好设计及技术答疑的服务工作。

（5）现场设计代表或设计工程师须按照项目现场工程管理的程序，积极主动做好项目设计的前瞻性设计交底、设计核查、设计优化等具体工作，力求以设计为前导的现场施工达到施工速度快、施工质量高、施工消耗低、施工安全好、施工效率高的科学、优化、规范、标准的工作目的。

（6）现场设计代表或设计工程师须按照工作制度规定，定期向设计单位做现场设计工作述职，向设计合同甲方即项目合同乙方或承包方及其项目现场经理部做工作总结，向现场经理定期报送设计工作完成及执行情况汇报，向项目甲方及其项目监理方定期会晤协调设计工作，全程参加项目施工图执行落实为项目竣工图的设计服务工作。同时，做好其他设计工作相关的突发性工作和突发性设计服务、处理、善后等工作。

国际工程承包项目的设计变更程序须依照规范标准的设计工作程序进行。设计变更须根据两大类不同起点的设计变更目标，分别按照项目甲乙方的设计需要及要求，按照专业规范的设计程序予以响应，妥善履行设计技术的科学权威与技术服务并举的工作职责，符合项目实际需求，不脱离和违反项目总体设计方案，达到项目甲乙方的互利共赢。

国际工程承包项目设计管理要求建立项目设计工作台账，详细记录项目全过程的设计工作执行情况，积累各类项目设计关键数据，为项目竣工及项目后期设计服务奠定信息基础。特别，对项目设计的重大设计变更，须明确变更建议方的主体责任，设计变更对项目原设计的影响及未来可能出现的情况，项目质保相关变化及未来潜在的设计与技术服务的变化需求等。

6.13 国际工程承包项目设计标准及规范管理

国际工程承包项目设计标准及规范是设计工作的基准，设计标准及规范管理工作则是设计基准的保证体系。特别是项目设计的特殊标准规范及强制性标准规范的设计管理应用，必须通过系统的管理体系确保设计工作过程及设计文件结果达标，因此，必须不折不扣、一丝不苟地做好项目设计标准及规范管理工作。

国际工程承包项目设计标准及规范管理须通过设计单位有组织的管理体系实现项目设计方案及其全部设计文件遵循项目设计规定的标准及规范，遵循有关标准规范的全部设计基础数据和参数，设计过程及设计结果均符合相关设计标准及规范的要求，设计文件须通过设计质量管理体系得到全面审核、验证及达标。

国际工程承包项目设计标准及规范管理工作由承包项目单位会同设计单位贯彻落实。项目承包单位及其项目经理部应设立专门的管理组织（设计部或设计组）负责对项目设计标准规范的全部设计文件和基础数据参数及相关设计资料做规范的管理及施工建设应用。特殊专业、特殊设备、特殊工艺、专有技术、专有设备、专利技术设备等方面的特殊标准或强制标准，均须通过项目经理部的设计组织管理实现相应的项目建造、建设及施工。

国际工程承包项目设计标准及规范管理工作须明确项目经理部的有关管理职责。国际工程承包项目公司及其项目经理部下设的设计组织（设计部或设计组）不仅要承担起项目设计标准及规范的日常管理工作，而且需要履行对项目施工管理全过程的标准规范管理工作。针对项目的工程分包商、设备制造供应商的有关建设、建造设计文件做出明确的标准规范交底，对上述有关管理工作的输出、输入文件、图纸、图表、资料等均要求做好符合工程管理及档案管理的颁发、收集、分类、归档、评估等管理工作。实现设计标准及规范等文件有体系，设计标准及规范管理工作有专人负责，形成系统完整的项目设计标准及规范的管理工作体系。

6.14　国际工程承包项目设计标准及规范有关竣工文件及“设备、操作、维护、培训”四大手册的管理工作

国际工程承包项目设计标准及规范管理工作中涉及的竣工文件及承包项目“设备手册、操作手册、维护手册、培训手册”四大手册的标准及规范编制管理和提交管理工作基本包括如下内容：

（1）国际工程承包项目设计标准及规范管理工作须贯穿项目竣工文件的始终。项目施工图经过现场施工执行的落实验证，形成竣工文件的主体部分，其有关工程检验、工程变更、工程验收等均作为设计标准及规范的管理过程文件，构成工程竣工文件的组成部分。

（2）国际工程承包项目设计标准及规范管理工作须贯穿项目技术及管理文件的始终。项目技术与管理的重要文件是“设备手册、操作手册、维护手册、培训手册”四大手册，项目竣工之后的设备管理、操作管理、维护维修、人员培训等均依照四大手册进行，以确保项目通过验收、竣工、投产之后的运行与运营过程中达标正常。因此，项目四大手册中的设计标准及规范必须与设计文件完全一致。

（3）国际工程承包项目设计标准及规范管理工作的竣工文件及“设备手册、操作手册、维护手册、培训手册”四大手册均须通过项目甲方的审核与确认，并在承包项目正式竣工验收之前按合同规定的时间和份数提交给项目甲方或业主方。上述文件及手册，也是项目正式竣工移交的基础文件之一。

（4）国际工程承包项目设计标准及规范管理工作涉及的竣工文件、竣工图纸及四大手册的编制工作若因项目甲方人员的提前培训而不能正式提交，国际工程承包项目乙方须按照工作需求提交临时设计技术文件和相关手册资料，满足项目甲方人员培训工作包含的设备操作、维护、拆卸、重装、调整、试车及项目生产技术管理等培训工作的要求。

6.15　国际工程承包项目设计评价与考核管理

国际工程承包项目设计评价与考核管理须依照项目承包合同有关设计条款的规定、依照项目承包方与项目设计方签订的设计合同确定项目设计评价与考核管理制度。设计评价与考核管理相互结合，明确设计方的责任和义务，明确设计方的设计目标和设计成果，明确设计方接受的设计评价方式和考核方式，明确设计评价与考核相结合管理的结论，明确

上述管理工作的奖惩标准和奖惩方法。

国际工程承包项目公司及项目经理部须建立承包项目设计考核评价与考核管理制度。项目经理部对项目设计单位设计考核评价的重点是通过项目设计单位的管理流程，对项目设计图纸及设计文件进行计划、质量、标准、规范等系列化考核评价。考核评价方式须依照项目设计合同规定的形式，由项目承包方及其组织的第三方设计专家评审组对项目设计单位的设计图纸及成果文件进行考核评价，提出具体的考核评价意见，按照项目设计单位的管理制度落实设计考核评价及管理工作意见。依照设计合同规定，对相关设计考核评价的结果进行奖惩。项目设计单位也可依照单位内部的管理制度对上述有关考核评价做出细化落实到相关专业及相关责任人的奖惩。上述工作一般被设计单位称之为“外部考核评价与管理”。

国际工程承包项目公司及其项目经理部设计考核与管理工作须依照项目合同的规定进行。项目承包公司及其项目经理部应采用项目业主方认可的项目甲乙双方组成的设计专家委员会的方式，按照合同约定的设计考核评价方式，对项目设计方的设计图纸及设计文件进行相对独立的考核评价。项目设计考核评价及管理的重点是依照项目合同设计条款的规定对项目设计方的设计过程及设计方提交的设计文件及设计结果进行系统管理。上述工作一般被项目承包方称之为“项目考核评价与管理”。

国际工程承包项目设计单位与项目承包方联合建立项目设计考核评价体系和管理制度。项目设计单位根据设计单位内部的设计管理及考核制度，依照项目合同设计条款及项目设计合同的规定，对各个设计专业、设计部室、设计小组及相关设计组织的设计计划、设计图纸、设计文件、设计方案及其初步设计和详细设计的不同阶段及设计成果进行设计考核评价。考核评价的结果纳入设计单位的管理体系之中，并按照管理制度进行相关的奖惩。上述工作，设计单位称之为“内部考核评价与管理”。

国际工程承包项目设计考核评价与管理须依照项目合同及设计合同的一致性规定实施设计管理。明确项目设计单位与设计者终身负责的技术设计和法律责任。一旦项目实施建设过程中及项目竣工之后发生相关的设计责任，设计单位及有关设计者须承担相应的设计与法律责任。

7 国际工程承包项目工程分包管理

随着中国国际工程承包业的迅速发展，国际工程项目的建设规模、技术水平、专业领域等也不断扩大，国际工程总承包项下的国际工程分包随之成为国际工程项目建设与建造过程中优势互补、共同发展的必然趋势。国际工程承包项目工程分包管理是国际工程建设产业链最基础的部分，它直接关系到国际工程承包项目的质量、进度、成本、计划、控制等各个管理环节，是国际工程承包项目工程管理的重要组成部分。

国际工程承包项目工程分包管理受到劳务签证、市场准入、专业技术、物资设备、后勤保障等国内外有关政策要求的限制和影响，国际工程分包管理必然与国内工程的分包管理有着本质的区别和不同。从管理的某种程度上考量，能否做好国际工程承包项目工程分包管理，意味着能否做好国际工程承包项目的工程管理，甚至影响到国际工程承包项目工程管理的成败。因此，国际工程承包项目工程分包管理是国际工程承包项目管理的重要基础管理工作，项目承包商及其项目经理部必须认真做好项目工程分包管理工作。

7.1 国际工程承包项目工程分包管理原则

国际工程承包项目工程分包管理的主要形式包括：项目标段分包、专业工程分包、机电安装分包、劳务作业分包、材料供应分包、设备租赁分包等不同的形式。各种形式的工程分包管理均须遵循有利于国际工程承包项目的资源配置，有利于国际工程承包项目的履约保证，有利于工程承包项目的业务发展，有利于工程承包项目的综合效益管理原则。

国际工程承包项目工程分包管理的主要工作内容包括：工程分包合同招标、工程分包合同评标、工程分包合同谈判、工程分包合同签约、工程分包合同履约、工程分包合同变更、工程分包合同索赔、工程分包合同违约或合同终止等工程分包管理工作。国际工程承包项目工程分包管理不仅是项目总承包合同涉及的甲乙方工程管理工作的一部分，更重要的是项目总承包方与项目主合同项下的工程分包商的国际合作管理工作。

国际工程承包项目工程分包管理须得到项目发包方（业主方）及其委托代理方的批准。国际工程承包项目总承包方根据项目建设需要，可以对其项目承包范围内的各个专业、各个标段的工程进行科学合理的工程分包，项目发包方（业主方）及其委托代理方禁止项目工程分包的情况除外。无论是项目材料、项目设备、项目劳工、项目管理、项目建造等各种方式的工程分包管理工作，均须严格遵守项目承包合同规定的条款，项目甲乙方的责任和义务必须统一履行。国际工程承包项目工程分包管理工作必须严格依照有关的合同条款及相关的法律法规进行，管理活动、管理工作、管理流程、管理过程才能在国际化、规范化、标准化、制度化的基础上实现项目合同的总体目标。

国际工程承包项目工程分包管理的核心基础管理工作是分包合同评审制。不同的国际公司、不同的专业公司、不同国别的国际工程项目工程分包管理具有不同的分包管理制度，但是，工程分包合同评审的流程基本相同。工程分包合同文本的语种、格式等规范化内容的拟制、选择与使用直接影响到工程分包管理合同双方的权利，因此，工程分包合同招投标的过程管理、合同审核评价的流程管理、合同签字批准的审核管理等均须按照项目总承包方的工程管理制度进行。

国际工程承包项目工程分包管理的合同评审制度和组织机构须符合项目合同的相关原则，评审专家须具备符合项目工程分包专业领域评审要求的资格。工程分包合同评审专家委员会的组织成员须按照专家评审选择的规范方式抽签选择，依照工程分包管理的合同评审管理程序对项目的各类工程分包合同进行相对独立的专业评审。

7.2　国际工程承包项目工程分包合同管理

国际工程承包项目工程分包合同管理按照工程项目的不同阶段和不同内容划分，主要工作内容如下：

（1）项目工程分包合同招投标管理。

（2）项目工程分包合同执行管理。

（3）项目工程分包合同变更管理。

（4）项目工程分包合同验收管理。

（5）项目工程分包合同违约管理。

（6）项目工程分包合同索赔管理。

工程分包合同管理的工作重点按照项目合同的不同阶段和不同具体情况有所不同，工程分包管理的核心是满足项目合同甲乙双方的质量效益和建设目标。

国际工程承包项目工程分包合同管理须注重工程分包合同与项目承包合同总体工程相关部分的一致性、连贯性、整体性，避免工程分包与项目总体工程发生遗漏、重叠或不兼容。同时，工程分包管理也要达到项目整体工程包含的分项工程彼此衔接、相互配合、资源整合的工作目标，提高项目管理的分项效率和整体效益。特别是加强工程建设整体资源的共享，避免工程建设分包产生的资源浪费，提高项目整体人力资源、建设资源之间的整体工作整合效率，保证建设质量和计划进度，不断完善提高项目工程分包管理的实际效益。

国际工程承包项目工程分包管理的基础是诚实、守信、平等、互利、共赢，遵守项目工程分包双方彼此国家的法律法规，也要遵守相关国际惯例及 FIDIC 管理原则。国际工程承包项目工程分包管理要求分包商与工程总承包商保持一致，分包商在项目建设的国际合作工作中须承担相应的建设责任和社会责任，履行工程分包管理的权利和义务。分包商也要尊重项目所在国及其项目承包商彼此国家的政治、宗教、信仰、公德、制度等，切实做好项目工程分包管理工作。

7.3　国际工程承包项目工程分包制度与考核管理

国际工程承包项目工程分包管理须建立健全相关的各项管理工作规章制度。项目承包商须对公司所属国际工程承包项目及其项目经理部做出统一的规定，结合国际工程承包项目在不同国家和地区的不同情况，明确工程分包的管理考核标准，明确统一规范的工程分包商选择招标程序和管理办法、工程分包合同签订、工程分包合同评审及批准的管理程序，明确工程分包管理的评价体系和评价办法。国际工程承包项目公司及其国际工程项目经理部须根据制定的上述规章制度，定期开展工程分包工作的管理与考核。

国际工程承包项目工程分包管理规章制度要求与国际工程项目承包公司总部的有关工程分包管理制度一致。国际工程项目经理部须结合项目工程分包的实际情况，细化公司总部的工程分包管理标准，编制适合本承包项目工程分包管理且高于总公司工程分包管理标准的管理考核制度。

国际工程承包项目工程分包管理规章制度须实施工程分包全流程的程序化管理，主要工作流程包括：工程分包招标、分包商资格审查、分包工程评标、工程分包合同签约、分包工程质量、分包工程计划与进度、分包工程款收支、工程分包合同、工程分包商 HSE 管理等。

国际工程承包项目工程分包管理规章制度的主要内容如下：

（1）国际工程承包项目工程分包商管理制度。

（2）国际工程承包项目分包工程招投标管理制度。

（3）国际工程承包项目分包工程人力资源管理制度。

（4）国际工程承包项目工程分包评价考核管理制度。

（5）国际工程承包项目分包工程财务管理制度。

（6）国际工程承包项目工程分包造价管理制度。

（7）国际工程承包项目工程分包合同管理制度。

国际工程承包公司须建立健全工程分包与分包工程管理的各项规章制度，确保国际工程承包项目工程分包管理工作符合国际化、标准化、制度化、专业化的管理标准。同时，国际工程承包项目经理部也要做好工程分包的具体履约管理工作，真正做好管理服务、人性为本、优胜劣汰、长期合作的国际工程分包的细化管理工作。

国际工程承包项目经理部工程分包管理考核是工程分包管理制度执行落实的管理结果体现，其主要内容如下：

（1）工程分包管理目标。

（2）工程分包质量管理。

（3）工程分包进度管理。

（4）工程分包造价管理。

（5）工程分包合同管理。

（6）工程分包安全管理。

（7）工程分包施工管理。

（8）工程分包计划管理。

（9）工程分包人力管理。

（10）工程分包变更管理。

（11）工程分包考核、奖惩、年度评价管理。

（12）工程分包争议、调解、仲裁等法务管理。

7.4 国际工程承包项目工程分包商的选择与合作管理

在参与国际工程承包竞争的过程中，国际化的大型国际工程承包公司特别重视国际工程分包商的选择。事实上，国际工程分包商的选择就是国际工程承包合作伙伴的选择，所以，在进入某一个国际工程新市场、新领域、新项目的同时，国际工程分包商的选择与合作已经同步开始。

国际工程承包项目工程分包商的选择不仅是对国内分包合作的考量，也是对国际工程承包项目所在国家或地区的工程分包商的考量。因此，在开展国际工程承包项目市场调研与项目投标工作的同时，国内外有关项目工程的分包商、分包市场的资质、能力、信誉、业绩等各方面情况均须开展全面的了解调查，必要时，须同时开展合作洽商。

国际工程承包项目工程分包管理须结合工程项目所在国家及地区的工程承包综合条件进行优化。首先，考察掌握工程项目所在国及地区的工程分包基础资源（物资材料、工程机械、人力资源、劳务签证、保税政策、运输费用、市场准入、后勤保障、保险税收、通讯交通、物价水平、社会治安、经济基础、自然灾害、政治局势等）；其次，考察掌握项目业主方及其委托代理方在工程项目所在国及地区的基础条件（产业状况、工程基础、资本经济、政府公关、合作能力、商业信誉等）。在此基础上，做出重点工程分包商的初步选择与合作方案决策。

国际工程承包项目工程分包商的选择应根据节约资源、降低成本、提高效率、保证质量的策划原则实施。根据工程分包不同专业、不同标段、不同施工建造工作的特别需求，做好专项工程分包商的管理战略及相关的工程分包管理方案。一般来说，工程项目建设的辅助材料及现场施工需要的临时性机械加工、建安设备等需要在现场建造或租赁，其他部分的工程建设与建造工程均应通过规范标准的工程分包招投标方式实施。

国际工程承包项目工程分包商选择及合作管理发展趋势：近年来，国际工程承包项目工程分包管理的科技应用特征明显，工程分包的建设与建造模式随之发生了翻天覆地的迅猛发展。因此，采用最新科技手段，将最新的科学技术转变为生产力，也是国际工程承包项目工程分包商及合作管理的必然发展趋势。例如：港珠澳大桥工程、哈萨克斯坦阿克托盖铜浮选厂工程等均选择采用了模块化的工程分包建设建造模式，不但提高了工厂化的产品建造质量，也大大提高了项目现场集成化的建设安装效率，使国际工程承包项目总承包商与分包商之间的合作真正实现优势互补、相互提高，使中国国际工程承包的商誉和信誉得到了极大的提升，也使我国国际工程公司在国际工程承包市场的国际竞争力得到了飞跃性的发展。

7.5 国际工程承包项目工程分包商选择及合作管理调查

国际工程承包项目工程分包商选择及合作管理调查是工程分包决策的先决条件，因此，开展专业化的调查工作是工程分包管理工作的基础。

国际工程项目工程分包商选择管理的调查内容主要是其在相关专业工程领域内的资质、业绩、商誉、信誉、专利、技术、装备、质量、安全、资本、经营状况、专业水平、专业人员、工程奖项、组织管理、市场占有率等综合信息。

国际工程承包项目工程分包商合作管理调查内容主要是其在相关专业领域的合作方式、合作案例、合作体系、合作能力、合作经验、合作成本、合作效率、合作业绩等。

7.6 国际工程承包项目工程分包商选择与诚信合作名录管理

随着一些国际知名的大型国际工程承包公司在某些专业工程领域内的长期发展合作，其工程分包商的合作信誉也随之积累发展，经过多年的国际工程项目工程分包合作的实践考验，逐渐形成了其优先选择的工程分包商诚信合作名录。因此，国际知名的大型国际工程承包公司均建立健全了分包商选择合作管理制度体系，建立了《国际工程承包项目分包商诚信合作名录》。

《国际工程承包项目分包商诚信合作名录》管理是指国际工程承包公司对工程分包商进行系统全面的资质、资格、业绩、诚信等方面的合作评价制度，也是对国际工程分包实际业绩一贯表现的综合考核评价体系。通过对工程分包商公证、客观、全面、标准的工程管理考核评价，得出一年一度的考核结论，并根据考核结果做出被考核的工程分包商正式入选、继续保留、不再保留、正式退出《国际工程承包项目分包商诚信合作名录》的不同结论及奖惩管理。

国际工程承包公司的工程管理部门负责组织国际工程项目经理部及其他相关的管理部门，对国际工程承包公司选择合作的工程分包商按时进行管理、督导、评价、考核。按月度、季度、年度对工程分包商在项目工程中的实际工作表现进行考评评价，考评由工程管理部门牵头负责，协同管理的部门做出有关部分的考核评价结论，保证考核评价意见客观公正、完整全面。国际工程承包公司将根据工程管理部门做出的最终考核评价结论，依照工程分包合同的条款对有关工程分包商进行奖励、警告、诫勉或惩罚。按照工程管理工作制度，每年对《国际工程承包项目分包商诚信合作名录》进行优胜劣汰的制度化优化更新。

《国际工程承包项目分包商诚信合作名录》内的工程分包商可以在同等条件下，享受国际工程承包公司范围内优先参与国际工程承包项目工程分包合作的待遇。通过规范标准的工程分包招投标程序，优先竞争性获得工程分包项目合同。对于国际工程项目业主方指定的工程分包商，可通过规范的分包商选择管理程序，优先选择并与项目承包方签订工程分包合同。

国际工程承包项目工程分包商的选择与合作须通过符合法律法规要求的规范标准方式进行。无论通过招标方式还是谈判方式及其他选择合作的方式，工程分包商的优胜劣汰机制必须得到保障，工程分包的招标管理流程必须得到遵守，有关招标、竞标、评标、中标、授标等管理必须规范标准。如果工程分包商涉及上市公司的关联交易等限制规定，必须遵循相关的政策法规进行公告，按照规范许可的管理流程选择有关的工程分包商，经过上市公司的相关管理程序和审批程序后其工程分包合同才能签署生效。

7.7 国际工程承包项目工程分包合同管理

国际工程承包项目工程分包合同管理应与国际工程承包项目开发工作并行开始。项目开发工作从工程管理的角度可以认定是从购买项目业主方招标文件正式开始，项目工程分包合同管理工作则必须与项目开发及后续管理工作同时开展。工程分包组织的管理职能伴随项目分包合同签署开始执行，项目工程分包各个专业及各类管理人员的工作职责也随之开展。

国际工程承包项目工程分包合同签订之后，工程分包经理部的组织结构及人力资源结构也应组成。这样，工程分包合同管理工作可以从项目投标开始的启动阶段顺利过渡到国际工程承包项目工程分包经理部的执行阶段。一般来说，组成国际工程项目工程分包经理部的主要管理人员应全程参与项目启动阶段的管理工作，在项目启动工作过程中更好地了解掌握项目建设整体方案及项目工程建设管理的总体目标。

国际工程承包项目工程分包合同管理要求建立健全工程分包经理部及其管理团队和组织机构。不仅要设立专业的合同管理部，还要设立质量技术部、工程管理部、设计监理部、计划控制部、后勤保障部等。同时，建立健全相关的管理制度和工作制度，明确各个部门的工作职能及其相关人员的职责。工程分包合同管理部负责向国际工程承包项目经理部及其隶属的上级公司定期汇报，开展日常合同管理工作及协同项目承包方与项目发包方及监理方的合同管理工作，报告工程分包合同管理工作情况及突发性合同管理问题。必要时，须及时提出向项目经理部有关工程技术人员和管理人员主动提供工程分包合同的管理服务工作。

国际工程承包项目工程分包合同管理不仅是工程分包范围内的管理工作，而且是项目合同管理工作的重要组成部分。例如：国际工程承包项目的属地化管理过程中，工程分包涉及项目所在国相关产业领域的有关政策法规限制管理、签证许可管理、当地人力资源聘任管理、保险制度管理、工资税费税则管理、货币汇兑管理、租赁服务管理等相关工作内容。上述管理工作均应按照工程分包合同条款协同配合项目承包方落实执行。特别，涉及项目工程第三方或第三国的专家现场技术指导服务等工程分包工作，须严格依照工程分包合同进行管理，避免出现不必要的薪酬待遇等合同争议。

国际工程承包工程分包合同管理必须依照项目承包方的管理体系建立健全工程分包合同管理工作制度。无论项目管理的对象是人还是物、是有形的工程内容还是无形的服务内容，均应采用信守合同的管理原则，规范执行、落实、保留工程分包合同管理的纸质文件和电子文档，按照管理工作规定的内容和程序定期归档，满足项目承包方随时调取使用工程分包合同文件资料的工作要求，满足工程项目业主方及其委托代理方随时要求提供工程分包合同文件检查服务的工作要求。国际工程承包项目工程分包合同管理文件是项目合同管理工作的必要文件，必须严格依照项目合同管理要求做好项目全过程的工程分包合同管理工作。

7.8 国际工程承包项目工程分包合同编制管理

国际工程承包项目工程分包合同编制管理工作须依照项目主合同的管理原则，结合工程分包的具体范畴，规范编制工程分包合同及其条款。

国际工程承包项目工程分包合同编制管理主要原则如下：

(1) 工程分包合同工程内容及界限范畴明确。

(2) 工程分包合同与工程主合同相关部分的条款规定一致。

(3) 工程分包合同具体条款符合相关的法律法规原则。

(4) 工程分包合同规定要求不得低于工程主合同的要求。

(5) 工程分包合同承担的责任、权利、义务须得到工程分包商知晓。

(6) 工程分包合同的标段须具备并达到标段完整性竣工考核标准。

(7) 工程分包合同的分包商须完全信守分包合同原则。

国际工程承包项目工程分包合同应按照规范标准的国际工程承包合同模式编制。工程分包合同规范标准内容通常包括五大部分（英文泛称：package）：通则、工程、技术、商务、法律，主要包括如下部分：

（1）工程概要。

（2）工程分包界面综述。

（3）工程分包内容、范围、界限。

（4）工程分包合同格式（格式、合同生效日……）。

（5）工程分包接口规定。

（6）工程分包合同方式（单价、总价、成本加酬金……）。

（7）工程分包银行保函（履约保函、预付款保函……）。

（8）工程分包款结算（结算方法、结算条件、结算时间、结算币种……）。

（9）工程分包质量保证（质保服务、质量保证金、培训指导……）。

（10）工程分包合同工期（进场时间、开工时间、竣工时间）。

（11）工程分包施工机械设备（国内发运至现场及返回、保税、租赁……）。

（12）工程分包主材、辅材等材料（证明、检测、供应、运输、仓储……）。

（13）工程分包人力资源（资格、专业、数量、签证、培训、薪酬……）。

（14）工程分包现场住宿交通（住宿、食堂、通勤、安全、医疗、保障……）。

（15）工程分包报关退税（报关、保税、退税、劳务补偿、清关……）。

（16）工程分包工程变更（变更、造价、索赔……）。

（17）工程分包法律争议（争议、调解、仲裁、诉讼、国别地点……）。

（18）工程分包页签及签字页（法人签字、法人授权书、法人委托书……）。

国际工程承包项目工程分包合同编制管理。工程分包合同编制须遵循国际工程承包项目合同（通常称为：项目主合同）相关部分的规定原则，相关部分具体的约束性、强制性条款均须保持一致。工程分包合同编制的格式可根据工程分包的专业性质、工程内容、工程规模等选择适合的合同格式进行编制。工程分包合同编制一般是合同甲方负责，合同乙方（分包商）对工程分包合同可提出特定需要的建议条款补充或完善。工程分包合同编制过程须依照国际工程承包工程公司的有关管理程序起草、拟制、审核、批准、使用、备案等。

国际工程承包项目工程分包合同编制形式应遵循合同编制形式的要求进行管理。合同形式主要包括书面形式、口头形式、其他形式（推定、默示），工程分包合同具体形式基本如下：

（1）工程分包合同书面形式，包括合同书、洽商信件、数据电文（电传、QQ、微信、Facetime、Skype、传真、电子数据交换和电子邮件）等。书面形式就是以文字方式表现合同内容的形式，采用书面形式合同的最大特点就是便于实现标准化的文档编码及保存，在发生合同纠纷时有据可查、方便举证，有利于维护合同双方的利益，也便于主张权利和仲裁机构或法院进行审判、裁决。因此，对于工程类及工程分包类内容比较复杂的合同应采用书面形式。

（2）工程分包合同的口头形式就是以谈话的方式订立合同，如当面商谈、电话订货等。口头形式订立合同简单、方便、迅速，在工程分包施工过程中急需解决某些材料或小型设备等特殊情况下可以采用。有时，在项目所在国及其地区的市场上临时采购工程分包物资，也可采用这种合同形式。但是，口头形式合同难以举证的缺点非常明显突出，容易发生争议的潜在风险很大。因此，一般采用口头形式在先、合同发生（生效）时书面形式在后的方式进行管理。特别是对于发生争议或非即时清结、合同额较大的工程分包合同，须采用书面形式合同。

（3）工程分包合同的其他形式一般是指推定形式和默示形式。推定形式是指当事人不直接用书面方式或者口头方式进行合同内容的表达，而是通过某种行为来进行合同内容表达默示或默认的形式，泛指未经书面或口头的正式形式而通过推定或默示形式形成的事实合同。这种形式的合同风险和潜在的各种问题很多，因此，工程分包合同原则上不采用这种形式。

鉴于工程合同的性质，虽没有强制性标准，基本上均采用书面形式合同。《中华人民共和国合同法》第十条规定："当事人订立合同，有书面形式、口头形式和其他形式。法律、行政法规规定采用书面形式的，应当采用书面形式。当事人约定采用书面形式的，应当采用书面形式。"所以，工程分包合同编制形式应采用书面形式。

工程分包合同的格式可根据工程项目的具体情况选择确定，主要格式包括：条文式、表格式、条文表格式三种。无论使用哪种格式的分包合同格式，均应满足承包项目合同（主合同）对分包部分的要求。工程分包合同格式编制管理须注意如下方面的具体情况：

（1）工程分包合同属于大型、大额、专业复杂的工程，要求采用国际通用且符合FIDIC条款的工程分包合同文本。

（2）工程分包合同属于单项、专业相对单一的小标段工程，可以采纳相关专业工程表格式的合同格式。但是，表格式工程分包合同须满足同一专业标段内主合同的综合要求。

工程分包合同与工程承包合同（主合同）一致性原则。一般来说，国际工程承包项目合同中会有约定项目分包工程合同须与项目主合同保持一致的约定条款。如果没有这样的条款，根据项目承包合同中法律部分的从属性条款，也应要求工程分包合同与工程承包合同必须保持一致。因此，无论工程分包总价合同、单价合同或成本加酬金合同，工程分包合同均应与项目主合同保持一致，这样，可以避免出现因工程量及取费标准差异造成工程分包合同与项目主合同产生冲突的严重问题。

7.9　国际工程承包项目工程分包财务管理

国际工程承包项目工程分包财务管理是指分包商在承包商的财务管理机制中所发生的财务管理活动。虽然，工程分包商与承包商没有公司隶属关系，但是，按照合同原则，分包商须服从承包商在项目合同框架内的财务工作指导和管理要求。国际工程财务管理包括合同收支、国际结算、币种汇率、工程成本、工资费用等各种国际工程财务管理工作，不得因工程分包出现有关工程分包财务管理违反承包项目合同（主合同）甲乙方的商务条款问题。更不能出现工程分包商财务管理随意违规导致出现工程分包问题，累及工程承包商承担其损失，甚至是更严重的相关赔偿等财务法律纠纷。因此，上述各项工作均应在国际工程承包合同的框架内实施管理。

国际工程项目工程分包合同收支须依照有关的合同条款进行管理。具体来说，分包合同预付款、预付比例、工程款支付、结算币种、结算条件、支付程序、工资费用、工资币种结构、国内外工资比例、租赁费、造价标准等，均应参照承包方公司的财务管理制度实施管理。

国际工程承包商对其工程分包商的工程分包结算应采用与项目主合同结算币种相同的

原则。例如：国际工程承包项目合同的结算币种是美元，那么，工程分包合同结算总价的币种也应该是美元。但是，鉴于国家外汇管理局有关外汇管理要求，有些工程分包商并未取得工程项下或劳务项下政府审核批准的资格，而且，工程分包商通常需要在国内建造、采购、生产、提供国际工程承包项目与之合同订购的各项产品服务，因而会出现国内部分相应的以人民币为币种的工程分包结算。因此，工程分包合同结算通常采用境内结算和境外结算两部分：工程分包境外费用结算币种为美元，工程分包境内结算币种为人民币，工程分包总价结算统一核算为美元价格。

国际工程承包项目工程分包合同结算币种境内外具有不同的优势。一般的国际工程承包项目工程合同额都超过数亿美元，大型国际工程承包项目合同额达到数十亿美元，超大型国际工程承包项目甚至超过百亿美元。因此，国际工程承包项目合同项下的工程分包合同额基本上也会总额巨大。如果先进行国际工程承包项目合同甲乙方之间的合同结算，然后，承包商再与其工程分包商进行分包合同的结算，工程分包商再将结算的分包合同工程款汇至项目所在国用于项目现场工程分包使用，必然会产生上述工作需要的漫长的国际、国内结算所产生的各种直接成本和资本消耗，也会产生因时间消耗导致的效率折损及间接费用损耗，同时，还会增加国际间结算、汇兑产生的汇率风险、汇兑损失等不可预见的问题，甚至会导致总承包商与分包商各自不得不承担的垫资、借贷、金融等关联问题，而且，还会产生重复性外汇管理汇兑费用等一系列问题。因此，国际工程承包商采用国际工程承包项目合同及其工程分包合同结算币种境内外不同的方式，上述问题不但可以迎刃而解，相对而言便可以带来更多有关方面的简化结算方式、提高结算效率、降低汇兑风险、增加资本收益等效益优势。具体来说，优势体现如下：

（1）**货币互换**。国际工程承包项目一般属于国家间工程领域内的国际工程合作、国际规模的大型企业之间的国际工程合作、国际金融机构投资建设的国际工程合作、发达国家对发展中国家实施经济援助的重大经济战略性国际工程合作项目等。因此，上述国际工程项目取得有关政府的支持，参照国家间货币互换的模式开展大型国际工程项目甲乙方之间的货币互换，不仅可以避免大型国际工程项目大额外币国际结算给项目合作国家带来的美元储备冲击，降低了项目合作企业及国家之间有关经济技术合作要求的外汇需要和信贷压力，也可避免双方货币比照美元汇率标准带来的汇率差异损失，减少了对美元的依赖，激活了双方国际经济技术合作多元资本互利共赢的效益。

（2）**汇兑风险**。国际工程承包项目的汇兑风险是指由于汇率变动影响其工程投资收益增减变化的风险。如果按照国际工程承包项目经营的外部环境因素，利率与汇率带来的风险可以细分为工程信用风险、工程造价风险、同业竞争风险、项目价格风险、国家政策风险等。如果按照国际工程承包项目经营的内部因素，利率与汇率带来的风险可以细分为工程资本风险、工程利润风险、工程亏损风险、设备建造风险、工程材料风险、工程决策风险、工程管理风险等。对国际工程承包项目管理来说，汇兑风险不可能完全消除且长期存在。但是，汇兑风险和收益是否成正比，关键在于管理决策。某种程度上说，没有风险，就没有收益。国际工程承包项目管理及工程分包管理要做好汇兑风险防范和汇兑风险机会的把握与控制，力求将汇兑风险变为因势利导的机会，实现国际工程承包项目管理及工程分包管理统一汇兑管理的目标。

（3）**统一结算**。国际工程承包项目统一结算是指工程承包合同项下以承包商为主、项目分包商从属的统一结算管理方式。工程项目统一结算是承包商按照其母公司内部的财务结算管理机制，协同组织项目分包商及其有关职能部门，按照项目分包合同规定的工程承包甲乙方责任和权利，开展工程分包工作涵盖的工程款结算、工程资金管理、工程融资、设备材料建造于采购结算、外汇结算、工程财务管理等一体化的管理模式。

统一结算的优势可以体现为国际工程承包公司及其项目工程分包商在与工程承包项目甲方（业主方）资金结算方面设立统一的结算账户（如果项目承包公司属于上市企业，可以采纳上市公司与各个控股企业在资金结算中心设立内部结算账户进行统一结算管理的模式）管理，对项目工程分包商工程资金管理进行审核备案，监控管理，提高结算效率和效益。

统一结算的优势还可以体现为国际工程承包公司及其项目工程分包商内部结算的优势：通过承包商与项目工程分包商办理相互之间的资金往来和资金结算业务，为在统一结算账户内的工程分包商及时办理对内对外资金往来和资金结算业务，及时提供资金账户信息和核对资金账簿。内部资金配置的优势：通过工程承包商与工程分包商之间资金调度、配置、使用的管理，按照工程项目财务管理流程，事项工程承包项目资金的集约化管理，实现工程项目资金在工程项目管理体系内的高效循环和流转，实现工程项目整体财务管理统一计划的项目最大效益。

统一结算的优势还可以体现为国际工程承包公司及其项目工程分包商外部资金和投融资管理的优势。一般来说，通过具有国际化水准的国际工程承包公司的国际往来业务，统一对外资金管理，负责办理国际承包项目甲乙方及有关企业的国际结算和往来业务，避免了国际结算的壁垒和延时带来的汇率等风险损失，节省了国际结算的重复及分项费用，提高了结算效率。通过国际工程承包公司标准化、国际化、规范化的资金管理，更好地处理工程项目部及工程分包商在项目所属国及其地区的银行存贷、资金往来、资金结算等业务，有利于控制合同结算币种与项目所属国货币兑换及使用的货币价值，也有利于及时调整、锁定项目合同结算币种与人民币或者项目所在国币种的价值协议。同时，国际工程承包项目也可实现国际工程项目承包公司及其工程分包商可能发生的项目投资或融资管理。

国际工程承包公司（承包商）及其项目经理部按照工程分包合同要求项目工程分包商履行其分包工程担保的责任，须出具工程分包工程额预付款保函及履约保函。工程分包预付款及履约保函的额度与工程分包工程额度的比例，须按照国际工程惯例协商确定。同时，国际工程承包公司（承包商）及其项目经理部按照与项目工程分包商签订的工程分包合同，要求项目工程分包商承担国际工程项目主合同中对相关部分工程规定的保险。工程分包商根据其工程管理的需要，也可以按照其工程分包的部分及有关工程人员进行单独投保或综合投保（例如海外人身意外保险等），确保国际工程承包公司（承包商）及其工程分包商在工程承包项目的保险责任关联一致。

国际工程承包项目工程分包合同须明确甲乙方有关工程设备、材料建造、采购、运输、仓储、安装、指导、质保等各项责任和义务。工程分包合同双方均须严格按照合同规定执行合同，在质量、计划、标准、规格、生产、建造、厂商资质、设备材料原产地证明书、质量检验证明文件等均符合国际工程 QC 标准和 HSE 标准，符合项目所在国的有关专业及强制标准。

国际工程承包项目工程分包合同须明确工程分包范畴、界区及其工程性质，明确工程

分包商遵守使用的工程图样有关专业标准，明确经设计单位和分包工程合同甲方（工程承包方）审核确认的工程量清单及必要文字、图表等辅助文件。

国际工程承包项目工程分包合同须明确项目现场的基本条件、进场条件、开工时间、通勤条件、食宿条件等。按照分包合同甲乙方商定的条款，确定上述内容有关的甲乙方责任和义务。例如：大型临时设施建造使用、食堂餐饮、安全保卫、住宿交通等方面的解决方法和费用标准等。特别，工程分包合同中须明确项目甲方与项目乙方及其工程分包方共同使用的工程设施（例如：供电、水源、安保、医疗等）的规则及规定，有偿及无偿条件和协调管理机制，一旦因违反上述合同规定造成有关损失及严重后果之后须承担的有关法律责任及经济赔偿义务等。

国际工程承包项目工程分包合同须明确有关工程变更的管理流程及责任、权利和义务。因项目甲方（业主方）及其委托代理方提出的工程变更，项目乙方（项目承包方）须连带承担向项目分包商的工程变更责任。因项目乙方（项目承包方）提出的设计变更，项目分包商须连带承担向项目甲方（项目业主方）及其委托代理方的工程变更责任。因项目分包商提出的设计变更，项目乙方（项目承包方）须连带承担向项目甲方（项目业主）及其委托代理方的设计变更责任。因此，有关设计变更带来的工程费用责任、补偿等须按照上述原则划分。

国际工程承包项目工程分包合同有关工程缺陷、质量保证等条款的确定须按照项目承包合同（主合同）的规定原则。项目缺陷、质量、事故等通知、处理、期限、责任均应与主合同保持一致，因上述情况造成的工程分包质保金的扣除或罚则，也应与项目承包主合同保持一致。一般情况下，项目分包合同中规定的有关质保金、质保标准或罚则等应高于项目承包主合同的标准。

国际工程承包项目工程分包合同须明确规定工程分包商被清退出场的条件和责任。例如：当工程分包商造成工期不能按照项目主合同规定的工期完成时，当工程分包商丧失工程建造的专业、技术等不可弥补的能力时，当工程分包商声明或被项目甲乙方判定其无力履行工程分包合同时，国际工程项目甲乙方有权将工程分包商及其组织、人员、设备等清退出场，接管有关工程分包商的分包工程，另行组织工程分包方承包其分包工程。

国际工程承包项目工程分包合同须明确规定工程分包适用的法律法规及原则。按照国际工程承包项目管理惯例，国际工程承包项目工程分包合同须遵循与工程承包项目主合同一致的法律法规及相关原则。特别，工程分包合同中须明确工程分包商与工程承包商连带承担的项目承包合同（主合同）的同责及通则条款，确定工程承包商与工程分包商同属工程承包方的法律责任和义务。

国际工程承包项目工程分包合同须明确规定工程款结付的方式、币种、汇兑费用、税费、利息等具体条款。工程分包商与工程承包商一同享有项目承包合同（主合同）规定的保障性、不受损害性条款的权利，确保工程分包商及工程分包合同的公平原则。

7.10　国际工程承包项目指定分包商管理

国际工程承包项目制定分包商通常是指由项目甲方（项目业主方）及其委托代理方根据项目合同中的发包条件制定工程分包商。一般来说，指定分包商承担承包项目工程中的专业技术工程、专利技术工程或独有的特定工程。因此，指定分包商的管理须在承包项目合同（主合同）项下实施规范标准的承包方责任管理。承包方对指定分包商的责任管理依照项目承包合同明确界定相关的责任和权利，基本上采用“承包方管理、业主方核准”的管理原则。

国际工程承包项目甲方（项目业主方）及其委托代理方有权按照项目承包合同的具体规定，根据项目工程特定的需要和要求指定项目工程分包商及其分包工程（含指定设备、材料），特殊情况下，经国际工程承包项目甲乙方协商认可，国际工程承包项目甲方（项目业主方）及其委托代理方有权或者可以自主选聘、雇佣、管理特定的工程分包商执行项目工程的部分特定分包工程。

国际工程承包项目乙方（项目承包方）有权按照国际工程承包合同的有关规定，以客观、科学、合理、专业的理由，澄清、声明反对国际工程承包项目甲方（项目业主方）及其委托代理方指定的分包商。在国际工程承包项目合同甲乙方未达成一致意见的条件下，指定分包商不得介入、进入项目及项目现场执行其所谓的指定工程任务。否则，因项目指定工程分包商带来的一切后果和损失由项目甲方（项目业主方）及其委托代理方负责。

国际工程承包项目甲方（项目业主方）及其委托代理方指定的分包商须承担与项目承包商工程分包合同项下工程分包商一致的通用责任，遵守与承包商工程分包合同项下工程分包商一致的通则合同条款，避免在国际工程承包项目合同（主合同）项下因指定分包而不能完成指定分包工程发生有关责任、义务及关联后果的影响。除非国际工程承包合同甲乙方另有规定，国际工程承包商（项目承包方）对指定分包商（指定工程分包方）的履约不承担工程承包项目合同的有关责任。

国际工程承包项目乙方（项目承包商）对指定工程分包商导致的工程项目质量、进度、计划等未能完成等相关后果，保留向工程甲方（项目业主方）及其委托代理方提出索赔的权利。通常，项目甲方（项目业主方）及其委托代理方同意项目乙方（项目承包方）提出的对其指定分包商实行与其他工程分包商相同的合同履约义务及责任的管理要求。

国际工程承包项目指定分包商的分包合同额及其工程费用原则不得超过承包方同等标准条件下替代方案的工程分包合同额及其工程费用。经工程项目甲乙方协商达成一致意见，指定分包商的合同额及工程费用可由工程承包方按照主合同的管理原则向指定分包商支付。否则，项目承包方将不承担有关指定分包商分包工程额及工程费用。特殊情况下，项目甲方（项目业主方）有权直接向指定分包商直接支付指定分包工程费用。

7.11 国际工程承包项目分包工程进度及质量管理

国际工程承包项目分包工程进度及质量管理不仅关系到整个工程项目工程进度与质量能否按时保质完成，而且直接关系到整个项目的各个分项工程之间的衔接、交叉及交汇施工的工程进度与质量。因此，项目分包工程进度与质量管理是国际工程承包项目最重要的日常管理工作。

按照国际工程承包项目规模的大小划分，小型国际工程承包项目基本属于专业相对单一、建设要求标准集中、分项工程较少的工程，大多属于技术改造、部分更新或补充完善类的工程。因此，工程分包的建设、建造内容基本和项目经理部的整体工作大致相同，项目经理部的有关工程技术管理人员与分包方有关工程技术管理人员协同配合，便于分包工程的进度与质量管理。所以，小型国际工程承包项目的工程分包管理可不设立专门的组织机构。

中型国际工程承包项目属于专业比较复杂、建设标准较多、分项工程较为集中的工程，基本属于整个项目工程设计与设施完整、建造与建设标准较高、专业分项与分包工程相对较多的工程。因此，项目经理部应根据整体项目的管理目标制定完整的项目进度管理计划、质量管理计划，按照统一的进度与质量要求，分别对工程分包方进行管理。项目分包工程须在统一进度计划和质量计划的统筹管理中制定本分包工程的进度与质量计划，落实完成分包工程建设任务。所以，项目经理部须设立工程分包管理部（管理组），专项负责分包工程建设管理工作，确保工程分包管理工作有序达标。

大型国际工程承包项目属于设计标准与国际接轨，建设标准符合项目所在国及其专业领域最新水准，工程项目专业复杂，建造工程综合完整，分项工程布局严格，工艺装备设施完善，人力资源及施工机械应用规模浩大，管理标准与监理标准系统集成的工程。所以，国际工程承包项目经理部须设立工程分包管理部门，依据国际工程项目承包合同（主合同）对项目设计、设备采购、设备材料建造、运输仓储、土建结构、机电安装、测试调试、联调试车、验收竣工等工程中包含的分包工程实施管理。采用最新国际标准、符合国际工程监理标准、符合国际工程管理规范的工程管理应用系统（例如：P6）进行科学、系统、完善、有效的管理。特别是须将工程分包商相对独立的工程管理机制纳入项目经理部整体工程管理体系当中，对工程质量、进度、计划、安全、成本、人力、变更、计量、医保、监理、考核、支付、验收等工程管理的各个方面进行系统管理，实现工程分包的相对独立与工程总包的整体集中完善统一，分项工程管理与集约工程管理在工程分包的范围内达到工程总包整体的系统集成。

国际工程承包项目经理部须不断完善提高工程项目整体进度与质量的管理控制体系，对项目分包工程的进度及质量施行有效、完善、规范、标准、全方位、全过程的工程管理。

国际工程承包项目工程分包须按照工程项目整体计划进度管理方案进行，工程分包方须编制申报分包工程的进度计划，具体进度计划内容基本包括：工程分包具体内容及范畴、工程分包合同生效日期、工程分包开工日期、工程分包合同工期、工程分包完成日期、工程分包 P6 进度计划、工程分包 P6 分项组织网络计划、工程分包人力资源进度计划、工程分包工程施工机械及资源配置进度计划、工程分包合同签订日期、工程分包进度计划路径、工程分包进度计划说明等。

国际工程承包项目工程分包方须按照工程项目经理部及项目监理方的要求定期参加项目管理工作例会。通常，项目管理工作例会由项目经理部负责组织召开，项目承包方及其分包方、项目甲方（业主方）及其委托代理方代表、监理公司工程师、项目设计方工程师等均受邀参加定期（一般每周一次）召开的项目管理工作例会。

国际工程承包项目工程分包方须在工作例会上通报所承担的工程进度情况，将执行进度计划中遇到或者出现的问题进行通报，协调有关方面配合解决影响基准进度和进度偏差的问题，取得项目经理部及项目甲方、监理方、设计方的协同配合。对于自身原因造成的问题，通过现场管理工作例会听取有关管理方的进度督导、建议或指令，按照项目现场管理例会各方达成的一致意见改进或调整工程分包进度计划。一般来说，通过项目现场管理例会的会商机制，基本上可以解决工程分包出现的复杂性问题，达到分包工程管理的工作目标。

国际工程承包项目工程分包方须形成内部工程进度计划管理机制。定期比较进度计划与实际进度执行情况的偏差，分析出现进度偏差的具体原因，找出影响进度偏差的根源，及时修正改进进度计划的执行。通过参加项目现场管理工作例会，按照项目管理制度的要求，形成规范完整的进度计划文件，定期向项目经理部及现场其他有关管理方提交进度报告。国际工程承包项目工程分包进度报告的主要内容：目标进度、实际进度、分包工作量、累计完成工作量、进度计划要求的人力资源计划配置完成情况、分包进度效率及成本控制、分包进度偏差及问题原因、解决分包进度问题的具体管理方法、调整实际进度与目标进度计划等。

国际工程承包项目工程分包进度计划更新管理。按照项目经理部的总体进度计划，分包工程进度计划须与之保持一致。如果因为项目经理部或项目甲方提出的总体进度计划变更要求分包工程的进度计划发生相应的调整，工程分包商可按期提交更新的工程分包进度计划，因此产生的工程进度计划时间、费用等均由项目经理部或项目甲方负责。如果因为工程分包商自身的管理原因而非项目工程问题的影响出现上述情况，工程分包方提出的进度更新计划须得到项目经理部及项目甲方的批准，相关更新进度计划造成的工程分包进度时间、工作量、费用等均由工程分包商负责。

按照工程进度计划调整更新的管理机制，计划进度更新或调整基本采用周例会调整分包工程进度计划的实际工作量，月度工程进度计划中确定更新调整后的工程分包工作日。

国际工程承包项目经理部对工程分包方的进度计划管理。按照工程项目总体进度计划，项目经理部与项目监理方共同管理项目各个项目分包方的进度计划和实际进度执行工作。一般来说，项目分包方的周实际进度与周进度计划出现超过10%的超前或落后偏差，项目经理部须及时发出预警；如果工程分包实际月度进度与月度进度计划出现超过20%的超前或落后偏差，项目经理部须协同项目监理方向工程分包方发出书面通知，要求其调整实际进度与进度计划。否则，进度偏差给其他分包工程及项目总体工程带来的影响将导致工程施工建设的连锁性问题。

国际工程承包项目经理部对工程分包方出现的进度与进度计划超前完成管理。在不影响项目工程质量、不影响其他工程分包方项目施工的前提下，如果某一工程分包方超前实现进度，项目经理部须协调其他工程分包方跟进超前进度并更新相关工程分包各方的进度计划，报项目甲方核准备案，做出项目整体进度计划调整更新，实现项目整体进度计划的超前工程进度完成管理目标。相反，如果某一工程分包方未能如期完成进度计划而造成实际进度落后与计划进度的偏差，在不影响项目工程质量、不影响其他工程分包方项目施工的前提下，责令该工程分包方采取项目经理部和项目监理方认可的方式，增加相关的施工资源、改进施工方法等，限期赶上项目整体进度。否则，由此引起的有关后续管理措施决定、相关费用损失、分包工程索赔等责任等将由工程分包方负责。

7.12　国际工程承包项目工程分包质量管理

国际工程承包项目工程分包质量管理是指工程分包商在国际工程承包商及其项目经理部的领导下开展的具体质量管理工作。工程项目经理部代表项目承包商全权负责项目工程及其项目分包工程的质量管理工作，项目经理部具体负责审核项目分包方的工程质量管理保证体系、工程质量管理文件的日常管理工作。具体负责全面管理、检查和考评各个工程分包方的工程质量与控制管理，要求国际工程承包项目的各个分包方遵守项目承包合同及项目整体质量管理保证体系和控制管理机制，施行项目质量管理目标责任制。

国际工程承包项目经理部参照工程项目合同（主合同）、按照工程分包合同规定，对有关工程分包方提出建立健全工程分包质量保证体系及规章制度的管理要求。工程项目的各个分包方均应按照项目经理部及项目甲方及其监理方的要求，提交项目分包工程的质量管理计划书及质量保证体系文件，在得到项目经理部、项目甲方及其监理方的审核批准之后，在项目分包工程中落实执行。

国际工程承包项目分包工程质量计划的编制管理应遵循项目承包合同的有关质量目标要求，符合承包方编制的项目整体质量计划的具体规定要求。因此，工程分包方应在项目经理部的指导下编制项目分包工程质量计划。

项目分包工程质量计划的主要内容包括：质量计划编制依据、工程分包质量标准及工程范围、工程分包质量管理组织机构、工程分包质量管理制度、工程分包质量管理程序文件、工程分包质量管理方案、工程分包质量管理控制手段、工程分包质量管理检验与验收规则、工程分包质量管理计划说明等内容。

国际工程承包项目经理部负责对各个工程分包方的日常质量管理工作。除参加工程分包方开展的常规质量管理工作之外，项目经理部须开展定期的分包工程质量检查、督导、审核、考评等管理工作；会同项目监理方开展工程项目常规性的质量监理及处理，协同项目承包公司及其委托代表管理部门定期开展工程分包商的综合考核与评价管理。根据工程分包商不同的质量管理表现优缺点、合规及不符合质量要求的整改项、质量问题和质量事故等进行表彰或惩罚。上述质量管理，须严格遵循项目管理质量方针和项目合同的质量标准。

7.13 国际工程承包项目分包工程费用管理

国际工程承包项目分包工程费用管理是指在分包工程费用预算的范围内，根据工程分包合同规定建立的工程成本、造价、费用核算及支付管理体系及其工程费用综合管理的常规性经营管理活动。

国际工程承包项目分包工程费用管理与工程分包的工程量计算、核算、核查、认定、批准等工作紧密相关，与工程分包工程量变更、增项、免除等工程量变化紧密关联。因此，在工程项目甲方（业主方）及其委托代理方工程师签发工程变更指令时，工程项目乙方（承包方）须按照该工程变更令所涉及的工程分包部分进行书面确认，再将此部分工程变更通知正式发给有关的工程分包方落实执行。由此发生的工程变更量、工程费用、工时计划等均相应做出调整，责任由发起工程变更的工程项目甲方承担。在工程变更令由项目承包方发出时，须事先征得项目甲方核准，再由工程分包商负责执行落实，相关工程变更发生的工程量、工程费用、工时、计划、进度等变更及责任均由工程承包商承担。在工程变更申请由工程分包商发出时，首先须经工程承包商审核同意，报工程项目甲方批准，再由工程分包商予以实施，其工程变更发生的费用、工时、计划、进度、工程量等变化，可由工程分包商与项目工程承包商对照工程合同及工程分包合同的规定协商，由有关的责任方负责。

国际工程承包项目分包工程费用管理在遇到如下情况时，工程量、工程费用、工程责任等均由过错方负责：工程项目甲方直接向工程分包商发出工程变更指令而未经工程承包商审核认可，工程项目甲方对此负责，工程承包商可提出相关索赔；工程项目乙方（承包方）未经工程项目甲方其监理公司审核批准，直接指令工程分包商进行工程变更所产生的工程费用、工程量、进度、责任等均有工程项目乙方负责承担；工程项目分包商未经工程承包商审核认可便直接向项目甲方提出工程变更所产生的工程费用、工程量、进度、责任等均由工程分包商承担。综上所述，国际工程项目分包工程费用及工程量的变更须遵循合同关系原则。没有直接合同关系而直接发生工程指令及工程变更导致的工程费用及责任均属于合同过错管理，相关责任及后果均由过错方承担。因此，上述情况中过错方给有关合同关系方导致的损失和责任属于合同关系方提出索赔的依据。

国际工程承包项目工程分包的变更索赔管理与合同关系及工程变更发起方有直接的关系。正常合同关系下的管理状态中，工程分包变更索赔是工程分包商向工程承包商索赔，工程承包商再向工程业主方索赔。这是指工程变更并非是工程分包商发起，且责任并非工程分包商的工程变更导致的索赔。特殊情况下，由于工程分包商的责任导致的工程变更，工程承包商可以向工程分包商索赔；由于工程承包商的责任导致的工程变更，工程业主方可以向工程承包商索赔；由于工程业主方的责任导致的工程变更，工程承包商及有关分包商可以由工程承包商代表向工程业主方索赔。

国际工程承包项目工程分包的变更索赔原则是按照项目工程合同和工程分包合同的有关规定处理分包工程的变更索赔。具体处理程序及处理方式，须参照工程项目合同及工程分包合同的规定条款进行。一般来说，有关方面以采用协商解决为主，争议仲裁为辅，法律诉讼的索赔对双方均有不利的影响，在未发生合同关系方合作根本破裂的情况下，一般不宜采用法律诉讼的方式解决工程变更或分包工程变更的索赔。

7.14 国际工程承包项目分包工程索赔管理

国际工程承包项目分包工程索赔是指由项目承包商为主导的责任主体对工程分包商及其分包工程发生的索赔管理活动。工程分包商可以在承包商的同意前提下由项目业主方指定，也可以在项目业主方同意的前提下由工程承包商选择工程分包商。因此，工程分包合同的签订条款也有不同，分包工程索赔条件也有所不同。原则上，无论是项目业主方指定的工程分包商还是项目承包方选定的工程分包商，工程分包合同均是项目承包方作为甲方、工程分包商作为乙方签订。那么，工程分包的主体责任是项目承包商，分包工程索赔的主体管理责任也是项目承包商。需要明确的是，工程承包索赔及其工程分包索赔是发生在项目合同甲乙方之间的工程管理活动，其中承包商与分包商之间的索赔只是项目合同甲乙方索赔活动的一部分，工程承包及工程分包索赔的关系是国际工程承包合同与工程分包合同有关方面的索赔依据。

国际工程承包项目分包工程索赔的依据及索赔分类是根据工程分包合同确定的成本控制、进度控制、质量控制、安全管理、信息管理、人员管理、合同管理等必要管理依据的。由此发生的索赔分类如下：

（1）当事人索赔，包括工程分包商所属的工程人员因安全事故、建安事故、医疗卫生、安全保险等原因导致的合同期内人员问题及索赔。

（2）工期索赔，一般指工程分包商向工程承包商及业主方提出的合理及不合理的工程分包工期延长索赔。

（3）价格索赔，一般指工程分包商向工程承包商及业主方提出的合理及不合理的工程合同分包价格的索赔，通常是要求调整分包合同价格。

（4）工程延期索赔，是指工程分包商因为工程承包商或工程业主方未按工程分包合同要求提供施工条件，或者指令分包工程暂停或因不可抗力事件等原因造成的工期拖延而提出的索赔。

（5）工程加速索赔，通常是指工程承包商或工程业主方及其工程师未按工程分包合同进度计划要求而指令工程分包商加快施工进度、缩短工期导致的工程分包商人力、物力、财力等额外工程费用发生所提出的索赔。

（6）工程变更索赔，是指由工程承包商或工程业主方及其工程师未按工程分包合同规定的工程范围而发出增加或减少工程量或增加附加工程、修改设计、变更施工顺序等指令，造成分包工程工期延长及工程费用增加所提出的索赔。

（7）工程终止索赔，是指由于工程承包商或工程业主方及其工程师的责任，或者由于发生不可抗力事件等造成的工程非正常终止，工程分包商遭受的经济损失而提出的索赔。

（8）不可预见力索赔，是指由于工程施工、建造、建设有关的不可预见力导致的外部障碍或条件索赔。例如：项目施工、建造、建设期间遇到不可预见力的地质条件不同（未预见的岩石、淤泥或地下水），导致工程分包商发生相关的损失而提出的具体索赔。

（9）不可抗力时间引起的索赔，在新版 FIDIC 施工合同条件中有具体的规定：项目承包各方均无法控制的、项目各方在签订合同前不能对之进行合理预防的、发生后项目各方不能合理避免或克服的、不能将责任归结于项目各方的其他原因造成的损失。按照国际惯例，项目业主方通常应对这类索赔承担责任。

（10）其他索赔。工程分包合同存续期间发生的货币贬值、汇率变化、物价变化、政策法令变化等原因引起的索赔。

国际工程承包项目工程分包索赔的责任主体单位（工程项目承包商）应加强工程分包索赔的规范标准执行力度，督导与监督并行，切实做好工程分包索赔管理工作，维护工程承包方及工程分包方的工程建设利益，维护工程分包合同的标准化、国际化执行管理质量。特别是因项目承包主合同造成的工程分包商向项目业主方提出的索赔，工程承包商负有连带责任，须协同工程分包商一同向项目业主方进行索赔。

国际工程承包项目工程分包合同须明确分包工程索赔期限及其索赔条件。工程分包商须遵守工程分包合同中规定的索赔期限和条件，在规定的索赔期限内提交索赔书、索赔通知、索赔函等索赔文件，项目承包商须将上述文件在限定的期限内及时处理回应及转交项目业主方做出索赔。

国际工程承包项目工程分包索赔的索赔款管理须依照索赔管理程序及工程分包合同的规定处理。在工程分包索赔达成一致意见及取得成功之后，索赔款须足额支付给工程分包商，支付方须按照索赔要求的币种、额度、时间、条件等出具赔付说明或通知，由提出索赔的工程分包商取得其索赔款。

国际工程承包项目工程分包商索赔权利的界定与管理：

首先，工程承包商须明确工程分包商发生的任何索赔均须依照合同原则，在工程分包合同中明确有关工程分包商提出索赔的权利和条件；无论任何索赔要求，均须符合合同原则，符合工程分包合同具体规定的时间、条件、期限等条款的约定要求。具体来说，工程分包商享有与工程承包商同等的项目承包合同中规定的索赔权利；工程分包商享有工程分包合同规定的索赔权利；工程分包商享有因工程承包商及工程业主方造成的违约导致的索赔权利；工程分包商承担因自身违约而导致的工程承包商及工程业主方提出的索赔责任；如果项目业主方驳回或工程分包商提出的索赔失败，工程承包商没有责任承担工程分包商提出的索赔要求。

国际工程承包项目工程分包商索赔不得超出合同范围的权限。如果国际工程承包项目工程分包商因自身违反工程分包合同而提出索赔，国际工程承包项目经理部可拒绝接受工程分包商提出的索赔要求，也不承担因工程分包商超出合同范围权限提出的索赔责任。特别，国际工程承包项目工程分包商索赔的依据是工程分包合同遵从工程项目承包合同（项目主合同）原则，因此，工程分包商提出的索赔及其索赔权利和索赔范围均界定在工程项目承包合同的范畴之内。

7.15 国际工程承包项目分包工程的工程计量管理

国际工程项目经理部在项目建设过程中须不断加强工程计量管理，严格控制工程变更，如增减工程量、更改设计、更改施工顺序等，防止或减少因项目建设过程中出现图纸错误、设计不足、方案缺项、提高设计标准、施工方案不合理、质量不合格等原因导致的工程变更及工程分包变更，影响甚至突破工程项目预算计划中的工程量控制目标和工程计量管理目标。

国际工程承包项目经理部须规范工程项目管理及分包工程的计量管理制度，使工程计量标准化、规范化、程序化，符合国际工程管理标准及合同规定的标准。工程计量管理必须做到准确、规范、及时、公平、公正、标准、合规。

国际工程承包项目的工程计量管理须严格按照工程项目合同及工程分包合同中规定的计量标准和工作原则执行。对合同中没有的工程计量条目，一律不得计入工程计量的工程总量清单中，避免工程计量重复、增项等问题的发生。未经质量验收或质量验收不合格的工程量，不予做出工程计量及有关的管理核准。当然，通过验收达标合格的工程完成工作量须及时予以工程计量，工程分包方、工程承包方、工程业主方的有关管理部门及工程师须按照合同规定的原则做好工程计量管理工作。

国际工程承包项目分包工程计量管理的组织管理：

项目经理部须建立健全分包工程计量管理的计量制度、计量规则及管理制度，有关内容主要包括：分包工程计量制度、分包工程计量规则、分包工程管理制度、分包工程计量管理机构及职责、分包工程测量和计量标准、分包工程计量清单书签认申报及管理流程、分包工程计量争议解决管理工作程序、分包工程计量说明等。不同规模的国际工程承包项目应根据工程项目的具体情况制订适合本项目的分包工程计量管理体系。

国际工程承包项目的工程计量管理的问题处置有如下几种情况。特殊情况下，未按时进行工程量确认上报分包工程量可以计入下一个工程量统计管理周期（例如转下周、转下月等），但是，最长不得超过一个月时间转接下一个工程量管理周期。对过期未报的分包工程计量，由造成计量未报工作失误的责任方负责。如发现在已经申报的工程计量中有严重质量缺陷、隐患等需要修复或返工的工程量，项目经理部可根据其情节轻重和造成损失的程度决定扣除其相应取得的工程量，并按照工程计量管理程序通报有关方面做出返工令、索赔等处理。如发现月度工程计量清单中出现重复工程计量、缺项计量等问题，可在下一周期的工程计量中予以扣除或补计。对项目现场确实合规发生的工程量增加及变更，须按照管理程序予以认可计量。例如：工程分包合同中没有包括的工程量，工程量计量及计价必须附相关工程量的断面图等工程计量计算依据。工程计量管理过程必须严格依照“有据可依，据实计量”的工作原则。有关工程计量及计量管理文件须在有关方面签字确认之后，按照工程管理文件的管理程序报项目管理有关部门进入下一步的管理工作流程。项目经理部须保留工程计量管理文件副本，以备后期工程量审核、审计等使用。

国际工程承包项目分包工程费用支付条件及支付流程须依照合同原则进行管理：

分包工程的预、结算付款应遵循合同原则，在预付、支付、结算分包工程费用时，项目经理部须以工程分包施工预算书及实际完成的工程量清单为依据办理分包工程费用的预结算。分包工程结算时，依照工程分包合同的质保金条款规定，一般应按结算总价的5%～10%预留质量保证金，以备发生分包工程维修、返修的质保费用；待工程保修期满且无质量问题发生，承包方须足额退还工程分包商的质量保证金。

国际工程承包项目分包工程的预结算由项目经理部审核签认后，报项目经理部隶属的项目承包公司总部及有关的工程管理部、财务部等有关部门按照工程分包合同规定的预结算条款做出相关的业务管理审核、批准、办理支付款手续。工程分包合同的分包工程费用支付形式一般有三种：定期分量付款、里程碑式付款、工程节点完成付款。项目承包方办理并完成对工程分包方的预付款或结算款的时间以工程项目业主方实际支付给工程项目承包方为先决条件。若因工程项目业主方尚未结清有关工程费用或因故发生拖欠工程款，或者预付及结算款发生其他合理困难的情况下，工程分包合同的双方可协商延期结付工程分包费用。

国际工程承包项目分包工程的工程量预结算采用定期分量式付款、里程碑式付款、工程节点完成式付款时，国际工程承包项目公司及其项目经理部依照其和工程分包商签订的工程分包合同规定条款执行。

定期分量的具体定期时间周期、分量金额与分包工程总价的比例、里程碑工程量计量认定、里程碑条件、工程节点标准、工程节点确认、支付时间、支付条件、支付方式、延缓支付条件、延迟费用发生的有关利息等内容须在工程分包合同中做出明确的规定。

国际工程承包项目分包工程量费用的支付条件须符合项目工程所在国及所在地区的法律法规要求，特别是对属地化的工程分包商及其工程劳务人员，必须严格执行项目所在国及其地区的法律法规要求签订有关的工程分包合同，避免发生分包工程费用及劳务人员薪酬争议及争端。

7.16　国际工程承包项目工程分包合同违约及终止管理

国际工程承包项目工程分包合同违约及终止管理是指工程分包合同双方因发生违反合同约定的情况所导致的合同终止管理活动。一般意义的工程分包合同违约及终止是指工程分包商导致的合同违约及终止。**工程分包商发生的主要违约情况包括：**工程分包合同签订之后，工程分包商无故拒不执行合同；工程分包商违反工程分包合同规定擅自违约将分包工程转包或再次分包；因工程分包商的原因致使分包工程的建造或建设质量不合格；因工程分包商的原因导致工程项目发包方向工程项目承包方追究工程分包的严重后果性违约责任；工程分包商丧失完成工程分包合同的能力，无法按照工程分包合同如期竣工；工程分包商违约造假活动导致工程分包合同失效等。上述工程分包合同违约及终止的发生均须依照合同条款原则实施管理。

国际工程承包项目工程分包合同违约可广义定义为工程分包合同双方中的一方未能履行其合同义务或不能履行其合同义务而导致另一方无法继续履行合同的违约行为。因此，工程分包合同甲乙方均享有因违约方导致无法履约而提出终止合同的权利。一般情况下，工程分包合同中未能履约的一方须承担违约责任，另一方可根据违约方造成的合同损失提出终止执行合同及提出索赔。

国际工程承包项目工程分包合同违约狭义定义为依照项目分包合同发生的项目工程分包商对项目承包商（总承包方）发生的合同违约。那么，工程分包合同违约造成的分包合同终止责任应有违约方负责。项目承包商可向违约的工程分包商发出合同终止令，责令其在规定时间内撤出项目现场内的人员及施工设施，通报项目业主方核准，选择另外的工程分包商签订新的工程分包合同，有新签约的工程分包商接管、接续完成违约工程分包商方面未完成的工程建设工作。

国际工程承包项目工程分包合同违约造成的损失由违约方负责。除扣除违约方的工程款之外，新签约的工程分包商在同价竞争的原则下取得接续分包工程的工程款并完成相应的分包工程。违约索赔收益有新签约的工程分包商与工程总承包商分享，用于违约方对工程分包工程造成损失部分的弥补费用。新签约的工程分包商可在工程承包商许可的前提下，占有并使用违约工程分包商剩余在工程现场的所有工程项目材料、工程施工设备等资源，将上述工程项目材料、设备、资源等用于完成违约工程分包商原有的工程建造、建设、施工工程及修补其中的缺陷和损失。

国际工程承包项目工程分包合同违约合同终止后新签工程分包合同管理。驱逐违约分包商，新签约工程分包商进场之后，工程承包商与新签约的工程分包商须在合同中明确界定分包工程的范畴及分包工程接管、接续、完成条款。

国际工程承包项目工程分包合同违约合同终止后新签工程分包合同的管理重点：新签工程分包合同对项目业主方的连带责任，新签工程分包合同工程量清单，新签工程分包合同所含原有分包工程已完成的工程量清单，新签工程分包合同单价及总价，新签工程分包合同工程款支付方式及规定，工程分包合同接续原则等，上述管理工作应遵照项目承包合同原则制定。

国际工程承包项目工程分包合同违约的工程分包商须依照工程分包合同承担违约损失的赔偿。如果违约方拒不履行违约赔偿，工程承包商可采取先友好协商、后仲裁诉讼的方式追索赔偿。依照合同原则，造成工程分包合同违约方须承担合同终止的责任。

国际工程承包项目工程承包商须依照工程分包合同与工程分包商谈判终止合同的条件，争取工程分包合同甲乙方达成一致性的合同终止意见。如果工程承包商和工程分包商未能就终止工程分包合同达成一致，工程承包商可先行行使驱逐工程分包商出场的权利，向违约的工程分包商发出终止合同通知，限令其在规定的期限内撤出项目现场，然后就其工程分包合同违约提起法律仲裁或诉讼，通过仲裁及法律程序解决工程分包商违约纠纷问题。

7.17 国际工程承包项目工程分包合同争议管理

国际工程承包项目工程分包合同争议管理采用自愿原则：首先，工程分包合同双方须约定合同争议的解决方式、解决程序，其次，需要工程分包合同双方确定合同争议解决的原则。主要内容包括：工程分包合同争议的解决方式（合同管理争议委员会解决机制、合同争议裁决机制、合同争议仲裁机制、合同争议诉讼机制等），工程分包合同解决程序（友好协商、洽商谈判、调解裁决、争议仲裁、法律诉讼），争议原则（友好协商为主，洽商谈判为辅，调解裁决为限，仲裁诉讼为止）。

国际工程承包项目工程分包合同争议管理流程：由工程分包合同争议方提起启动，工程分包合同相关方响应争议，按照争议解决的管理机制进行友好协商或洽商谈判，一般情况下，工程分包合同争议到此阶段应以解决。如果未能达成一致意见，工程分包合同双方代表可请示各自隶属公司有关管理部门及领导，取得争议调解的条件和权利，进入调解裁决解决程序。如果双方依然未能达成争议调解裁决协议，合同双方代表可组织专门的合同争议团队，按照工程分包合同规定参与仲裁诉讼，依照仲裁及宣判的结果执行工程分包合同争议的法律仲裁及宣判。

国际工程承包项目工程分包合同争议的管理须遵从项目主合同规定的合同争议原则。一般来说，国际工程项目承包合同中合同争议涉及的项目管理调解委员会组成及管理机制、合同争议仲裁委员会的组成、仲裁委员资格及任免、仲裁委员会的权限、合同争议仲裁决定的效力、仲裁或法律诉讼地点、仲裁或法律诉讼费用责任等均有详细的规定条款。工程分包合同应遵从项目承包合同中上述内容的具体规定条款。

国际工程承包项目工程分包合同争议管理须服从合同规定的仲裁决定或法律诉讼宣判。如果工程分包合同双方中的一方拒不服从法律仲裁或法律宣判，国际工程项目甲方将依据项目主合同采取强制性管理，依法向有关责任方追究索赔。这种极端的方式，在工程分包合同争议管理中极少出现，也会导致有关责任方极大的经济损失和商业信誉损失。

8 国际工程承包项目造价管理

国际工程承包项目造价管理包括工程项目的成本管理、预算管理、结算管理、财务管理等专业管理工作。国际工程承包项目的造价管理直接影响项目的盈亏与成败，在项目管理的调研、决策、投标、招标、设计、采购、建造、施工、调试、验收、竣工等不同阶段均起到至关重要的管理作用。因此，国际工程承包项目造价管理须紧密结合项目全过程的工程管理，在工程管理的不同阶段采取不同专业重点的造价管理方法。特别强调的是，国际工程项目的“投标报价、设计建造、现场施工、验收竣工”四大阶段（工程管理工作中可细分为：投标、设计、建设、安装、试车、竣工等六大阶段）的造价管理工作有很大的不同，要真正实现造价管理的专业性作用，须有的放矢地贯彻落实造价管理专业程序和专业方法，实现工程项目造价管理的工作目标。

国际工程造价是由项目总承包方对项目业主方（建设方）国际工程项目整体建设投资的核算总价。工程造价的含义就是工程的建造价格，广义理解为工程造价涵盖的建设工程造价、安装工程造价、设计工程造价、电力工程造价、水利工程造价、通信工程造价、道路桥梁造价等；狭义理解为工程造价涵盖的某一工程专业领域内的某一专业工程造价，是指进行某项专业工程建设所花费的全部费用。国际工程总造价一般是指在国际工程项目设计完成之后，根据此项国际工程总体设计所做出的工程造价预算总和，也可以是国际工程项目建成后的总成本价额。

按照中国的国际工程造价管理模式，工程造价管理的核心内容是投资估算、设计概算、修正概算、施工图预算、工程结算、竣工决算等，因为中国的工程造价管理模式至今深受前苏联工程设计、造价、管理模式的影响，许多工程领域内的管理模式并未完全与国际工程 FIDIC 为基准的欧美管理模式接轨。所以，**国际工程造价管理方法基本包括：**根据设计图纸、造价定额（中国造价定额结合项目所在国的造价定额）以及清单规范，一般乘以一个加权计算得出的价差系数，核算出国际工程项目所包含的直接费、间接费、规费及税金等，得出国际工程项目的造价总额。

国际工程造价管理过程中经常遇到不可避免的可变情况，项目业主方根据新发现、新需求而提出的工程变更、项目承包方根据新要求增加的劳务签证等均会导致工程造价发生调整。所以，国际工程结算的价格与工程造价中的预算价格发生差异是正常的管理现象。国际工程的工程款结算额是工程竣工之后，项目业主方支付给项目承包方的工程款总额。由于存在上述工程造价的客观情况，国际工程的工程款总额一般低于国际工程的工程造价总额。

综上所述，国际工程项目的总造价是指国际工程项目的建设总投资，包括固定资产投资和流动资产投资。国际工程项目造价包括建设项目的设备材料购置费、建筑安装工程费、辅助设施建设费、其他子项的预备费、项目贷款利息等。工程造价具有两种含义：一是某项国际工程项目的固定资产投资费用；二是某项国际工程项目的招投标建设标准，正所谓“量体裁衣、看菜吃饭”，国际工程项目的造价通常也可理解为国际工程的项目发包价格。

8.1 国际工程承包项目造价管理原则

国际工程承包项目须建立健全工程承包项目造价管理体系，全面规范国际工程承包项目的工程造价标准，科学完善工程造价核算管理制度，根据工程承包合同的要求确定项目造价管理程序，有效管理并控制工程造价行为活动，使国际工程承包项目造价管理规范化、标准化、制度化、国际化，实现维护工程项目承包公司及项目经理部的合法权益，提高国际工程承包项目整体管理效益，维护国际工程承包公司及国家的利益。

国际工程承包项目应依据项目承包合同对项目的造价进行计划、控制、分析和考核，实施全过程的工程造价管理。依照项目合同规定的造价标准进行设计、建造、采购、建设等实施工作，履行国际工程承包项目合同的有关义务。严格控制工程项目造价管理的范畴，实施工程项目范畴内的工程造价管理工作。对于工程项目之外隶属关系中上级公司及其管理组织机构发出的工程管理、财务管理、设计管理、审计管理、招投标管理、法律咨询等与项目造价管理有关的要求，须在项目造价管理工作中予以贯彻执行。

国际工程承包项目工程造价管理包括工程项目立项的标前估算、投标报价、设计施工预算、工程合同价格核算、工程量变更、人力资源费用、签证培训费用、工程分包价格、工程竣工结算等造价文件的编制、审核、批准、考核等管理工作。

国际工程项目造价依据及参照系是造价管理工作的基础，主要内容包括：

（1）工程整体与分项组成的核算依据、概算指标、定额估价、定额参数、单位价格表、费用定额表、工期定额以及相关的成本费用定价标准。

（2）国际工程承包项目所在国家及地区的建筑材料、建造标准、人工单价（包括成品、半成品加工、运输报关、税费保险等）。

（3）工程项目所在国家及地区的建安标准、设备材料价格、施工机械租赁费用、大型施工设备台班单价、施工机具及辅料价格、其他有关工程建设造价的有效信息和参数等。

（4）我国有关项目建设资源的价格体系、生产建造、集运包装、检测检验、出口退税等费用标准。

（5）工程承包项目建设方案、设计方案、初步设计、详细设计及相关的设计变更等工程重点造价构成。

（6）其他有关的有效造价参考依据等。

国际工程承包项目造价管理文件编制须由项目承包公司组织专业人员研究决定，组织管理责任人须具备工程造价执业资格，具有工程项目造价管理及专业经验。组织成员配置须满足承包项目各个专业领域的专业要求，组织规模及能力须满足承包项目编制、审核、控制、管理的职能要求。国际工程承包项目造价管理工作基本上从工程成本管理开始，按照工程项目建设内容展开具体的概算、预算、结算等专业管理分项及造价整合核算的管理工作。

国际工程承包项目造价业务管理的主要内容包括：工程承包项目造价要点、工料机械预算价格计算、定额及费率编制、补充定额输入、分标段项目单位工程造价编制、造价原始数据导入导出标准及参数、招投标造价固化清单、造价科目表打印输出、造价管理报表电子文档输出及归档等。

国际工程承包项目造价应建立健全工程造价管理信息系统，采用成熟的电算模块处理有关造价信息及造价核算。电算模块主要包括：工程造价信息科目主控核算模块、造价信息数据库查询模块、造价信息参照系数核查模块、造价信息决策运算辅助管理模块、造价信息编辑应用模块等。

造价定额是工程造价管理的基础，也是工程定价取费的定额核算方法之一。造价定额是建立在其价格子系统基础之上的核算结果，价格子系统又遵循子项预算价格和结算工程价格的基础之上。造价子系统包括的投资估算、设计概算、投标报价、施工图预算、合同价格等，必须进行细分、核实、筛选、归纳，造价应用的有效数据务求准确。所以，造价定额是经过对有效数据采集归纳，采用一环扣一环的数学逻辑运算方法，推导计算得出的科学结论。

国际工程承包项目造价控制管理是指通过对项目合同管理、计划进度管理、工程结算管理的造价控制，对正在进行及已经完成的造价数据、项目数据、工程数据等进行收集处理，运用合理的造价模型对有关造价管理的经济技术指标进行研究分析，得出造价控制管理的结论，并以决策管理的方式实现造价管理的效率和效益。

8.2 国际工程承包项目成本管理

国际工程承包项目的成本管理通常是指国际工程承包方对于其所承包的项目实施的系统化成本管理活动。国际工程承包项目中不同方面的管理主体其项目成本构成有所不同。国际工程承包项目业主方的项目成本包括范围比国际工程承包方的项目成本范围大很多。具体来说，国际工程承包项目业主方的项目成本包括工程项目造价以外的土地费用、初始运营的流动资金、政府管理费用、项目贷款利息、各种预备费用及税金等。国际工程承包项目承包方的项目成本包括工程项目建设成本及利润、项目建设资金投入、人力资源费用、施工机械费用、管理税费等。所以说，项目成本管理包含在工程造价管理工作中，最突出的管理特征是将项目利润管理目标包含在项目成本管理目标之中。

国际工程承包项目成本管理须满足工程项目的专业特点、建设标准、工程构成、建造规模等管理要求，建立健全项目成本管理制度并予以实施。项目成本管理的主要制度文件应包括：项目成本计划制度、项目成本控制制度、项目成本核算制度、项目成本分析和考核制度。

国际工程造价的相对概念是国际工程总投资。国际工程造价范畴大于国际工程成本范畴，因此，国际工程项目成本的相对概念与国际工程造价的相对概念不同。国际工程项目成本具有项目总成本、机会成本、质量成本、人工成本、材料成本、风险成本等多种涵义，因此，项目成本管理制度体系对项目成本管理与控制具有重要作用。项目成本管理制度应与项目财务管理制度做到无缝衔接、相互配合，才能真正做好项目成本管理的基础工作。

国际工程承包项目的成本计划管理应按照工程设计、采购、运输、仓储、施工、安装、试车、运行、验收、竣工等不同阶段制订相应不同的工程成本管理计划。

国际工程承包项目应采用科学、完整、严谨的管理手段和管理方法对项目的成本目标进行预测，建立各项资源耗费的成本计量标准、价格标准、质量标准，包括：项目的地域条件、施工条件、机械设备、人员素质、材料市场、项目涉及的各种风险因素。

国际工程承包项目成本计划的编制过程须保持定期校正的动态管理，以项目设计、施工集成化为基点，贯穿承包项目的全过程，基本方法包括：匡算、估算、概算、预算。需要特别说明的是，按照欧美工程造价管理标准，我国习惯采用的前苏联式工程造价核算方式不具备标准的认可性。因此，“匡算、估算”不能作为计价依据，也不能在正式的工程成本及工程造价文件中有文字表述。但是，基于上述管理过程，工程成本及造价管理的概算和预算符合国际通用的工程造价管理标准。因此，有关工程成本及造价文件须建立在详细的设计和技术文件基础之上。

国际工程承包项目及项目经理部负责组织工程造价、工程成本、工程设计等专业的相关人员进行项目成本计划管理方案的编制，按照项目整体成本的管理层次、工程分项、工程标段等有关成本项目、承包项目进展的不同阶段，对项目的成本计划加以分解和整合，明确有关部分各级各类工程成本的组成，相关管理人员的责任和目标，制订并编制项目成本计划管理方案。

国际工程承包项目成本计划管理方案应根据项目资源、项目设计、人员配置、工艺装备、建造计划、进度计划、成本预测等情况的变化定期进行校准配置和调整，以满足项目成本管理与控制的要求。

国际工程承包项目成本计划应按照成本层次划分成本管理责任中心，本级成本中心只对本级成本负责，本级成本计划的编制及调整须经上一级成本管理中心批准。通常，上一级的成本管理中心是由上一级（公司）管理组织的财务部门负责组织管理。

8.3　国际工程承包项目预算管理

国际工程承包项目预算管理是在国际工程承包项目投标、立项、评审、实施、验收、绩效、考评等管理过程中实施的专业预算管理活动。国际工程承包项目预算管理涵盖项目合同签订、项目启动、设计建造、设备物资采购、运输仓储物流、工程建设、资金管理等项目预算重点主项的全程管理。特别，项目预算管理更多关注项目执行过程中的资金需求量与控制规模，具备项目预算的建立、组织、实施、监督、预警等项目管理职能。项目预算与项目的动态成本等管理要素相辅相成，使项目预算管理实现对项目管理全程的有效把控，实现节支增效、开源节流、提高国际工程承包项目的管理效益。

国际工程承包项目预算管理的目的：促进项目建立健全约束机制，规范财务管理行为，提高管理水平，降低成本费用，提高经济效益，确保项目经营管理目标的实现。

国际工程承包项目须编制项目总预算，总预算下可分解为年度预算。预算编制期间以会计年度为准，即公历 1 月 1 日至 12 月 31 日。项目预、决算编制完成及后期变更，按照项目的不同规模履行审批程序，最高审批机关为公司预决算管理委员会、党政联席会。

项目经理对项目预算编制工作负总责。项目经理部应成立由项目经理、总会计师、财务部门、采购部门、工程部门等组成的预算组织。

国际工程承包项目预算管理要符合我国《预算法》及项目所在国及其地区的法律法规要求。项目预算管理的各项收支须依据有关国家政策及标准，有专业预算管理人员依照项目合同规定的职能及范围编制。具体要求为：项目预算收支要依法合规，项目预算组织收支方式符合合同规定，项目预算核定的收支项目及标准系统规范，项目预算的各项支出符合承包项目管理调控的经营目标。

国际工程承包项目的所有收入和支出全部纳入项目预算，各种预算外的项目资金均须严格执行“收支两条线”管理，避免项目预算管理出现预算内外资金“两张皮”的违规状况出现。对工程项目预算内、外发生的各项收支均实行统一管理，统一编制项目管理的整体预算计划。

国际工程承包项目预算管理须具备科学合理和可持续性。预算收支规模的预测和方向要科学，满足项目建设需要，符合项目合同要求，原则上实现盈利预算而不得编制亏损性预算。

国际工程承包项目预算管理须客观真实。预算编制及管理必须有标准规范的依据，对预算收支项目的数字指标须进行专业测算，力求各项收支预算的数据真实准确。预算涉及的项目管理组织机构、工程成本、设备资产等基础数据真实可靠。预算须参考项目所在国及其地区内在建类似工程项目的收支水准结合本项目的建设周期进行增减测算，不得违背预算工作的原则虚假放大或缩小预算系数及预算收支标准，杜绝凭主观臆断人为改变项目预算编制总额。

国际工程承包项目预算管理须统筹兼顾。项目预算编制要做到合理安排项目各项资金的使用，在兼顾项目一般收支的同时，优先保证项目重点工作的支出。统筹兼顾的预算原则是“先保证基本支出，后安排项目支出；先重点，后一般”。项目预算的基本支出是指维持项目及其各个部门正常运营所需的收支，例如：劳务工资、国家规定的各种境外工程补贴津贴、项目现场组织机构的管理经费及完成项目管理工作所必需的收支等。优先考虑紧急重点工程内容的预算项目，保证工程项目重点工作顺利展开。

国际工程承包项目预算管理须公开透明、客观公正。对于工程项目的经常性收支，必须通过规范完整的预算定额管理体系予以管理，不得出现同一国家地区不同定额标准的预算管理状况，使工程预算管理实现预算与分配的公开透明及客观公正的标准化管理。

国际工程承包项目预算管理主要预算文件及预算计划如下：

（1）项目预算管理计划书（包括项目的核心、重大、重要工程子项建设预算，项目整体的预算管理方案等）。

（2）项目质量、进度、安全、环境、社会责任等方面的预算计划。

（3）项目资源配置预算。

（4）项目进度预算计划。

（5）项目成本预算。

（6）项目工作分项、项目施工建设周、月、季预算及项目总预算。

（7）项目工程的全面概算、预算。

国际工程承包项目预算计划应体现按照工程项目整体的设计、建造、建设、生产等要素确定各项工程发生的生产耗费，按照工程承包项目的各项成本预算费用编制工程项目的造价预算成本，包括：每项费用发生的时间、成本对象、预算数量、预算单价、预算金额、责任人员、可查询的文件。

国际工程承包项目预算管理的绩效是对项目预算管理的执行过程和完成结果的体现，因此，实行项目全面预算管理督导、跟踪及考评是项目预算管理常态的制度化管理工作。具体要求，在项目立项启动阶段，项目预算须对立项启动的项目进行全面、客观、充分的可行性预算论证，为项目立项启动决策提供预算管理的依据。在项目中标建设执行阶段，项目预算须建立严格的内部预算审核制度和国际工程项目外部相互结合的预算管理制度，全程实施工程项目的预算管理，对工程项目里程碑、关键节点等阶段性预算管理成果进行考核评价。在工程项目完成阶段，项目预算须及时组织项目整体预算的检查、审核、审计、验收及总结，将预算管理的经济效益实现管理收关。工程承包项目经理部须在上级主管公司及有关管理部门的领导下贯彻落实项目预算管理工作目标，将工程项目预算管理的完成情况和项目管理的绩效考评结果相结合，作为工程承包项目预算管理奖惩的依据。

8.4　国际工程承包项目结算管理

国际工程承包项目结算管理是项目实施过程中控制工程项目投资、收支等管理工作的重要环节，也是整个项目经济管理水平及成本控制与效益管理的重要体现。工程项目结算主要分为两个阶段进行管理，即工程项目的进度结算与工程项目竣工结算。工程项目进度结算是工程项目竣工结算的前提与基础，也是工程项目进度款、工程款支付的主要依据。工程项目竣工结算包括项目进度结算的业务内容，也涵盖全部工程项目验收交付之后的结算工作内容。因此，无论是工程项目结算中的进度结算还是竣工结算均直接关系到项目管理的收益，必须专业、规范、标准地做好工程项目结算管理工作。

国际工程承包项目结算管理须严格遵守合同原则。在工程承包合同管中须明确约定项目发包方与承包方的工程结算责任、结算条件、结算方式；明确约定工程承包项目合同的结算构成、价款构成、价款支付币种、结算方法；明确项目结算文件及其附件的格式和时限，及工程项目变更导致的工程结算款变更、确认等其他有关结算条件，使工程项目结算管理依照合同规定的具体条款落实完成。

国际工程承包项目结算管理须规范标准实施过程管理。在国际工程项目结算管理过程中对工程预付款、工程进度款、工程竣工结算价款等不同的工程阶段进行专业化过程管理。国际工程结算的过程管理须严格遵守合同原则，按照合同规定的工程预付款的支付时间与比例，扣除工程预付款应付的工程项目进度款，扣除质保金应付的工程竣工费用等结算模式进行有效管理。避免发生项目业主方尚未拨付工程款而承包方超额向分包商拨付工程款的情况发生，更不允许发生重复计费支付或重复结算收取工程款的情况发生。在工程项目竣工验收后，应及时组织工程项目的竣工结算，必要时可通过审计的方式做好工程项目结算管理工作，以免发生工程结算争议。

国际工程承包项目结算审计管理须严格依照工程管理的专业规范进行审计。审计人员的审计过程应与国际工程承包项目现场的有关专业部门及管理人员、监理人员协同配合，对工程结算的审计部分工作全面掌握，客观、公正、合规、依法严肃地做好工程结算审计工作。

国际工程项目结算主要包括两部分：一是工程承包方与工程发包方在工程承包合同项下的各类工程款结算；二是工程承包方与其工程分包方在工程分包合同项下的各类工程款结算。项目结算应包括从合同签订开始至合同完成止所发生的、与执行合同有关的直接费用和间接费用。国际工程承包项目结算须按照适用的国际会计准则和会计制度进行项目结算。

国际工程项目结算的结算价格、费用标准、计量、统计方法及标准须统一规范，由专人负责的专业组织部门实施，主要内容包括：

（1）设计、施工、采购、试车的费用、价格、工程量等。

（2）设计与施工一体化的费用、价格、工程计量及完成工作量等。

（3）项目承包工程优化施工达到的工程量费用、价格、变量等。

（4）项目管理发生项目构成及要素变化的成本变更及其计量价格等。

国际工程承包项目结算须由项目经理部的专业管理组织（部门）设立项目结算台账、设备台账、现场施工管理日志，施工记录原始数据文件等结算文档的管理。

国际工程承包项目结算管理须坚持工程进度、工程量统计、成本费用汇总三同步的管理方法，确保国际工程承包项目工程结算额的完整准确。

国际工程承包项目须定期编制项目结算报告，报告主要内容如下：

（1）工程结算管理目标与实际工程结算的简要汇总及偏差原因。

（2）工程结算发生偏差的原因，包括设计、采购、施工、试车、验收等不同工程变更或变化等结算项目。

（3）工程结算科目的编制及结算科目变化、构成与分析。

（4）工程结算管理总结及预测。

上述工程项目结算有关的财务处理须符合我国和项目所在国的法律法规以及相关的财务管理专业规范的规定。

工程承包方与工程发包方在工程承包合同项下的各类工程款结算依据包括：

（1）国际工程承包合同、现场施工图、竣工图、设计图纸及设计变更文件、有关的工程管理会议纪要及其必要补充资料等。

（2）国际工程承包合同甲乙方、项目监理方及有关工程管理部门签发的工程建设、建造指令及其批复文件等。

（3）国际工程承包项目工程管理文件、原始施工记录、工程监理及验收文件、工程施工竣工检测试验验收资料等。

（4）国际工程承包项目施工建造、建设工程的有关影像资料及具有合同法律效力的其他资料等。

工程承包方与其工程分包方在工程分包合同项下的各类工程款结算依据包括：

（1）工程分包合同工程量清单及工程量完成统计表。

（2）工程分包劳务承包合同或认价单。

（3）工程分包现场施工用水电气等费用清单。

（4）工程分包设备物资供应验收资料统计表。

（5）工程分包培训、签证落地签注等项目所在国费用表。

（6）工程分包原始施工记录、工程验收、检测、竣工资料。

（7）工程分包建设、建造有关的工程项目影像资料及工程分包合同甲乙方认可的其他有关资料文件等。

8.5 国际工程承包项目财务管理

国际工程承包项目财务管理（financial management）是根据国际工程承包项目的经营目标组织制定的资产购置、投资、融资、借贷、筹资等资本及现金流量（营运资金）在经营活动和运营制度体系中盈亏分配的管理。财务管理是国际工程承包项目工程管理的关键组成部分，它是根据项目合同和项目甲乙方及其国家的财经法规制度，按照财务管理的原则，组织国际工程承包项目的财务活动，处理国际工程承包项目甲乙方及有关方面相互发生财务关系的经济管理工作。

国际工程承包项目财务管理计划是指项目以合同规定的货币形式进行项目各阶段预算、决算的计划及总体项目建设资金的取得、收支、使用、盈亏等财务管理的财务专项工作文件。它是项目管理的核心文件，也是项目财务管理与审计的依据。

国际工程承包项目财务计划是指国际工程承包项目公司编制的有关项目管理、人力、设计、采购、运输、建设、生产、物料、供应、质保、检验、监理、验收、竣工等各项工作的财务使用计划。主要目的是确立财务管理的具体指标，使国际工程承包项目的相关经营活动产生经济效益，达到项目承包经营目标。

国际工程承包项目的财务管理总则：遵守国家及项目所在国法律、法规和会计准则；遵循项目隶属公司的财务管理体系；建立账务体系，配备财务人员，组织会计核算；实施财务管理，参照国家及项目所在国有关法规，节支增效，合理避税。

国际工程承包项目财务管理策划的主要工作内容：

（1）项目部的财务管理策划应围绕项目经营目标和财务管理目标展开，实现项目阶段性财务指标和项目总体经济效益的最大化。

（2）项目部应根据项目预计结算款收入和大宗设备、物资等项目部各项支出的计划额度，编制项目部的财务现金流量计划，合理调配现金流，既要避免资金长期闲置，又要防止资金短缺，提高资金使用效率，追求资金效益的周转率，实时控制、实现项目部的资产负债表（balance sheet）。

（3）项目部应重视不同收付款币种之间的平衡，原则上使用同币种支付，避免不同币种之间的频繁兑换，减少汇兑近远期汇率损失及潜在风险。

（4）项目部应加强对主要设备和材料等价格走势的关注和分析，制订大宗设备物资采购方案，在考虑资金占用成本和仓储成本前提下，争取在价格周期较低时一次性购入大宗设备和材料。避免重复性失误及浪费，避免发生不合理费用。

国际工程承包项目应在承包工程设计、采购、施工、试运行等各个阶段，根据项目财务计划预先建立项目财务管理目标，由财务控制主体及责任人员在其职权范围内，在生产耗费发生以前和发生过程中，对各种影响财务管理的因素和条件采取的一系列预防和调节措施，以保证项目财务管理目标的实现。

国际工程承包项目应分别针对项目财务管理的确定性成本、风险性成本和完全不确定性成本采取财务管理与控制。项目应围绕项目不确定性财务管理，从承包工程设计开始，识别和消除不确定性事件，尽量避免不确定性财务管理因素的发生。

国际工程承包项目应预防不确定事件对项目财务管理的不利影响。项目的财务管理具体活动的确定性与不确定性、财务管理活动规模及其潜在财务管理科目的确定及财务管理体系的建立，须保障国际工程项目正常的经营管理与项目合同执行。

国际工程承包项目应关注国际工程项目的国别政治风险、外汇风险、税务风险、商业风险、战争风险及法律风险，控制这类风险对国际工程项目财务管理带来的影响。具体财务管理工作应当注意的情况有：政府部门，商会，银行，保险公司，信誉良好的专业风险评估机构，项目所在国政府、项目现场中外管理人员的财务管理评估。

国际工程承包项目财务管理工作的重点须紧密结合项目合同的管理目标和管理原则。根据工程项目管理目标和管理原则，利用项目合同规定或许可的财务管理软件建立项目财务管理系统，对项目实施过程中的全流程建设与经营活动纳入财务管理服务工作的范畴之中，积极主动开展国际工程承包项目有关的财务管理工作，推动、协调、配合项目管理各项工作达到项目整体财务管理的目标。

8.6　国际工程承包项目造价分析与考核

国际工程承包项目造价分析与考核是为了提高完善国际工程承包项目的管理水平，规范国际工程承包项目的管理体系，促进形成国际工程承包项目造价管理的规范化、标准化和制度化，落实国际工程承包项目管理的造价管理工作流程，明确工程造价在工程项目管理实际工作中的督导、管理、考核依据，提高国际工程承包项目管理工作的权益效益，达到国际工程承包项目造价管理工作标准，满足国际工程承包项目管理现实与发展的要求。

国际工程承包项目造价分析与考核应分别在承包项目的工程设计、采购、施工、试车、验收、竣工等不同阶段开展不同重点的管理工作。国际工程承包项目造价分析与考核的工作重点是对项目造价的形成过程和影响造价升降的因素进行分析，形成相关工程造价管理分析与考核的文件，得出合理降低造价、提高项目效益的工程造价管理分析考核结论。

项目造价分析与考核的内容包括：

（1）项目造价总额及其分项构成。

（2）项目造价与项目成本的比较分析。

（3）项目造价发生的差异分析。

（4）项目造价指标与项目成本指标考核。

（5）项目造价管理实施和结果考评。

国际工程承包项目可使用项目造价分析与考核的方法进行造价核算，项目造价须严格依照有关工程造价的参照系数和参照造价表，核算方法主要如下：

（1）项目造价比较法。

（2）项目造价因素分析法。

（3）项目造价差额分析法。

（4）项目造价比率法。

（5）项目造价分段核算法。

（6）项目造价分项归纳法。

（7）项目造价集成运算法。

国际工程承包项目可开展工程造价的价值链分析，通过不断优化设计、技术、施工、建造、建设攻关等合理化管理及组织管理，降低工程项目各个方面的工程造价。具体方法包括优化设计、方法替代、工艺改进、装备更新、材料替代、标准变更、限额设计、项目建造产品周期优化等。特别，工程项目开发建设过程中新设计、新技术、新工艺、新设备、新材料的必要应用，必将提升工程造价的管理效能。

国际工程承包项目可根据合同条款的具体规定提出工程造价建议，必要时可向项目业主方提交造价建议书。在保证项目合同规定的装备水准及功能指标前提下，优化造价构成，达到项目合同甲乙方的互利共赢。

工程造价建议书的主要内容包括：

（1）新工艺、新技术、新装备的采纳使用。

（2）合理加快工程项目建造建设进度。

（3）优化工程项目建设建造质量。

（4）降低落后管理方式、方法及工程模式的成本解决方案。

（5）降低工程项目合同甲乙方运营管理及工程建设管理成本。

（6）提高工程项目合同甲乙方附加价值方案。

（7）其他降低造价的合理化建议等。

国际工程承包项目的造价管理须加强项目建设投资的资金成本分析，通过不断优化项目资本构成比例、信贷、融资等专业方案提高项目造价管理效益。

国际工程承包项目须开展项目造价分项、子项的差异化分析，通过项目造价信息系统实时反馈的实际造价构成分析，对项目造价实施动态调整，及时发出造价改进与优化的管理信息，促使项目有关的设计、建造、建设、施工等各个方面随之实现动态调整与优化，从而实现工程造价管理的最大化和最优化。

国际工程承包项目应建立以进度计划、质量要求、成本计划、成本控制和成本分析等业绩指标的工程造价考核体系，按照工程管理的工作程序定期开展工程造价考核与评价，以奖罚分明的工程造价业绩考核兑现为手段提高工程造价管理工作的成效。

国际工程承包项目应以项目造价降低额和项目造价降低率作为项目造价考核与评价的主要指标。国际工程承包项目应设置工程造价基准额，在此基础上比照工程造价的降低额和工程造价降低率等考核指标。同样，如果发生工程造价偏离工程造价的基准额，出现工程造价上升额和工程造价上升率应及时发出预警并采取必要管理措施予以纠正。

国际工程承包项目应依据可控性原则建立各级工程造价管理组织，使工程造价管理工作分解落实到各级造价管理组织日常的工程管理工作之中，结合不同级别、不同专业、不同工程范围的工程管理工作，及时发现、及时交流工程造价管理问题及情况，形成工程项目专业人员牵头，工程管理及技术人员全员参与的工程造价管理机制。

国际工程承包项目的工程造价分析与考核可分为工程启动阶段、工程设计建造阶段、工程施工建设阶段、工程验收竣工阶段不同重点的分析与考评。分析考评结果与项目管理奖惩结合，不断积累、不断优化工程造价管理的经验和水平，在项目管理工作中提升工程造价的整体管理效益。特别是每项国际工程承包项目竣工之后，工程承包公司应认真组织编写出项目造价管理的专业总结报告，以便沉淀国际工程承包管理工作中的造价管理精华经验和深刻教训。

国际工程承包项目造价管理信息化分析与考核势在必行。国际工程承包项目工程造价分析与考核须大力利用信息技术及应用软件对工程项目建设造价实施全方位、全过程的管理分析与考核，这也是工程承包企业及国际工程承包项目用来控制项目投资、考核项目工程成本、实行经济核算、编制施工计划、进行各种统一管理的重要依据。因此，随着我国国际工程造价管理系统逐渐与国际工程造价管理系统接轨，有效提高工程造价的编报和审查速度，有效控制概预算投资和开展工程造价预测、分析、控制、设计、概算等相关造价管理工作，必将极大提高我国国际工程承包项目工程造价管理工作的标准，国际工程承包项目工程造价管理比肩国际工程造价管理水准必将成为现实。

9 国际工程承包项目现场管理

国际二程承包项目现场管理是指工程承包商及其项目经理部在项目所在国工程项目现场施工建设范围内所发生的经营管理活动。现场管理工作主要包括项目现场施工界区内发生的工程管理工作，项目现场界区内外涉及项目所在国及所在地区政府、司法、外事、安全、金融、税务保险等有关工程项目的经营管理工作，项目现场内外的工程分包、材料供货、运输报关、工程监理、技术服务等经营管理工作。因此，国际工程承包项目现场管理一方面要实现项目内外的系统化管理，另一方面也要实现项目工程的精细化管理，形成项目现场工程技术管理人员与工程技术管理组织的职责职能匹配结合管理，达到信守合同、诚信履约、科学组织、统筹安排、标准规范、履职尽责、质量达标、安全高效的项目现场管理目标。

国际工程承包项目具有规模大、技术复杂、参与方众多、标准化程度高的专业特殊性，国际工程承包项目现场管理也具有管理周期长、管理内容多、管理规模大、管理专业复杂的管理特征。因此，要依据项目合同和项目管理的专业特点，落实项目现场管理工作。现场管理是工程项目管理的核心，也是落实执行项目工程质量、安全、成本、工期四大重点指标和项目整体管理目标的关键。实施项目现场标准化的科学管理，不仅是树立国际工程承包项目公司国际形象及国际商誉，也是国际工程承包公司取得工程承包经济效益和社会效益的根本途径。

9.1 国际工程承包项目现场管理原则

国际工程承包项目现场管理须建立健全项目现场管理组织体系。首先，建立以项目经理部为组织管理形式的现场管理组织，设立以项目经理责任制下的现场经理、现场总工程师、现场工程部、现场设计部、现场技术部、现场质量部、现场安全部、现场监理部、现场行政部、现场后勤部、现场采购部等项目管理组织。

国际工程承包项目现场管理的最终目标是依据工程承包合同完成项目建设并向项目业主方交付符合项目合同目标要求的优质工程。所以，项目现场管理是通过专业技术管理活动、科学合理的施工方案、标准规范的施工工艺、建安工艺装备的系统集成完成项目现场管理目标。从项目开工建设到项目竣工验收全过程的项目现场管理工作流程，均应符合项目设计、标准规范、检测验收、工艺达标的项目管理标准，真正达到国际工程承包项目现场管理规范化、标准化、国际化的管理目标。

国际工程承包项目现场管理本质上也是生产管理活动，因此，必须符合生产管理经济目标的管理要求。如果项目现场管理投入人力、材料、设备、资金过多，必然造成管理浪费；反之，又会影响工程进度或施工质量，甚至完不成项目建设任务，也会造成项目的经济损失。在国际工程承包市场的激烈竞争中，必须不断加强完善项目的经济管理在竞争中取胜。所以，加强项目的经济系统管理，精打细算，对施工过程中的每个管理环节都要进行投入产出分析、搞好责任与成本管理，对所有资源要素按时间节奏进行动态优化组合，做好经济技术的比较管理，确保项目管理效益目标的实现。

国际工程承包项目现场管理是具有社会属性的管理活动。项目现场管理涉及项目所在国及其所在地区政府及社会各界的资源管理，这些具有强烈社会属性的管理工作需要有关多方的合作来完成。因此，项目现场管理需要注重人与人、职能与服务的管理关系，完善项目现场管理“以人为本，国际合作”的社会管理系统。国际工程管理不仅关系到多元文化的影响，而且关系到项目属地化人力资源的国际背景影响，只有因势利导管理工作中人与社会的积极性，才能更好地落实执行项目现场管理制度体系的管理目标。

国际工程承包项目经理部应建立以项目经理为责任主体，由项目现场经理、项目计划工程师（经理）、设计主管工程师（经理）、采购主管（经理）、HSE 主管工程师（经理）等组成现场项目管理组织体系。

国际工程承包项目现场管理须建立项目现场进度管理程序。国际工程承包项目经理部应根据项目合同的建设目标编制项目总体进度计划，对项目分包商和供应商编制其分包或供应进度计划进行指导管理。项目总体进度计划应符合项目合同设计、采购、施工、试车、验收、竣工等各项工作协调配合的标准化、系统化管理要求。

国际工程承包项目经理部应依据项目总体建设计划目标和阶段性计划目标节点、里程碑，施行项目工程分解细化的逐级进度管理。根据项目工程业主方的计划进度要求和项目实施的实际条件，鼓励采用 P6 作为项目管理与计划管理的基本方式。项目经理应将进度管理与成本、质量、安全、环境、人员、责任管理等相互协调、统一决策，保证承包项目进度策划和实施的合理性、计划性、可行性。

国际工程承包项目应根据项目合同的规定要求，在规定的计划期限内完成项目业主方及其委托代理方提出的进度计划要求，完成项目计划书的编制、提交、审核、批复等管理流程。按照合同规定的时间周期及时更新项目基准进度计划，作为项目承包方与项目业主方共同管理现场进度计划的基础依据。同时，项目承包方可根据项目业主方审核确认的项目计划对现场有关建设方、分包方进行计划管理与考核。

9.2 国际工程承包项目现场项目进度计划与执行计划管理

国际工程承包项目现场进度计划与执行计划组成项目现场总体计划；项目进度计划包括项目主要子项的进度计划；项目现场执行计划包括项目现场实际控制的进度计划及项目作业进度计划；各项计划的执行与差异调整以项目总体计划的计划目标为基准，项目进度计划在先，现场项目执行计划随之校准落实，现场控制管理好主要子项的作业进度与计划，有序实现工程项目总体进度计划的管理目标。

国际工程承包项目经理部应按照工程承包项目合同的建设范围分解施工组织方案及施工组织程序，制订各级、各段、各子项的工程管理进度计划。各类工程进度计划的编制依据以工程承包项目合同为准则，结合工程项目所在国工程施工建造用工的法律法规及劳动时间要求，编制项目工程目标节点、设备、材料、人员、薪酬、工作量、作业量等计划细则，明确工程建设建造的管理模式及方式，固化项目进度计划有关质量、时限、造价、工艺、施工方法、标准、责任、安全、环境等各类计划构成及考核要求，按照项目工程合同及工程分包合同规定开展工程进度计划提交、审核、批准、执行、考核等管理工作。

国际工程承包项目经理部须在项目合同规定的时间内完成项目总体进度计划的编制工作。项目经理作为项目总体进度计划的责任人须明确项目部内外有关工程进度计划的分工及责任，按照项目部组织管理架构和管理层级分配项目进度计划任务，落实项目总体进度计划、控制进度计划、执行作业计划、计划调整与变更的管理目标，组织项目现场的进度计划管理实施。

国际工程承包项目承包商及其分包商须按照项目工作分解结构和项目总进度计划的要求编制、申报、执行项目进度计划及分项计划。计划管理的下一级计划应与计划管理的上一级计划相互衔接，各级计划的分层级汇总须严格依照工程项目的标准化编码体系编码归类，实行标准化管理。

国际工程承包项目总进度计划的主要内容如下：

（1）国际工程承包项目建设目标与总工期。

（2）国际工程承包项目设计、基础、土建、结构、机电安装、资源配置、联调试车、检验验收、投产使用、竣工移交等各项工作在工程不同阶段的分项计划。

（3）国际工程承包项目进度计划分解、里程碑、汇总等计划进度管理工作程序。

（4）国际工程承包项目设计、采购、运输、报关、清关、仓储、安装、施工、试车等各项专业工程计划进度与交叉作业及施工的计划与进度，不同专业及标段交叉集成的配合合作计划进度控制与管理。

（5）国际工程承包项目进度计划配置的实施计划资源、造价费用管理，各类进度计划应对风险及防范预案的实施管理。

（6）国际工程承包项目总体进度计划动态调整与计划变更管理；各类进度计划控制与衔接编制更新管理；项目进度计划路线图及分项汇总进度计划图；上述项目进度计划执行考核，项目合同甲乙方共同管理工作程序及评价方式等。

国际工程承包项目经理根据上述项目进度计划的要求，策划管理项目各个阶段的实施与执行进度，优化调整项目现场工作界面的管理，协调项目建设建造的各个有关方面进行缜密的配合，细化各个计划进度方面相互交叉与集成的管理目标。

国际二程承包项目设计与采购进度计划先于其他界面的工作展开，因此，现场管理须从设计与采购管理界面开始，循序做好设计方向采购方提交的设备材料采购文件；设计方对设备制造方提交的图纸审查、确认与修正；依据设计规范标准对设备材料报价及技术评审，招投标评价及项目造价管理；设计文件的交付与现场设计文件交底；设计变更及设计问题处理；设计与施工作业界面的确定与控制；进度计划执行工作界面的重点控制；设备材料集运、报关、运输、清关、运抵现场仓储保管及设备材料开箱检验管理；现场机电安装及设备材料变更、残损、失窃、补发等建安界面管理；土建结构工程界面控制与管理；设备基础、工艺配置、机电安装、单联调管理；试车、验收、竣工、考核等竣工管理，其他辅助系统的建安控制管理等。

国际工程承包项目经理部应将分包进度纳入项目进度控制范围，国际工程分包合同对分包商的工程进度及计划进度实施定期的督导管理。项目经理部有关管理部门须及时分析工程分包商项目进度计划与实际进度的偏差原因，有效控制工程分包工作界面管理。

国际工程承包项目总体进度计划编制完成之后，应与其分包工程及分项工程进度计划一并汇总申报，经工程计划主管工程师、工程设计主管工程师、设备材料采购经理、现场经理和项目经理部经理逐级审核完善予以提交，由项目合同甲方（业主方）及其委托代理方审核批准，再经工程承包项目经理部项目经理组织颁布实施。

9.3 国际工程承包项目现场计划控制与进度控制管理

工程事业部及项目经理部应根据各级进度计划要求进行项目现场计划控制与进度实施控制。项目经理负责项目总体进度计划的实施，项目计划经理负责工程承包项目进度计划的编制。国际工程承包项目经理部及其工程管理组织部门负责项目现场的各类计划控制与进度管理工作。

国际工程承包项目经理部各级进度计划的实施应通过进度交底与督导管理工作予以落实。项目经理应负责组织项目总体进度计划的交底督导和管理工作，由计划工程师负责执行有关方面的进行计划交底督导和管理工作。具体的主要工作内容包括：工程项目进度目标和部门责任目标、项目总进度计划与分项计划、关键节点及里程碑进度计划、分项分部及细化子项的进度计划、交叉施工进度计划及条件等，项目部有关部门人员协同配合检查进度计划的执行落实，进度计划偏差分析及解决方案管理。

国际工程承包项目经理负责现场工程管理的重要计划进度控制管理工作偏差分析，采用净值管理技术和网络计划技术手段等现代管理方法进行进度计划与控制分析。按时通过现场办公会或工作例会的方式，会商有关现场管理工程设计、采购、施工、验收等各个不同阶段的进度计划与实施控制问题，根据现场施工管理的实际状况，进行项目现场工程管理进度计划与实施控制的偏差分析，组织解决方案，调整纠正现场工程管理不同阶段的进度计划与控制节点，实现项目现场进度计划与控制管理工作目标。

9.4 国际工程承包项目施工组织设计（方案）的编制与实施管理

国际工程承包项目施工组织设计方案是针对某一单项或多项工程复杂工程的专项设计实施方案，是承担有关工程施工作业方实施该项工程建设建造技术与管理的具体指导文件。它是具体工程建设建造施工作业周、月、季定期定额工程计划的编制基础，也是项目工程分部、分项及其子项工程施工作业计划的依据。施工组织设计（方案）须经项目经理部及承包公司工程管理部论证备案，经项目承包方专业工程管理的主管领导审核批准，报项目业主方及有关工程监理方核准，方可在项目工程建设中实施。

国际工程承包项目施工组织设计方案编制原则：

（1）严格遵守国家及项目所在国家及地区的现行法规和合同规定的工程竣工及交付使用期限。

（2）按照国家及项目所在国家及地区的现行有关技术政策、技术标准、施工及验收规范、工程质量检验评定标准及操作规程，采用施工技术的先进性、针对性、适用性和经济合理性相结合，体现技术先进、组织严密、管理科学和经济合理。同时，内容简要、层次分明、结构严谨、图文并茂和醒目易懂。

（3）合理安排施工顺序，做好技术、物资资源、劳动力、施工机械设备和施工现场的施工准备工作。

（4）必须采用网络计划技术、计划协调技术和系统分析方法安排施工进度。积极开发计算机的推广和应用。合理安排季节性施工的工程项目，保证施工活动的连续性和均衡性。

(5) 结合现场及项目部实际情况，开展方案对比，选择拟定合理的施工方案，确定施工顺序、施工流向、施工方法，劳动组织，技术组织措施等。

(6) 尽量减少临时设施，采用动态管理等方法，合理储存物资，减少物资运输量，科学地布置施工平面图，减少施工用地，做到文明施工。

(7) 执行ISO《质量管理手册》和程序文件，加强计量器具、数据管理，使用法定的计量符号、单位。

编制施工组织设计的部门和责任：

(1) 单位工程施工组织设计由项目技术负责人主持，组织项目部内业技术人员、专业技术人员及公司的技术部门参加编制，生产、设备、材料、预算等部门需要提供有关资料时，必须密切配合。

(2) 由项目内业技术员或技术负责人自行确定施工组织设计的编制目录，经项目技术负责人审定后，由项目技术负责人对参加编制人员进行分工，规定完成时间。

(3) 各编制人员完成各自的编写任务后，由内业技术人员汇总初稿，交项目技术负责人。

(4) 项目技术负责人接到初稿后，组织编制人员、项目经理及有关人员对初稿进行讨论，提出修改建议和需要增加的内容等。

(5) 项目技术部门对初稿进行修改后定稿。

施工组织设计的交底与实施管理：

(1) 经过业主及施工管理方审批后的施工组织设计在开工前应进行交底。由项目经理主持，项目技术负责人向项目全体施工人员进行施工组织设计交底，介绍工程特点、施工部署、任务划分、施工方法、施工进度、各项管理措施、平面布置等。现场经理及相关工程技术管理人员须每天到现场至少一次检查、指导、整改、落实施工组织方案的具体工作。

(2) 交底手续应表明时间、地点、交底人签字，保存记录并归档。现场施工作业过程的文件需按照规定执行。

工程施工组织设计发放范围及管理：

(1) 经批准后的单位工程施工组织设计由技术部门发放给项目、有关专业人员、专业施工队三份相同的施工组织设计文件，三方签收并承诺执行。

(2) 项目资料员收到技术部门发来的施工组织设计后，列表登记发放，发放范围为项目技术负责人、内业技术人员、资料员等。重大施工组织设计（方案）须报公司工程管理部参与审核并备案。

施工作业指导书的编制与管理：

(1) 施工作业指导书以施工难度较大、技术复杂的分部分项工程或新技术项目为对象编制的，是具体指导分部分项工程施工的技术文件。

(2) 施工作业指导书以单位工程施工组织设计中确定的施工方案和施工方法为编制依据，按不同的分部分项工程编制技术先进、管理科学和经济合理的施工方案和方法，是对施工组织设计的进一步细化。

（3）项目工程分部、分项工程作业指导书由项目技术负责人主持编制，项目有关的专业技术人员以及有关管理人员参加编制。

9.5　国际工程承包项目现场制度管理

项目现场制度管理是项目管理的基础体制，是项目经理在公司管理制度基础上确定项目运营的基本原则。项目管理制度须严格依照项目经理部隶属的工程承包公司管理制度体系拟制，结合项目所在国的法律法规及强制规定建立健全项目管理制度。项目管理制度由项目经理部组织拟制，报公司工程管理部备案，经工程承包公司主管领导批准后予以实施。项目管理制度与公司管理制度发生冲突或不一致的规定，须以公司管理制度为准。项目管理制度是公司管理制度所涵盖的内容，而不是超越公司管理制度的延伸。项目管理制度中依据所在国的法律法规及强制标准所做出的特殊规定，须得到公司批准后方可纳入项目管理制度中执行。项目管理制度中须包括人事、财务、差旅、出勤、合同、技术、设计、车辆、食堂、宿舍、采购、工程、设备、材料、运输、文档、会议、外事、安全、HSE、健康、应急、劳务等基本管理制度。项目管理制度须汇编成册，定期完善、补充、修订，达到项目人员尽人皆知，人人遵守执行的工作要求。

项目现场标识、工服、安保等管理包括：

（1）国际工程承包公司基本属于国际化的集团公司，公司标识也是公司全体付出艰辛努力奋斗打造的世界品牌，代表着公司经营管理的卓越理念，也代表着公司的成功形象和商业信誉。因此，公司的标识及旗帜是公司的形象代表，规范使用公司的标识及旗帜是国际工程管理标准化、国际化、制度化的工作体现。

（2）公司标识及旗帜应在项目现场的办公区、作业区、作业车辆、会议纪要、工作文件等规范使用。

（3）公司的标识及旗帜须严格依照公司的样板尺寸、标准基色等进行同比例的放大与缩小，不得随意改变。

（4）公司标识及旗帜的悬挂、张贴、印制及使用等，位置、大小、高度、空间等均须严谨规范。

（5）国际工程承包项目经理部的劳保工服、鞋帽、眼镜、手套、口罩等劳保用品须严格依照国家标准及项目所在国标准订制，工服须符合项目所在国、所在地理位置的气候条件、项目工程专业特性等要求。

（6）国际工程承包项目经理部劳保工服的款式须满足作业动作要求，须有明显的标志；工服材质须有夜间作业需要的反光布、阻燃、斥水等基本特性；公司工服的颜色须符合作业地区、作业项目专业要求的醒目色彩，符合 HSE 的规范要求。

（7）国际工程承包项目经理部劳保用品的订制、购买、库管、发放等均须严格依照公司及项目的有关规定办理。

（8）国际工程承包项目经理部项目所在地办公、食宿、仓储、施工等区域的安保须符合项目所在国家的安防要求，符合公司及国家外派劳务及国际工程承包项目的安保规范要求，符合项目所在地区的安保特殊要求。

（9）国际工程承包项目经理部项目的安保采用属地化、本土化的原则，取得项目业主方的协助，结合项目 HSE 的安保规范，组成中外结合的安防管理组织与体系。

（10）国际工程承包项目经理部为维持项目正常的工作秩序，确保项目人员和财产安全，须制项目现场安保制度。

（11）国际工程承包项目经理部安保制度须适用于项目区域内的安全保卫及工程管理及劳务人员的往来管理工作。

（12）国际工程承包项目经理部安全保卫工作由项目部综合管理部归口管理，项目自设安保人员或委托保安项目进行行政区域内的安保工作。

（13）国际工程承包项目经理部安保人员负责项目界区所有人员、物资的出入管理和项目行政区域内的安全监督管理，保障项目财产及员工的人身安全，保障公司正常的工作秩序。因二作失职给项目造成损失按照合同追究保安公司或当班安保人员责任。

（14）国际工程承包项目经理部员工出入厂区，应佩戴胸卡（出入证），对于未佩戴胸卡人员，保安人员有权拒绝出入。

（15）国际工程承包项目经理部工程管理车辆应登记备案检查后方可进出项目现场。

（16）国际工程承包项目经理部项目现场车辆拉运物资出门时，必须出示物资出门证明或出库单，出门证明由该部门主管出具，出库单由物资采供部出具，凭上述单据查验无误后登记放行。

（17）国际工程承包项目经理部现场外来人员进入项目，一律履行登记手续，填写单位、姓名、事由、造访部门和人员，必要时应电话联系，会见后由接待人员签名方可出门。

（18）国际工程承包项目经理部现场外来人员约见项目领导的，保安人员在征得领导同意后方可办理进入手续。

（19）国际工程承包项目经理部现场有上级领导来访或领导安排需要接待的重要客人，保安人员和大厅接待员应陪同引导至领导办公室，领导不在时应在接待室安排等待，由综合管理部负责临时接待。

（20）与国际工程承包项目经理部享有并保持长期业务关系或需要经常出入项目的外部车辆须办理临时通行证。临时通行证应定期更换，并将车主车牌信息在综合管理部备案，在保安室留存。

（21）国际工程承包项目经理部保安人员应对项目现场及办公区、住宿区、仓储区、停车场重点区域等进行定时巡逻，每小时最少一次，确保其安全。

（22）国际工程承包项目经理部保安人员在厂区及周边进行巡查时，应及时清除发现的易燃易爆物品，及时排除一切安全隐患并做好相关记录。

（23）国际工程承包项目经理部如有下列情况，保安应及时处理，并报告上级部门：在项目现场区域聚众闹事、打架斗殴、酗酒、赌博、吸毒等。擅自处理、搬移、损毁、盗窃、破坏项目财物及公共设施者。私自启动或关闭厂区、宿舍或公共场所用电设施或其他机器设备的。

（24）国际工程承包项目经理部保安有权对下述情况预先处置而后通报：在厂区内乱写乱贴标语，涂改、撕毁项目通知、通告或其他有效文件的；乱扔乱倒垃圾、杂物，破坏、玷污环境卫生的行为；巡查过程中发现路灯、门窗、封条等有缺损的；外方人员聚众闹事、造访领导或干扰项目正常工作秩序的。保安人员应有效阻止影响正常工作生活秩序和安全生产的其他行为并立即向综合管理部门报告。

9.6 国际工程承包项目经理部项目现场车辆、食堂等管理

国际工程承包项目部须建立健全现场车辆使用管理制度，规范用车、控制用车成本，确保安全高效，制定车辆管理制度。车辆使用原则、程序及要求为：

（1）国际工程承包项目部现场所有车辆统一由综合管理部归口管理，专人负责，统一调度。

（2）国际工程承包项目部公务、对外接待用车须由项目部综合管理部事先安排，现场经理批准。各部门工作用车，须按规定填写“派车单”按管理工作程序安排使用车辆。综合管理部统一保留“派车单”备查。

（3）国际工程承包项目部及有关管理人员在非工作时间临时用车，须电话联系综合管理部提出申请，经批准后用车，事后办理用车手续。

（4）国际工程承包项目部及其各部门用车须合理规划行车路线，一车多乘，杜绝重复用车和不合理派车，不得随意要求驾驶员更改行车路线或公车私用。未按车辆管理工作程序用车，属于违规用车，一经发现将严肃查处。

（5）国际工程承包项目部车辆由专职驾驶员或取得场内驾驶执照的工作人员驾驶。未经批准，驾驶员不得私自将车辆交由他人驾驶，否则，一切后果由驾驶员承担。

（6）国际工程承包项目部车辆使用单位和驾驶员必须按规定保养车辆，保持车辆整洁，特殊情况致使车辆污损，用完后须及时清洗整理。用车结束后，驾驶员必须将车辆停放在项目部指定停车位置并归还钥匙。

（7）国际工程承包项目部车辆加油必须如实填写加油时里程、加油升数。“派车单”中有关车辆里程状态等记录须完整归档。

（8）国际工程承包项目部综合管理部须定期检查现场车辆的完备状况，按照车辆使用保养规定及时维护保养。定期检查考核驾驶人员用车情况，规范驾驶员工作。

（9）国际工程承包项目部工作用车及工程车辆须按照车辆保养规定按期保养维修，确保车辆的正常工作状态。项目部车辆维修保养须由项目部比价确定专业修理厂报项目经理批准。

（10）国际工程承包项目部车辆发生故障，驾驶员应及时报告，规范处理，不得随意处置。无法排除的故障须送修理厂维修，应在“派车单”内填写备注，简要描述车辆故障情况，报综合管理部视情况维修处理。

（11）国际工程承包项目部车辆需按照公司的制度纳入现场固定资产，按照公司的规定计算折旧等固定资产成本费用。未经公司批准不得随意处置，固定资产须按月度报公司财务部、审计部、工程管理部等相关部门备案。

（12）国际工程承包项目部现场工地范围内驾驶车辆须遵章守纪，安全驾驶，随身携带驾驶证照，严禁酒后驾车、超速行车、带故障出车等。如违反业主规定或违章驾驶，将追究驾驶人员的责任，且视情况轻重追究用车部门领导责任。

（13）国际工程承包项目部专职驾驶员须在规定的工作时间内全时在岗等候出车令，禁止在其他办公室串岗流动。

（14）国际工程承包项目部车辆出场前，驾驶人员要认真检查车辆，确保车辆性能完好。因故不能按时正常回场车辆，司机要及时向综合部报告。

9.7 国际工程承包项目现场食堂管理

国际工程承包项目部须按照食品安全法规及相关卫生标准加强食堂管理，保证现场食堂的工作质量和现场员工的生活质量。

国际工程承包项目部须按照国家有关卫生标准和合同管理标准管理和维护食堂相关设施、设备，保证其正常运转。

国际工程承包项目部须按照标准采购、加工、出售食堂各种生熟食物，保证各种食物的卫生防疫、数量、质量及价格。

国际工程承包项目部须严格执行储存间、操作间、就餐大厅区域划分的要求，一日三餐对餐厅内外进行保洁，对销售食品安全和就餐环境卫生承担直接责任。

国际工程承包项目部须定期编制、更换菜单和食谱，管理从业人员须按照规范操作程序、比照菜单要求对食品进行选择、烹饪、加工。

国际工程承包项目部须严禁销售剩菜、剩饭，按人按量烹调加工，避免缺少或多余等浪费状况。

国际工程承包项目部须做好食堂工作人员的各类培训和思想教育工作，不得与营区工作人员发生正面冲突。

国际工程承包项目部食堂管理员职责要求为：负责检查各食堂的进货渠道、操作程序和饭菜质量；督查食堂卫生和防疫工作，并对各种安全和卫生事故承担管理责任；征求营地工作人员对食堂经营管理的意见和建议，并不断督促改进；及时将所负责食堂的情况汇报给相关营区领导。

国际工程承包项目部食堂工作人员要求为：必须身穿工作服，佩戴工作帽、口罩，并用消毒水洗干净手后才能进行食品加工；禁止在厨房内吸烟；禁止留长指甲、涂指甲油。

国际工程承包项目部工作人员就餐要求为：项目人员须在指定食堂内就餐，凭卡就餐，以避免食堂管理混乱；食堂内，自觉排队，文明就餐；饭后应自觉将餐具放到食堂指定回收地点，不小心掉在地下的饭菜、垃圾应自觉拣起、擦拭，保持食堂内清洁；尽可能不将泥土或雪水带进大厅；节约食物，节约用水，按量打饭，杜绝浪费；饭前洗手，避免把地板弄湿弄脏。

国际工程承包项目部所有人员须严格遵守食堂个人、大厅、操作间的卫生，严格遵守食堂早、午、晚餐就餐时间的规定。加班、旅行到达或出发等特殊情况除外。

9.8 国际工程承包项目现场须建立健全宿舍及办公区管理制度

国际工程承包项目部须规范宿舍入住程序和办公区管理，明确管理使用要求，有效预防事故案件发生，切实保障员工人身和财物安全，落实并执行宿舍及办公区域管理规定。

国际工程承包项目部宿舍及办公区域使用原则、程序为：项目部现场的所有宿舍及办公区域分配统一由项目部现场综合管理部归口管理，专人负责，统一调配。

国际工程承包项目部人员到达现场后，由项目部现场综合管理部分配有关人员的登记，安排住宿房间，领取房间钥匙等。

国际工程承包项目部员工应服从调配，不得擅自变更宿舍。因工作需要确需调换宿舍的员工应向现场项目部综合管理部提出申请，经其审核后予以调整，严禁员工之间私自调换宿舍。

国际工程承包项目部宿舍的钥匙由现场项目部综合管理部统一分派，入住员工应妥善保管，不允许自行调换门锁。如遗失钥匙应及时报告，申请更换门锁，应缴纳门锁工本费。

国际工程承包项目部员工退换宿舍，应由现场项目部综合管理部人员检查确认无公共设施损坏后，员工交回房间钥匙及卧具等宿舍配置的公共物品。

国际工程承包项目部宿舍及办公区域内公共设施的维修应按规定报修。基本保修物品包括：宿舍内的灯具、门窗、玻璃、桌、床等；办公区内的桌子、暖气、灯具、门窗等。因使用不当或故意损坏公共设施，相关人员需等价赔偿。

国际工程承包项目部宿舍及办公区的管理人员须定期组织检查，入住单位的负责人应每月进行不少于两次的检查。对于出现的相关问题，管理人员及相关单位负责人要督促有关人员整改。

国际工程承包项目部宿舍及办公区域安全管理要求：宿舍和办公区域在无人期间要安排专门人员值班，确保无非法人员进入，避免盗窃事件发生。

国际工程承包项目部禁止在宿舍内及办公区域吸烟、酗酒、打麻将或进行其他方式的赌博活动，违者按严重违规行为处理。

国际工程承包项目部禁止触碰在宿舍和办公区域安装的监视器，违者按严重违规行为处理。

国际工程承包项目部禁止在宿舍和办公区域使用超过规定功率的发热器具，不得存放和使用燃气炉、煤油炉、煤炉、酒精炉等火险危险品；禁止在室内和公共场所焚烧废弃物，违者按违规处理，若引起严重后果则按相关法规处理。

国际工程承包项目部宿舍内不得私拉电线，严禁将宿舍内设置的插座插入接线板捆在床架、卧具等物品上使用；熄灯后严禁室内点燃蜡烛，违者按严重违规处理。

国际工程承包项目部员工应自觉爱护宿舍内的公共设施，宿舍内的物品摆放按照相关规定进行布置，宿舍和办公区域内不得随意乱钉钉子或悬挂物，不得乱涂、乱画、乱张贴，违者按违规行为处理。

国际工程承包项目部员工个人的贵重物品，现金要妥善保管，离开寝室前负责锁好门窗，切断电源，做好宿舍内的防火、防盗工作。

国际工程承包项目部所有成员须自觉遵守作息制度，按时起床、熄灯，维护公共秩序，保持宿舍区安静，不得大声喧哗或进行影响他人工作或休息的活动。

国际工程承包项目部有权制定项目现场有关违反办公、宿舍管理规定的法则，根据具体违规问题的轻重，分别给予批评、教育、警告、罚款，严重者将解除聘用。

9.9　国际工程承包项目部工作人员劳动保护用品管理

国际工程承包项目部须标准化使用劳动保护用品，保证项目部员工、员工在工作（生产）劳动中的安全与身体健康，符合 HSE 管理体系规定，使劳动保护用品的发放与使用标准化、制度化、规范化。

国际工程承包项目部劳动保护用品发放与使用的原则为：劳动保护用品的发放与使用必须贯彻“安全第一、预防为主、以人为本”的管理方针，切实将劳动保护用品的发放与使用达到保护劳动者安全、健康、环境的作用目的。

国际工程承包项目部员工领用的劳动保护用品须依照本人的岗位、工种、专业要求进行，不得多领、冒领、送与他人或变卖。

国际工程承包项目部的劳动保护用品不是生活福利待遇，须按规定标准以实物形式发放给有关员工；不得以货币形式或其他替代物品发放，更不得以发放劳动保护用品的名义谋取其他福利待遇。

国际工程承包项目部须达到 HES 规范的劳动防护、预防工伤事故及职业病等要求，定期或不定期检查工作时间未使用相应规定劳动保护用品的情况，并按违章规定进行通报、批评及处罚。

国际工程承包项目部因特殊工作任务、抢险救灾等工作需要临时发放的劳动保护用品，事后可经公司领导批准核销。

9.10 国际工程承包项目现场开工、项目概况图、永久性标识建筑管理

国际工程承包项目部在项目开工阶段须落实如下工作：人力资源动员计划，包括管理人员、技术人员、劳务人员；护照、签证、落地签证等相关工作；项目人员赴现场的路线、方式、批次等工作；现场临设组织建设计划与落实工作，包括水电暖等基本条件设施准备工作；施工机具进场计划，包括设备、材料运输方式及时间计划等工作；承包合同规定的施工范围、界区、开工日期及关键节点里程碑的组织准备与计划落实工作；项目所在国及所在地区的法规、物价、材料、劳力、风险等信息采集准备工作；项目施工计划、管理计划、开工批准文件等组织准备工作。

国际工程承包项目部在项目开工阶段须拟定 HSE 的基本管理内容： HSE 工程风险评估管理计划书，HSE 工程施工健康和安全计划书，HSE 工程安全管理计划书，HSE 工程环境管理计划书。

国际工程承包项目部在开工阶段应遵循的开工程序： 施工现场控制网测量，按照业主方批准、设计方提供的建筑总平面图及给定的永久性经纬坐标控制网和水准控制基桩，进行厂区施工测量，设置厂区的永久性经纬坐标桩及国际工程承包公司的永久性标识建筑，水准基桩和建立厂区工程测量控制网。

国际工程承包项目部落实的“三通一平”是指路通、水通、电通和平整场地。

（1）路通：施工现场的道路是组织物资运输的动脉。拟建工程开工前，必须按照施工总平面图的要求，修好施工现场的永久性道路。包括厂区铁路，厂区公路以及必要的临时性道路，形成完整畅通的运输网络，为建筑材料进场、堆放创造有利条件。

（2）水通：水是施工现场的生产和生活不可缺少的条件。拟建工程开工之前，必须按照施工总平面图的要求，接通施工用水和生活用水的管线，使其尽可能与永久性的给水系统结合起来，做好地面排水系统，为施工创造良好的环境。

（3）电通：电是施工现场的主要动力来源。拟建工程开工前，要按照施工组织设计的要求，接通电力和电讯设施，做好其他能源（如蒸汽、压缩空气）的供应，确保施工现场动力设备和通讯设备的正常运行。

（4）平整场地：按照建筑施工总平面图的要求，首先拆除场地上妨碍施工的建筑物或构筑物，然后根据建筑总平面图规定的标高和土方竖向设计图纸，进行挖（填）土方的工程量计算，确定平整场地的施工方案，进行平整场地的工作。

国际工程承包项目部须做好施工现场的补充勘探，对施工现场做补充勘探是为了进一步确定是否有枯井、空洞、古墓、地下管道、暗沟和隐蔽物，以便及时拟定处理隐蔽物的方案并实施，为基础工程施工创造有利条件。

国际工程承包项目部必要时须建造的临时设施：按照施工总平面图的布置，建造临时设施，为正式开工准备好生产、办公、生活、居住和储存等临时用房。

国际工程承包项目部现场施工需要安装、调试的施工机具：按照施工机具需要量计划，组织施工机具进场，根据施工总平面图将施工机具安置在规定的地点或仓库。对于固定的机具要进行就位、搭棚、接电源、保养和调试等工作。对所有施工机具都必须在开工之前进行检查和试运转。

国际工程承包项目部须做好建筑构（配）件、制品和材料的储存和堆放：按照建筑材料、构（配）件和制品的需要量计划组织进场，根据施工总平面图规定的地点和指定的方式进行储存和堆放。

国际工程承包项目部须及时提供建筑材料的试验申请计划：按照建筑材料的需要量计划，及时向业主及管理方提供建筑材料的试验申请计划并申请批准。如钢材的力学性能和化学成分等试验，混凝土或砂浆的配合比和强度等试验。

国际工程承包项目部须做好春夏秋冬不同季节的防雨、防雪、防冻、防热等季节施工安排。按照施工组织设计的要求，落实不同季节的施工临时设施和技术、施工组织方案。

国际工程承包项目部须积极进行新技术项目的试制和试验，按照设计图纸和施工组织设计的要求，得到业主和管理方批准，认真进行新技术项目及施工组织等方面的试行和试验。

9.11　国际工程项目 CI 工作管理

我国的国际工程承包项目基本上将项目的工装、安全帽、管理标识标志等 CI 工作进行了基本规范的配置。但是，由于缺乏统一的国际工程项目 CI 管理标准，项目 CI 工作普遍存在不规范、各自为政、花费不菲、CI 内容五花八门的现象，影响体现国际工程承包项目的企业品牌和国际形象。

CI 管理是国际工程承包项目核心管理的重要内容之一，推行国际工程项目 CI 管理标准化绝不是走过场的形式主义，其根本目的是要通过统一、规范、标准化的国际工程项目 CI 管理工作，明确国际工程承包项目 CI 管理的规范标准，提高工程项目管理规范化、制度化、标准化的管理水平，体现企业品牌应有的商誉，树立国际工程承包项目管理内外一致的国际形象。

因此，为达到国际工程承包项目管理规范化、制度化、国际化的 CI 工作标准，树立维护国际工程承包项目应有的企业形象，达到国际工程与国际工程管理水准接轨的工作目标，有必要全面推行国际工程承包项目 CI 管理标准化工作。

为提高国际工程承包项目 CI 管理规范化、制度化、国际化的工作标准，树立维护公司应有的企业形象，体现企业品牌应有的商誉，达到公司国际工程与国际水准接轨的工作目标，根据公司国际工程项目管理工作的发展要求，统一规范国际工程项目 CI 管理工作规定，明确公司工程项目 CI 管理的规范标准。

推行国际工程承包项目 CI 管理工作的目的：为了将中国国际工程几代人多年奋发拼搏创建的中国国际工程商业信誉进行规范的提升，把国际工程公司的经营理念和经营行为转化为国际合作印象和标识，在国际合作的国家及国际工程承包项目所在地区的社会公众心目中树立起良好的中国企业形象，取得其对中国国际承包工程更好的认同和支持。

CI 管理是由理念识别（MI）、行为识别（BI）、视觉识别（VI）进行规范化的系统集成。CI 管理有利于推动企业进一步拓展国际合作市场，有利于进一步提升企业整体统一的 CI 识别特征。

CI 管理有助于企业的各类宣传及公众媒体传播，将企业经营理念和经营行为传递给社会公众，让每一位从事国际工程承包项目的公司员工自觉贯彻落实公司的经营管理理念，在具体的工作中遵守公司统一规范的管理制度，形成国际工程承包项目企业经营管理与社会经济效益的双极统一，达到公司国际工程承包项目 CI 管理与公司持续发展同步的管理目标。

国际工程项目 CI 管理工作的范畴：CI 管理规定适用于国际工程承包项目，按照国际工程项目施工作业区、办公管理区、后勤生活区、仓储保障区等四大区域的功能划分，分别进行相应的 CI 管理。

国际工程项目 CI 管理内容基本分为**公司理念、企业标志、公司旗帜、永久标识、项目内容**等五大部分。公司理念、企业标志、公司旗帜三部分内容为公司统一规定的 CI 管理工作，须统一落实执行。永久标识、项目内容为各个不同项目的个性化 CI 管理工作，须遵循合同原则和业主合作落实完成。

国际工程项目 CI 公司管理理念包括：公司宗旨、企业精神、核心价值观、企业愿景、质量理念、员工座右铭、员工誓词。

国际工程承包项目 CI 标志管理规定：

（1）公司的标识（logo）必须在项目管理文件、项目现场工作牌、项目现场工作服及安全帽、现场管理办公室会议室、项目现场独立封闭的施工作业区域出入口、项目现场工程管理车辆、项目现场中方人员生活区出入口、项目现场办公区出入口等进行标准化应用。

（2）公司的标识（logo）标准必须确定：国际工程承包项目应用的公司旗帜 CI 管理规定：由于公司旗帜的标准尺寸和企业旗帜的标准尺寸法律上没有做出明确的规定，同时悬挂国旗和公司旗帜时，公司旗帜的标号应小于国旗的标号，悬挂高度不要高于国旗；单独悬挂或使用公司旗帜，具体标号尺寸不做强制规定。

（3）公司旗帜的标准尺寸及标号可以按照国旗的标准尺寸标号来制作。国旗的标准尺寸标号有五种：一号旗：1920mm × 2880mm，二号旗：1600mm × 2400mm，三号旗：1280mm×1920mm，四号旗：960mm×1440mm，五号旗：640mm×960mm。

公司旗帜的旗杆标准为：7~9m 的旗杆可以用 4 号旗，9~12m 的旗杆可以用 3 号旗和 4 号旗两种，10~15m 的可以用 3 号旗和 2 号旗。

（4）国际工程项目 CI 公司永久标识规定：公司的永久性标识须采用公司的标识（Logo），文字部分采用公司的中文名称全称和公司的大写英文名称全称。公司的中英文标准名称必须确定。

（5）公司的永久性标识制作材质及方法为：采用防锈、防晒、耐久、坚固的铜板激光雕刻或铜牌浇铸的方式制作公司永久性标识；采用焊接或镶嵌的方法将公司永久性标识牌固定在项目最醒目的建筑物上。

（6）公司的永久性标识喷涂必须采用公司标识的标准同比放大或缩小。征得业主方的同意，可将公司标识喷涂在项目最高大的建筑物醒目之处。

国际工程项目 CI 管理公司标识制作及应用规定：国际工程项目 CI 管理标识本着规范标准、统一规划、节约成本、经久耐用、工地取材、制作方便、布局合理的基本原则落实相关工作。

具体规定如下：

（1）国际工程项目 CI 室内宣传板、工作版、牌、表采用（GBT 17656—2008 混凝土模板用胶合板）长宽尺寸为 1220mm×2440mm，厚度为 16～20mm 的标准建筑用木模板，将建筑木模板一分为二，制作成长宽尺寸为 1220mm×1220mm，厚度为 16～20mm 的版型。

（2）国际工程项目 CI 室外宣传板、管理公示牌的具体尺寸和材质不做强制性规定。但是，室外宣传板及管理牌须满足防水、防锈、牢固、耐用的要求。

（3）国际工程项目 CI 室外宣传板、管理公示牌的基本分类：施工作业区宣传板、管理公示牌，办公管理区宣传板、管理公示牌，生活区宣传板、管理公示牌，仓储保障区宣传板、管理公示牌。

（4）国际工程项目施工作业区 CI 宣传板及管理公示牌主要内容：作业区平面布置图、作业区管理网络图、作业区安全警示图例、作业区重要提示等。

（5）施工作业区进口 CI 工作：进口竖立或悬挂标识（logo），竖立施工作业区简介，竖立施工作业区安全、运输、施工等禁止项目警示牌。

（6）施工作业区出口 CI 工作：出口竖立或悬挂标识（logo），竖立禁止从施工作业区私自带出物品警示牌。

（7）施工作业区办公 CI 工作：施工作业区劳动保护标准图示，施工作业区作息时间表，施工作业区值班表，施工作业区紧急救护提示，施工作业区 HSE 规定等。

（8）国际工程项目办公管理区宣传板、管理公示牌主要内容：公司理念基本内容宣传牌、项目简要说明、项目平面图、项目鸟瞰图、项目经理部组织结构图、项目进度图表、项目经理及主要部门人员办公室号码及电话号码等。

（9）国际工程项目生活区宣传板、管理牌主要内容：食堂卫生管理标准、食堂用餐规定、宿舍卫生管理标准、宿舍消防避险逃生管理标准、生活用电通讯管理规定等。

（10）国际工程仓储保障区宣传板、管理牌主要内容：仓储区域平面布置图、仓储区域防火消防管理规定、仓储区域车辆进出及作业管理规定、生活用品及油料仓储管理规定、项目现场车辆管理规定等。

（11）国际工程项目 CI 管理工作规定：为不断提高公司的经营管理标准，落实公司管理经营理念，宣传公司的国际商誉和 CI 形象，提高公司的凝聚力和竞争力，公司及所属国际工程承包项目均须执行CI管理工作规定。

公司国际工程项目CI管理委员会组织管理：

（1）公司国际工程项目CI管理委员会主任委员：公司总经理。

（2）公司国际工程项目CI管理委员会委员：公司党委书记、公司副总经理、财务总监、公司纪委书记、总经理助理。

公司国际工程项目CI管理委员会职能：

（1）公司国际工程项目CI管理文件的审核、批准。

（2）公司国际工程项目CI管理工作的督导与检查。

（3）公司国际工程项目CI管理工作的奖励与惩罚决定等。

公司国际工程项目CI管理委员会下设办公室，负责公司国际工程承包项目的日常CI管理工作，具体职责如下：

（1）制定、完善、修订有关公司的国际工程项目CI管理制度。

（2）组织管理、检查、考核公司国际工程项目CI管理工作。

（3）定期向公司国际工程CI管理委员会提交管理工作报告。

（4）执行落实公司国际工程项目CI管理委员会交办的其他有关工作。

公司国际工程项目CI是工程项目管理工作的重要内容之一，制定《国际工程项目CI管理工作暂行规定》并要求公司各个国际工程项目落实执行，绝不是走过场的形式主义，根本目的是要通过统一规范国际工程项目CI管理工作，明确公司工程项目CI管理的规范标准，提高工程项目管理规范化、制度化、标准化的管理水平，体现企业品牌应有的商誉，树立公司国际工程项目管理标准形象。

9.12 国际工程承包项目现场设备仓储、保管、运输及设备移交管理

国际二程承包项目部设备移交管理办法须参照与业主方签订的合同规定相关条款的规定编制。国际工程承包项目部应成立专门的设施设备仓储、保管、运输及设备移交工作小组来完成设备的管理工作。国际工程承包项目部在进行设备仓储、保管、运输及移交时，工程项目甲乙方代表及设备管理人员须仔细检查设备的有关状况，保证设备处于良好状况。

国际工程承包项目部在做好设备检查管理的同时，项目部有关代表还应仔细查验业主方及设备采购、供货方提交的所有相关文件，包括：

（1）设施设备的发票。

（2）设备的执照、运行及维护手册。

（3）设备的维修手册。

（4）原产地证明。

（5）保险单。

（6）详细的产品图纸、技术参数表、安装图纸文件等。

国际工程承包项目部在确保设备处于良好的工作状态，并且相关的文件完整真实的情况下，设备管理人员可将设备交给下一个工作程序方，双方代表应签署“设备交接单”，作为设备转移进入下一道工作程序的书面文件。若待交接的设备不能工作或明显处于较差状况，或者相关主要文件不完整清楚，有关代表应拒绝签署“设备交接单”，并与上一道

工作程序的有关代表协商解决相关问题。

国际工程承包项目部设备交接后，项目部设备管理部应及时对有关设备录入设备台账的相关状态阶段，与国内初始的设备台账衔接对应，完成项目现场的设备台账，以其成为最终的竣工文件之一。

9.13　国际工程承包项目现场土建及辅助工程管理

国际工程承包项目部的施工组织设计及施工方案：单位子项工程施工组织设计，脚手架工程方案，施工临时用电方案，土方开挖方案，基坑支护方案，模板支护方案，起重吊装作业方案，塔吊、装拆卸方案，物料提升机装拆卸方案，桩基或基础施工方案，大体积砼施工方案，防高处坠落方案，临时设施搭设方案，其他分阶段、分专业施工方案，应急救援预案，消防专项方案，重大隐患排查方案，项目总体施工安装组织方案。

国际工程承包项目部的项目隐蔽工程、交叉工程、恢复工程、返工、事故工程管理：

（1）针对项目隐蔽工程、交叉工程、恢复工程、返工、事故工程，建立“三检”制度。隐蔽工程和交叉工程须遵循先大后小、先深后浅、先繁后简、先难后易、先重后轻的基本原则进行作业施工。在相关方面的每道施工作业工序完成后，首先由作业班组提出自检、再由工区主管工程师组织有关施工人员、质检员、技术员进行互检和交接检，然后请监理方、管理方、业主方检验认可，签字确认相关施工文件，再进入下一道施工作业程序。隐蔽工程须在“三检制”的基础上，经甲乙项目经理部及监理工程师审核并签证认可；同时做好隐蔽工程验收质量记录和签字工作，并归档保存。

（2）针对恢复工程、返工、事故工程，须建立“三级”检查制度。项目现场质量、技术、设计、管理部门须及时联合办公，及时对项目工程质量问题涉及的恢复工程、返工、事故工程进行联检。合格后签字确认相关工程销项。严格执行有关规范和标准，对在检查中发现的不合格项，提出不合格报告，限期纠正，并进行限期内的跟踪验证，直到达标为止。

（3）严格按照合同规定的质量管理、质量程序、技术管理文件以及有关工程竣工验收备案的规定要求，对各项隐蔽工程、交叉工程、恢复工程、返工、事故工程进行检查、验收记录，保证施工日志，工程验收记录，分项、分部工程质量评定记录等施工管理文件、资料齐全、真实可靠，成为竣工文件之一。

（4）建立严格的奖罚制度。在施工前和施工过程中，项目经理组织有关人员，制定符合本工程施工的详细的规章制度和奖罚措施，尤其是保证工程质量与管理的奖罚措施。对施工质量及管理结果优秀的人员进行重奖，对违章施工造成隐蔽工程、交叉工程、恢复工程、返工、事故工程质量事故或管理过失的人员进行重罚，杜绝类似情况的重复发生。

国际工程承包项目部项目现场安装、材料、废料管理：

（1）项目现场消耗材料管理包括：钢筋、木方、模板、水泥、砂石、型材、板材、管材等，材料进场后须经过技术部门或质检员取样送检，合格后方可使用。

（2）如施工方因配筋错误造成钢筋的浪费、剩余等损失，不论再次利用率多少，由施工方全部负责，项目经理部不再结付或承担额外产生的费用或材料。具体计算金额：损失数量×采购单价×(1+2.5%)。

(3) 严格控制管理现场钢筋加工制作及使用情况，安排工程管理人员跟踪检查，发现下料错误或重复加工时及时进行记录及处理。

(4) 加工下料时合理扣除钢筋伸长率弯曲值，保证加工尺寸准确，合理节约钢筋。另外做到物尽其用，合理利用短料、废料，如垫铁马凳、过梁、构造柱要充分利用短料加工，最大限度地减少材料损耗，降低材料消耗成本。

(5) 如施工现场发现有不合理使用管材、板材、型材、木方、模板、水泥、砂石等材料的现象，每次给予施工方损失价值金额等值的罚款，计入其工程款中扣除。

(6) 现场施工产生的钢材、木材、水泥砂石废料须由项目部代表公司集中处理，任何施工方不得擅自处理。否则，按照材料价值金额的三倍在其工程款中扣除。

(7) 钢材、木材、水泥砂石的存放须严格依照工程管理标准执行，分区域堆放整齐，确保其质量和安全。

(8) 项目现场工程施工使用的周转材料钢管、扣件、钢支撑、钢模版、脚手板等管理。根据工程管理施工预算，施工方购买使用的周转材料数量应为其正常使用数量减去正常损耗量：钢管的损耗率为1%，扣件的损耗率为2%，钢支撑、钢模版的损耗率为1%，脚手板的损耗率为2%。

(9) 超出正常损耗量，公司及项目部不再结付额外追加的费用或补充供应量。具体超出的损耗量由施工方负责承担相关费用或自行补充。

国际工程承包项目现场吊装等设备租赁管理：

(1) 国际工程承包项目部须规范项目施工吊装等机械设备租赁行为，加强机械设备租赁及其计量管理工作，明确各环节中责任人的职责、权利和义务，确保机械租赁可控有序。

(2) 国际工程承包项目部吊装等机械设备租赁须遵循先内后外的原则，以内部调配为主、市场租赁为辅，防止盲目租用增大成本或造成本公司机械的闲置。

(3) 国际工程承包项目部在工程开工前和开工后分阶段将工程需用机械设备使用计划，以文字形式报公司、事业部，以便进行设备租赁管理的内外部调配、计划、核准及备案。上报的内容包括：机械的名称、规格、数量、使用范围、工作时间、工作地点、预算台班等。

国际工程承包项目部机械设备的租入管理：各事业部及项目部在租用超大型、费用额度超过百万元的设备时，按照规定填写“机械租赁审批表”报请公司工程管理部、财务部、设计部审核，事业部及项目部外租机械（大型机械）单台使用期限超过半年的必须实行公开招标。对租赁的机械应及时签订租赁合同，并上报公司审核加盖审核章。

(1) 租入机械尽量实行工程任务包干形式使用，如果工程量不饱和可采用台班计量或月租方式，并限定最低工作时间，尽量降低超时单价的补偿，防止设备租用成本的浪费。项目部设备管理部门必须每天将租用设备的使用情况及油耗情况进行统计分析，及时填写“设备工作单”。

（2）对租入的设备要加强计量签认管理。计量签认原则上由项目部设备物资管理部门使用工程结算单格式，按工程结算程序逐月进行结算。结算外后转交计划合同部进行计价。

（3）计量签认的内容包括：设备名称、型号、日期、工作内容、工作起始时间、工作台时及驾驶人员和使用人员签字等。

（4）对租入设备的油料添加需有出租方授权人员的签认。项目部设备物资管理部门需每月结合计量签认汇总租入设备的油料消耗，如发现油料超耗应查明原因，并采取相应措施。

（5）项目设备部门要建立完善"设备租赁台账"，对项目外租设备坚持每月经济分析，做到有问题早发现、早处理，力争使外租设备做到经济、合理、高效。

国际工程承包项目部租入吊装等机械设备的使用管理：租入吊装等机械设备的使用、调度由生产副经理或现场调度统一安排，特殊情况下若需要使用施工设备，需告知现场经理。

（1）使用吊装等机械设备单位每天要对设备的使用情况按规定及时予以签认。

（2）吊装等机械设备操作人员应及时把签认的"设备工作单"交到项目部物资设备部，以便于汇总统计及时填写"设备使用情况统计表"。

（3）填写"设备使用情况汇总分析表"是为了每月对租入的机械设备使用情况做出统计分析，以便掌握每台租入机械的适用性（是否存在以大代小）、机况、油耗、出勤率、工作态度等作出评价，提供机械成本支出分析依据，并以此决定是否续租。

（4）"设备使用情况统汇分析表"由设备工程师汇总填写，每月月底呈报物资设备部长、现场经理、项目经理及公司工程管理部备案。

国际工程承包项目部机械设备的出租管理：没有形成建制单位的项目自购设备或项目工程完工的闲置设备应及时纳入公司固定资产台账，在征得公司工程管理部核准并报事业部相关主管领导同意后，可对项目分包商进行设备出租。

（1）出租设备为合同管理，没有形成建制的设备管理权由公司代管，其余设备资产所有权、管理权及操作人员隶属关系不变。

（2）设备租赁前必须按隶属关系进行经济评估，大型设备、专用设备报公司工程管理部备案。

（3）租赁费标准参照所在地区的实际情况随行就市确定。

（4）根据设备预计退场时间，设备单位要提前一个月上报闲置情况。大型主要施工设备预计闲置两个月以上作为上报条件，上报的设备技术状况必须符合完好标准、操作人员配套齐全。

（5）出租的大型设备在出租期间的维修保养工作由设备所在单位负责，设备单位建立设备保养维修台账。

（6）出租期间司机及操作人员的工资原则上在合同上指定租用单位在租赁费以外核定发放，附加及社会保险费用从租赁费中计发，司机及操作人员的其他时间工资附加及社会保险费用按公司有关规定实施。

（7）出租设备原则上应要求租赁方先付预付款，出租设备所得款项必须记入单位财务账目，列入成本管理。

国际工程承包项目部现场设备租赁管理奖罚措施：出租吊装等大型设备同样纳入公司每半年的设备管理与工程管理的综合检查评比，对设备管理综合评比优秀的项目部、先进个人纳入公司年终表彰。

国际工程承包项目部对因吊装等大型设备操作使用不当造成损坏、缺乏维修保养的司机及操作人员一律调离工作岗位，并视情节进行处罚。对有关大型吊装等租赁设备管理不善，除责令限期改正外，对项目部负责人追究相关责任，视情节轻重，报公司给予行政或经济处罚。

国际工程承包项目部须根据项目工程的具体情况制定有关管理工作表格，纳入现场管理工作体系。具体表格为：设备租赁审批表、设备工作单、设备使用情况统计表、外租设备台账。

9.14 国际工程承包项目现场调试、测试、试车、联调管理

国际工程承包项目部现场调试、测试、试车、联调均需具备相关工程、工艺、设计、标准、材料、工具、人员、应急等具体方案，在此基础上方可组织上述工作。

国际工程承包项目工程不仅系统复杂、技术难度较高、工艺复杂，而且设备调试、测试、试车、联调时还可能发生设备事故，因此，必须有严格的组织，完备的方案，具备资质、资格、经验的单位和人员及切实可靠的安全措施。

国际工程承包项目部现场安装调试可以分为无负荷试车和负荷试车两个阶段，这两个阶段又可以分为若干个分阶段（步骤），每个分阶段给出如下五个方面的要求和说明：

（1）进入条件。说明本调试分阶段开始前准备工作和进入条件的要求。

（2）步骤和方法。本调试分阶段的调试步骤和调试方法的说明。

（3）检查项目。本调试分阶段调试项目和调试结果检查列表。

（4）不正常情况的处理。调试中可能出现的异常情况的处理方法。

（5）阶段完成的确认。本分阶段调试完成的确认条件，也是下一步调试分阶段的进入条件的确认。

国际工程承包项目部现场机电安装无负荷试车管理：

（1）自动化控制系统设备的安装和软、硬件检查。按照自动化设备制造商提供的安装说明书或在制造商技术人员的指导下，安装自动化设备，并进行各装置的软、硬件检查，这些检查仅限于装置本身，包括网络通讯装置。

（2）接口信号测试。在自动化设备安装完毕，与现场设备连接的电缆敷设完成，现场设备如控制台、传感器、仪表、传动装置的控制部分可以送电使用时，可以进行接口信号测试，主要测试基础自动化系统与现场的I/O信号。

（3）静态测试用以测试信号的状态和模拟量I/O信号的标定。动态测试用以测试信号的波形和频率，如脉冲计数输入信号。此外，网络交换信息和图形显示、功能键操作也要进行测试，以检验其正确性。

（4）在进行接口信号测试时，一般需要编制一些简单的测试程序，以检查测试结果或强制某些信号的状态，产生需要的测试条件和测试基础数据。

（5）过程自动化接口信号测试主要是网络交换信号的测试。

国际工程承包项目部现场单体试车是指单台工艺设备的试车：一台工艺设备可能由一台或几台自动化装置控制；一台自动化控制装置也可能参与几台工艺设备的控制。因此，须按下述步骤进行：

（1）辅助调试阶段。本阶段以传动装置、液压装置、润滑、气动、冷却装置调试为主，自动化系统调试人员作为辅助人员参与这些装置的调试。调试的目的是使基础人机控制单元、自动化装置单元及其控制程序能正确地启、停、运转这些设备，并检查可能的保护动作和报警信号的有效性。

（2）手动方式下被控设备的基本动作和性能检查。在该阶段选择手动方式，启、停、运转被控设备，检查设备运转是否正常、传感器和检测仪表的实测值是否正确、速度或位置值的检测和精度校验等，以及用作保护的极限开关、报警信号。调试中某些信号需要由软件强制。这个阶段调试完成的是手动功能。

（3）控制装置的自动控制功能联机调试。在手动方式下，工艺设备基本动作和性能检查通过后，进行自动控制功能联机调试。在一台工艺设备由几台控制装置共同控制时，在本阶段仅调试主控装置，其他辅助控制信号可以软件强制，按照各个控制功能的启动条件，形成操作和动作序列，逐个联机调试每个自动控制功能，检查设备动作的正确性，检验控制精度。在 HMI 显示屏上检查各种状态信号，设定和实测数据值，如果不正确，检查程序和工艺设备，重新测试。在正常动作序列检查通过后，还应检查极限运行状态和报警状态。

（4）单台设备控制功能的联合（综合或集成）联调。本阶段调试内容和方法同上一阶段一样，差别仅在于这个阶段参与某台轧线设备检测控制的所用控制装置都同时联调，所有现场 I/O 信号、控制装置间的直接 I/O 信号和网络交换信号都是系统产生的，而不再需要用软件强制。这个阶段调试通过之后，对单台轧线设备基础自动化的功能测试全部结束后，单体试车的任务至此完成。

9.15 国际工程承包项目现场无负荷联动试车管理

国际工程承包项目现场无负荷联动试车可分为三阶段：区域联动、基础自动化和过程自动化联调、全线无负荷试车。

（1）国际工程承包项目现场区域联动。按照工艺和生产流程的要求，将设备及其控制装置分成若干区域，检查其动作的协调和控制功能的正确性。每个区域的联调也可以从一台中心设备开始，逐步增加联动设备，扩展到整个区域的全部装置，以及前后区域的交换信息、动作连锁的检查。

（2）国际工程承包项目现场基础自动化级和过程自动化级联调。在这个阶段以前的调试中，过程计算机是单独调试的，可以在 L2 级模拟下，对过程计算机系统进行严格的测试，并通过变形抗力试验等手段，获取业主工厂来料的一些机械和理化特征。区域联调完成后，基础自动化无负荷调试已经基本完成，L1 与 L2 级之间的联调，主要是网络信号检查、过程计算机功能插入等。

（3）国际工程承包项目现场全线无负荷试车。全线无负荷试车在 L0（检测驱动级）模拟下进行，在过程计算机中准备模拟文件，提供模拟原始数据，编制模拟文本，产生正常的一些模拟信号，如HMD的状态和生产等信号。启动L0级模拟，过程计算机计算出的规程数据通过网络传输到基础自动化级，基础自动化级执行机构按照过程计算机的设定值运转。这时的设备实测值在HMI上显示，并且通过网络传送到过程计算机的相应数据区，整个系统在两级自动化装置控制下正常运转，标志无负荷试车结束。

9.16 国际工程承包项目现场负荷试车管理

国际工程承包项目现场负荷试车是安装调试的最后阶段，许多控制环节诸如AGC、过程计算机的自学习功能，只有在负荷试车阶段才能进行性能测试。通过负荷试车，调整各种参数，完成人工干预，必要时可修改软件，全程人工监控，才能达到所要求的精度指标。

国际工程承包项目现场负荷联调试车过程中，不断调整指标参数和控制周期，逐步提高产成品的质量，获得合格达标的产成品。这个阶段所选择的物料和规格须依照设计方案和试车方案进行，除了初步确定一些工艺和控制参数外，将进一步解决原料、电力、功耗、产能、机械、液压、电气、自控等有色金属工艺设备和自动化装置中存在的所有必要及关键问题，目标达到后期进行验收测试，对设备、自控、性能和承包工程的全面技术指标等进行验收考核。

9.17 国际工程承包项目现场验收管理

国际工程承包项目现场按照合同规定，注明验收的代表方必须经其隶属的国际工程承包公司工程管理部、质环部、建设单位、施工单位、项目分包工程经理部、监理单位、设计单位、业主方代表、项目管理方代表、地勘单位等有关部门的管理负责人参加，按照验收组织方案及工作程序、专业内容、工作职责等分工协作，共同完成。

国际工程承包项目现场经授权或未列明验收的工程内容，须由项目部自行组织现场监理和项目施工技术负责人、项目经理、施工员、质安员、资料员、班组长等人验收。记录在案并报有关部门核准备案。

9.18 国际工程承包项目现场工程款支付流程管理

付款凭证：付款凭证须根据合同规定的比例及额度严格依照现场施工完成的施工量计付。付款凭证须严格按照财务要求提交齐全。票据单证应包括正式的发票及明细、经承包公司施工管理工程师签字确认的施工单、经项目现场经理签字批准的附有业主方签字确认的施工量核算表。

付款明细：施工管理工程师复核单据付款明细，核对无误后报现场经理审核批准。若单据中涉及不予支付的明细，或予以扣除的罚款等，则将有关票据退回并说明拒付理由，提出票据修改要求，审核无误之后报总部。

付款核准：总部付款管理人员收到上述单据凭证之后，填写付款申请表，请现场经理、项目经理和主管副总经理及总经理签署批准意见，提交给公司财务部付款。

付款申请表样本如下。

________公司________项目

付款申请表

付款内容：××××分包商××××工程施工费（注明施工费用的合同号码、款项明细，支付比例、额度、附工程验收文件等）
付款金额：
应付款总额：
付款比例（严格按照合同规定的比例与分项计费方法取费）：
付款依据（提交由现场施工管理工程师和现场经理签字确认的施工单及施工量核算表）：
施工量（严格参照现场核准的施工量核算表）：
设备卸货至现场状况（填写完好或破损，核定损失金额等）：
破损设备名称及其供货商名称：
现场经理签字：　　　　　　　　　　项目部经理签字：
日期：
经办人：
公司总部总会计师签字：
公司总部主管领导签字：

10 国际工程承包项目采购管理

国际工程承包项目采购管理是指按照合同要求为满足国际工程承包项目建设需要所进行的一切项目采购管理活动。国际工程承包项目大多属于大规模工程建设项目，项目设备材料采购及管理在国际工程承包项目管理工作中占比居首，对承包项目管理成败起着至关重要的作用，也是工程承包项目管理成败的关键。因此，认真做好国际工程承包项目采购管理是承包工程管理的首要任务，必须依法合规做好项目全过程的采购管理工作。

10.1 国际工程承包项目采购管理原则

国际工程承包项目须根据《中华人民共和国招标投标法》及项目合同要求的规范开展具体的招标采购管理工作，建立承包项目采购管理程序，满足项目管理过程的资源配置需求，使招标采购管理工作制度化、规范化、标准化、国际化，实现项目采购管理资源的优化配置，提高国际工程承包项目整体管理水平和经济效益。

国际工程承包项目依照合同开展公开、公平、公正、诚实、守信的项目采购管理工作，以技术水平、管理水平、社会信誉和合理价格等要素条件开展采购招投标竞争。除了项目业主方与承包方协商指定的供应商或分包商之外，不对国别、地区、企业等投标方做出限制。

国际工程承包项目根据合同开展的招投标管理是针对招投标双方当事人依法进行的经济活动实施管理，其招投标工作及成果受合同及国家法律约束和保护。项目采购需要规定国际工程承包项目的招投标要求、建造建设、运输交付、检验验收、仓储报关、建筑安装等具体要求。项目采购管理须执行项目全程管理，确保采购设备材料的质量、交货进度等关键指标与进度的目标实现，满足国际工程承包合同规定的各项采购管理要求。

10.2 国际工程承包项目采购管理细则

国际工程承包项目经理部是工程项目招标采购工作的主责部门，在项目合同规定的前提下接受其隶属公司招标采购工作的业务指导，开展项目采购管理工作。制订项目采购工作管理制度和管理工作程序，按照规范标准的管理工作程序实施项目采购工作。

国际工程承包项目须采用项目采购的标准文件和规范性文本，采用项目招标采购的标准规范合同文本，按照项目招标采购工作流程落实项目招标采购工作。根据工程特点、质量、工期等要求，制订合理的采购计划。在明确招标采购范围的基础上，根据工程、设备、材料、质量、服务等招标的不同要求、技术、经济、管理等指标细则划分项目招标采购的规模、进度、质保及服务等需求，编制公平合理的招投标方案及其技术规格、订货条件和解决方案，落实完成具体的项目采购管理工作。

国际工程承包项目采购管理须按照项目经理负责制的原则开展项目采购管理工作，具体职责包括：按照合同及隶属公司的招标采购管理制度组织项目招标采购工作，编制项目招标采购工作计划，组织编制项目采购设备的施工安装方案，落实及确认项目招标采购资金，按合同规定的格式编制项目采购招标文件，拟定项目招标采购方式及标底和标的等关键专业管理工作。

国际工程承包项目采购计划管理须依照项目合同的规定进行策划组织及编制申报，按照管理程序的规定审批各类采购计划，按时落实项目采购计划，以便按照工程管理整体计划的时间启动项目采购工作。项目采购计划编制依据包括：项目合同、项目管理总体计划、工程承包项目采购管理工作制度及审批程序、项目设计文件、项目设计归纳的设备材料清单、大型设备及结构工程施工图、项目现场施工组织计划等。

10.3　国际工程承包项目采购管理的基本工作流程

根据项目合同需要拟定项目采购范围、主要设备物资清单、采购质量标准、采购计划进度、采购造价控制、采购招标计划等；按照项目经理部采购人员专业组织进行采购管理分工，明确采购管理目标责任和进度计划；项目经理部组织发布项目采购招标公告（或邀标、议标等方式的项目采购通知）。

按照采购管理工作程序对工程设备及材料进行竞争性筛选；组织有关专家评委依照招投标管理工作程序对供应商进行招投标评审，择优选择中标供应商；项目经理部与中标供应商进行项目采购合同细化谈判，确定供货、运输、保险、报关等订购方式及合同价格，签订项目采购合同；项目经理部组织监制工程师赴供应商厂家，按照合同规定进行建造检查及监造管理；项目经理部会同隶属公司有关工程、技术、商务、法务、运输等部门对采购的项目核心重要设备、大宗材料、大型钢结构等进行检验或必要总装抽检；项目经理部组织项目采购设备材料进行集港报关发运，确定项目所在国清关运输合作工作。

项目经理部组织现场到货的包装、质量、装箱单、规格资料及出口商检证明等进行验收；项目经理部组织专门组织负责到场设备材料货物的仓储管理及设备材料发放管理，编制现场设备材料台账；项目经理部组织设备材料供应商代表、技术指导服务专家技术人员赴现场工作；项目经理部会同项目甲方有关部门及设备材料厂家代表对损毁设备材料定责并提出索赔；项目经理部组织有关部门及管理人员按照项目采购合同进行商务结付等采购终结管理及有关技术文档归档移交等工作。

10.4　国际工程承包项目单项采购计划管理

项目采购各个单项采购计划管理须明确有关设备材料的技术规格、指标要求及标准建造细则等，具体主要内容包括：设备材料的种类、规格、型号，设备材料的数量、总量、批量，设备材料的采购组织管理程序，设备材料的争议及违约、变更等特殊管理方法和条款，设备材料的质量标准及 HSE 系列准则，设备材料的合格证、检验证明、报关文件、技术资料等文件，设备材料的建造完成交付时间、运输集港时间等，设备材料的质保及技术服务等。

10.5　国际工程承包项目采购招投标竞争性选择供应商管理

项目采购管理工作启动之后，首先要按照项目经理部及其隶属公司的有关管理制度对项目采购涉及的供应商进行审核评价。审核评价主要包括如下方面：供应商经营资格、资质、商业诚信及业绩，供应商在有关专业设备材料领域内建造生产及供货能力，供应商产品价格及服务，供应商的设备材料、构配件质量，供应商的标准化售后服务等。

其次，项目经理部须确定供应商的评价、选择和再评价的标准、方法和职责；落实招标或询价文件、发标、开标、评标、定标及对中标供应商进行定期考核评价管理；组织对供应商的投标评审，包括技术评审、商务评审和综合评审等；项目采购评标过程中可根据合同规定要求供应商进行必要的澄清，评标工作应按照事先制订的评标办法进行，评标报告应由评标委员会全体成员签字；项目采购中标供应商确定后，项目经理部须向中标方发出中标通知书。

项目采购招投标文件、开标过程、评审过程、中标文件等均须按照文档管理标准进行记录并存档备查；国际工程承包项目公司及其项目经理部须对供应商进行定期考核，实施供应商分级分类的信誉合作评价管理。

10.6 国际工程承包项目采购的风险管理

国际工程承包项目采购管理贯穿在项目工程始终，因此，在项目合同执行期间，难免遇到各类风险。所以，项目采购的风险管理是保障项目采购顺利进行的必要手段，也是项目采购风险发生取得相关赔偿的管理手段。

项目采购风险管理的主要内容包括：项目合同中特殊核心关键技术设备的建安、包装、运输损害或损毁的风险，特殊核心关键技术设备的系统达标及技术性能考核达标的风险，特殊核心关键技术设备设计阶段的失误风险，特殊核心关键技术设备安装、调试、技术指导服务的风险，有关特殊核心关键技术设备、大宗构件材料建造周期与国际市场价格波动及其采购币种汇兑变化造成的货币损失风险，项目所在国运输仓储及自然灾害发生的风险等。应对上述风险编制风险预案并采取相应的投保保险等对应手段解决有关风险问题，将项目采购风险程度降低至最小，确保项目采购整体工作达标完成。

10.7 国际工程承包项目采购进度管理

国际工程承包项目采购进度管理主要工作内容包括：项目采购合同有关进度要求规定，项目采购进度控制节点及里程碑，项目采购进度规定的设备材料图纸文件及技术资料的提交，项目采购进度动态跟踪管理及监制监造管理进度安排，项目采购合同甲乙方联合检查、审查及验收管理等。

国际工程承包项目采购管理进度须及时向项目业主方提交，按照项目合同规定取得有关设备材料付款，及时结付项目设备材料供应商的有关款项，保证项目采购设备材料保质保量按时完成。项目设备材料采购结果须及时得到项目业主方的确认，必要时，应根据合同的规定和要求组织项目业主方有关技术人员赴项目设备材料供应商厂家联合检查，得到业主或其授权的工程师代表批准确认。依照合同执行项目采购进度管理要求及完成进度管理目标。

10.8 国际工程承包项目采购运输与交付管理

国际工程承包项目采购运输及交付条件须在项目设备材料采购合同中明确约定。运输及交付的细化规定条件内容主要包括：设备材料的运输方式、运输路线、运输准备、运输条件、运输保障、运输费用、运输时间、运输包装、运输计划、运输方案等。

国际工程承包项目采购设备材料交付条件包括：交付数量、交付质量、交付种类、交付方式、交付条件、交付价格、交付单据、交付资料、交付人员、交付计划等。

10.9 国际工程承包项目采购检验与验收管理

国际工程承包项目须严格按照项目合同规定的标准规范组织项目采购检验与验收。首先，项目经理部须编制制定项目采购检验与验收计划表，按照项目工程不同专业、不同工艺流程、不同工程系统进行分类。其次，经过提交给业主方审核确认的项目采购检验与验收计划组织实施应由专职人员负责，组织、聘请、安排具备相关专业技术资格的检验及验收人员，根据项目采购设计文件和规范标准进行设备材料制造过程中及完成后的各项规定性检验与验收，按照检验与验收的细化要求落实执行检验与验收工作。

国际工程承包项目采购管理须遵循项目合同及项目所在国有关职业健康、安全与环保的强制性标准及规定，对有关部分的特殊设备材料等进行检验与验收的取证、打样、标识、记录、证明文件的认证管理。对不符合上述强制性标准规定的设备材料不予通过检验与验收，确保项目采购设备材料符合项目合同及项目所在国有关强制性标准及规定的要求。

国际工程承包项目采购管理涉及专有技术、专利设备、独有 Know-how（特定诀窍、实际知识、专门技能、专有技术等）的特殊设备材料，项目经理部须按照合同要求组织聘请具备有关资格资质的第三方组织及专家对上述设备材料进行专项检验与验收。通过上述检验与验收的设备材料需出具有关检验与验收报告，检验与验收报告应取得项目所在国有关管理组织的认证，方可在国际工程承包项目现场建安使用。

国际工程承包项目采购检验与验收报告（质检报告、质检证书、质检记录、质检文件、质检清单等）的格式内容须符合国际标准规定，语种文字须满足项目合同甲乙方的规定（例如中英文对照、中俄文对照、中法文对照等），**质量检验报告的格式及主要内容如下：**

（1）质检报告名称。

（2）采购合同编号。

（3）设备材料名称。

（4）采购方名称。

（5）供应商名称。

（6）工程项目名称。

（7）设备材料建造交付时间、规格、数量。

（8）检验与验收机构名称、专用章、签字。

（9）检验与验收（测量、化验、分析报告）附件。

（10）检验与验收结论等。

上述检验与验收组织程序须保留文字、声像记录，参加检验与验收的专家及专员工作人员须严格依照检验与验收的工作程序履职尽责。项目经理部须按照检验与验收结论及处置规定对项目采购设备材料进行管理，不得违反项目合同及项目采购合同方规定。

10.10　招标采购任务单样本

设备材料招标采购任务单

编号：公司-项目-专业编号-合同编号　　　　日期：　　年　月　日

项目名称		采购类别	□设备、材料 □勘察　□设计　□咨询 □施工　□培训　□服务
采购方式	□招标　□邀标　□议标 □询价、竞争性谈判	采购估值	
项目国别、地点		采购资金落实情况	□已落实 □未落实
项目投资已获批准、业主承包合同已生效	□是 □否	技术条件 标准规格 已获确认	□是 □否
招标方式	□公开招标 □指定招标 □邀请招标	评标办法	□最低投标价法 □综合评估法
投标单位	1. 2. 3. 4. 5.		
项目采购要求	采购类别、名称： 数量： 用途： 工期： 发货日期： 采购要求： 售后服务： 培训： 交货期： 部门联系人：		
项目负责人签字			
管理部门会签			
责任领导审批			

11 国际工程承包项目质量管理

国际工程承包项目质量管理是把国际工程项目作为产品，通过国际工程项目承包管理活动对项目建造建设活动及其管理过程的标准化质量控制，运用规范标准的管理手段和管理措施，贯彻执行项目合同规定的质量管理体系，使项目作为质量管理的产品达到项目合同规定的质量标准要求。其中，质量概念通常指项目质量，项目产品质量是指项目的建设目标集成要素、过程、结果、价值及其属性达到项目合同规定的质量标准。

11.1 国际工程承包项目质量管理原则

国际工程承包项目质量管理原则就是项目合同质量原则，按照项目合同质量标准要求，建立健全项目质量管理体系和质量管理目标，实施项目全程质量管理，达到项目质量达标率百分之百的项目质量管理目标。

项目经理部必须建立健全项国际工程承包项目的质量管理体系，明确项目质量管理目标和责任人，明确项目质量管理工作程序及管理程序，推行项目工程承包合同项下的全面质量管理，达到项目质量管理目标。

国际工程承包项目的质量管理必须满足项目合同规定的技术标准和产品的质量要求，必须完全依照项目合同的质量标准及有关规范要求实施项目工程，相关质量管理的工作程序和管理程序须符合项目合同甲方（业主方）及其委托代理方（监理方）的管理标准和要求。

11.2 国际工程承包项目质量目标管理

项目质量管理施行目标责任人制度。质量管理目标责任人的具体划分为：项目质量管理责任人为项目经理，项目质量管理执行负责人为项目质量副经理，项目现场质量管理责任人为项目现场经理。

项目质量管理目标责任部门的工作职能及职责：

（1）项目经理部的工程质量部对项目质量日常管理工作直接负责，负责各项工程及分部工程的技术交底，施工检查发现问题的整改，严格依照施工图规范施工，土建基础、结构工程、设备安装等工程必须全优达标，督导项目技术员和试验员对原材料试块等及时送检，对可能发生质量问题及时采取有效的预防管理措施。

（2）技术部负责管理并及时提供施工作业工序管理指导，编制特殊工序作业指导方案，专业工程质量保证措施，重点工程单项施工方案，与项目甲方及监理方技术部分协助配合，与项目设计方技术部门相互协作实施技术管理等工作。

（3）安全环保标准部负责落实检查项目安全、技术、标准、设计交底落实管理工作，组织安全员、技术员进行跟班作业检查，发现安全、环保、标准等问题必须立即责成有关人员进行整改，严格按照合同标准规范进行管理。

项目经理部应遵循质量管理原则建立项目质量管理团队，配备符合要求的质量管理人员和相应资源，项目质量管理满足项目的质量管理需求，按照质量管理策划、实施、检查、改进的循环流程实施日常质量管理工作，确保质量管理达标。

11.3　工程质量管理保证措施

为确保国际工程承包项目质量管理创优达标，项目工程一次交验合格率100%的质量目标，项目经理部须落实国际工程承包项目管理保证措施。质量管理保证措施是管理的系统工程，必须项目全员参与、项目有关部门全过程控制，立足“事先控制主导、事中控制关键，事后控制完善”的质量管理步骤和管理思想贯彻落实质量管理体系及质量管理工作目标。

项目质量管理的具体措施主要包括：

（1）建立项目质量管理领导小组及项目各项质量管理制度。

（2）制定项目质量管理人员岗位质量责任制及质量管理奖罚制度，定期与不定期的质量管理检查制度、质量事故及处理制度、质量验收制度。

（3）倡导项目质量管理工作理念：项目质量由项目全员共同创造，提倡人人负责项目质量的管理理念，处处体现项目质量管理责任行动、质量达标、业务创新、技术超越、事业创优等质量管理常规。

（4）严格执行项目质量管理奖惩措施。项目经理部依照项目分包合同与项目分包工程组织鉴定质量管理达标责任状，定期对工程分包组织及人员进行质量管理督导培训，对实际工程质量管理工作中表现优异的工程分包商进行奖励，对屡次不能达标的项目分包商依照合同原则进行惩罚直至清退出场。

（5）实施严格的质量管理体系及检查制度。特别，需要加强项目设备材料的检查验收，严格把住质量关。项目工程设备材料、构配件、半成品及辅助材料等的质量须严格依照合同标准进行检验、检查和验收。项目中使用的所有材料必须有厂家批号、出厂合格证及材料证明书，严禁“三无”产品进场。项目材料质检员、材料员须逐一进行设备材料的书面检查（技术规格、质保证书、试验报告等）和外观检查（名称、规格、种类、标牌、商标、数量、包装等）各项检查合格后方可进场，经试配检验合格后才能使用。

国际工程承包项目质量管理程序的主要工作步骤须遵循项目质量管理工程程序。首先，确定项目质量管理目标和质量管理标准规范，认真编制项目质量管理计划和实施计划。然后，按照规定的质量标准规范，实施项目质量管理计划和实施计划。明确责任部门及责任人员，履职尽责进行项目资料管理分析、检查等日常质量管理工作，实施项目质量管理预防和纠正处置等日常质量管理。按照项目合同要求，循序实现项目各个分项阶段的质量管理目标质量和项目质量管理总体目标。

国际工程承包项目应根据合同的规定和要求，编制项目质量管理计划，报国际工程承包公司总部及其工程管理部、质量环保部等有关上级管理部门审核备案，经项目业主方及其授权委托方的工程师代表批准后实施。

11.4 国际工程承包项目质量文件管理

国际工程承包项目质量管理文件是项目质量管理贯彻落实的记录，也是项目质量管理的证明。项目质量管理过程文件和结论文件均将成为项目竣工文件的必要组成部分，因此，必须认真做好项目质量文件管理。

国际工程承包项目质量管理受控文件包括：

（1）项目经理部及其隶属的上级国际工程承包公司的质量手册、质量管理程序文件、公司有关的项目质量管理规定、质量管理专业技术标准规范文件等。

（2）国际工程承包项目合同、协议、施工图纸、设计变更、图纸会审各类工程项目基础文件等。

（3）国际工程承包项目工程施工需要配备的与项目施工有关的法律、法规、标准、规范、操作规程、施工图集、工程定额等，主要有包括：施工组织设计、项目质量计划、重大专业项目施工方案、关键项目技术作业指导书、质量管理体系文件等。

（4）国际工程承包项目合同双方国家及地方政府相关政策法令、合同甲乙方项目专业领域有关政府技术监督部门的专业规定及有关质量管理强制规定或文件等。

11.5 国际工程承包项目质量计划编制管理

国际工程承包项目经理部须按照项目合同要求编制项目质量计划，保证项目质量计划在项目实施过程得到动态控制及贯彻落实。项目质量计划由项目经理部经理负责组织编制，项目设计、质量、标准、技术、工程等各个有关方面的责任人参与项目质量计划的具体编制工作。编制完成的项目质量计划须按合同要求的时间提交给项目甲方及其委托代理方（监理方），获得审核批准之后，予以颁布执行。

国际工程承包项目质量计划编制依据主要包括如下内容：国际工程承包合同及其规定的项目质量标准、指标等；项目合同规定的质量验收标准、验收规范及程序等；项目合同规定的特定专业规范标准及参数体系等必须达标的验收考核项；项目涉及的国际、国家、地区等法律法规等；国际工程承包项目质量管理及标准体系文件；项目合同双方约定的其他标准质量条款约定等。

国际工程承包项目质量计划编制的主要内容包括如下方面：

（1）项目概况。

（2）编制依据。

（3）质量目标。

（4）组织机构。

（5）质量控制及管理程序。

（6）重点工程、关键工序、特殊作业的质量计划方案。

（7）工程施工质量控制过程检验、试验、测量、验证细则。

（8）项目质量管理范围。

（9）项目主要设备、大宗材料、采购管理质量计划。

（10）质量管理职责规定与考核。

（11）质量管理职能与考核。

（12）附件：质量管理标准规范系列表。

上述质量管理计划与质量控制文件等均应按照项目文档管理要求编号、拟制、审核、批准、发布。专业内容独立的质量文件可以单独编制文号，综合类的质量文件可以集中编制文号，以便经过项目经理、业主方及其委托代理方审核批准之后统一发布执行。

11.6 国际工程承包项目质量控制管理

质量控制是为达到质量标准所采取的作业技术管理活动，即质量控制是为了达到质量标准而设置的监督质量形成过程，目的在于消除质量形成过程中引发不合格的因素、达到质量标准、获得质量经济效益而采用的各种质量管理活动。

质量管理是指确定质量方针、目标和职责，通过质量管理体系中的质量策划、质量控制、质量保证和质量改进等管理控制手段，实现质量管理目标。质量管理是宏观管理，质量控制是微观管理。质量管理包括质量控制，质量控制是质量管理内容之一。

国际工程承包项目质量控制管理是项目经理部对照项目质量计划所做出的具体化、系列化质量控制管理活动。通过实施动态过程的质量管理，控制质量标准的输入，控制质量结果的输出，控制质量过程的达标。

国际工程承包项目质量控制在项目跟踪、立项、踏勘、投标、签约、设计、采购、运输、土建、结构、安装、调试、试车、验收、竣工等工程项目全过程的不同阶段均有不同的质量控制重点目标。各个不同阶段质量控制的重点是为了实现其这一阶段的质量目标，实现的是质量管理的工作职能。

国际工程承包项目质量控制的全程管理还贯穿于专业管理工作之中，在项目策划、组织、投标、合同、融资、造价、设计、采购、质量、财务、分包、HSE、成本、HRM、进度、考核、风险、保险、竣工、信息、法律争议等国际工程承包项目管理的各个环节的专业工作中，质量控制管理须结合不同专业的工作特点和要求，从专业的角度落实执行质量控制与管理工作，其管理目的是落实执行不同专业的工程技术管理人员在上述专业工作中的质量管理工作职责。

国际工程承包项目质量控制的基本规则是根据质量控制管理体系对工程项目全过程的不同阶段、不同专业、不同工作界面实施全面质量控制与管理，形成项目质量控制与质量管理工作相互结合的一体化质量管理网络，形成质量管理的循环管理流程闭环，实现质量问题发生到被解决的全程控制管理。通过质量控制与管理在项目各个层面的相互衔接，力争实现全面客观的国际工程承包项目质量控制与管理的国际水准。

国际工程承包项目质量控制与管理在项目的不同阶段、不同专业、不同工作界面具有质量管理本质的共性，也具有专业目标不同的特性，因此，质量控制与质量管理的重点有相同和不同。例如：设计与采购工作界面的质量控制重点与设计与施工工作界面的质量控制重点有很大的不同，相同之处是设计是质量管理的基础依据，不同之处是质量控制与管理的专业应用方向不同。具体来说，设计与采购的质量控制与管理依据是设计图纸及资料文件，目的是通过采购质量控制与管理达到设计规定的质量目标。设计与施工的质量控制与管理的依据也是设计图纸与资料文件，目的是通过施工质量控制与管理达到设计规定的质量目标。

11.7　国际工程承包项目质量控制与管理的文件管理

国际工程承包项目质量管理与控制文件是指项目质量控制与管理工作所有必要质量控制与管理的规定、规范、规程、标准、制度、方案、计划、纪要、协议、认证等依据，以及执行落实上述依据过程中所形成的具有质量控制与管理专业性与法律效力的记录和文件等。

国际工程承包项目质量控制与管理的体系文件一般包括：质量手册、设计文件、程序文件、作业指导书、产品质量标准、产品手册、产品证书、设备材料检测证书、工程技术规范、工程技术标准、工艺方法、质量计划、质量记录、质量检测报告等。从工程项目管理的目的划分，质量体系文件一般可以被划分为三类，即质量依据文件、质量控制文件、质量管理文件。

国际工程承包项目质量体系在很大程度上是通过文件化的形式记录质量控制与管理的体系形成与执行过程。这种制度与执行的对应也被称之为质量控制与管理体系的依据和证据对称实现。国际工程承包项目质量控制与管理体系的“制度与执行”就是项目质量控制与管理达到质量目标的质量依据，也是项目竣工文件的重要组成部分。

国际工程承包项目经理部须执行质量记录文档管理制度，项目建设管理实施过程中形成的所有有效质量记录须按照文档管理标准进行收集、编号、分类、标识、保存、归档。项目所有的质量控制与管理记录须具有管理痕迹的追溯性，符合质量控制与管理规定的要求，具有法律效力。

国际工程承包项目质量控制与管理记录主要包括：立项、踏勘、投标、签约、设计、采购、运输、土建、结构、安装、调试、试车、验收、竣工等专项工作记录；岗位培训、设计交底、资质证明、设备材料、检验检测等记录；合同、融资、造价、设计、采购、质量、财务、分包、HSE、成本、HRM、进度、考核、风险、保险、竣工等专业管理记录；设计与设计变更、质量规范输入与输出、监理与认证、质保与服务等工程管理记录；其他有关的必要性质量控制与管理记录文件资料等。

国际工程承包项目须根据项目合同规定的质量控制与管理条款（包括质保服务和培训服务），制定项目建设阶段、项目竣工阶段、项目移交质保阶段的质量控制与管理整体方案，经项目甲方及其委托代理方确认同意后，落实执行项目整体质量控制与管理方案。

11.8　工程质量管理制度样本

工程质量管理制度（汉语版）

审 批 栏

批准：____________________

审核：____________________

编制：____________________

会签部门

物资：__________　工程：__________

设计：__________　HSE：__________

综合：__________　财务：__________

质量：____________________

签发：____________________

__________公司__________项目部

年　　月　　日

质量管理制度

总则：为规范现场质量管理行为，加强对施工现场的质量控制，提高质量管理水平，确保项目工程达到预定的质量目标，特制定本质量管理制度。项目部各部门和分包商务必遵守和执行。

1　**工程质量管理目标**

1.1　确保工程验收合格率100%；分项/分部工程合格率100%，单位工程合格率100%，无负荷联动试车通过率100%。

1.2　质量控制资料应完整。

1.3　单位工程所含分部工程有关安全和功能的检测资料应完整。

1.4　杜绝质量事故的发生，质量事故的损失率不大于0.02%。

1.5　在用计量器具送检率100%，确保施工中使用合格的质量器具。

2　**项目部质量职责**

2.1　项目经理质量职责。

2.1.1　项目经理是本经理部质量第一责任人，对项目质量终身负责。

2.1.2　在员工中深入进行公司质量方针的宣传教育，根据项目实际组织、合理利用各项资源，积极开展各项质量活动。

2.1.3　根据要求组织对质量目标进行分解。贯彻落实前期策划的内容；组织创优工程（产品）措施的实施和申报工作，对申报过程进行跟踪。

2.1.4　认真贯彻落实公司的各项管理制度、措施，严格按施工程序（工艺流程）作业，组织均衡生产，做到文明施工（生产）。

2.1.5　接受上级部门的质量检查，组织本单位质量检查，支持质量员的工作。

2.1.6　认真贯彻谁施工（生产）谁负责质量的原则，对发生的质量问题（事故）要及时、认真地组织分析和查找原因，实施改进，并按要求逐级上报质量问题（事故）。

2.2　主任工程师质量职责。

2.2.1　主任工程师对本单位工程（产品）质量负直接领导责任，协助经理开展质量工作。

2.2.2　认真贯彻执行公司的质量方针，根据质量目标制定切实可行的实施方案，组织各项质量活动。

2.2.3　负责组织项目质量策划，组织编制质量计划，主持建立项目质量保证体系；负责项目质量管理目标按部门和岗位分解，并实施检查监督；贯彻落实创优工程（产品）实施措施和编制特殊要求的工程（产品）质量控制措施。

2.2.4　负责组织图纸会审、技术交底和质量计划的交底工作。

2.2.5　负责组织贯彻技术规程、规范和质量标准，认真贯彻实施各项管理制度，严格执行基本建设程序、施工程序和工艺流程，对项目人员违反操作规程和程序造成的质量问题负有领导责任。

2.2.6　负责文件和资料的管理工作，确保现场使用的文件均为有效版本，指导和检查生产过程的各种质量记录和统计技术应用工作，确保质量记录的完整性、准确性和可追溯性。

2.2.7　定期组织召开项目质量例会，针对生产实际存在的薄弱环节，改进质量管理，并及时向公司主管部门反馈质量信息。

2.2.8　领导项目新技术、新材料、新工艺的开发应用和项目培训工作，指导项目开展QC小组活动。

2.2.9　负责检验和试验人员、仪器设备的配备和管理工作，领导本项目质量评定和竣工交验工作。

2.2.10　主持处置工程（产品）质量问题，组织制定质量问题返修方案，对质量管理活动中的违规行为有处罚权。

2.2.11　组织落实信息化综合项目管理平台应用工作。

2.3　生产副经理质量职责。

2.3.1　对本单位工程（产品）质量负领导责任。

2.3.2　负责组织项目的施工生产，落实项目质量活动的开展，对施工过程质量负责。

2.3.3　组织实施质量计划，落实各项质量管理工作，确保满足合同要求和实现质量目标。

2.3.4　严格执行基本建设程序、施工程序和工艺流程，对项目人员违反操作规程和程序造成的质量问题负有领导责任。

2.3.5　做好施工准备工作，负责组织协调各项施工资源，确保满足质量管理及合同目标要求。

2.3.6　负责实施项目的成品保护措施。

2.3.7　负责纠正和预防措施的组织实施，对现场出现的质量问题落实整改。

2.4　现场质量员质量职责。

2.4.1　受主任工程师领导，在基层单位行使日常的质量管理职能，并承担相应的责任。

2.4.2　认真贯彻执行施工组织设计（工艺流程）和质量计划，掌握质量信息，向上级提供及时、真实、准确的情况。

2.4.3　对进场的各项原材料、设备、成品、半成品和过程能力进行经常性的巡视和检查，并保存翔实的检查记录。

2.4.4　按照质量验收程序，严格管理；确保通过验收的工程（产品）质量满足顾客的要求。

2.4.5　针对工程（产品）质量存在的问题，发出不合格品通知单，提出合适的处置意见。

2.4.6　监督落实创优工程（产品）的实施，参与 QC 小组活动。

2.4.7　参与质量管理和工程（产品）质量的检验，在技术能力发生变化时进行复核性检查。

2.4.8　利用信息化综合项目管理平台按要求动态填报质量信息。

2.4.9　对质量管理活动中的违规行为有处罚权。

2.5　技术员质量职责。

2.5.1　为单项工程技术负责人，对施工工程（产品）质量负直接责任。

2.5.2　按照策划和施工组织设计（工艺流程）及质量计划的总体步骤安排，编制质量保证措施，落实技术措施。

2.5.3　按设计图纸、施工方案（工艺流程）和规范、标准、技术措施，向班组进行技术交底。

2.5.4　对施工工程的测量、定位、水准、标准及定位放线等负责。

2.5.5　协助基层单位主管质量领导推广应用新技术、新工艺、新材料、新方法，指导班组长实施技术处理工作。

2.5.6　负责隐蔽工程的检查验收，填写隐蔽工程记录并办理签证确认手续。

2.5.7　落实创优工程（产品）的实施措施；参与 QC 小组活动，在生产能力发生变化时要调整相应的技术措施，解决施工（生产）中存在的实际问题。

2.5.8　经常检验班组施工（生产）实际情况，对违反规范、规程和技术交底的行为进行制止；对进厂的原材料、成品、半成品、加工件进行技术把关。

2.5.9　按照质量验收程序参加监理单位组织的质量预验收和建设单位组织的质量验收；通过验收的工程（产品），做好防护工作，确保质量能够满足顾客的要求。

2.6　工长、班组长质量职责。

2.6.1　工长、班组长是施工操作的直接指挥者和组织者，对工程（产品）质量负直接责任。

2.6.2　按照设计图纸、施工规范、操作规程、施工方案、工艺流程、技术交底组织施工。

2.6.3　搞好文明施工（生产），保持良好的施工（生产）秩序。

2.6.4　把好原材料、成品、半成品、加工件使用关，对不合格的各种材料拒绝投入使用；不合格的工序不移交、不接收。

2.6.5　经常组织班组成员进行学习，适时公布班组质量完成情况，在表彰先进同时，对质量低劣者责令改正。

2.6.6　组织班组工人开展自检、互检活动，参加工序交接检查和质量评定工作。

2.6.7　参与QC小组活动，积极创新，解决施工（生产）中存在的实际问题。

2.7　分包单位质量职责。

2.7.1　按分包合同内容以及施工图纸、操作规程和技术交底，认真组织施工。

2.7.2　做好分包工程的各项技术、质量及管理资料。

2.7.3　特殊工种人员必须持证上岗，证件要在项目部及二级单位备案。

2.7.4　做好施工过程中的自检、互检及专检。自觉服从总包单位的相关管理制度，建立相关的管理台账。

2.7.5　属专业承包的收集相关施工部位的材料合格证及试验报告，整理分包工程的资料，分包工程完工后将分包工程资料整理好交总包单位。

2.8　项目部其他人员按岗位职责承担相应质量责任。

3　工程质量保证措施

3.1　由项目总工组织编制项目质量计划、施工组织设计和方案，对关键和特殊过程编制作业指导书。

3.2　施工前，各专业技术员需编制工程项目施工组织设计（施工方案），并报及管理公司审批后方可组织施工，审查程序如图1所示。

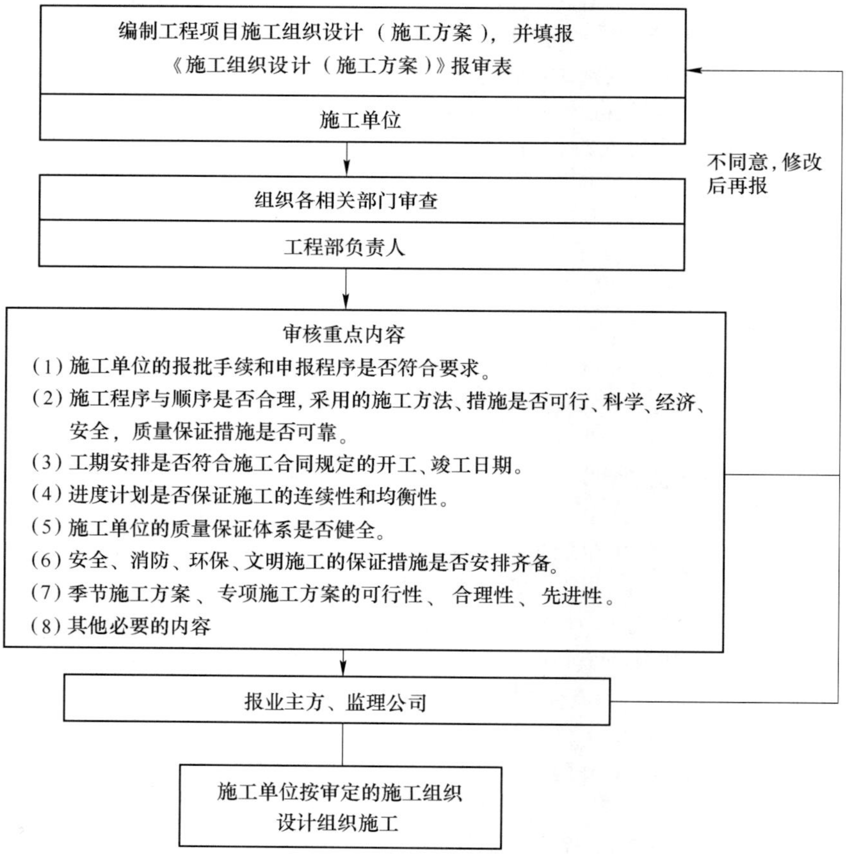

图1　审查程序

3.3 物资采购，必须对供方进行评审，选择合格的供方。

3.4 物资进入现场必须有合格证并组织有关人员验收和通知业主进行见证取样。

3.5 物资进入现场必须进行实物标识。

3.6 物资检验和试验必须严格按国家、行业等标准、规范进行抽样检验，并做好检验状态标识。

3.7 严禁未经检验和试验的物资用于工程上，对不合格的物资按标识、隔离、评审、处置程序执行。进场的各种工程原材料、构配件和设备质量等应附质量证明文件和检验试验文件，报及管理公司审查后方可用于施工，审查程序如图 2 所示。

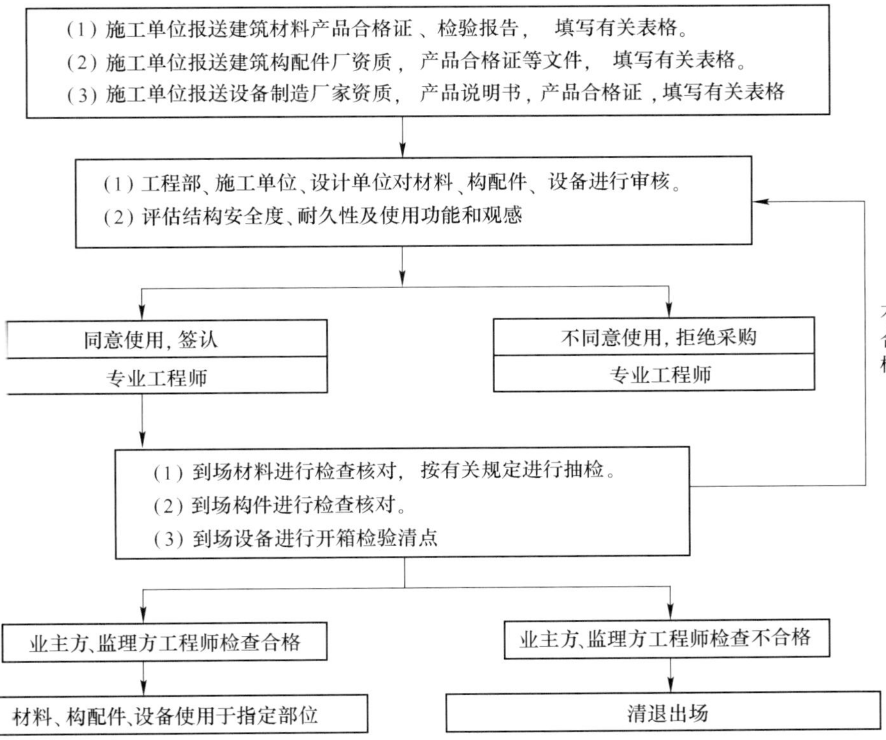

图 2 审查程序

3.8 施工前，施工人员应对设计技术说明书和规范熟悉，包括图纸会审、技术核定、设计变更等一系列施工依据的熟悉。

3.9 各工号技术员必须做好技术交底工作，特别是施工图以外的，交底要详细。

3.10 各部门应收集保存好相关部门的质量记录，按交工资料的科目分类整理，做到工程资料与施工进度同步，且符合标准规范要求。

3.11 坚持持证上岗的原则，对特殊工种进行岗前验证，并取得管理公司认可的证件，严禁无证操作。

3.12 所有施工过程质量控制，均按质量“三检制”执行，工序完成后需隐蔽的，施工单位应在自检合格后，报工程部质量控制处复检，经专业工程师复检合格后，再报 KPBV 现场工程师验收，才能进入下一道工序施工。

3.13 凡需周期检定的计量器具必须进行周期检定，不得使用未经检定或检定不合格的计量器具，计量员应保存计量器具的校准和验证记录。

3.14　计量器具应按照国家有关检定规程和十五冶的分类规定贴具标签并合理安排检定周期。

3.15　超编及一年时间不用的计量器具可封存，封存的计量器具应由封存单位集中保管，以便维护和调剂使用。报废的计量器具应集中隔离保管，由计量员处理，不得流入生产岗位继续使用。

3.16　测量放线必须坚持复测制度，保存记录，确保工程部位测量准确，然后报及管理公司审核复测后，方可进入下道工序，审查程序如图3所示。

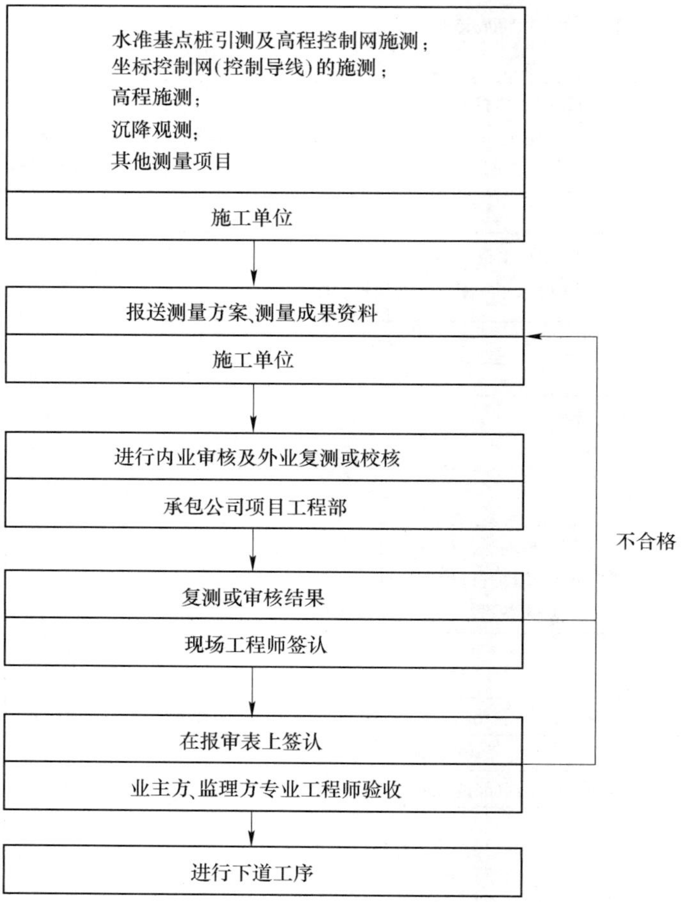

图3　审查程序

3.17　关键和特殊过程及工程量大的作业内容，要做好首件（样板件（间））认可记录，待合格后再行按序施工，不得超前作业。

3.18　成品及半成品进入现场后，供应人员应通知质检员、技术员、计量员进行检验，并提供合格证及检验报告，再有质检员通知或业主进行检验或见证取样试验，并填写见证取样单。

3.19　混凝土、砂浆、回填土、焊接等需制作试件时，各施工组要及时通知质检员和实验员，再由质检员或实验员通知业主代表见证取样，并填写见证取样单。

3.20　坚持落实工序交接制。对上道工序进行三检制，不合格产品严禁进入下道工序。

3.21　施工阶段的一切技术指标以图纸、规范、技术交底为准。施工人员不得擅自更改原设计，若不确定图纸做法或对规范理解不明时，应及时与现场工程师和设计人员沟通。

3.22 严格执行按图施工的原则，严禁在施工过程中发生自改、偷减、隐瞒等施工行为。

3.23 对轴线、桩基等定位等重要过程进行核查，同时做好特殊标志的防护，做好原始核查记录存档。

3.24 对在施工过程中因其他原因造成产品不合格或质量事故时，需及时上报相关部门，不得私自进行整改、修复措施。

3.25 分项、分部工程（检验批）完工后要及时与业主取得联系，并进行质量验收，验收合格后方可进入下道分项（检验批）施工，如图4所示。

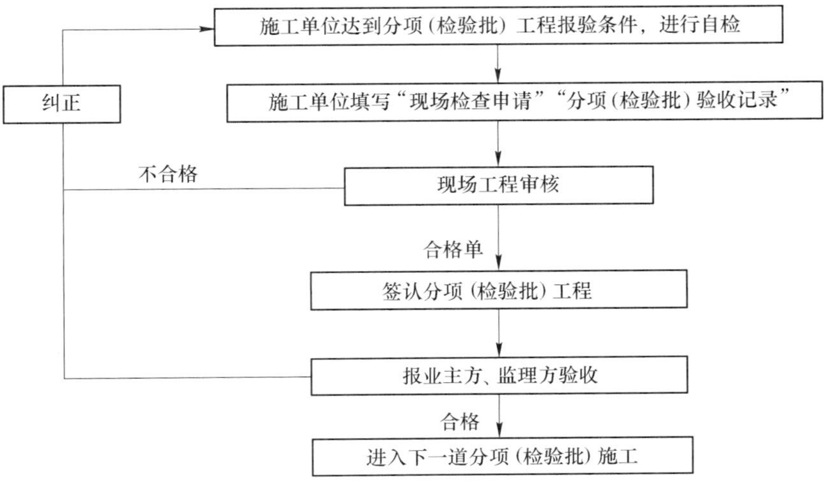

图4 审查程序

3.26 以分包队负责人为施工质量第一责任人，设置专职（兼职）质量管理人员，建立质量管理体系。对因违反项目工程质量管理体系而造成一般质量事故的，由分包队承担全部经济损失外，项目部视情进行2万元以上罚款。造成重大质量事故的除承担全额经济损失外，还需追究相关人员法律责任。

3.27 质量与进度发生矛盾时，以质量为主，任何人不得干扰。

4 工程（产品）质量验收评定

4.1 检验批施工完毕后，由工号技术员组织内部验收，质量员和专业工长签认后报专业监理工程师（建设单位项目专业技术负责人）组织验收签认。

4.2 分项工程施工完毕后，主任工程师或工程部门负责人组织内部验收，工号技术员签认后报监理工程师（建设单位项目专业技术负责人）组织验收签认。

4.3 分部（子分部）工程施工完毕后，项目经理或主任工程师组织内部验收，项目经理签认后报总监理工程师（建设单位项目专业负责人）组织验收签认。

4.4 单位（子单位）工程竣工后，组织有关部门进行内部验收，并报工程主管单位经理（主管质量领导）签认后填写单位（子单位）工程质量竣工验收记录。项目经理、技术负责人及质量员应参加监理单位组织的竣工预验收，记录现场质量情况，有质量问题要进行整改，整改完毕后向建设单位提交工程竣工报告，报建设单位组织相关单位验收。

4.5 建设单位组织相关单位验收达到合格后，由二级公司经理或总工签署工程质量保修证书。单位（子单位）工程质量竣工验收记录应每月随报表逐级上报集团公司国内工程部。

4.6 其他产品的验收均由项目经理或主任工程师组织相关部门验收，上级质量部门进行适当频次的抽样验收。

4.7　检验批质量等级应符合下列规定。

4.7.1　合格：

（1）主控项目符合相应施工质量验收统一标准规定。

（2）一般项目中的检验项目应符合相应施工质量验收统一标准规定。检测项目在抽检计量的总点数中有80%以上的实测值在标准规定的允许范围内，其余实测值不应超过相应质量标准的1.5倍，其中钢结构的实测值不应超过相应质量标准的1.2倍。

（3）应有完整的施工操作依据、质量检查纪录及相关检测记录。

4.7.2　优良：

（1）主控项目符合相应施工质量验收统一标准规定。

（2）一般项目中的检验项目应符合相应施工质量验收统一标准规定。检测项目在抽检计量-计数的总点数中有90%以上的实测值在标准规定的允许范围内，其余实测值（含钢结构）同4.7.1中第（2）条中规定。

（3）需有完整的施工操作依据、质量检查记录及相关检测记录。

4.8　分项工程的质量等级应符合下列规定。

4.8.1　合格：

（1）分项工程所含检验批均应符合合格质量标准的规定。

（2）分项工程所含检验批的质量验收评定记录应完整。

4.8.2　优良：

（1）分项工程所含检验批均应符合合格质量标准的规定，其中有60%以上的检验批质量符合本标准中优良质量标准的规定。

（2）分项工程所含检验批的质量验收评定记录须完整。

4.9　分部（子分部）工程的质量等级应符合下列规定。

4.9.1　合格：

（1）分部（子分部）工程所含分项工程质量全部符合合格质量标准的规定。

（2）质量控制资料应完整。

（3）地基与基础、主体结构和建筑设备安装等分部工程有关安全及功能的检验和抽样检测结果应符合有关规定。

（4）观感质量应符合相关规定。

4.9.2　优良：

（1）分部（子分部）工程所含分项工程质量全部符合合格质量标准的规定，其中有60%以上的分项工程质量符合本标准中优良质量标准的规定。

（2）质量控制资料须完整。

（3）地基与基础、主体结构和建筑设备安装等分部工程有关安全及功能的检验和抽样检测结果须符合有关规定。

（4）观感质量应符合相关规定。

4.10　单位（子单位）工程质量等级应符合下列规定。

4.10.1　合格：

（1）单位（子单位）工程所含分部（子分部）工程的质量全部符合合格质量标准的规定。

（2）质量控制资料应完整。

（3）单位（子单位）工程所含分部工程有关安全和功能的检测资料应完整。

（4）主要功能项目的抽查结果应符合相关专业质量验收规范的规定。

（5）观感质量得分率应在70%以上。

4.10.2 优良：

（1）单位（子单位）工程所含分部（子分部）工程的质量全部符合合格质量标准的规定，其中有60%以上的分部工程质量符合本标准中优良标准的规定，地基与基础、主体结构、装饰装修和建筑设备安装分部工程须符合本标准中优良质量标准的规定。

（2）质量控制资料须完整。

（3）单位（子单位）工程所含分部工程有关安全和功能的检测资料须完整。

（4）主要功能项目的抽查结果应符合相关专业质量验收规范的规定。

（5）观感质量得分率在85%以上。

4.11 如工程（产品）验收评定不合格，质量员应发出不合格品通知单，责任单位应按不合格品控制闭环处理到合格，并上报二级公司质量部门。

4.12 例外放行须得到业主的批准并符合法律、法规的要求，填写"产品例外放行审批表"，签字认可后，可做例外放行产品，但不得放行最终产品和交付服务。

4.13 不合格品控制。

4.13.1 识别：

（1）针对不合格品，质量部门应会同相关部门对可能不合格产品进行鉴别。

（2）确定不合格品后，质量部门应发出不合格品通知单，并督促责任部门整改闭环。

4.13.2 标识和记录：

（1）收到不合格品通知单后，工程（生产）技术或物资部门应立即对该不合格品进行标识和记录。

（2）责任部门同时应记录不合格的现状，历史和应用情况。

4.13.3 分类及审批：

（1）不合格品按其性质的严重程度可分为四类：轻微不合格、一般不合格、较严重不合格、严重不合格。

（2）轻微不合格一般指处置的程度较小，其偏差项目局部未达到相关标准规定的合格要求；轻微不合格由工长或技术人员在现场组织人员分析并及时纠正，做好记录。

（3）一般不合格指对下道工序有一定影响，但对工程（产品）结构和使用功能均无影响，如混凝土结构蜂窝、孔洞、露筋等，不满足相关标准的要求，必须对它们进行一定的处理并达到合格的规定；一般不合格由工程（生产）技术部门负责人组织分析，由工号技术员提出实施方案，报工程（生产）技术部门负责人批准实施，质量部门备案。

（4）较严重不合格指对结构及使用功能有影响，且处置工期较长，费用较大的；如装饰工程中大面积空鼓。较严重不合格由主任工程师组织分析，工程（生产）技术部门提出实施方案，由主任工程师审批，并报上级质量部门备案。

（5）严重不合格指对结构、使用功能和安全性有重要影响，如屋面大面积渗漏，基础不均匀沉降等。严重不合格由二级公司主任工程师组织分析，提出实施方案，并报建设集团质量部门备案后实施。

4.13.4 处置：

（1）确定处置方法：

1）不合格品处理方案应符合不留隐患和经济上损失较少的原则。

2）竣工后的工程处置和保修，应执行住建部、行业及地方法规。

3）质量事故的报告和调查，按照国家、行业、地方的法律、法规及有关规定要求处理。

4）当形成质量事故和重大质量事故时，其等级确定参考执行国家、行业或地方法规。

（2）处置：评审后的处置方法主要有返工、让步接收、拒收和报废。

5 质量管理奖惩办法

5.1 各施工班组未按设计图纸要求和技术交底施工，特别是关键和特殊过程不做样板件（间）的分别给予200~500元（人民币，下同）罚款。

5.2 各种材料进场必须要有合格证或检验报告，并且要按国家、行业现行标准，规范或设计要求进行抽样检验和试验，报业主代表检验，办理相关手续，未按要求执行的罚200元，对未经检验和试验的材料用于工程的给予500元罚款，并责令返工，使用不合格的材料给予2000元罚款，且相关费用由使用方自负。

5.3 钢材焊接必须按标准要求取样进行检验和试验，经检验和试验合格后才能使用，否则对加工班组罚款500元。

5.4 特殊工种必须持证上岗，无证上岗者给予每人100元罚款（罚用人单位），对生产出来的不合格检验批，视结构部位给予500~2000元罚款，而且返工返修，直至合格，检验检测费由用人单位自负。

5.5 未通知相关部门，未办理相关手续而擅自进入下道工序施工的，对责任者处以200元罚款，而且必须停止施工进行检验，如检验不合格，按不合格程序进行。

5.6 不按设计图纸、验收标准要求或随意更改图纸施工的，视影响程度大小，给予500~2000元罚款。

5.7 在生产过程中每道工序完工后，必须做好自检、工序交接检查，而且记录数据要真实，无上述记录每份罚款50元。

5.8 不按施工程序施工的对操作者处以500元罚款。

5.9 本部及上级部门发出的隐患通知单、纠正措施、预防措施、不合格品通知单等，应在规定时间内闭环，如不及时整改和闭环的给予200~2000元罚款。

5.10 业主或质检站发出的有关质量问题的通知，应及时整改，如不及时整改，资料不闭环的给予500~3000元罚款。

5.11 因现场施工管理人员失职和不按标准、规范、图纸交底等违章指挥，造成质量问题或质量事故的，按项目现场有关工程管理奖惩规定的经济赔偿处罚执行。

5.12 项目部每月进行一次质量大检查，以项目总工程师牵头，质量员、技术员及班组对当月完成的分项工程进行实测实量，若实测项目合格率达90%以上，观感质量较好，给予班组1000元奖励，若实测项目不合格，视问题的轻重程度给予1000~2000元罚款。

5.13 凡业主或现场项目监理方及质检工程师因质量问题，向施工方提出合理投诉的有关班组，将予以有关班组500元罚款；凡业主或现场项目监理方及质检工程师因质量问题，向总承包公司及分包公司提出合理投诉的有关班组，将予以有关班组5000元罚款。

5.14 如工程进度与质量问题发生矛盾，应以质量为主，任何人不得违反，否则视问题的严重程度给予200~500元罚款。

5.15 施工前，施工人员应对设计技术说明书和规范熟悉，包括图纸会审、技术核定、设计变更等一系列施工依据的熟悉，若是因为识图错误或对规范不熟悉而影响工程进度、质量时，每一处罚款200~2000元。

5.16 所有施工过程质量控制，均按质量“三检制”执行，工序完成后需隐蔽的，应在自检合格后，报工程部质量控制处复检，经专业工程师复检合格后，再报项目监理公司工程师验收，才能进入下一道工序施工。未经过自检，每次罚款200元；未经过专业工程师复检，每次罚款100~1000元；未经项目监理公司工程师验收，每次罚款200~2000元，并剥开或拆除隐蔽实体。

6 质量事故调查与处理

6.1 当外部对质量事故进行责任追究时，质量事故等级划分、事故调查与处理程序严格按国家、行业或地方等现行有关法规执行。

6.2 项目承包方实施质量事故责任内部追究制度，按事故造成的直接经济损失、人员伤亡情况、影响程度等，把质量事故划分为质量问题、一般质量事故、严重质量事故、重大质量事故。

6.3 质量事故的界定。

6.3.1 未发生人员伤亡且直接经济损失在1万元以下的，为质量问题。

6.3.2 符合下列条件之一的为一般质量事故：

（1）一次造成1万元及以上5万元以下直接经济损失的。

（2）发生人员轻伤的。

（3）发生大范围严重外观质量缺陷或不影响使用功能的结构质量缺陷的。

6.3.3 符合下列条件之一的为严重质量事故：

（1）一次造成5万元及以上10万元以下直接经济损失的。

（2）发生3人以下人员重伤的。

（3）局部结构严重变形或局部结构垮塌的。

（4）对公司信誉和市场造成严重影响的。

6.3.4 符合下列条件之一的为重大质量事故：

（1）一次造成10万元及以上直接经济损失的。

（2）发生3人及以上人员重伤或发生人员死亡的。

（3）发生整体结构垮塌的。

（4）对公司信誉和市场造成恶劣影响的。

6.4 质量事故（问题）报告。

6.4.1 发生质量事故（问题）应及时逐级上报，不得隐瞒不报、谎报或拖延上报。

6.4.2 一般质量事故在两天内书面上报分包公司及总承包公司质量部门。

6.4.3 严重和重大质量事故在四小时之内书面上报二级公司。

6.4.4 发生人员伤亡的，还须按照安全事故处理程序上报。

6.5 调查和处理。

6.5.1 质量问题由项目部按不合格品控制程序组织调查、分析原因，提出技术处理方案经审批签字后组织处理，在技术处理上有难度的可上报分包公司及总承包公司主管质量领导签认。

6.5.2 一般质量事故由项目部领导提出处理方案，分包公司及总承包公司主管质量领导审批并报建设集团国内工程部备案后处理，应按规定报设计院、业主、监理签认。

6.5.3 严重和重大质量事故由项目部提出方案，二级单位主管质量领导审核并报建设集团批准后，按所属行业规定程序处理。

6.5.4 事故（问题）处理需要上报监理、业主验收的，由项目部领导组织上报监理、业主验收。

附表1 工程质量处罚（奖励）通知单

附表2 事故报告书

附表3 隐患整改通知单

附表4 不合格品通知单

附表5 不合格品处置验证表

附表6 工程质量问题联系单

附表1　工程质量处罚（奖励）通知单

中国________项目经理部

质量罚款通知单

编号：ZL-(　　)

___（填施工单位名称）___：

事由：

____

____

____________。根据《中国__________项目经理部质量管理规定》的规定，处以（施工单位名称）______元的罚款。

注：（1）罚款从本月进度款中扣除。

（2）附照片。

单位：中国______项目经理部　　　经办人：

批准人：　　　　　　年　　月　　日

注：本表一式3份，施工单位1份，项目经理部（财务部）1份，工程部1份。

附表 2 事故报告书

ZL-(   )

________事故报告书

事故发生时间：________年______月______日______时______分

事故发生地点：________________________

事故单位，班组：________________________

伤亡人姓名：________工种________级别________性别________

出生________年______月 参加工作________年______月

籍贯________事故类别________伤害程度________

劳动关系：□本企业员工 □非本企业员工（□返聘 □外聘 □其他）

事故简要经过：

事故分析与结论：

参加调查人签字：________________

处理意见：

附表 3　隐患整改通知单

________公司________项目经理部

工程隐患整改通知单

ZL-(　　)

主送单位		抄送单位	
隐患整改内容：			
消除隐患时间及要求：		接受人签字：	
整改措施及落实情况： 责任人签字：			
隐患消除验证： 验证人：			

发通知单位：　　　　发通知人：

年　　月　　日

附表 4 不合格品通知单

________公司________项目经理部

不合格品通知单

ZL-(   )

主送单位：		抄送单位：
产品名称：		生产时间：
信息来源		
不合格内容描述		

发送通知单位： 发通知人：

年 月 日 年 月 日

附表 5　不合格品处置验证表

________公司________项目经理部

不合格品处置验证表

评审部门：　　　　　　　　　　　　　　　　　　　　ZL-(　　)

主送单位：		抄送单位：
产品名称：		不合格品通知单编号：
参加人员：		
不合格品性质与处理措施和期限	审批人：　　　　年　月　日	
详细的实施记录	记录人： 审批人：　　　　年　月　日	
验证	质量部门主管：　　　　年　月　日	

批准人：　　　　　　　　　　　　　　　　　　填表人：

年　　月　　日　　　　　　　　　　　　　　　年　　月　　日

附表6 工程质量问题联系单

________公司________项目经理部

工程质量问题联系单

ZL-(　　)

<table>
<tr><td>主送单位</td><td></td><td>抄送单位</td><td colspan="3"></td></tr>
<tr><td>单位工程名称</td><td></td><td>分部工程名称</td><td></td><td>分项工程名称</td><td></td></tr>
<tr><td colspan="6">质量问题内容：</td></tr>
<tr><td colspan="6">处理意见：

技术员：
质量员：　　　　年　　月　　日</td></tr>
<tr><td colspan="6">签收意见：

外联对/班组：
负责人：　　　　年　　月　　日</td></tr>
</table>

注：本表需于24小时内反馈。

12 国际工程承包项目财务管理

国际工程承包项目财务管理是指从国际工程承包项目中标启动到项目竣工完成全过程以及延续到工程项目保修期结束后的财务管理工作。为规范标准地做好国际工程承包项目财务管理工作，实施有效的项目造价与成本控制，提高项目资金经济效益，实现项目财务管理科学、细化、标准、规范、国际化的过程管理，工程承包项目须建立健全项目的财务管理工作体系。

国际工程承包项目均具备相对独立的资金、资本管理特性，工程项目成本的发生、工程价格及工程结算款等财务管理均可实现相对独立的管理，以便能够考察其相对独立的成本和效益。国际工程承包项目财务管理宜采用项目工程独立核算财务管理体制，依据项目合同和国际工程承包项目公司的财务管理制度，项目经理部组建财务部并配置相关财务人员，财务负责人按规定由上级公司委派，在项目经理的领导下负责工程项目的财务管理和会计核算工作。

12.1 国际工程承包项目财务管理原则

国际工程承包项目财务管理总则：遵守国家及项目所在国法律、法规和会计准则；遵循项目隶属公司的财务管理体系；建立账务体系，配备财务人员，组织会计核算；实施财务管理，参照国家及项目所在国有关法规，节支增效，合理避税。

国际工程承包项目财务管理须依据项目合同开展具体的财务管理工作，各项财务专业及业务工作均须遵守项目工程合同甲乙方所在国家及地区的法律法规、会计准则及相关的财会条例规定。

国际工程承包项目经理部须按照上级隶属公司的财务管理体系建立健全项目财务管理组织及财务管理制度。明确项目内外的财务管理流程，落实项目内部财务控制审批及管理工作程序，有关财务管理人员及负责人有明确的分工和工作职责权限。

国际工程承包项目须按照项目合同要求实现项目财务管理属地化应用。项目经理部可以通过规范的人力资源招聘、选聘工作程序，聘请项目所在国及项目所在地的专业会计师和税务师，协助项目经理部的中方会计师进行属地化财务管理及税务管理，研究国际工程项目在项目所在国所享受的有关法律法规及税收优惠，合理纳税避税，提高项目的财务管理效益。

国际工程承包项目须根据项目合同管理工作要求，建立健全项目财务管理的台账及账务控制体系，按照项目经理部隶属上级财务管理制度规定，定期开展财务会计核算及财务审查审计工作。落实财务内部控制管理工作职责，标准规范实现有效的项目财务管理监督，完善项目财务管理的风险预警机制，达到国际工程承包项目财务管理工作目标。

12.2 国际工程承包项目财务管理计划

国际工程承包项目财务管理计划（financial management planning）是以合同规定的货币形式进行项目各阶段预算、决算的计划及总体项目建设资金的取得、收支、使用、盈亏等财务管理的财务专项工作文件。它是项目管理的核心文件，也是项目财务管理与审计的依据。

国际工程承包项目财务计划是指项目编制的有关项目管理、人力、设计、采购、运输、建设、生产、物料、供应、质保、检验、监理、验收等各项工作的财务使用计划。主要目的是为了确立项目财务管理的具体指标，使项目相关的经营活动产生最大经济效益。

12.3 国际工程承包项目财务策划管理

国际工程承包项目经理部应根据项目预计结算款收入和大宗设备、物资等项目部各项支出的计划额度，编制项目部的财务现金流量计划，合理调配现金流，既要避免资金长期闲置，又要防止资金短缺，提高资金使用效率，追求资金效益的周转率，实时控制、实现项目部的资产负债表（balance sheet）。围绕项目经营目标和财务管理目标开展项目财务策划管理工作，力求项目财务管理指标和项目整体经济效益的最大化。

国际工程承包项目经理部应重视不同收付款币种之间的平衡，原则上使用同币种支付，避免不同币种之间的频繁兑换，减少汇兑近远期汇率损失及潜在风险。

国际工程承包项目经理部应加强对主要设备和材料等价格走势的关注和分析，制订大宗设备物资采购方案，在考虑资金占用成本和仓储成本前提下，争取在价格周期较低时一次性购入大宗设备和材料。避免重复性失误及浪费，避免发生财务管理的不合理费用。

12.4 国际工程承包项目预算管理

国际工程承包项目预算管理须在独立核算的财务管理体制下，以工程款及项目合同资金收支的过程管理形式，建立科学的资金预算管理体制，进行项目预算管理。通过预算、控制、监督、分析、考核、规范资金的使用，促进项目建立健全财务管理机制，规范财务管理行为，提高财务管理水平，降低项目成本费用，实现国际工程承包项目经营管理的目标。

国际工程承包项目须编制项目总预算，总预算下可分解为年度预算。预算编制期间以会计年度为准，即公历 1 月 1 日至 12 月 31 日。项目预、决算编制完成及后期变更，按照项目的不同规模履行审批程序，最高审批机关为国际工程承包项目隶属的上级公司财务预决算管理组织。

国际工程承包项目财务资金需求管理的预算编制：在项目开工之前，依据项目工程预算、施工组织设计等原始资料，选择最优施工方案，按照工程项目各项费用支出类别、支出时间、支出数额编制项目资金需求预算。

国际工程承包项目财务资金计划管理：以工程项目的规模协同人力资源有关部门建议并确定项目部的管理人员编制；根据项目施工进展情况对项目部工程技术人员实行动态管理；以工程项目的进度安排材料机械采购、租赁、使用和保养等财务协同配合管理工作，提高工程设备、材料、机械的使用利用率，避免中转和浪费，节省项目的采购资金成本，及时调整管理项目资金需求预算。

国际工程承包项目经理部经理须对项目财务管理预算编制工作负责。项目经理部须按照上级主管公司的财务管理制度，依照合同原则组织项目的财务预算编制管理工作，组织成立由项目经理、总会计师、财务部门、采购部门、工程管理部门等组成的预算组织，落实执行项目的财务预算编制工作。

12.5 国际工程承包项目财务制度执行管理

国际工程承包项目经理部独立核算的财务管理制度须落实执行到实处。项目施工管理中财务科目中的现金管理、成本核算、成本控制须通过财务制度执行落实到实处。项目的工程项目及其科目财务结算须通过项目合同承包商与其劳务分包、项目分包、专业分包之间规范的财务结算及往来实现项目相对独立的财务管理。

按照项目财务管理制度规定，项目招标采购的各种设备、材料及施工物资均开具采购合同规定的类别发票，一是便于依据合同的财务账务往来结算管理；二是便于项目合同享受国家有关出口退税和劳务项下的具体优惠政策；三是便于规范标准地对采购设备、材料及物资通过财务审核、审计、核算、结算等管理程序。

项目现场财务管理须规范备用金管理制度（备用金额暂定为美元）。特殊紧急的项目采购合同超出采购备用金金额时，合同执行管理人员须履行财务审批的管理程序，逐级上报核准，方可超支备用金。原则上，采购备用金仅适用于计划外小额度临时采购使用，常规采购不得使用现金或备用金。出纳员与现场采购人员三方对账，及时结清账款并登记入账，办理货款两清及货物入库手续。

项目采购的大宗材料（指砂石、砌块、钢材、水泥、钢结构等）须按照批量进场的顺序计入设备和财务台账。现场仓储保管员必须填制设备材料物资采购入库单和设备台账，现场财务管理人员汇总设备材料财务台账，报现场经理和项目经理部经理签字确认，以便及时按照合同办理设备材料的财务结算手续。

国际工程承包项目施工机械设备、检测仪器及其他有关固定资产须建立项目固定资产台账。财务管理部门会同有关部门对其正常维护、维修等费用进行核算，经项目经理确认后列入项目财务维修科目费用。

国际工程承包项目按形象进度拨款或预付工程款的各施工方（分包商），其已完工程量并取得验收文件之后，须依据合同规定的工作程序填报工程款结付申请单，经工程、财务、监理等相关管理人员审核后报项目经理审批，办理承包商与分包商之间的财务往来手续，结付有关工程款。

国际工程承包项目经理部与各相关经济核算体（专业承包、项目分包、劳务承包、其他项目服务等）、隶属的上级公司、设计公司之间发生的财务业务往来票据须经过项目经理及其上级公司财务总监、主管副总、总经理的签字后方可办理财务转账及结算等业务。

12.6 国际工程承包项目现场财务支票管理规定

国际工程承包项目经理部项目现场须严格执行项目财务管理制度规定的支票使用规则。现场发生工程项目部与项目所属的分包或其他公司的内外部财务往来结付，除按规定可使用现金的以外，原则上都应通过银行财务转账进行结付与结算。限于项目现场条件限制和项目客观需要，须经过财务管理的审批之后，使用项目财务支票进行结算。

国际工程承包项目现场与项目现场所属内部各单位之间的结算，一律使用银行转账使用的支票，不得使用大额现金。否则，将对经办人和有关财务业务管理人员给予结算金额10%的处罚，并通报批评，严重违规者将被调离工作岗位直至开除。

国际工程承包项目现场银行支票使用必须按照财务管理制度的规定办理，支票签发的银行预留印鉴必须分专人负责分别存放；财务专用章和名章必须分开保管；使用印鉴及签章等必须签字登记，注明使用目的用途等备注。

国际工程承包项目现场与项目甲方及其他方面通过财务结算取得的各种工程项目款项收入支票，均须按照财务管理制度的规定报、送、转、存至项目隶属上级公司指定的财务结算中心或部门，有关款项须按照国际结算的规定程序进行管理。

国际工程承包项目现场支票的使用与管理上须严格遵守财务管理制度有关支票使用细则的规定。支票的领用程序规范、支票的内容填写正确、支票的用途真实、支票用途的相关文件齐全。未使用的空白支票必须存放于财务部保险柜中，任何人不得私自夹带外出，否则将追究当事人及管理责任人的责任。严禁项目现场发生签发远期支票和空头支票的严重违规情况发生。

12.7 国际工程承包项目财务控制管理

国际工程承包项目财务控制管理是指项目资金投入及收益结果过程中进行的财务衡量与校正管理活动。财务控制管理的目的是确保项目财务管理及工程建设达到项目计划的目标，以及为达到财务管理和工程建设目标所制定的财务计划合理实现。所以，财务控制也是指项目按照一定的财务管理工作程序和管理方法，实现项目及其内部组织人员全面落实财务管理的工作过程。

国际工程承包项目的业务归类可将项目财务控制管理业务划分为两类：一是项目工程内部管理发生的有关一般控制类费用，通常是对日常的内部工程建设活动所发生的常规性财务管理控制，因而也称之为财务管理的基础控制；二是项目外部管理发生的有关应用控制类费用，通常是对项目工程建设往来过程中发生的与项目外部组织的商业经营性财务管理控制，因而与称之为财务管理的业务控制。

国际工程承包项目财务管理的职能性控制：一般可以按照财务控制的功能划分为预防性控制、侦查性控制、纠正性控制、指导性控制和补偿性控制。上述财务控制贯穿在项目执行过程中的不同情况和状况，目的在于利用财务管理的手段防止、预警、修正、督导、挽救项目管理工作中有可能发生及已经发生的财务管理结果。

按照工程项目管理的时序性财务控制划分，可将时序性财务控制管理划分为：事先控制、事中控制和事后控制。事先控制，是指工程项目管理过程中为防止财务资源发生偏差而在行为发生之先所行使的财务控制管理；事中控制，是指财务收支管理工作过程中发生的财务伴随控制管理；事后控制，是指对财务收支管理工作已经发生的结果所进行的考核及其事后补充的奖罚控制管理。

国际二程承包项目财务控制的主体分类中 PPP 方式的国际工程承包项目所具备的财务控制主体分类特征尤为明显。

按照项目财务控制主体分类管理可将财务控制分为：出资者财务控制、经营者财务控制和财务部门财务控制。出资者财务控制，是为了实现其对工程项目投资的资本保全和资本增值目标而对工程项目的财务收支活动进行的控制；经营者财务控制，是为了实现其对工程项目的财务预算目标而对工程项目的财务收支活动所进行的控制；财务部门财务控制，是主管财务部门为了对工程项目进行有效的资金流动管理，通过编制项目资金预算及执行资金预算，对工程项目日常的财务管理所进行的控制。

国际工程承包项目财务核算方法控制：按照项目财务控制的核算方法可将财务控制分为定额控制和定率控制。定额控制是对工程项目实行的绝对额指标核算控制；定率控制是对工程项目实行的相对比率指标核算控制，定额控制是为绝对控制，定率控制是为了相对控制。

12.8 国际工程承包项目担保管理

国际工程承包项目担保管理是国际上为保障国际工程承包工程的发包与承包合同履行所普遍采用的一种重要信用管理方式。国际工程承包项目担保管理是国际工程承包市场具有国际惯例的保障机制，有利于规范化、标准化、国际化约束国际工程承包项目合同甲乙方的责任，有利于国际工程承包项目合同甲乙方规避风险。作为一种国际间通行的担保性经济管理手段，国际工程承包项目的可信度、诚信度、资信度均得到基本保障，有利于国际工程承包项目合同落实执行。

国际工程承包项目担保管理的担保方式有以下五种：

（1）保证（国家担保、金融担保、企业担保等）。

（2）抵押（资产抵押、项目抵押、资信抵押等）。

（3）质押（不动产质押、资源质押、人物质押等）。

（4）留置（协议留置等）。

（5）定金（定金担保等）。

国际工程承包项目保证担保，又称第三方担保，是指项目保证人、项目债权人、项目债务人三者之间通过项目保证人形成的经济担保关系。通常是项目保证人对项目债权人出具的针对项目承包人的承诺担保，当项目债务人不能履行债务时，项目保证人按照担保约定代为项目债务人履行或承担的债务责任之承诺担保。

国际工程承包项目抵押担保是指项目债务人或者第三人不转移对所拥有项目财产的占有，将该项目财产作为债权的担保。项目债务人不履行或无力履行项目债务时，项目债权人有权依法将该项目财产折价或者拍卖、变卖并从该项目财产的价款中优先受偿。

国际工程承包项目质押担保是指项目债务人或者第三人将其项目质押物移交项目债权人占有，将该项目物权作为项目债权的担保。当项目债务人不履行或无力履行项目债务时，项目债权人有权依法将该物折价或者拍卖并从拍卖或变卖的价款中优先受偿。

国际工程承包项目留置担保指项目债权人按照合同约定占有项目债务人的动产，项目债务人不履行或无力履行项目债务时，项目债权人有权依法留置该项目财产，以该项目财产折价或者以拍卖、变卖该项目财产的价款优先受偿。

国际工程承包项目定金担保是指项目当事人可以约定一方向另一方给付定金作为项目债权的担保，项目债务人履行债务后，项目定金应当抵作项目价款或者收回。给付项目定金的一方不履行或无力履行约定项目债务的，无权要求返还项目定金；收受项目定金的一方不履行或无力履行约定项目债务的，应当双倍返还或按照约定的倍数返还项目定金。

国际工程承包项目担保业务管理程序如下：

（1）国际工程承包项目企业申请。

（2）国际工程承包项目担保申请受理。

（3）国际工程承包项目担保初审。

（4）国际工程承包项目担保评审。

（5）国际工程承包项目企业与担保方签订担保合同。

（6）国际工程承包项目企业办理抵押登记。

（7）国际工程承包项目担保方办理担保收费。

（8）国际工程承包项目担保方办理发放贷款。

（9）国际工程承包项目担保方办理保后管理。

（10）国际工程承包项目担保方办理代偿或追偿。

（11）国际工程承包项目企业与担保方办理担保终结。

国际工程承包项目企业申请担保需填写“信用担保申报书”，申请担保企业须具备并提供下列真实性材料，具体材料如下：

（1）法人营业执照（年检）及法人代码证。

（2）法人代表证明书。

（3）法人代表授权书。

（4）法人代表及委托代理人身份证。

（5）注册资本验资报告。

（6）贷款卡及贷款卡回执单。

（7）资信证明。

（8）公司章程及公司合同。

（9）借款申请书。

（10）申请借款和担保的董事会决议。

（11）当期财务报表及近3年的财务报表和经合法中介机构出具的审计报告。报表主要包括：资产负债表、损益表、现金流量表等。

（12）与借款用途有关的资料：购销协议、合作协议等。

（13）项目可行性报告及主管部门批件。

（14）生产经营情况。

（15）主要存货、长期投资、固定资产、银行借款明细表，应收账款账龄分析表（或）有负债情况表。

（16）其他有关要求的必要性材料。

国际工程承包项目反担保第三人应提供的材料如下：

（1）法人营业执照（年检）及法人代码证。

（2）法人代表证明书。

（3）法人代表授权书。

（4）法人代表及委托代理人身份证。

（5）注册资本验资报告。

（6）贷款卡及贷款卡回执单。

（7）资信证明。

（8）公司章程及公司合同。

（9）当期财务报表及近 3 年的财务报表和经合法中介机构出具的审计报告。报表主要包括：资产负债表、损益表、现金流量表等。

（10）主要存货、长期投资、固定资产、银行借款明细表，应收账款账龄分析表（或）有负债情况表。

（11）其他有关必要性材料。

国际工程承包项目反担保方式为抵押或质押应提供的材料如下：

（1）抵押物、质物清单。

（2）抵押物、质物权力凭证。

（3）抵押物、质物评估资料。

（4）保险单。

（5）董事会同意抵押、质押的决议。

（6）抵押物、质物为共有的，提供全体共有人同意抵押的声明。

（7）抵押物、质物为海关监管的，提供海关同意抵押或质押的证明。

（8）抵押物、质物为国有企业，提供主管部门及国有资产管理部门同意抵押或质押的证明。

（9）其他有关必要性材料。

国际工程承包项目企业担保受理条件如下：

（1）具备企业法人资格并已通过年检。

（2）依法经营，经营范围符合国家政策。

（3）基本具有偿还借款的能力，并能提供反担保措施。

（4）对单个企业的担保金额不超过企业自身实收资本的 10%。

（5）申请担保额不超过企业有效净资产的 70%。

（6）申请担保的企业资产负债率不超过 70%。

（7）其他法律约束性条款。

12.9 国际工程承包项目外汇管理

国际工程承包项目外汇管理是指在国际工程项下发生的、按照国家外汇管理政策进行有关项目合同外汇结算与交易的管理活动。国际工程承包项目外汇管理涉及对外工程款的结付，项目合同结算外汇币种的汇率变化折损与收益，因此，必须认真做好国际工程承包项目的外汇管理工作。

国际工程承包项目在境内开立外汇账户，应当按照《外汇账户管理暂行办法》规定及所在国的法律法规办理。

国际工程承包项目及其隶属公司在参加国际工程承包项目投标时，应根据合同外汇币种与所在国货币比率，汇率预计的升值或贬值率，参照国内人民币相关走向，按照合同最大工期核算项目费用总额，确定工程结算款中的合同外汇额。

国际工程承包项目在经过谨慎测算、预算的基础上，合同工期超过两年的项目，可以锁定项目合同外汇币种与项目所在国的货币比率，降低风险，提高实际收益。

国际工程承包项目编制外汇收支计划表，平衡外汇资金收支，减少外汇兑换带来的损失。汇率波动较大时，应通过金融工具规避汇率风险。

12.10 国际工程承包项目税务管理

国际工程承包项目作为国际工程中普遍采用的一种建设组织模式，由于其建造国际化、建设属地化的特点，得到了国际工程承包市场的普遍认同。但是，国际工程承包项目在项目所在国的税务风险也成为承包商在国际工程承包项目中所面对的主要问题之一。由于税务管理经验的不足，国际工程承包项目在合同执行过程中产生的税收争议和合同纠纷日渐增多。国际工程承包项目税务管理成为直接影响到项目经济效益的重要管理工作。因此，做好国际工程承包项目税务管理工作，对于国际工程承包企业拓展国际工程市场，提升国际工程项目盈利能力具有非常重要的现实意义。

国际工程承包项目税务管理涉及项目各个当事方的利益，也涉及项目经营管理的重点环节。因此，充分利用项目所在国、所在地区政府或其委托参与项目建设的企业、分包公司、投资股东、项目服务商、项目金融机构等参与项目税收管理的能力，合理控制项目的税收，搞好项目互利共赢的税收管理。

国际工程承包项目税务管理对于一般性国际工程承包项目，如 BT、EPC 等，承包企业承建的是项目工程建设部分，一般不参与投资，因此，项目所在国对于这类工程项目的税收种类科目较为简单规范。但是，采用 BOT、BOO、PPP 等合同方式的国际工程承包项目，直接涉及项目到所在国的投资、融资、建设、运营等管理内容，项目所在国对于这类工程项目的税收种类科目较为复杂，不同国家不同地区的税收标准及规范存在较大的差异。因此，国际工程承包项目必须认真研究、学习、掌握项目所在国对于不同类别的国际工程承包项目所适用的税收法规、政策、标准，才能做好国际工程承包项目的税收管理工作。

国际工程承包项目涉及我国建造的大型设备、设施及大宗材料的出口，也涉及项目建设需要的第三国及中国之外其他国家的部分设备及服务，因此，国际工程承包项目须掌握且用足我国国际工程承包项目有关的税种、税目、税率以及各税的纳税环节、申报要求和税收优惠政策。

国际工程承包项目应合理配置合同工程款的支出、补偿、回款等形式、方式。根据市场变化协议实物补偿、货币互换等。国际工程承包项目应充分利用国家间协议争取更大的税务优惠。

国际工程承包项目应用足项目所在国国际工程相关的税种、税目、税率以及各税的纳税环节、申报要求和税收优惠政策。国际工程承包项目应当充分理解项目所在国及所在地区的境外税收抵免政策及申报的原理和结构、保证境内外财税信息的一致性和准确性、合理设计境外税收抵免的基础计算税额及其台账，妥善保存境外税收税务缴款凭证，以便合理申请避税。

国际工程承包项目须合理配置项目现场工程款的支出、补偿、回款、税收等形式和方式。以境外所得税抵免申请为例，国际工程承包项目进行海外施工在项目所在地缴纳所得税后，可向主管税务机关申请境外所得税抵免。

**国际工程承包项目须关注中国项目企业所得税对于境外所得税的抵免、受控外国企

业、中国公民纳税项目企业等政策要点，充分利用项目所在国的投资建设优惠政策，争取更大的税务优惠。当然，国际工程承包项目公司也要防止发生中国企业通过在低税率国家或避税地建立国外分公司，以各种不合理的商业安排，将国际工程承包项目利润保留在国外分公司不分配或者少分配，延迟或逃避在中国国内的高额纳税义务等问题。

国际工程承包项目须充分利用国际合作的合法模式，降低、减少或免除国际工程承包项目的税收。例如：印度尼西亚对于支付给非居民纳税人的股息征收20%的预提所得税，如果国际工程承包项目的施工利润直接由印度尼西亚汇回到中国，那么，该项目企业将面对承担20%的股息预提所得税。因此，国际工程承包项目的税收管理应对方法可采用在中国香港注册成立的海外管理公司（《中华人民共和国香港特别行政区政府与印度尼西亚共和国政府就收入税项避免双重课税和防止逃税协定》股息条款规定，如股息的拥有人是直接持有支付股息公司至少25%的股本的公司，股息的税率为5%，其他情形下为10%。《内地和香港特别行政区关于对所得避免双重征税和防止偷漏税的安排》及其议定书中有类似的规定）。将国际工程承包项目在印度尼西亚产生的项目利润以股息的方式先归还到中国香港的管理公司，再由中国香港的管理公司汇回到中国国内的国际工程承包项目母公司。

国际工程承包项目税收管理面对许多不同类型的风险，须不断加强项目税收风险的防控，赢得项目利益。例如：国际工程承包项目业主方对于项目承包的企业主体资质有具体的要求，一般会要求由中国的国际工程承包企业与其直接签订国际工程承包合同。如果此时中国的国际工程承包企业在项目所在国设立分公司或者项目经理部，由该国际工程承包企业的分公司与业主方签订项目合同，项目的利润核算体现在国际工程承包企业设立在项目所在国的分公司，那么，项目利润实际归属方为中国国内的项目母公司。如果再利用项目所在国不同企业不同税收的政策，利润则可以分公司（外来投资企业、属地化企业等，税收不同）盈利的形式汇回中国国内项目企业母公司。

国际工程承包项目税收管理案例纷繁复杂，需要掌握不同国家不同地区对于国际工程承包项目及其关联性企业的相关法律法规及税收政策，学习掌握有关方面的税法、税则，要求国际工程承包项目及其上级母公司有关管理人员认真学习掌握，才能为国际工程承包项目及承包企业创造性赢得更多、更高的合理利润。

13 国际工程承包项目融资管理

鉴于国际工程承包项目规模和竞争不断增大的趋势，国际工程承包项目已经突破了传统型的国际工程承包项目建造和建设模式，日趋呈现出提供最新技术装备、最高设计标准、最全项目培训、最优金融服务的趋势。因此，国际工程承包项目融资管理日益凸显出其在国际工程承包项目管理与市场开发竞争的重要性，国际工程项目的融资管理，不仅体现了项目本身的可行性和重要性，还体现了项目隶属国际工程承包公司的国际化、规模化、专业化管理能力和竞争性综合实力。

国际工程承包项目融资的主要方式包括：国际金融机构贷款；项目所在国中央政府和地方政府资金；政府间双边贷款或援助协议；商业银行贷款项目融资；出口信贷，包括优惠出口买方信贷、卖方信贷、买方信贷和对外优惠贷款；项目建设、运营和转让的 BOT 方式及其演变方式；PPP 方式和私营主导融资的 PFI 方式等。上述融资方式须结合国际工程承包项目的不同具体情况选择管理，保障承包项目公司及承包项目的融资管理效益。

13.1 国际工程承包项目融资管理形式

国际工程承包项目融资管理的融资架构搭建形式主要有两种：一是权益融资，二是债务融资。权益融资的主体是国际工程承包项目隶属母公司的权益融资管理，其融资方式涉及较为复杂的企业股权认购、权益变更等。债务融资的主体是国际工程承包项目隶属母公司及其上级集团公司的融资管理，其融资管理包括利用债券平台、融资中心、海外债券、证券交易、财团资金、财务公司、银行保险公司等融资方式进行的融资管理。

国际工程承包项目融资管理采用权益融资的方式，融资取得的方式具有直接快捷、效益明显的优势。但是，国际工程承包项目母公司通常都属于上市公司，如果项目母公司采用权益融资的方式，其权益融资以税后股息的方式取得项目实现利润，面临较高的税负，包括股息间接负担的项目所在地所得税性质的税负和股息预提所得税等。同时，工程承包项目母公司权益及股本认购、出让、转让、回购也会受到有关上市公司法律法规的约束，也会有风险和损失，而且，直接面对股东及董事会甚至是证券管理委员会的监管。

国际工程承包项目融资管理采用债务融资方式，承包项目母公司及其隶属的集团公司现金流量及资本流动的灵活性会得到较大的增加，本金收回管理直接。承包项目母公司债务融资支付的融资费用可在承包项目核计所得税前得以扣除，因此，债务融资某种程度上可以成为承包项目及其母公司实际核算的“税盾”。债务融资相对固定的支付形式与承包项目及其母公司税后是否盈利无关，项目母公司投资的股本仍可以通过税后股息的方式得到股息回报。当然，国际工程承包项目及其母公司融资管理采用债务融资方式带来的风险也很高，金融市场和资本市场的波动变化瞬息万变，长线背后存在的管理及金融活动成分复杂，需要承包项目及其母公司审慎做好债务融资的日常管理，更要组织做好承包项目母公司及其集团公司协同债务融资有关方面的互利共赢管理。

国际工程承包项目融资管理还可以通过上市公司股权融资的增发和配股、发行项目新型债券、可转换债券三种方式。这三种方式均具有不同的融资管理优势和劣势，其具体或更详细的管理内容属于项目及其隶属上市公司的证券业务范畴，本章节不做详解。

国际工程承包项目通过设立项目建设基金的方式进行融资管理。例如：PPP 产业基金，通过 PPP 即 public-private-partnership 的模式，政府、私人与合伙人为了项目合作建设共同出资服务，以特许权协议作为基础，彼此之间形成互利共赢的平等伙伴合作关系，通过签署融资与合作的项目合同明确各方的权利和义务，确保项目合作顺利完成，使项目合作达到超越各方单独组织管理难以达到或不能达到的成功结果。PPP 是一种日渐成熟的项目投资模式，也是国际工程承包项目融资管理工作中融资架构设计的重要选项之一。但是，国际工程承包项目采用 PPP 方式需要办理相应的国际担保，其中包括国家担保、业务保函、预付款保函、履约保函、工资发放保函、质量保函等多种担保管理，需要国际工程承包项目认真研究掌握。

13.2　国际工程承包项目融资信贷管理

国际工程承包项目融资信贷管理须符合国家有关法律法规要求，符合国家商业银行、金融组织管理条例的要求，符合国家项目产业领域及国际合作的政策要求。

国际工程承包项目融资信贷资质管理：国际工程承包项目及其母公司须具有中国商务部核发的“对外承包工程经营资格证书”；项目及其母公司已经在经营资格证书载明的业务范围内开展对外承包工程业务；项目及其母公司依法经工商行政管理机关或主管机关核准登记；项目及其母公司在贷款行开立基本存款账户或一般存款账户；项目和母公司及其主要股东信用状况良好，无重大不良记录；项目已按照国家规定办理审批、核准或备案手续，项目及其母公司其他企业年审等必要手续完备。

国际工程承包项目及其母公司资质管理公司融资信贷贷款须提交以下资料：

（1）借款申请。

（2）借款人公司章程、经年检的营业执照、组织机构代码证、税务登记证明、贷款卡、验资报告、法人代表身份证明等。

（3）借款人近三年经会计师事务所审计的年度财务报告和最近一期月度财务报表。以新设立项目法人为借款人的，须提供股东相关资料。其承包项目的技术和经济可行性及可能发生的各种风险须提交综合评估报告。

（4）国际工程承包项目可行性研究报告，项目所在国政府对项目环保、土地、规划、安全生产和投资管理等方面的许可文件。

（5）项目资本金已落实的证明文件。

（6）项目建设及生产经营相关的合同和协议文件，包括承包合同、特许经营权协议、购买协议、产品支付协议、原材料供应合同等。

（7）贷款担保要求的相关资料等。

国际工程承包项目融资信贷金额应当根据项目投资需要、固定资产投资项目资本金比例要求，综合考虑项目预期现金流、风险水平和信贷风险承受能力等因素，合理确定贷款金额。承包项目及其母公司在拟申请使用中国金融机构信贷的带资项目建设，在未取得有关金融机构出具承贷意向函之前，不应对项目业主方承诺为承包项目贷款或融资。

国际工程承包项目融资期限是指贷款第一笔发放之日起至借款人按合同约定还清全部贷款本息之日止的时间，具体期限应当根据项目预测现金流、投资回收期和融资金额等因素合理确定，要严格控制国际工程承包项目的中长期贷款。

国际工程承包项目及其母公司进入项目所在国家及地区开展国际工程承包业务，须根据外交部、商务部、国资委、国际工程承包商会等国家有关部委组织的有关规定，向我国驻外使领馆报备联系，以便取得相关国际合作管理的必要信息，取得国家在项目所在国家及其地区的保护支持和帮助，做好承包项目在项目所在国家及地区的工程管理及融资信贷管理工作。

13.3 国际工程承包项目出口买方信贷管理

国际工程承包项目买方信贷管理是一种低风险的项目融资方式，国际工程承包项目可以其作为首选的项目融资方式，具体原因及优势特点如下：

（1）国际工程承包项目采用买方信贷的融资管理方式，融资不影响承包项目及其母公司的资产负债率，资产负债表中不会反映出流动负债比率的削弱，因而不会影响承包项目及其母公司的进一步融资能力。

（2）国际工程承包项目采用买方信贷的融资管理方式的优势。买方信贷融资管理有利于加速项目及其母公司的资金周转。采用买方信贷，项目业主方是按照工程进度用现汇向承包项目及其母公司支付工程进度款。因此，工程承包项目及其母公司承担的风险可以最小化。国际工程承包项目及其母公司收入的是现汇，在国际工程承包管理中是风险最小的支付方式。项目业主方不能按期付款的风险将主要由银行间接承担，通过银行的担保及保险公司承保出口信用保险来转移这些风险。

（3）国际工程承包项目采用买方信贷融资管理方式的劣势。买方信贷融资与卖方信贷融资相比，项目业主方组织实现买方信贷涉及的商业银行、保险、担保等关系面多，申请办理买方信贷的手续比较复杂。特别，项目买方信贷的费用相对较高，影响项目业主方采用买方信贷方式的积极性，从而增大了国际工程承包项目以买方信贷的方式与业主方达成项目签约生效的国际合作项目开发难度。

（4）国际工程承包项目融资管理方式的优势选择。国际工程承包项目卖方信贷优势是采用政策性低利率（但商业银行采用市场利率），而出口买方信贷优势是采用市场利率。

（5）国际工程承包项目融资风险管理。国际工程承包项目的融资风险主要由出口国银行承担，而不是由项目承包商（项目承包公司）承担，故出口国银行和进口国银行都要对项目的可行性研究报告进行严格的专业审查和金融核算评估，必要时，银行金融机构还将开展独立的项目调查。一般来说，银行及金融机构还会要求项目业主方及承包方采用不同形式的担保，或者要求采用具有同等担保作用的信贷协议、投保出口信用险等方式来转移提供信贷服务的风险。因此，项目承包商以采用买方信贷的方式，将预计经济效益不佳的项目融资风险转嫁给出口国银行的想法都是不切合实际的。

（6）国际工程承包项目融资管理须注重贷款银行的信誉。国际工程承包项目必须能够得到进口国银行为项目贷款提供的担保，或者，项目融资通过进口国银行为项目的贷款协议而承担担保的责任。因此，国际工程承包项目进口国银行的信誉至关重要。对于某些偿还外债能力较差、甚至负债累累的国家银行，或者，虽然项目进口国偿还外债的能力尚可，但承包项目业主方所能够提供的进口国银行的综合实力和信誉不良，都将无法获得国际工程承包项目出口国银行的评估认可。例如，类似委内瑞拉等国家的国际工程承包项目，即便是这个国家拥有石油资源，也很难实现国际工程项目的成功实施。因此，国际工程承包项目融资管理必须高度重视项目业主方银行及金融机构的资信商誉及项目所在国的负债率风险。

（7）国际工程承包项目融资管理采用出口买方信贷方式，信贷成功的基本条件包括：承包项目所在国政治经济局势稳定；项目业主方的资信良好且具备项目信贷偿还能力；承包项目合同承包方（中方）出口中国设备材料、劳务输出及技术服务合同额大于项目合同额的百分之五十；项目合同额最低限度为200万美元以上；项目业主方能够提供中国进出口银行认可的担保；项目业主方能够提供项目信用保险，以及其他必要条件。

（8）国际工程承包项目融资出口信用保险管理。具体来说，项目业主方必须能够投保出口信用险。项目业主方只有具备足够条件的信誉，项目本身具有预期良好的评估效益，才能被其投保出口信用险的保险公司所接受并认可。项目业主方只有具备较为充裕的自筹资金能力，才能接受投保费率并承担一次性相对较高的项目保险费。

13.4 国际工程承包项目融资出口卖方信贷管理

国际工程承包项目出口卖方信贷（supplier credit）是承包项目出口国为实现项目带动中国机电产品、成套设备、大宗材料、对外工程劳务输出、工程项目承包等规模资本性货物和服务出口，由承包项目出口国银行提供给出口商的中长期融资服务。

国际工程承包项目融资出口卖方信贷的资格条件：凡是取得中国政府“对外承包工程经营资格证书”从事对外国际工程承包项目经营活动、在中国工商行政管理机关合法登记注册、具有独立法人资格、具有对外承包工程经营权的企业，均符合国际工程承包项目申请出口卖方信贷的资格条件。

国际工程承包项目融资管理出口卖方信贷业务与出口买方信贷业务的区别：项目借款主体不同，出口买方信贷业务的借款人是买方，即国外进口商（工程发包方）；而出口卖方信贷业务的借款人是卖方，即国内出口商（工程承包商）。

国际工程承包项目融资出口卖方信贷的风险主要包括：出口卖方信贷项目出口企业的履约能力、交付能力；出口项目企业信用风险；出口项目企业完工风险；项目所在国家及地区风险；项目销售风险；信贷汇率风险；信贷利率风险；出口项目企业设备及材料保障；工程项目潜在的政治经济、自然灾害、战争、劳务风险等，其他的相关风险。

国际工程承包项目融资出口卖方信贷管理工作程序：出口卖方信贷项目公司在其出口项目合同生效后，即可向信贷银行提出信贷借款申请，同时，向信贷银行提交下列文件：

（1）借款申请书。写明出口卖方信贷项目公司申请借款金额、币别、期限、用途、还款来源、还款保证、用款/还款计划等；上市公司、股份制公司须提交公司董事会关于同意申请借款的决议和借款授权书；初次借款的出口卖方信贷项目公司需要提交公司章程和资本金到位情况的证明。

（2）出口卖方信贷项目公司工商执照及其年审的营业执照；近三年经过审计公告的年度财务报告和贷款文件记录资料。

（3）出口卖方信贷项目公司主管政府部门对项目的批准书（包括使用外汇贷款的进

口所需的批准文件）。

（4）出口卖方信贷项目公司该项目合同的商务合同副本（含出口合同、国内采购合同和使用外汇贷款的进口合同）。

（5）出口卖方信贷项目公司对该项目基本情况及经济效益分析报告。

（6）项目进口方银行出具的延付保证（即不可撤销的信用证或保函）。

（7）保险机构承诺办理出口信用保险的意向书及借款人同意将出口信用险项下赔付款优先用于还贷的证明。

（8）出口卖方信贷项目公司担保的有关资料（包括抵/质押物权属证明文件、评估报告等，以及保证人的营业执照、财务报表复印件及担保意向书等）。

（9）信贷银行要求的其他必要有关材料。

出口卖方信贷项目公司申请具备的基本条件：出口商具有法人资格；经国家批准具有“对外承包工程经营资格证书”规定的对外国际工程承包经营权；出口商借款经营管理正常，财务信用状况良好；出口商有履行出口合同的综合能力和业绩；出口商在银行开立账户并具备还款保证；出口项目符合国家有关产业政策和企业的法定经营范围；出口商具备有关国家政府主管部门审查批准且已经生效的合同；出口项目经济评估及预期效益良好；出口项目合同汇兑成本合理，具备出口卖方信贷条件。

出口卖方信贷项目管理的基本条件：出口卖方信贷项目带动国产设备、材料、技术、劳务及管理的出口额占项目合同总额的比例不低于15%；出口卖方信贷项目合同金额不低于100万美元，预付款比例一般不低于15%；出口卖方信贷项目合同延期付款部分可以提供银行认可的支付保函；出口卖方信贷项目贷款金额最高不超过合同价的80%~85%；出口卖方信贷项目借款人需向保险公司投保出口信用险；出口卖方信贷项目合同先于贷款协议生效。

13.5 国际工程承包项目优惠贷款业务管理

国际工程承包项目优惠贷款（concessional loan）是指中国政府向发展中国家提供的具有援助性质的中长期低息贷款。目前，中国优惠贷款援助项目覆盖了亚洲、非洲、拉美、南太、东欧、中亚等共计140多个发展中国家。中国优惠贷款主要用于中国政府向援助国家进行的政府合作项目、公益性发展项目、中资企业与受援国企业的合资合作项目、投资项目所在国生产前景和社会效益良好的项目、基础设施建设项目、提供中国生产的成套设备和机电产品出口项目等。

优惠贷款申请函（application for concessional loan）是指受援国政府授权的借款人根据中国政府经济援助的项目向中国政府和中国进出口银行签发并提交的优惠贷款融资正式书面借贷申请文件。文件中需明确注明项目名称、项目金额、需要申请的优惠贷款融资金额和项目实施单位名称等。

中华人民共和国驻外使领馆经参处支持优惠贷款项目推荐函（support letter from the Economic and Commercial Counselor’s Office）是指我国驻受援国使领馆经参处就中国对受援国实施的经济援助项目申请使用中国优惠贷款融资向中国进出口银行出具的正式书面推荐文件。

优惠贷款申请文件（documents used for application for concessional loan）是指承包中国

政府对外经济援助项目公司向中国进出口银行提交的申请优惠贷款的基础文件。文件包括：优惠贷款申请函、中英文对照的经济援助项目可行性研究报告、中国驻项目所在国使领馆经参处出具的推荐函、经济援助项目合同、项目环境评价报告等。

政府优惠贷款框架协议（framework agreement between governments）是指中国进出口银行对经济援助项目的优惠贷款申请文件进行评审之后，经济援助项目经过中国政府商务部、外交部、中国进出口银行审批通过，中国政府与受援国政府就项目优惠贷款融资签署的协议，优惠贷款协议明确了中国政府与受援国政府就经济援助项目进行优惠贷款的借贷权利与义务。

上述经济援助项目优惠贷款申请、发放、执行的国际工程承包项目优惠贷款管理必须完全符合中华人民共和国商务部颁发的《对外援助项目立项管理规定（试行）》（商援发〔2015〕485 号）的规定。

13.6 国际工程承包项目国际商业银行贷款管理

国际工程承包项目国际商业银行贷款管理是指项目借款人为支持完成某一国际工程承包项目合同，通过国际金融市场向外国银行借入资金。外国银行既包括资金雄厚的大银行，也包括中小银行及银行的金融机构。

国际工程承包项目通过国际金融市场进行国际商业银行贷款，按照国际商业银行贷款的期限可分为：短期信贷、中期信贷、长期信贷。国际工程承包项目公司可根据工程项目所在国政府或项目业主方的需求，申请国际商业银行期限不同的贷款。申请国际商业银行贷款的企业应具有“对外承包工程经营资格证书”，同时应满足银行对贷款申请人信用评级的要求。

国际工程承包项目通过国际金融市场申请办理的国际商业银行短期信贷借贷期限在一年以内、短期资金市场一般称为货币市场。短期贷款多为 1～7 天及 1～3 个月，少数为 6 个月至 1 年。这种短期信贷可分为银行与银行间的信贷和银行对非银行客户（公司企业、政府机构等）的信贷。银行之间的信贷称为银行同业拆放。短期贷款一般凭银行之间的同业信用商誉进行彼此之间的商借，通常不用签订贷款协议。但是，银行必须通过业务电话、电传承交，借贷生效之后予以书面确认。银行之间的同业拆放期限从 1 天到 6 个月为多，原则不许超过 6 个月。大型国际商业银行之间短期信贷的每笔交易额在 10 亿美元以下，一般国际商业银行之间的短期信贷交易约为每单一千万美元左右。银行对非银行客户的短期信贷交易限制很多，实际达成的短期信贷极少。

国际工程承包项目通过国际金融市场申请办理国际商业银行的中期信贷是指一年以上、五年以下的贷款。国际商业银行的中期信贷必须由借贷双方的银行签订贷款协议。由于国际商业银行中期信贷的期限长、金额大，国际商业银行会按规定要求项目借款人提供所属国家的政府担保。国际商业银行的中期贷款利率比短期贷款利率高，一般是按照市场利率的基础再上浮一定的附加利率。

国际工程承包项目通过国际金融市场申请办理国际商业银行的长期信贷是指五年以上的贷款。国际商业银行的长期信贷通常会通过数家国际银行组成的银团共同评估，通过评估之后方可决定贷款给某一达到评估要求、具备信贷综合实力、国际知名的全球化国际工程承包公司。

我国使用国际银行的贷款项目初审后须报国家发展计划委员会审批。送审的文件应包括项目建议书、可行性研究报告和利用外资方案。申请材料的内容必须包括借用国际银行贷款的具体形式、数额、国内配套资金落实安排情况、贷款的主要用途、项目经济效益初步测算及外汇平衡情况、贷款的偿还方式和偿还责任（还款人和担保人）等。未经国家主管部门批准，国际工程承包项目不得与国际工程项目所在国政府、银行或业主方申请或承诺国际银行的商业贷款。

13.7 国际工程承包项目信贷与保险生效条件

“出口买方信贷保险单”项下的保险责任生效的前提条件：贷款协议生效、出口企业签署并提交《出口买方信贷保险承诺书》、保险费付讫。

“出口卖方信贷保险单”项下的保险责任生效的前提条件：国际工程承包项目的商务合同生效、出口企业全额收到商务合同项下的预付款、保险费付讫。

“出口延付合同再融资保险单”项下的保险责任生效的前提条件：商务合同项下的中长期应收款已被买断、国际工程承包项目向中国出口信用保险公司提交《承诺函》、保险费和手续费收讫。

13.8 信贷管理小结

申请使用出口信贷开展国际工程承包的企业应具有商务部核发的“对外承包工程经营资格证书”，并在经营资格证书载明的业务范围内开展对外承包工程业务。

项目追踪承揽拟使用中国金融机构信贷的带资项目的，在未取得有关金融机构出具承贷意向函前，不得擅自对外承诺为项目贷款或融资。

项目进入某国（地区）开展对外承包工程业务，应依据有关规定，加强与我驻该国（地区）使领馆、项目所在国相关方的沟通协调，并按贷款银行的要求实施管理好项目。

具有独立法人资格，具有对外承包工程经营权，具备对外承包工程专业技术资质和实力的企业，方可向银行申请出口卖方信贷。

14　国际工程承包项目考核管理

14.1　国际工程承包项目考核原则

根据国际工程承包合同，对照项目及其隶属上级公司管理制度、关键业务流程规定，结合国际工程承包项目经理部与其隶属公司签订的目标责任书，落实推行项目合同执行及考核工作。

14.2　国际工程承包项目考核范畴及目标

根据项目经理部及其隶属公司工程管理制度化、专业化、标准化的管理标准，对国际工程承包项目全过程进行考核。考核包括但不限于年度、季度、月度考核；项目设计、土建、结构、机电、安装、采购、运输、调试、竣工等不同工作阶段的考核；安全、质量、进度、计划、财务、成本、劳务、服务等单项工作的考核。其中，应重点突出项目过程管理和成果管理的考核特征，目标推动并全面实施国际工程承包项目的基础管理、过程管理、考核管理、规范管理工作。

14.3　国际工程承包项目管理考核的基础依据

国际工程承包项目管理考核的基础依据有：

（1）管理制度。

（2）管理体系。

（3）管理文件。

（4）标准规范。

（5）图纸文件。

（6）会议纪要。

（7）档案记录。

（8）信息报告。

（9）其他。

14.4　国际工程承包项目过程管理考核工作的主要内容

国际工程承包项目过程管理考核工作的主要内容包括：

（1）项目开发。

（2）设计投标。

（3）工程合同。

（4）成本预算。

（5）劳务分包。

（6）招标采购。
（7）仓储运输。
（8）现场施工。
（9）安全质量。
（10）试车竣工。
（11）决算考核。
（12）仲裁争议。
（13）其他。

14.5 国际工程承包项目工程管理考核工作的主要内容

国际工程承包项目工程管理考核工作的主要内容包括：
（1）计划管理（年度、季度、月度计划，计划调整、批准、报备）。
（2）进度管理（目标进度、进度差异、单项进度、综合进度、进度问题）。
（3）合同管理（成本构成、预算管理、回款管理、核算管理、目标管理）。
（4）采购管理（招标管理、投标管理、评审管理、合同管理、采购问题）。
（5）施工管理（施工方案、质量管理、安全管理、设计监理、验收管理）。
（6）分包管理（分包工程、分包核算、分包管理、分包考核、分包问题）。

14.6 国际工程承包项目管理制度、管理规范、管理标准的主要考核内容

国际工程承包项目管理制度、管理规范、管理标准的主要考核内容包括：
（1）工程管理体系。
（2）工程管理职能。
（3）工程管理监理。
（4）工程管理合作。
（5）合资管理工作。
（6）股权管理协作。
（7）权益管理工作。
（8）产权管理工作。
（9）增项、变更、风险管理工作等。

14.7 国际工程承包项目管理工作考核的目标

为全面提高国际工程承包项目管理工作，重点做好对工程项目的计划管理、指标管理、质量管理、分包商管理等各项考核工作，具体内容如下：

（1）国际工程项目部结合其工程管理制度、招投标管理、分包管理、施工管理、成本管理、合同管理、导则规范、盈亏效益、工程事故等九个重要方面的工作情况进行月度、季度、年度的全面自查、检查和考核。

（2）国际工程承包项目考核工作须结合工程项目的不同工作阶段落实考核的不同内容和范围，包括但不限于如下内容：质量规范、建造质量、检查验收、合格率、质量事故、竣工验收、合同计划、施工计划、进度计划、成本计划、试车计划、竣工考核、验收计

划、合同、设计图纸、施工图纸、会议纪要、设备材料资料、建设安装报告、监理验收记录、认证资料、规范标准、往来工作函电、资料文件管理、行政管理、后勤管理、劳保管理、车辆管理、劳务管理、培训管理等工作。

(3) 国际工程承包项目及项目隶属上级公司应随时针对上述工程管理工作的实际情况进行抽查、核实、督导、考核。

14.8 国际工程承包项目及其隶属上级公司对各个国际工程承包项目的检查、核实、督导、考核管理

具体管理工作须结合各个工程项目部提交的“工程项目考核工作总结”，对国际工程项目分专业、分项目、分阶段进行细化综合考评，将考核结果归纳建立模型，找到问题的根源和解决问题的方法。

国际工程承包项目考核管理文件和考核结果文件须进行汇总，考核分数计入项目隶属上级公司对国际工程承包项目经理部的年度考核权重，作为国际工程承包公司对有关国际工程承包项目的年度考核奖惩的依据。国际工程承包公司须按照公司的有关规定落实考核奖惩，奖罚分明，奖励先进，鞭策后进，并将考核结果归档进入国际工程承包项目管理档案及项目经理部隶属上级公司工程管理的文件档案。

国际工程承包项目考核报告须经相关项目经理签字，扫描成为 PDF 格式的电子文件，按照工程项目档案管理制度规定存档备查。

14.9 国际工程承包项目考核样本

＿＿＿＿＿年度＿＿＿＿＿部绩效目标及考核标准

序号	指标类型	绩效指标	权重	年度目标值	考核	
					分数	标准
1	过程类	工程管理考核	6%	考核项目部的工程管理工作（管理制度、招投标管理、分包管理、施工管理、成本管理、合同管理、导则规范等，对上述工作的抽查、督导、考核）	100	项目部有关工作完备且执行落实
					80	项目部有关工作存在部分不完善
					60	项目部有关工作部分缺失
					<50	项目部有关工作出现失误
2		工程质量考核	5%	考核项目部工程质量管理工作（质量规范、建造质量、检查验收、合格率、质量事故、分项及竣工验收结果等，对上述工作的抽查、督导、考核）	100	项目部有关工作完备且执行落实
					80	项目部有关工作存在部分不完善，或发生一项损失十万级质量事故
					60	项目部有关工作存在缺失，或发生一项损失百万级质量事故
					<50	项目部有关工作出现严重失误。若发生重大事故，本项得分为0分
3		工程计划考核	5%	考核项目部工程计划管理工作（合同计划、施工计划、进度计划、成本计划、试车计划、竣工考核及验收计划等，对上述工作的抽查、督导、考核）	100	项目部完成有关计划（完成率=实际进度/计划进度）
					80	项目部完成部分有关计划
					60	项目部有关计划失误
					<50	项目部有关计划缺失

续表

序号	指标类型	绩效指标	权重	年度目标值	考核	
					分数	标准
4	基础类	工程资料管理	2%	考核项目部工程资料管理工作（合同、设计图纸、施工图纸、会议纪要、设备材料资料、建设安装报告、监理验收记录、认证资料、规范标准、往来工作函电文件等，对上述工作的抽查、督导、考核）	100	项目部有关资料管理规范、完整、报备、归档
					80	项目部有关资料完备，管理或报备归档不规范
					60	项目部有关资料缺失
					<50	项目部有关资料管理失误损失
5		项目部综合管理情况	2%	考核项目部综合管理工作（行政管理、后勤管理、劳保管理、车辆管理、劳务管理、培训管理等，对上述工作的抽查、督导、考核）	100	有关制度完备，管理执行落实充分
					80	有关制度基本具备，管理执行落实不足
					60	有关制度待完善，管理基本到位
					<50	有关制度缺失，管理存在失误

考核结论：

考核部门及人员签字（章）　　　　被考核部门人员签字（章）

时间：　　　　时间：

工程管理考核表

项目部： 时间： 年 月 日

管理考核内容	基础文件	执行文件	备注、文件
项目管理组织			纸质、电子文档
项目管理范围			
项目管理分工			
项目管理责任			
项目管理制度			
项目管理纪要			
项目管理例会			
项目管理标准			强制性标准
项目管理图纸			
项目管理日志			
项目管理计划			
项目实施计划			
项目进度计划			
项目施工方案			
项目竣工方案			
目标责任书			
抽查及其他			
考核人：		被考核人：	部门：

施工考核内容	流程文件	执行文件	备注、文件
施工质量管理			
施工质量规范			
施工验收管理			
施工进度管理			
施工安全管理			HSE
施工设计管理			
施工监理管理			
施工调试管理			
施工技术服务			
施工人员管理			类别、计划
施工培训管理			
施工服务管理			
施工事故管理			
施工文档管理			
施工方案管理			
施工设备管理			
施工劳保管理			
施工车辆管理			
抽查及其他			
考核人：		被考核人：	部门：

工程考核内容	合同文件	执行文件	备注、文件
工程合同划分			
工程费用管理			工程费用、收付
工程成本管理			
工程预算管理			
工程决算管理			
工程招标管理			
工程投标管理			
工程采购管理			
工程财务管理			
工程计量管理			
工程分包管理			
工程考核管理			
工程索赔管理			
工程劳务管理			派遣、合同
工程咨询管理			国内外咨询方
工程租赁管理			
工程材料管理			质量检验、验收
工程风险管理			预案
抽查及其他			
考核人：		被考核人：	部门：

计划考核内容	计划文件	执行文件	备注、文件
年、季、月计划			工程进度
进度计划制定			
进度计划报批			
进度计划执行			
进度计划修改			调整、修改等
进度计划模式			P6
专业阶段计划			有无特殊专业
结构进度计划			
设备安装计划			
培训计划			专、数、费、时
手册计划	编制	交付	设、操、维、培
设计计划			初、详设计审查
采购计划			
运输计划			
仓储计划			
试车计划			
竣工计划			
应急计划			
抽查及其他			
考核人：		被考核人：	部门：

分包考核内容	分包文件	执行文件	备注、文件
分包合同			
分包商资质			
分包工程量			
分包质量管理			
分包安全管理			
分包进度管理			
分包验收管理			
分包费用管理			
分包计划管理			
分包施工方案			
分包应急救援			医疗、事故
分包保险管理			
分包劳务管理			
分包后勤管理			
分包劳保管理			
分包培训管理			外派劳务培训
分包索赔管理			
分包属地管理			外籍分包、劳务
抽查及其他			
考核人：		被考核人：	部门：

考核人：　　　　被考核负责人：　　　　被考核部门：

15 国际工程承包项目 HSE 管理

国际工程承包项目 HSE 管理是指项目健康（health）、安全（safety）和环境（environment）三位一体的管理体系。HSE 管理体系的核心是领导与承诺：是项目管理针对 HSE 工作目标的领导过程与结果的承诺，是项目管理体系与控制过程中管理人员、工程技术人员自上而下的管理承诺。

国际工程承包项目应对承包合同范围内的安全、职业健康与环境保护负责，并履行对项目 HSE 管理目标及绩效改进的承诺。

15.1 国际工程承包项目 HSE 管理原则

国际工程承包项目 HSE 管理是根据《职业健康安全管理体系》《环境管理体系要求及使用指南》ISO 14001、社会责任 ISO 26000 以及 OHSAS 18001 标准实施建立健全的管理体系（OHSAS 18000 职业健康安全管理体系是由英国标准协会（BSI）、挪威船级社（DNV）等 13 个组织于 1999 年联合推出的国际性标准，它是组织（企业）建立职业健康安全管理体系的基础，也是企业进行内审和认证机构实施认证审核的主要依据。它是继实施 ISO 9000、ISO 14000 国际标准之后的新标准）。

国际工程承包项目 HSE 管理标准依据《工程建设施工企业质量管理规范》（GB/T 50430—2007）、《质量管理体系要求》（GB/T 19001—2008）、《环境管理体系　要求及使用指南》（GB/T 24001—2004/ISO 14001）、《职业健康安全管理体系　要求》（GB/T 28001—2011 idt OHSAS 18001：2007）、《质量管理体系　基础和术语》（GB/T 19000—2008 idt ISO 9000：2005）、《质量管理体系　要求》（GB/T 19001—2008 idt ISO 9001：2008）、《管理体系审核指南》（GB/T 19011—2013）、《追求组织的持续成功质量管理方法》（GB/T 19004—2011 idt ISO 9004：2009）、《职业健康安全管理体系　指南》（GB/T 28002—2011）以及国家、行业和地方适用的法律法规、国际工程承包项目所在国的强制性国家标准及相关法律法规要求。

国际工程承包项目须建立健全 HSE 管理组织及管理机构。根据承包项目合同范围、建设规模、专业要求、环境要素、安全风险等内容，组织成立以项目经理负责制领导下的专（兼）职 HSE 管理机构。明确国际工程承包项目 HSE 管理责任制，明确承包项目 HSE 管理主体责任和相关管理组织的职能和职责。在国际工程承包项目合同中应明确合同甲乙双方各自承担的 HSE 管理责任和义务，按照承包项目合同的约定履职尽责。

国际工程承包项目 HSE 管理决策明确将健康、安全与环境管理纳入组织管理决策的重要议事日程中。决策须明确 HSE 管理对承包项目管理的作用、职能、目的和意义；明确贯彻实施 HSE 管理体系对承包项目成本效益、公众形象、HSE 管理、组织管理的实施目标；明确为建立健全 HSE 管理体系及落实执行 HSE 管理工作提供必要的资金资源保证及目标实现的承诺。

15.2 国际工程承包项目 HSE 管理的工作目标

维护国家利益和社会公共利益，使项目工程所属的外派劳务人员及工程技术管理人员在 HSE 管理机制的框架内受到保护，承包项目合同的执行过程和结果符合 HSE 管理标准，项目合同甲乙方的合法权益得到保障，承包工程项目所在国家及地区的法律法规及标准得到落实执行，项目建设与生态环境和谐共生，达到项目合同建设目标。

国际工程承包项目 HSE 管理工作的重点环节：HSE 管理方针和目标、HSE 管理规划、HSE 管理评价和风险管理、HSE 管理实施和监测、HSE 管理评审和审核、HSE 管理修正与整改。

国际工程承包项目 HSE 管理方针：项目每位员工及其工作健康安全；项目每项工作及其管理合格达标；项目每项工程及其建设保护环境。

15.3 国际工程承包项目 HSE 管理方法

国际工程承包项目 HSE 管理工作手册是承包项目管理方法的基本汇编。项目 HSE 管理手册的主要内容包括：承包项目的 HSE 管理方针和质量、环境、职业健康安全目标；承包项目 HSE 管理体系的职责范围及标准；承包项目 HSE 管理体系制度文件及引用依据；承包项目 HSE 管理过程、过程顺序及管理方法；承包项目 HSE 系统管理要素条件；承包项目 HSE 管理标准术语文件等。

国际二程承包项目 HSE 管理基本方法。HSE 管理过程、环境因素、项目危险源进行的识别管理；HSE 项目管理要素、管理顺序、管理作用、管理目标；HSE 管理活动和运行控制的准则及奖惩；HSE 管理责任与结果的确定管理；HSE 管理资源和信息、管理支持、管理服务；HSE 管理监测、管理测量、管理分析及督导；HSE 管理风险控制、持续改进、管理运行等。

15.4 国际工程承包项目 HSE 策划管理

国际工程承包项目 HSE 策划管理的主要内容包括：国际工程承包项目经理部根据项目合同 HSE 标准要求，结合项目业主方、监理方的管理要求，依据项目隶属母公司 HSE 管理体系进行项目的 HSE 策划管理。

项目策划管理的基本内容包括：

（1）承包项目 HSE 管理体系的组织结构。

（2）承包项目 HSE 管理体系的管理目标。

（3）承包项目 HSE 管理制度的落实执行。

（4）承包项目 HSE 管理工作的相互关系。

（5）承包项目 HSE 管理活动的过程顺序。

（6）承包项目 HSE 管理风险的辨识评估。

（7）承包项目 HSE 管理体系的持续改进。

（8）承包项目 HSE 管理资源的配置使用。

国际工程承包项目 HSE 策划方案管理。国际工程承包项目 HSE 策划方案管理的工作目标是为了实现承包项目所确定的ES管理目标。HSE策划方案的制订须充分考虑承包项目工程HSE管理中已经识别并确定的重要环境因素、重大污染源、重大危险源等，策划运用HSE管理的手段和方法在承包项目中予以施行，达到HSE管理方案策划的目标。

国际工程承包项目HSE策划方案的主要内容：国际工程承包项目合同HSE要求的目标和指标，承包项目HSE管理制度，承包项目HSE管理风险识别，承包项目HSE管理预案，承包项目HSE管理技术措施，承包项目HSE管理要求，承包项目HSE管理达标时间及进度，承包项目HSE管理责任与权限，承包项目HSE管理款项计提比例及使用规定，承包项目HSE管理资源配置，承包项目HSE管理持续改进等。

15.5 国际工程承包项目HSE管理权限

国际工程承包项目HSE管理权限的划分与明确是对HSE管理岗位和管理人员与管理要素的落实。管理岗位人员与管理要素的结合重点包括：领导与HSE管理承诺、HSE管理方针与目标实现、HSE管理组织与机构设置、HSE管理资源与文件记录、HSE管理风险与评估控制、HSE管理规划与执行落实、HSE管理实施与监督测评、HSE管理评审与审核奖惩等。

国际工程承包项目经理的HSE管理职责基本内容如下：

（1）负责组织建立项目经理部HSE管理体系并确保其有效实施。

（2）负责项目经理部人员HSE管理工作分配及管理岗位职责目标实现。

（3）负责项目经理部HSE管理权限的制定、HSE工程师代表任命。

（4）负责项目经理部HSE全员管理并赋予各个管理岗位HSE管理权限。

（5）负责项目经理部HSE管理方针及目标的设定，管理目标的实现。

（6）负责项目经理部HSE管理持续改进、管理决策、管理奖惩。

（7）负责项目经理部HSE《管理手册》编制及管理评价报告。

国际工程承包项目现场经理HSE管理工作职责：承包项目现场经理必须保证项目现场HSE管理体系正常运行且管理达标。同时，必须确保项目现场HSE管理体系管理过程和管理结果符合项目合同规定标准及要求。具体职责权限如下：

（1）主持现场HSE日常管理工作并向项目经理部经理定期报告HSE管理工作的实施情况。

（2）负责项目现场HSE管理方案的策划、实施与改进，定期组织审核HSE管理工作的结果。

（3）负责项目现场HSE管理工作的内外部检讨，定期召开项目现场HSE管理专项工作例会。

（4）负责项目现场HSE管理奖惩的执行与持续改进管理工作，提高项目甲方及项目监理方HSE管理工作的满意度和指标达标管理。

（5）负责项目现场HSE改进措施的组织施行，贯彻落实项目全员HSE管理意识的培训提高，对项目现场HSE监视和测量结果负责。

（6）负责项目现场HSE管理体系文件的审核与批准，以及有关HSE管理体系与业主方、监理方对接管理的外联管理工作。

15.6　国际工程承包项目经理部下设各部门 HSE 管理

国际工程承包项目经理部下设各部门 HSE 管理工作规定要求：认真贯彻执行项目经理部 HSE 管理方针、目标和指标，根据项目经理部 HSE 管理目标并结合部门管理职能制定本部门的 HSE 管理目标和管理方法。

国际工程承包项目经理部下设各部门 HSE 管理工作受控文件及执行文件管理须严格依照项目经理部 HSE 有关管理制度的规定执行。具体管理及落实执行内容如下：

（1）本部门 HSE 管理工作人员岗位职责及分工。

（2）本部门 HSE 管理环境因素与危险因素的识别、评价和控制。

（3）本部门 HSE 管理不合格项处理及预防措施执行。

（4）本部门 HSE 管理各类紧急事故、事件的预案演练及处置。

（5）本部门 HSE 管理培训交流及组织实施的各类适应性培训演练。

（6）本部门 HSE 管理信息交流与其他部门的协同配合衔接管理。

（7）本部门 HSE 管理内审、外审等各类 HSE 管理达标检查考核。

（8）本部门 HSE 管理创新目标与持续改进。

（9）本部门 HSE 管理人员、专业技术、法律等支持保障与后勤服务。

15.7　国际工程承包项目施工工机具 HSE 管理

国际工程承包项目施工工机具管理是项目 HSE 管理工作中的重要工作之一。承包项目部必须按照施工工机具使用、保养、仓储等专业规定和规范落实 HSE 管理工作内容，避免出现承包项目施工工机具事故的发生。

国际工程承包项目经理部须制定施工工机具 HSE 管理规范，落实执行施工现场所有施工工机具的 HSE 管理制度，包括施工工机具的配备、安装调试与验收，现场安全技术与使用管理，使用保养与维修标准规范等，达到项目施工工机具 HSE 管理目标的达标实现。

国际工程承包项目分包商施工工机具 HSE 管理：承包项目须监督检查分包商的施工工机具 HSE 管理，必须对施工工机具的检测设备配备、采购、检定、校准、标识、维护保养直至报废的全过程做出专业规范标准的 HSE 管理制度和配套的奖惩规定。须明确项目工程分包商及其工程技术人员 HSE 的管理职责和权限，保证承包项目分包商在项目建设过程中工程质量、环境、职业健康、安全等绩效管理达标。

15.8　国际工程承包项目分包商 HSE 管理

国际工程承包项目分包商 HSE 管理须视同项目部的 HSE 管理，管理标准、规范、制度体系等须完全保持一致。承包项目分包商的 HSE 管理须通过分包工程承包合同条款进行明确的规定，使工程分包商的 HSE 管理不但符合项目合同规定要求，而且符合项目经理部 HSE 管理工作的总体要求。

国际工程承包项目分包商 HSE 管理须按照承包项目隶属上级公司有关的制度规定贯彻落实。分包商在项目管理及工程建设工作中须满足项目所在国及其所在地区的 HSE 安全、消防、职业健康、环境、社会责任等法律法规的管理要求。

15.9 国际工程承包项目 HSE 事故处置管理

国际工程承包项目 HSE 事故处置管理是指 HSE 问题及事故的分类，及对发现的 HSE 问题及事故的分级报告流程、调查分析、处理方法和处理程序。

国际工程承包项目 HSE 事故的处置及责任追究须依照合同及承包项目及其隶属上级公司的有关 HSE 管理制度的规定，对 HSE 问题、事故做出妥善的处理，在 HSE 管理过程中避免发生类似的问题和事故，使 HSE 管理工作有效控制风险源及潜在风险的突发情况出现，避免 HSE 非预期及非预料问题及事故的发生，达到承包项目 HSE 管理工作的要求。

15.10 国际工程承包项目 HSE 风险源评估识别管理

国际工程承包项目须依照 HSE 系列标准，对承包项目的内外部环境、施工条件、施工规范、作业标准、工程标准等系列工作内容做出识别和评价，从而，有针对性地做出应对管理方案。

国际工程承包项目周围环境对项目工程施工、管理及工程技术人员形成或潜在的危险、危害因素及影响，HSE 风险源评估识别管理主要内容如下：

（1）包括项目所在国家及其地区常见易发的自然灾害、地方病、传染病、易发病、气候危险、危害等风险源评估识别及 HSE 管理。

（2）国际工程承包项目 HSE 管理有关在项目国家及其所在地区从事生产、管理、运输、运行、生活、服务、仓储、后勤工作中可能产生的重要危险、危害因素及潜在危害的评估识别及管理。

（3）国际工程承包项目 HSE 管理有关在项目国家及其所在地区的地理环境、气候条件、凶猛自然野生动物、蚊虫毒蛇等自然危险及潜在危险的评估识别及管理。

（4）国际工程承包项目 HSE 管理有关在项目国家及其所在地区组织生产、建设、安装等工作过程中产生的粉尘、毒物、噪声、振动、辐射、高温、低温等危害及潜在危险的评估识别及管理。

（5）国际工程承包项目 HSE 管理有关在项目国家及其所在地区管理设施、生产设施、应急设施、辅助设施、卫生设施、消防设施、安保设施、生活设施等存在的危险及潜在危险的评估识别及管理。

（6）国际工程承包项目 HSE 管理有关在项目国家及其所在地区文化、宗教、人文等其他特殊特定的风险及潜在风险的评估识别及管理。

15.11 国际工程承包施工作业 HSE 管理

国际工程承包项目施工作业须严格按照施工组织设计方案的 HSE 管理规范及管理措施进行，施工作业法须符合项目合同施工标准规范中有关 HSE 的管理程序。

国际工程承包项目施工作业 HSE 须对各类工程技术专业、各种工程管理规范、各级管理标准涉及的工作细则实施管理。例如：高空作业、有限空间作业、管道施工、内部吹扫施工、结构穿跨越、隧道盾构、管网沟渠、基础开挖、土石方爆破、基坑支护、清淤排水、脚手架拆建、大型设备吊装、腐蚀有毒易燃易爆气体液体泄漏处置等高危高风险的施工作业 HSE 管理。特别，上述工作内容须编制专项安全施工方案，通过 HSE 管理审批程序之后方可实施作业。

国际工程承包项目施工作业过程中 HSE 监理工程师须在其负责的工作领域内做好各项专项安全施工方案的 HSE 审查、审核、核准等管理工作。特别，HSE 监理工程师须对承包项目执行职业、安全与环境、法律法规、工程建设强制性标准、承包项目 HSE 管理体系运行及项目现场 HSE 管理状况进行全程监督与检查，一旦发现问题或隐患须立刻签发 HSE 管理通知，采取必要的管理措施有效予以控制管理。

国际工程承包项目施工作业过程中，任何人都不得违反有关 HSE 管理规定而进行违章施工作业。一旦发生施工作业安全事故，承包项目管理人员、监理人员、管理组织、监理机构等必须协助有关事故方或行政主管部门进行安全事故的调查处理工作。

国际工程承包项目工程施工中各种材料试验、检测取样数量、检查方法、检测复试、见证取样、机电设备安装、单体试车、联动试车、空载试车、负荷试车等各环节的 HSE 管理必须详细对照有关专业工程的标准规范、法律法规，必须完全符合有关标准规范、法律法规原则的要求。

15.12 国际工程承包项目 HSE 绩效考评管理

国际工程承包项目 HSE 管理绩效考评是 HSE 管理成绩与成果综合评测过程与评价方法的管理活动。HSE 管理绩效考评的基本方法是通过分析 HSE 管理体系关键要素，用模糊数学的统计方法对 HSE 各项考评分数进行综合核算的量化评估和理论评判。HSE 须结合承包项目的不同专业及不同工程领域的特性，引入承包项目适用的定量化评估模型，建立健全承包项目 HSE 绩效考评的可靠体系，实现 HSE 管理绩效考核的管理功能。

国际工程承包项目 HSE 绩效考评管理的主要方法如下：

(1) 国际工程承包项目 HSE 杜绝性指标绩效考核评价：杜绝死亡生产安全事故、杜绝重大交通死亡事故、杜绝爆炸死亡事故、杜绝环境污染死亡事故、杜绝职业病危害死亡事故。

(2) 国际工程承包项目 HSE 控制性指标绩效考核评价：重伤率（含承包商）、负伤率（含承包商）、工时损失率（含承包商）、职业病发病率（含承包商）、作业车辆事故率（含承包商）、作业事故率（含承包商）。

(3) 国际工程承包项目 HSE 管理性指标绩效考核评价：承包项目通用管理标准包含的各级各类、各个科目、各个专业、各个部门、各类人员等所规定设置的承包项目管理指标考核评价等。

国际工程承包项目 HSE 绩效考评管理工作须做好规定性考核管理工作，主要内容包括：由承包项目隶属上级公司下达的《项目管理目标责任书》；项目甲乙双方协议规定的有关各类各项达标考核内容等。

15.13 国际工程承包项目 HSE 项目施工安全与健康管理计划书（中英文对照版）

国际工程承包项目 HSE

项目施工安全与健康管理计划书

（中英文对照版）

________ Project

Construction Healthy and Safety Plan

________-0001

1	D /M /Y				
2	D /M /Y				
REV #	DATE	REASON	ORIGINATOR	CHECKED	APPROVED

Revision Change Notice Table

REVISION	REASON FOR ISSUE	LOCATION OF CHANGES	TITLE OF BRIEF DESCRIPTION	ENTERED BY

All change requests should be submitted to the originator and the document controller.

Note: check with document control or safety department before use that this is the current version.

修正变更通知表

版次	发布原因	变更位置	标题或简述	记录人员

所有变更申请应提交至编制人与文件管理员。

注：使用前请同文件管理部门或安全部门确认此版本为当前版本。

Table of Contents

Page No.

目录

页码

3.5 Working in Confined Spaces
3.6 Electrical Power Supply
3.7 Portable Equipment and Tools
3.8 Working on or Near Power Supply
3.9 Manual Lifting and Handling
3.10 Welding and Cutting
3.11 Excavation works
3.12 Traffic Control and Transportation
3.13 Haul Roads (including access roads)
3.14 Mobile Plant Repair Areas
3.15 Dust Control
3.16 Housekeeping
3.17 Fences and Gates
4.0 Construction Plant and Equipment
4.1 Construction Plant Register
4.2 Condition of Equipment
4.3 Light Vehicle Operation
4.4 Heavy Equipment
4.5 Speed Restrictions
4.6 Traffic Rules
4.7 The Care of Vehicles and Equipment
4.8 Right of Way on Site
4.9 Approaching Equipment
4.10 Servicing Equipment
5.0 Hauling Trucks and Other Special Plant Operational Requirements
5.1 Hauling Trucks
5.2 Grader Operations
5.3 Dozer Operations
5.4 Front End Loader Operations
5.5 Excavator Operations
5.6 Water Truck Operation
6.0 Vehicles and Equipment General Rules
6.1 Driving and Operating all Vehicles and Equipment
6.2 Vehicle Classification
7.0 Hazardous Substances
7.1 Storage and Handling
7.2 Material Safety Data Sheets (MSDS)
7.3 Safe Operating Procedures and Safe Working Methods
7.4 Isolation, Tagging and Lock out Procedures

3.5 受限空间作业
3.6 电力供应
3.7 便携式设备和工具
3.8 电力环境中作业
3.9 人工搬抬和作业
3.10 焊接和切割
3.11 开挖工程
3.12 交通控制和运输
3.13 运料道路（包括进出道路）
3.14 可移动设施维修区
3.15 扬尘控制
3.16 房务管理
3.17 围栏和大门
4.0 施工设施和设备
4.1 施工设施登记册
4.2 设备条件
4.3 轻型车辆运转
4.4 重型设备
4.5 速度限制
4.6 交通法规
4.7 车辆及设备的爱护
4.8 场地先行权
4.9 接近设备
4.10 设备维修
5.0 拖车及其他特殊设备操作要求
5.1 拖车
5.2 平地机操作
5.3 推土机操作
5.4 翻斗叉车操作
5.5 挖掘机操作
5.6 水车操作
6.0 车辆及设备一般规则
6.1 驾驶及操作所有车辆及设备
6.2 车辆分类
7.0 危险物质
7.1 储存及处理
7.2 物料安全数据表（MSDS）
7.3 安全操作程序及安全工作方法
7.4 绝缘、标记及锁定程序

7. 5 Types of Tags	7. 5 标记类型
8. 0 Alcohol-Drugs-Medication and Smoking Policies	8. 0 酒精-药物-用药及吸烟政策
8. 1 Appropriate use of Medication	8. 1 药物的合理使用
8. 2 Smoking	8. 2 吸烟
9. 0 Fatigue Management	9. 0 疲劳管理
9. 1 Hours of Work	9. 1 工作小时数
9. 2 Excessive Hours	9. 2 超时小时数
9. 3 Welfare Facilities	9. 3 福利设施
10. 0 Risk Register and Hazard Identification	10. 0 风险登记册和危害识别
10. 1 Classify Work Activities	10. 1 工作活动分类
10. 2 Work Activity Information Requirements	10. 2 工作活动信息要求
10. 3 Three Questions Enable Hazard Identification	10. 3 以下三个问题使危害识别成为可能
10. 4 Categories of Hazards	10. 4 危害的类别
10. 5 Hazard Prompt List	10. 5 危害提示列表
10. 6 Hierarchy of Control	10. 6 控制层次
11. 0 KPBV Project Health and Safety Policy	11. 0 项目的健康与安全政策
Appendix A: Current Health and Safety Procedures & Guidelines	附录 A: 当前健康与安全程序及指南
Appendix B: Definitions	附录 B: 定义
Appendix C: Abbreviations	附录 C: 缩写词

1.0 Introduction

1.1 Purpose and Application

The project health and safety plan has been developed into a comprehensive procedure to ensure that all activities of the project conforms to the safety and contract requirements of the client and adheres to policy.

This health and safety plan applies to the management stages of the project.

Health and safety (H&S) issues identified in the initial project risk assessment process impacting on downstream users involved in operational and maintenance activities, will be considered and minimised as far as reasonably practical.

1.2 H&S Policy and Objectives

H&S Policy

The project objective is to establish a work environment with zero harm to its employees, contractors and visitors. It is our policy to provide and ensure that the workplace and its working environment are safe for all personnel visiting or working on the project.

To meet the policy objectives, a systematic and planned management structure to address health and safety hazards, risks and issues will be implemented on the project.

Commitment

Project management team is committed to providing adequate skilled resources to achieve its health and safety objectives and targets as described in this health and safety plan.

Risk Management and Major Business Processes

Project applies risk management to all areas of business, and risk management is critical to the successful management of occupational health and safety. The process includes establishing the context, risk assessment, risk control, monitoring and reviewing, and communication and consultation.

Risk Assessment

The risk assessment details the activities to identify, analyse and evaluate health and safety risks that may be present during the construction process.

1.0 引言

1.1 目的与应用

本项目健康和安全计划已编制成综合程序，以确保本项目的所有活动均满足客户安全及合同要求，并符合方针。

本健康和安全计划适用于本项目的管理阶段。

将在合理实际范围内考虑并减少初期项目风险评估阶段识别的对运营和维护活动中下游用户有影响的健康和安全（H&S）问题。

1.2 H&S 方针和宗旨

H&S 方针

项目的宗旨是为员工、承包商和访客建立“零危害”的工作环境。我们的方针是规定和确保：为所有项目访客或工作人员提供安全的工作场所和工作环境。

为满足方针宗旨，项目将实施系统的、有计划的管理结构，以应对健康安全危害、风险和问题。

承诺

项目致力于提供充足的技术资源，以实现项目健康和安全的宗旨和目标（参见本健康和安全计划）。

风险管理和主要业务流程

项目在所有业务领域内均采用风险管理，可见风险管理对成功管理职业健康和安全非常重要。流程包括建立内容、风险评估、风险控制、监督和审查以及沟通和协商。

风险评估

风险评估详细说明了关于识别、分析和评估施工过程中可能出现的健康和安全风险的活动。

Risk Control

Risk control sets the standard for the treatment of risks identified. The process for identifying and selecting suitable controls are documented in procedures/standards and task specific risk assessments, and references to corporate procedures/standards for specific hazard controls are provided.

Monitor and Review

For any management system to be effective and continually improve it must be continually monitored and regularly reviewed. Audit activities and reporting will be included in this category as both a formal and informal method of reviewing the health and safety plan.

Communication and Consultation

Communication and consultation is critical to the management of occupational health and safety. The health and safety plan relies on the engagement of the workforce and supervision in identifying, assessing and controlling risks. This includes providing information on hazards and risks and involving personnel in the process of hazard identification.

Other Plans

In addition to the health and safety plan, health and safety issues are addressed in and driven by other plans as outlined in the following table.

Other Plans that Support Health and Safety Management

Plan	Health and Safety Interrelationships
Incident Response Plan	Health and safety and environmental incident preparedness and response plan to deal with an emergency that may adversely impact on the project during the construction phase
Emergency Plan	Alignment with the current client of location emergency response and adjacent operations
Environmental Management Plan	Environmental issues that may impact on the safety of the community, adjacent work activities, personnel, equipment and plant
Risk Management Plan	Health and safety issues identified in the project core risk assessment and during the design phase to be considered for elimination during design
Commissioning Plan	Health and safety issues identified as part of the commissioning and handover of the project

风险控制

风险控制设定了关于处理识别风险的标准。本文件未详细说明针对具体危害的控制措施。在程序/标准以及任务特殊风险评估中书面说明确认和筛选适当控制的流程，并提供关于特殊危害控制程序/标准。

监督和审查

对于即将生效和不断改进的管理系统，须得到不断监督和定期审查。各种审计活动和汇报，作为正式的和非正式的健康和安全计划审查方法，将包含在此类别中。

沟通和协商

沟通和协商对管理职业健康和安全非常重要。健康和安全计划依靠劳动力和监督参与风险识别、风险评估和风险控制，这包含提供危害和风险相关信息，并让人员参与风险识别。

其他计划

除了健康和安全计划之外，下表列明的其他计划也可用于应对健康和安全问题。

支撑健康和安全管理的其他计划

计划	健康和安全相互关系
事故响应计划	应对可能在施工阶段对项目造成不利影响的健康和安全以及环境事故响应计划
应急计划	目标响应为当前的人员及邻近区域作业人员等
环境管理计划	可能影响社区、邻近工作活动、人员、设备和厂房安全的环境问题
风险管理计划	在项目核心风险评估和设计阶段识别的须在设计阶段消除的健康和安全问题
调试计划	确定为项目调试和移交组成部分的健康和安全问题

1.3 Project Overview and Contractual Requirements

Location of the Construction Project

1.4 Legal and Other Requirements

Project believes that meeting regulatory requirements is a minimum expectation that allows us to remain operating. Legal compliance will not prevent all serious injury. Our health and safety management system is based on exceeding legal compliance and implementing standards that set the procedures for all to follow.

Project's primary obligations are to:

· Comply with all relevant health and safety legislation,

· Ensure health and safety best practice through the use of standards, industry best practices, codes of practice, guidance notes and so on,

· Ensure the provision of competent and effective supervision,

· Ensure the orderly conduct of all work at the site to the extent necessary to ensure health and safety at the site, and assist subcontractors to discharge their obligations,

· Ensure persons at the site and the public are not exposed to risks from products and substances that have been incorporated into the works and/or are stored and/or provided for use during work activities,

· Ensure site activities do not put at risk the health and safety of members of the public at or near the site,

· Induct all workers prior to commencement on site,

· Report and investigate all incidents including near miss events and determine corrective actions,

· Establish formal consultation and communication with the workforce to identify any health and safety issues,

· Establish formal consultation and communication with the workforce to identify and discuss day to day hazards and solutions,

1.3 项目概况和合同要求

施工项目位置

1.4 法律和其他要求

项目认为满足监管要求是允许我们保持继续运营的最低期望。遵守法律不能阻止所有严重的伤害。我们的健康和安全管理体系是在高于法律法规基本要求的基础上所制定的必须遵循和执行的标准程序。

项目的主要义务包括:

· 遵守全部相关健康和安全法律;

· 通过使用标准、行业最佳实践、实务准则和指南规定等，确保健康和安全最佳实践;

· 确保提供有能力、高效的监督;

· 确保现场所有工作的有序进行，以确保现场的健康和安全，并协助分包商履行其义务;

· 确保现场及公众人士不受已纳入工程及/或储存及/或在工作活动中使用的产品及物质不暴露在风险之下;

· 确保工地活动不会危及工地现场或附近公众的健康和安全;

· 开工前对所有工人提供开工前培训;

· 汇报和调查所有事件，包括侥幸事件，并确定纠正措施;

· 为工友进行正式协商和沟通，以确认任何健康和安全问题;

· 为工友进行正式协商和沟通，以确认和讨论日常危害和解决方案;

· Conduct risk assessments for all site operations and plant,

· Conduct hazard identification and risk analysis on an on-going basis to ensure safe systems of work are employed,

· Ensure subcontractors comply with their obligations,

· If a subcontractor fails to comply with its obligations, stop the activity until they comply.

· 对所有工地作业和设施进行风险评估；

· 不断地进行危害识别和风险分析，以确保使用安全的工作体系；

· 确保分包商履行其义务；

· 若分包商未履行其义务，应暂停其活动，直至其开始履行。

1.5 Key Risk Issues Relating to Work Scope

Key health and safety issues that will need to be effectively managed throughout this project will initially be identified as an element of the high level core risk assessment to be undertaken as part of the planning process.

At all key points during the construction cycle, KPBV Aktogay project and contractors will identify, eliminate or minimise the health and safety risks faced by staff, workers, visitors, and anyone who may be affected by the works during the construction of the project.

Health and safety risks and issues identified at the high level core risk assessment stage will be considered and eliminated where possible during the design stage. If the health and safety risks are not fully removed through the design process, the residual health and safety risks will be identified and managed during the construction stage, through the development of job safety and analysis (JSA's) and/or safe work method statements (SWMS), use of plant fit for purpose, use of trained and competent personnel, competent supervision and regular monitoring and inspection to ensure agreed practices are consistently delivered.

The following health and safety issues are a sample of the risks that will be reviewed as part of the project high level core risk assessment exercise conducted as part of the project's risk management program:

· Site set up,

· Collapse of structure causing entrapment of workers,

· Excavation wall failure causing entrapment of workers,

· Working in potentially oxygen deficient and/or contaminated atmosphere,

1.5 有关工作范围的关键风险问题

需在本项目中有效管理的关键健康和安全问题，在最初阶段，将被认定为高水平核心风险评估的一个要素，此等高水平核心风险评估作为规划流程的组成部分展开。

施工期所有关键点上，哈萨克博兹沙科尔项目和分包商将识别、清除和减少雇员、工人、访客和项目施工阶段被工程影响的任何人所面临的健康和安全风险。

如果可以，将在设计阶段考虑和清除在高水平核心风险评估阶段被识别的健康和安全风险及问题。若健康和安全风险未在设计阶段被完全清除，将在施工阶段，通过编制工作安全分析（JSA）和/或安全工作方法说明书（SWMS），使用恰当设备，使用经培训的合格人员，采用合格监理以及定期监督和审查识别和控制剩余健康和安全风险，以确保始终坚持约定实践。

下列健康和安全问题为风险样本，作为项目高水平核心风险评估的一部分，将接受审查，该项目高水平核心风险评估构成项目风险管理计划的一部分：

· 工地设立；

· 结构崩塌导致工人被困；

· 墙壁开挖不成功导致工人被困；

· 在可能缺少氧气的和/或被污染的环境中工作；

· Exposure hazardous materials, chemicals and substances,

· Failure of temporary works,

· Safety of plant and equipment,

· Noise management,

· Explosion,

· Fires,

· Electrical safety, including isolation lock out tag out,

· Gas safety,

· Hot work,

· Heavy lifts,

· Mobile cranes & equipment,

· Fall prevention materials,

· Isolation of plant and equipment,

· Demolition works,

· Buried and overhead services,

· Working at height,

· Confined space works,

· Working in inclement weather conditions,

· Dehydration,

· Hypothermia/hyperthermia,

· Journey management,

· Traffic interaction,

· Emergency preparedness.

In addition to the above the location of the works and the volume of work activities on the project will necessitate a strong focus on ensuring high standards of behaviour from all persons working on the project, high standards of housekeeping on all sites, and continual observance of site safety rules and safety signage at all times. Supervisors and managers will need to ensure appropriate attention and compliance is maintained on these issues.

· 暴露于物质、化学品和物质危害下；

· 临时工程故障；

· 设施和设备的安全性；

· 噪声管理；

· 爆炸；

· 火灾；

· 电气安全，包括隔离和挂锁上牌；

· 气体安全；

· 动火作业；

· 大型起重机；

· 移动吊车和设备；

· 防坠材料；

· 设施和设备隔离；

· 拆除作业；

· 埋入作业和架空作业；

· 高空作业；

· 受限空间作业；

· 恶劣天气下作业；

· 脱水；

· 过冷/过热；

· 行程管理；

· 交通影响；

· 应急准备。

除了上文列明各项，工程位置和项目工程活动量要求紧密关注确保项目所有工作人员具有高标准行为，工地各区块高标准文明施工，并且始终随时遵守工地安全规定和安全指示牌。监理和经理需要保证时刻留心此等问题并随时遵守规定。

1.6 Project Safety Targets

Health and Safety Key Performance Indicators

Key performance indicators (KPI's) for monthly reporting on health and safety outcomes are: health and safety key performance indicators:

Objectives	KPI's
No incidents, injuries or disease	No injuries to employees or contractors with targets of: Lost time injury frequency rate = 0 Total recordable injury frequency rate = 0 Lost time injury severity rate of less than = 0
Compliance with all health and safety legal requirements	No regulatory fines and/or prosecutions No prohibition notices

These targets will be monitored continuously with the project objective always being no injuries and zero harm to employees and contractors.

Other Health and Safety Objectives

Other internal health and safety objectives and actions on this project are:

Objectives	Actions
To effectively manage health and safety through the implementation of the health and safety plan	All management and supervisory personnel who are responsible for implementing the health and safety plan are trained in their roles and responsibilities. Site based safety professionals are provided with the skills and resources to support managers and the project teams. All subcontractors are selected in part on the basis of their knowledge, understanding and performance of health and safety. Health and safety is a key selection criterion

1.6 项目安全目标

健康和安全的关键绩效指标

用于月度健康和安全表现报告的关键绩效指标（KPI）是：

宗旨	关键绩效指标（KPI）
无事故、伤亡或疾病	员工和承包商未受伤，并实现以下目标： 失时工伤频率 = 0 总计受伤频率 = 0 失时工伤重伤率 = 0
遵守所有健康和安全相关法律要求	无违规罚款和/或检举 无禁止通告

这些目标以及项目宗旨将不间断地接受监督，保证员工和承包商无伤亡、零危害。

其他健康和安全宗旨

本项目的其他外部健康和安全宗旨和措施包括：

宗旨	措施
通过执行健康和安全计划有效管理健康和安全	负责执行健康和安全计划的所有管理和监理人员在其角色和职责范围内接受培训。工地安全专业人员应配备技术和资源，以支持管理人员和项目团队。筛选分包商时，将其在健康和安全方面的知识、理解和表现作为部分考虑因素。健康和安全是关键筛选标准

Objectives	Actions
Impose and encourage a safety culture	· Implement a zero tolerance program to unsafe behaviours and acts. · Implement a safety program to educate and encourage a positive safety culture
To focus on the minimisation of risk to personnel from plant and equipment. No on site plant and/or vehicle accidents	· All plant operations are assessed to identify their impact and interaction with pedestrians and work crews in general. · All plant and equipment operators to undertake and provide evidence of daily log books checks. · All plant and equipment will have documented evidence of regular maintenance and fault rectification activities. · Operator competency is confirmed before they commence operating plant on any site via checking of qualifications and previous experience
To implement project risk management so as to ensure a high standard of health and safety	· A high level core risk assessment undertaken prior to commencement of the project that includes identification of health and safety risks. · Processes are established to track the strategies and controls put in place to manage the identified core health and safety risks. · Health and safety risks identified during the project core risk assessment are considered and resolved at the design stage to the extent that is practicable. · Residual health and safety risks (risks not resolved at the design stage) are identified and reported to the construction team for consideration in development of JSA's for each work activity

宗旨	措施
推广安全文化	·对不安全的行为和行动实施“零容忍”方针。 ·执行安全计划，以推广和传播正面的安全文化
侧重减少设备和设备对人员造成的风险。无工地实施和/或车辆事故	·所有设施运行经过评估，以在常规情况下识别其与行人以及工作队之间的相互影响。 ·所有设施和设备操作人员将进行和提供日常检查记录。 ·所有设施和设备将备有关于定期维护和故障整改活动的文件证明。 ·操作人员的能力，需在其现场操作设备前，通过审查其资格证书和过往经验进行确认
实施项目风险管理，以确保高水平的健康和安全	·高水平核心风险评估需在项目开工前进行，包括识别健康和安全风险。 ·建立流程，落实策略和控制措施跟踪，以管理经识别的核心健康和安全风险。 ·在项目核心风险评估阶段识别的健康和安全风险，将尽力在设计阶段予以考虑和解决。 ·剩余健康和安全危险（未在设计阶段解决的）将得到确认，并告知施工队，以便其在编制各项工作的工作安全分析（JSA）中予以考虑

Objectives	Actions
	· All managers conduct risk analysis on their areas of work/control. · Managers ensure subcontractors implement risk management methods prior to the commencement of their operations
To provide support to all levels of management in their safety responsibilities through the provision of information, resources, effective communication and safety education	· All employees and subcontractors complete a project safety induction. · All subcontractors provide their employees with a daily site briefing as part of their JSA's. · Establish and implement a safety training program that provides initial and on-going safety training for employees and supervisors
To continually assess the performance of health and safety through the systematic review of the health and safety plan, procedures and implementation	· Conduct six monthly management reviews of the health and safety management plan leading up to the project shutdown to ensure integrity of the plan. · Review Subcontractor Safety Plans and/or JSA's and performance
To provide an environment that encourages employee involvement and ownership of health and safety	· Establish, support, train and involve employees and contractors in safety planning activities and encourage worker and management consultation. · Involve the workforce at all levels in the identification of health and safety risks and in the development of controls to remove or reduce the health and safety risks (through the JSA and pre-start processes). · Establish and support a health and safety committee that encourages worker and management consultation

宗旨	措施
	·所有管理人员在其工作/控制领域内进行风险分析。 ·管理人员确保分包商在作业开工前执行风险管理方案
通过提供信息、资源、有效沟通信息和安全教育，在安全责任的范围内支持各级管理层	·所有员工和分包商完成项目安全开工前培训。 ·所有分包商将召集其雇员召开工地日常会议，该会议作为工作安全分析（JSA）的一部分。 ·建立和执行安全培训计划，为员工和建立提供初期和后续的安全培训
通过系统性分析和实施健康安全计划和程序，持续评估健康和安全表现	·在项目结束前对健康和安全管理计划进行六次管理评审，以确保计划的整体性。 ·审核分包商安全计划和/或工作安全分析（JSA）和表现
提供一个鼓励员工参与并获得健康和安全的环境	·建立安全规划活动，支持和培训员工和承包商，并让其参与安全规划活动，同时鼓励工人和管理层协商沟通。 ·让各级劳动力参与健康和安全风险的识别过程和控制措施的建立过程，以清除或减少健康和安全风险（通过工作安全分析（JSA）和预开工流程）。 ·建立和支持鼓励工人和管理层协商沟通的健康和安全委员会

Objectives	Actions
To encourage, support and ensure that all contractors attain high standards of health and safety	· All contractors selected in part on the basis of their safety performance. · Involve subcontractor management and supervisors in behavioural and team building programs. · Project supervisors involved in review and comment on all subcontractors SWMS/JSA before and during work. · Review and audit subcontractor performance
To fully comply with the relevant health and safety legislation including acts, regulations and statutory obligations	· Maintain health and safety and other relevant knowledge of current requirements. · Regularly consult with workers on health and safety issues through a number of forums such as health and safety committees, toolbox talks and pre-start meetings

1.7 Review, Control and Distribution

The implementation and ongoing maintenance of this health and safety plan is the responsibility of the project safety manager.

Revisions to the health and safety plan shall be made as required to reflect the current status of the works and a record of each revision detailing the nature and scope of the change maintained.

Distribution and control of the health and safety plan will be in accordance with the KPBV Aktogay project document control procedures.

1.8 References

The following references have been used in the compilation of this health and safety plan:

· ×××× HSE

1.9 Definitions and Abbreviations

宗旨	措施
鼓励、支持和确保所有分包商遵守高标准的健康和安全	·筛选分包商时将其安全表现作为部分考量因素。 ·让分包商管理层和监理参与行为和团队建立计划。 ·项目监理事先和过程中参与对所有分包商的安全工作方法说明书（SWMS）/工作安全分析（JSA）的评审。 ·评估和考核分包商表现
完全遵守相关健康和安全规定，包括法律、法规和法定义务	·维护健康和安全，并了解其他相关当前要求。 ·通过召开座谈会定期就健康和安全问题与工人进行协商，例如健康和安全委员会会议，工具箱会议和开工前会议

1.7 评审、控制和发放

项目安全经理负责本健康和安全计划的实施及持续维护。

应按照规定修订本健康与安全计划，以便展示出工程的现有状态，并记录了各项修订（详细说明保留变更的性质和范围）。

健康与安全计划的发放及管理将依据哈萨克博兹沙科尔项目文件控制程序。

1.8 参考文献

编制本健康和安全计划过程中采用了下列参考：

· ×××× HSE

1.9 定义和缩写词

Definitions and abbreviations of terms used in this health and safety plan are specified in appendix A and B.

本健康和安全计划采用的定义和缩写词参见附录A和附录B。

2.0 Management Approach

2.0 管理办法

2.1 Health and Safety Culture

2.1 健康和安全文化

Project management team believes that the health and safety culture of an organisation is critical to achieving best practice health and safety performance. We also accept that the culture of an organisation is largely set by the senior leadership team and the level of commitment, drive, emphasis and accountability they place on health and safety and the implementation of health and safety across the organisation and in the workplace.

项目管理团队认为，企业的健康和安全文件对实现健康和安全表现最佳范例至关重要。我们同时接受，企业文化在很大程度上依赖于高等领导班组、班组成员在整个机构和职场内对健康和安全的参与程度、推动水平、强调程度和责任以及实施安全和健康的情况。

It is imperative that the senior leadership team recognises and drives the actions, behaviours and attitudes that reinforces and promotes a positive and proactive safety culture across the organisation and which directly and positively impacts on health and safety performance in the workplace.

高级管理班组必须理出和推动一些巩固和促进组织内正面和积极的安全文化并直接地、正面地影响工作场所内的健康和安全表现的措施、行为和态度。

A positive safety culture is not achieved by implementation of a single program such as behavioural based safety. It is achieved through a multi-faceted approach which targets leadership, systems, behaviours, compliance, technology, consultation, communication and training.

仅执行单个计划，如行为安全，可能不会实现正面的安全文化。而需要的是以领导力、制度、行为、合规性、技术、协商、沟通和培训为目标的多方面办法。

2.2 Safety System Documentation Structure and Reports

2.2 安全体系文件结构和报告

This health and safety plan is the primary document providing guidance and direction on the management and reporting channels for managing health and safety on this project. In order to monitor/comply to the HSE plan the following reports will take effect:

本健康和安全计划是最重要的文件，对管理和汇报渠道提出了指示和方向，以便实现本项目的健康和安全管理。为监督/服从健康安全和环境（HSE）计划，应让下列报告发挥作用：

· Daily HSE report, capturing all safety issues that occurred during a specific day, report to be forwarded to HSE manager and construction manager.

· 日常 HSE 报告：发现在特定日期内发生的所有安全问题，然后向 HSE 经理和施工经理汇报。

· Monthly HSE report, summarizing all issues that occurred during a specific month, highlighting areas of progress, concerns and monthly HSE statistics.

· 月度 HSE 报告：总结在特定月发生的所有问题，重点说明进步方面、关注点和月度 HSE 统计数据。

· Monthly HSE audits, inspection of work areas and audits of safety program that is in place. The audit will also help to identify the effectiveness of safety program management and can be used as a guide to assure regulatory compliance and a safe workplace. Audit report to be forwarded to HSE/construction manager.

· 月度 HSE 核查：检查工作区域并核查相关的安全计划。核查还将有助于确认安全计划管理的有效性，同时用作一项确保合规性和安全工作场所的指南。向 HSE/施工经理汇报核查情况。

· Incident notification report, notifying company of an incident/accident that occurred on the project, indicating probable severity of the incident/accident if it can be immediately determined, forward report to HSE department/manager before end of shift that the incident occurred on.

· 事故通知报告：通知公司在项目上发生的任何事件/事故，说明该事件/事故的严重性（若能确定），并在换班前向 HSE 部门/经理进行汇报。

· Incident investigation report, summarizing the accident/incident that occurred, indicating all root causes and corrective actions. Report to be forwarded within 5 days to HSE Department/HSE/Construction manager.

· 事故调查报告：总结发生的事件/事故，说明所有根本原因和整改措施。在 5 天内向 HSE 部门/HSE/施工经理汇报。

2.3 Responsibilities and Authority

2.3 责任和权限

Project management team has identified the responsibilities and regulatory requirements and assigned authority (including the requisitioning of all necessary resources) to key personnel within the organisation to ensure the obligations and responsibilities are met.

项目已经确定了组织内关键人员的责任、监管要求和分配权限（包括所有必要资源的征用申请），以确保其实现责任和义务。

Project Manager

项目经理

The project manager is responsible for and has authorisation:

项目经理有责任并有权：

· To manage all areas of project safety and health in accordance with ×××× regulations, industry best practice and ×××× project policies.

· 根据××××法规、工业最佳实践和××××项目方针管理所有领域的项目安全健康和安全。

· To prepare, review, update and approve the construction management plan in consultation with the ×××× project senior management team.

· 与××××项目高级管理团队和项目经理协商编制、审核、更新和批准施工管理计划。

· To delegate as appropriate the project's safety and health responsibilities.

· 在适当情况下作为项目安全和健康的责任代表。

· To report to client on safety and health matters.

· 向业主汇报安全和健康事宜。

· To authorise the provision of adequate resources to the project.

· 授权为项目供应充足的资源。

Construction Manager

施工经理

The construction manager is responsible for and has authorisation:

施工经理有责任并有权：

· To monitor all areas of project safety and health in accordance with ×××× regulations, industry best practice and ×××× project policies.

· 根据××××法规、工业最佳实践和××××项目方针监督所有领域的项目安全健康和安全。

· To prepare, review, update and implement the construction management plan in consultation with the contractor project senior management team.

· 与项目高级管理团队编制、审核、更新和执行施工管理计划。

· To delegate as appropriate the project's safety and health.

· 在适当情况下作为项目安全和健康的责任代表。

· To implement and verify remedial action.

· 执行和查证补救措施。

· To report to client on safety and health matters.

· 向业主汇报安全和健康事宜。

· To communicate safety and health, environmental and quality policies to the project team.

· 向项目团队传达安全健康、环境和质量方针。

· To authorise the provision of adequate resources to the project.

· 授权为项目供应充足的资源。

· To ensure evaluation of subcontractors to ensure that they are capable of working in a safe manner.

· 保证分包商评估，使其能安全作业。

· To ensure all actual and potential damage (incidents) is investigated and reported in a timely manner.

· 确保及时调查和汇报所有实际和潜在危害（事故）。

· Set a good example and lead by example.

· 以身作则，树立好榜样。

HSE Manager

HSE 经理

The HSE manager's key objective is to provide a safe and healthy work environment through implementation of project health and safety policies and actively support and promote the achievement of a positive safety culture. His role is:

设立 HSE 经理这一岗位的主要目的是通过执行项目健康和安全方针提供一个安全的、健康的工作环境，并积极支持和推动正面安全文化的实现。其职能包括：

· To report to the ×××× project manager on the implementation and effectiveness of the safety management system,

· 向××××项目经理汇报安全管理体系的执行情况和有效性；

· To ensure that the safety management system requirements are established, implemented and maintained,

· 确保建立、实施和维护安全管理体系；

· To provide and support safety leadership that demonstrates commitment to continuously improving health and safety performance through encouraging participation in workplace safety initiatives,

· 提供和支持通过鼓励参与现场安全活动坚持持续提升健康和安全表现的安全领导力；

· To ensure that health and safety issues are discussed at senior management meetings and that the outcomes are communicated to appropriate personnel,

· 确保在高级管理层会议上探讨健康和安全问题，并将探讨结果通传至相关人员；

· To ensure that on the performance of the safety management system is reported to senior management and integrated into management performance assessments,

· 确保向高级管理层汇报安全管理体系的表现，并将其纳入管理绩效评估；

· To monitor health and safety by conducting safety compliance audits and reviewing relevant reports, statistics, and safety committee/forum minutes to ensure acceptable levels of performance, awareness and actions are achieved,

· 通过审查安全合规性和检查相关报告、统计数据和安全委员会会议/座谈会会议记录，监督健康和安全问题，以确保健康和安全表现、意识和行为均满足要求；

· To ensure systems are set up to monitor the activities of contractors and suppliers to assure compliance with statutory and organizational safety standards,

· 确保建立体系以监控承包商和供应商的活动，从而保证满足法定和组织安全标准；

· To provide necessary resources and training for work groups to promote ongoing commitment and performance in health and safety,

· 为工作组提供必要的资源和培训，以保证其之后的行为和表现均满足健康和安全要求。

· To personally conduct and coordinate visits to the workplace to engage employees and subcontractors on issues that may be effecting the health and safety of the workplace,

· 亲自前往和组织前往工作场所，让员工和分包商参与关于影响工作场所健康和安全问题的讨论；

· To always correct unsafe behaviour where there is an immediate risk,

· 坚持纠正存在直接风险的不安全行为；

· Set a good example and lead by example.

· 以身作则，树立好榜样。

General Superintendents and Shift Supervisors

主管和轮班主任

The general superintendent and shift supervisors key objects are to provide a safe and healthy work environment for all persons affected by the operations of their work group through the monitoring of the processes and procedures of the project safety management system and local health and safety program. Their roles include:

设立主管和轮班主任岗位的主要目的是通过监督项目安全管理体系的流程和程序以及本地健康安全计划，为受其工作团队影响的所有人提供一个安全的、健康的工作环境。其职能包括：

· To see that requirements of this project safety and health management plan are carried out at the work level,

· 观察本项目安全和健康管理计划要求是否在工作过程中予以落实；

· To instruct workers in safe practices to follow when carrying out their work,

· 指导工人在作业过程中遵守其应遵守的安全实践；

· To monitor workers and work areas for hazards and take immediate corrective action where necessary,

· 监控工人和工作区域，看是否存在任何危害，并在必要情况下及时采取纠正措施；

· Where incidents have occurred to take corrective action immediately to prevent the incident from being repeated,

· 若出现任何事故，应立即采取纠正措施，防范事故再次发生；

· To ensure that all personal protective equipment required by the plan and by government regulations is used and that, where necessary, workers are instructed in the proper use and maintenance,

· 确保采用计划和政府规定要求的所有人员保护设备，并确保在适用情况下工人获得正确的使用和维护指导；

· Set a good example and lead by example.

· 以身作则，树立好榜样。

Project Engineers, Site Engineers and HSE Supervisors

项目工程师、现场工程师和 HSE 监理

Project engineers, site engineers and HSE officers' key objective is to provide a safe and healthy work environment for all persons affected by the operations of their work group through the implementation of the NGC project's health and safety plan. Their roles include:

设立项目工程师、现场工程师和 HSE 监理的主要目的是，通过执行项目的健康和安全计划，为受其工作团队影响的所有人提供一个安全的、健康的工作环境。其职能包括：

· To actively support implementation of project's health and safety procedures and processes,

· 积极支持执行项目的健康安全程序和流程；

· To monitor work areas and equipment on an ongoing basis to correct hazardous situations,

· 不间断地监督工作区域和设备，以改善有危害的局面；

· To assist in the identification of high risk activities (i. e. confined spaces) and the development of safe working procedures,

· 协助识别高风险活动（如受限空间）和编制安全工作程序；

· To personally conduct visits to the workplace to engage staff, employees and subcontractors on issues that may be affecting the health and safety of the workplace,

· 亲自前往工作场所，让员工、雇员和分包商参与关于影响工作场所健康和安全问题的讨论；

· To identify health and safety requirements at throughout construction stages,

· 在整个施工阶段确定健康和安全要求；

· To ensure that relevant contracts are evaluated for health and safety and ensure understanding of any subcontractors site specific health and safety requirements,

· 确保所有相关合同接受安全健康评估，同时确保知悉任何现场具体健康安全要求；

· To reviews that subcontractors induction allows for a safe transition onto site,

· 审查分包商开工前培训是否考虑到安全过渡至现场的内容；

· To monitor the activities of subcontractors and suppliers within the region to assure compliance with statutory and organizational safety standards,

· 在区域范围内监督分包商和供应商的活动，以确保符合法定和组织安全标准；

· To identify health and safety considerations of any plant, equipment or substances,

· 识别所有设施、设备和物料的健康安全考虑因素；

· To ensure that health and safety considerations are written into work method statements or work carried out on site,

· 确保健康安全因素编入工作方法说明书，或具体工作在现场进行；

· To advise standard work methods and practices throughout area of responsibility,

· 在责任范围内提出标准工作方法和实践建议；

· To always correct unsafe behaviour where there is an immediate risk,

· 坚持纠正存在直接风险的不安全行为；

· Set a good example and lead by example.

· 以身作则，树立好榜样。

Employees (including all subcontractors)

雇员（包括所有分包商）

Employees are responsible for the following:

雇员负责下列事项：

· To understand and work in accordance with this project safety and health management plan,

· 熟读本项目安全和健康管理计划，并根据本计划开展工作；

· To advise the project manager or construction manager immediately of any unsafe conditions or activities in the work area,

· 及时通知项目经理或施工经理工作区域内的任何不安全情况或活动；

· To be responsible for their own safety and that of others who may be affected by their acts or omissions,

· 负责其自身的安全以及受其行为或疏忽影响的其他人员的安全；

· To have the responsibility not to work in unsafe conditions,

· 有责任仅在安全环境中开展工作；

· To work in a manner that will not endanger themselves or others,

· 在开展工作过程中危及自身或他人安全；

· To assist new employees in recognizing job hazards and following required procedures,

· 协助新雇员认识工作危险及遵守必要程序；

· Use and look after the protective equipment provided where required,

· 使用和维护在必要情况下提供的保护设备；

· Present for work fully fit for duty in accordance with the project alcohol and drug policy.

· 出现在工地履职工作中须全程严格遵守禁止饮食酒类及毒品的规定。

Visitors

· Present themselves to the site staff on arrival at site,

· Use the protective equipment provided where required,

· Present for work fully fit for duty in accordance with the project alcohol and drug policy,

· Follow the instructions of their escort,

· Do not attempt to access the site or its operations without an escort,

· Attend the visitor's site induction.

访客

· 到达现场时主动向现场工作人员提供其个人信息；

· 在必要情况下使用保护设备；

· 出现在工地履职工作中须全程严格遵守禁止饮食酒类及毒品的规定；

· 服从其护送人员的指示；

· 无护送人员陪同时，不得试图进入现场或擅自展开活动；

· 参加访客的现场入场培训。

2.4 Safety Committee

The purpose of the safety committee is typically to provide an open forum where recent accidents, near misses, corrective actions, and opportunities for improvement can be discussed, more functions to follow below. As a minimum the meetings will be made of equal numbers of management and employees, workers safety representatives, subcontractors, site medical staff, project manager and safety manager.

2.4 安全委员会

通常情况下，建立安全委员会的目的是针对近期事故、侥幸事件、纠正措施和改进机会召开座谈会进行讨论。更多功能如下所述。作为最低要求，会议将由相同数量的管理人员和雇员、工人安全代表、分包商、现场医疗人员、项目经理和安全经理组成。

Function of the Safety Committee

· Monitoring of implementation of the health and safety program,

· On-going evaluation of hazards and arrangements to implement safety measures,

· Study of accident/incident statistics and trends, so that reports can be made to management on unsafe conditions and practices, together with recommendations for corrective actions,

· Review of health and safety objectives and management programs,

· Scrutiny of health and safety audit reports and direction of appropriate actions,

· Monitoring of the adequacy and effectiveness of employee health and safety training by reviewing of the identified training needs and training programme,

安全委员会的功能

· 监督健康和安全计划的执行；

· 持续评估风险和安全措施的执行安排；

· 了解事故/事件统计数据和趋势，以便向管理层汇报不安全情况和实践，同时对纠正措施提出建议；

· 审核健康安全宗旨和管理计划；

· 监察健康安全审查报告，并指导采取适当措施；

· 通过审查经确认的培训需求和培训方案，检查雇员健康安全培训的充分性和有效性；

· Monitoring on the adequacy of health and safety communication and publicity in the workplace,

· Organization of health and safety promotion activities,

· Provision of links with external sources for health and safety advice,

· Evaluation of health and safety performance indicators i. e. health and safety performance indicators,

· Review and/or revise safety management procedures,

· Arrange safety management committee members for monitoring health and safety performance.

2.5 Communication

Communication and consultation is critical to the management of health & safety. The health and safety plan relies on the engagement of the workforce in identifying assessing and controlling risks. This may include specifying company expectations, provision and controlling risks, and involving personnel in the process of hazard identification.

2.6 Site Safety Meetings Function

From the site management, safety personnel and subcontractors, site safety meetings will be set up to carry out the following functions:

· Monitor the implementation of the health and safety policy,

· On-going evaluation of hazards and arrangements to implement safety measures,

· Establishment of arrangement to deal promptly with hazardous working conditions,

· Assistance in the development of safe work procedures and safe system works,

· Study the accident/incident statistics and trends, so that reports can be made to top management on unsafe conditions and practices, together with recommendations for corrective action,

· 检查工作现场健康安全信息传达和宣传的充分性；

· 组织健康安全促进活动；

· 提供与外部资源的连接，以便获得健康安全意见；

· 评估健康安全绩效指标，例如：健康安全绩效指标；

· 审核和/或修改安全管理程序；

· 安排安全管理委员会成员监控健康安全表现。

2.5 沟通

沟通和协商对管理健康和安全非常重要。健康和安全计划依靠劳动力参与风险识别、风险评估和风险控制。这可能包含确定期望和规定，控制风险以及要求人员参与危害识别的过程。

2.6 现场安全会议功能

在现场管理人员、安全人员和分包商中建立现场安全会议，以实现下述功能：

· 监控健康政策的实施；

· 持续评估风险和安全措施的执行安排；

· 做出安排，以及时应对危险工作情况；

· 协助编制安全工作程序和安全体系工作；

· 了解事故/事件统计数据和趋势，以便向最高管理层汇报不安全情况和实践，同时对纠正措施提出建议；

· Study of safety audit reports or similar,

· 学习安全审查报告等材料；

· Scrutiny of health and safety reports and direction of appropriate actions,

· 监察健康安全审查报告，并指导采取适当措施；

· Monitoring of the adequacy and effectiveness of employee health and safety training,

· 检查雇员健康安全培训的充分性和有效性；

· Monitoring of the adequacy of health and safety communication in the workplace,

· 检查工作现场健康安全信息传达的充分性；

· Organization of health and safety promotion activities,

· 组织健康安全促进活动；

· Provision of links with external sources for health and safety advice and/or information,

· 提供与外部资源的连接，以便获得健康安全意见和/或信息；

· Evaluation of project health and safety performance, i. e. health and safety performance indicators,

· 评估项目健康安全表现，例如：健康安全绩效指标；

· Review and/or revise project health and safety management documents.

· 审核和/或修订项目健康安全管理文件。

Composition of Safety Meeting Members

安全会议成员组成

As a minimum the safety meetings will be made of equal numbers of management and employees, workers safety representatives, subcontractors, site medical staff, project manager and safety manager.

作为最低要求，安全会议将由相同数量的管理人员和雇员、工人安全代表、分包商、现场医疗人员、项目经理和安全经理组成。

Site Safety Co-ordination and Progress Meetings

现场安全协调和进度会议

There is a requirement to conduct weekly safety co-ordination and progress meetings to plan the activities of and multiple working groups. The project manager or his designate is responsible for ensuring that these take place and that all representatives attend.

要求每周召开现场安全协调和进度会议，以便计划各个工作组的活动。项目经理或其指定人员负责确保会议如期召开，且所有代表参会。

All meetings will be documented and minutes issued.

每次会议均做记录，还会发放会议记录。

2.7 Safety Training

2.7 安全培训

In accordance with national, state and local employers must ensure that employees are provided with the appropriate training and/or instruction to enable them to perform their work in a manner that is safe and without risks to health.

根据国家、州和地方条例，必须确保雇员获得恰当的培训和/或指导，使其能在无安全健康风险的情况下开展工作。

The degree and detail of training will depend on the nature or the activity, legislation requirement, or whether any national competency requirements are appropriate. The training will be given to ensure that a person is able to conduct an activity safely. The training may include general instructions/briefings from a supervisor or foreman or through formal training. All training information is to be recorded on safety training record standard form.

培训级别和详细内容取决于活动性质、法律要求或所有适用的国家能力资格要求。提供的培训将确保人员具备安全开展活动的能力。培训形式包括主管或工长的常规指导/简报会或正式培训。所有培训信息将记录在安全培训记录标准表中。

Accurate records shall be maintained for all health and safety training activities. Such records shall include:

· Training date and time,

· Training location,

· Length, subject and contents of training,

· Trainers and their competency & attendees,

· Test results of attendees if any.

应保存所有健康安全培训活动的准确记录。记录内容应包括:

· 培训日期和时间;

· 培训地点;

· 培训持续时间、主题和内容;

· 培训师以及其资格条件和受训人员;

· 受训人员测试（若有必要）。

The project management is committed to ensuring that all its employees are provided with suitable and sufficient training to conduct their duties in a competent manner. To this end a suitable trainingprogramme will be developed and implemented by all contractors.

项目管理层承诺确保其所有雇员获得足够培训，使雇员能合格履行其职责。为此目的，所有承包商将合力编制和执行一份适用的培训计划。

Training will include but not limited to:

· General safety awareness,

· Induction and refresher training. All employees are mandated to attend,

· Manual handling,

· Conducting job safety observations and inspections,

· Procedure training,

· Fire fighting equipment and its using,

· Guide to risk assessment process,

· Isolation tag out-lock out and try,

· Drug and alcohol awareness,

· Safe use of plant and equipment.

培训包括但不限于:

· 一般安全意识;

· 初期培训和加强培训，所有雇员必须参加;

· 人工操作;

· 进行工作安全观察和检查;

· 程序培训;

· 防火设备及其使用;

· 风险评估流程指南;

· 隔离挂牌上锁和实习操作;

· 药品和酒精意识;

· 设施和设备的安全使用。

It is a requirement of the kazakhstan labour law that all employees are to take safety and hygiene training and that such training includes an examination or test. The HSE Manager will ensure that the programme is maintained, is relevant and it meets all the legal requirements (ISS Safety Training).

哈萨克斯坦劳动法规定，所有雇员必须接受安全和卫生培训，且培训过程中必须纳入考试或测验。HSE 经理将确保该计划得到维护并且与主题相关，还确保其满足所有法律要求（ISS Safety Training）。

Induction of Line and Supervisory Staff.

面向直线管理和监管人员的培训

In addition to the general specific induction delivered to all employees, site Line Management and Supervisory Staff will be trained in the application of the health and safety acts and regulations applicable to their area of responsibility. In addition these staff will be required to receive training in such techniques as

除了面向所有雇员的一般性专项培训，将采用适用于现场直线管理和监管人员责任范围的健康安全法律法规对其进行培训。另外，这些人员将获得以下方面的培训：

· Hazard identification,

· Risk management,

· Employee motivation/communication,

· Personal protection of employees,

· Accident reporting and investigation.

· 危害识别；

· 风险管理；

· 雇员动员/沟通；

· 雇员人身保护；

· 事故报告与调查。

Site Specific Induction of Employees

面向雇员的现场专项培训

Before any person is permitted to commence work, they will be mandated to attend a site specific induction course, which includes the health and safety policy, environmental policy. It is for short visits to site only and the visitor is not permitted to undertake work on the site area and must be accompanied at all times.

人员被批准开工前，必须参加现场专项培训课程，培训内容包括健康安全方针和环境方针。但仅适用于短期访客，而且访客不得在现场范围内开展任何工作，还必须随时配有陪同人员。

Induction will cover the following areas:

· Project health and safety policy,

· Introduction to the health and safety plan,

· Key personnel,

· Right to refuse unsafe work,

· Isolation tag out lock out and try,

· Signage,

· Driving and operating plant and light vehicles,

· Specific equipment operation (as required for operators),

培训内容涉及以下几个领域：

· 项目健康安全方针；

· 健康和安全计划简介；

· 关键人员；

· 不安全工作的否决权；

· 隔离挂牌上锁和实习操作；

· 标牌设施；

· 驾驶及操作设施和轻型车辆；

· 特殊设备操作（按要求向操作人员提供）；

- MSDS,
- Job safety analysis,
- Environmental procedures and requirements,
- General duty of care,
- PPE,
- Extreme weather conditions and controls,
- Dealing with fatigue,
- Drug and alcohol policy,
- Working with and around electricity,
- Travelling to and from site,
- Emergency procedures,
- Incident reporting,
- Hazard reporting,
- Hours of work,
- Emergency provisions on site.

- 物料安全数据表（MSDS）；
- 工作安全分析；
- 环境程序和要求；
- 一般注意义务；
- 个人防护用品（PPE）；
- 极端天气条件和控制措施；
- 应对疲乏；
- 药品和酒精政策；
- 带电环境中作业；
- 现场往返交通；
- 应急程序；
- 事件报告；
- 危险报告；
- 工作时间；
- 现场应急供应品。

2. 8 Performance Measures

Continues monitoring of safety performance will also be monitored by the following:

Safety Inspection

A suitable inspectionprogramme shall be put in place designed to satisfy any legal requirements and reflect the enterprises risk priorities.

The inspection reports shall beanalysed to identify any repeated substandard situation and their underlying causes. The results of the analysis should be brought to the attention of senior management having responsibility in the area concerned. Information from safety inspections should be evaluated promptly to identify immediate risks and to ensure that remedial action is taken without delay. Where remedial action cannot be immediately taken non-compliance must be written up for a date of resolution.

Critical inspections required of a more technical nature, the appropriate experts will conduct them for example:

2. 8 绩效衡量

对安全绩效的持续监察工作同时需接受以下监督：

安全检查

建立适当的检查计划，以满足任何法律要求并反应企业风险的轻重缓急。

应对检查报告进行分析以确认屡次不合规情况和其根本原因。分析结果应引起相关区域高级管理人员的注意。安全检查信息应及时进行评估，以确认直接风险并确保及时采取补救措施。如果不能及时采取补救措施，必须记录不合规现象，并注明解决日期。

对于需要专业性更强的重点检查，相关专家将以下列各项为例：

· Cranes,

· Lifting devices,

· Electrical systems,

· Noise monitoring etc.

In general, but not limited to, inspections will be the responsibility for each level of management for the areas under their control.

· All Site supervisors are to conduct an informal inspection of all work areas under their control on a daily basis.

· The HSE team will conduct weekly documented safety inspections and audits as required, but as a minimum one per month.

· Vehicles equipment and ancillary equipment (checklists) must be completed and sent to the maintenance department on a daily basis where required.

Safety Audits

Safety audits will be carried out regularly on a monthly basis to evaluate the effectiveness of the health and safety program to:

· Assess the operational risks, including the identification of hazards, potential hazards and accident causation factors.

· Carry out a critical review of our administration arrangements, and to ensure compliance with any legal requirements and to measure performance against established standards.

Internal Auditing

The project HSE manager will establish and maintain a formal schedule of internal audits on the implementation of and compliance to the health and safety plan, and key aspects of this plan, such as subcontractor management and safety and emergency procedures. The schedule of internal audits is designed to provide systematic feedback to management on conformance with all elements of the project health and safety plan, and to propose suggestions for continual improvement.

· 吊车；

· 起重装置；

· 电气系统；

· 噪声监控等。

一般而言（但不局限于此），各个领导层将负责其控制区域内的检查活动。

· 所有现场监理将每日进行其控制领域内的常规检查。

· HSE 团队将每周进行文档记录的安全检查，并在有要求时进行审查，至少每月一次。

· 必须完成车辆设备和附属设备（检查单），并按需每日交至维护部。

安全审查

将按月进行安全审查，以评估健康安全计划的有效性，从而实现以下目的：

· 评估运营风险，包括危害、潜在危害和事故因素识别。

· 对我们的行政管理安排进行关键性审核，并确保满足法律要求和根据建立标准衡量表现。

内部审查

针对健康和安全计划以及该计划各个方面的执行和遵守情况，例如分包商管理和安全应急程序，项目 HSE 经理将建立和维持正式的内部审查计划。内部审核计划旨在向管理层提供系统性的反馈，以说明对项目健康和安全计划各个元素的遵守情况，并对后续改善提供建议。

2.9 Accident Reporting Procedure

All incidents should be reported immediately to the HSE Team. All personal details and site information including, location of the injured, Nature of injury, and Cause (s) of the accident shall be recorded in a designated injury book by the first aider and standard form accident report shall be completed by the site management staff and forwarded to the HSE manager.

The following key data should be covered in the investigation report:

· Details of any injured person, including age, sex, experience, training, etc.,

· A description of the circumstances, including the place, time of day and conditions,

· The direct cause of the any injuries, ill health or other loss,

· The immediate causes of the event,

· The underlying cause,

· Details of the outcome, including in particular the nature of the outcome, the severity and harm caused, including injuries, ill health and losses, the immediate management response to the situation and its effectiveness,

· Recommendations to prevent the recurrence of the accident, incident.

All accidents and high potential near misses on this project will be recorded and investigated in accordance with the requirements stated in this program.

2.9 事故报告程序

应及时向 HSE 团队汇报所有事故情况。所有人员详情和现场信息包括：受伤位置；受伤性质；和事故原因，均应由急救人员记入指定受伤情况手册中。现场管理人员应编制标准表格——事故报告并交至 HSE 经理。

调查报告中应涵盖下列主要信息：

· 受伤人员情况，包括年龄、性别、经理和培训等；

· 状况描述，包括地点、时间和具体情况；

· 受伤、疾病或其他损失的直接原因；

· 事件直接原因；

· 根本原因；

· 造成后果，特别是，后果性质，严重程度和造成伤害，包括伤害、疾病和损失，紧急响应安排和其效果；

· 防止事故、事件再次放生的建议书。

本项目的所有事故和侥幸事件将按照本项目规定的要求进行记录和调查。

2.10 First Aid Facilities and Rescue Equipment

Appropriate first aid facilities will be available for this project by trained first aid, personnel. Trained first aid personnel will be appointed and attend any accidents that may occur on site.

Suitable equipped first aid posts will be established as required, and a list of qualified First Aiders posted. These are to be established throughout the extent of the site.

2.10 急救设施和救援设备

应为经培训的急救人员配备适用于本项目的急救设施。将指定经培训的急救人员，在事故发生时，这些人员需前往事故现场。

将按要求建立适当装备的急救岗位，并将合格急救人员名单张贴出来。在整个现场范围内都将建立此等岗位。

Emergency procedures will also be developed to enable the timely transfer of any seriously injured personnel to the nearest medical facility or general hospital available.

同时，还将编制应急程序，以便及时将重伤人员送至最近的医疗机构或普通医院。

2.11 Evacuation Procedure

2.11 开挖程序

An Emergency evacuation and response plan shall be developed for this project in agreement with the site requirements. This plan is to be displayed on safety notice boards and other prominent locations around site. These plans are to be reviewed during safety meetings as required.

应依照现场要求为本项目编制紧急开挖和响应计划。此计划张贴在安全通知布告栏中以及现场其他醒目位置。将按要求在安全会议中审核这些计划。

Emergency drills shall be carried out on a regular basis to verify the suitability and effectiveness of the emergency evacuation and response plan and the efficiency and competency of the emergency team. Once developed the emergency evacuation and response procedures will form part of the site induction process for all persons attending site.

应定期进行紧急开挖作业，以确认紧急开挖和响应计划的适用性和有效性以及应急队的能力。一旦编制了紧急开挖和响应程序，那么该程序将成为面向所有现场人员的现场进入培训流程的一部分。

2.12 Emergency Contact List

2.12 紧急联系信息表

Project emergency telephone list will be posted in various areas around the site, and kept current at all times.

项目紧急联系电话表将张贴在现场各处，随时有效。

Name	Telephone
Emergency Response Department	
Sanitation and Epidemiology Inspection	
Environment Protection Department	

联 系 人	联系电话
紧急响应部	
卫生和检疫部	
环境保护部	

2.13 Personal Protection Equipment PPE

2.13 个人防护用品 PPE

To allow the right type of PPE or clothing to be chosen, the different hazards in the workplace need to be considered carefully. This will enable as assessment to be made of which types of PPE or clothing are suitable to protect against the hazard and for the job to be done.

为选择恰当类型的个人防护用品和衣物，需认真考量工作场所的不同危害。这将有助于评估不同危害防范应采用哪种个人防护用品或衣物，以便完成工作。

Examples of PPE that may be required to eliminate risks associated with works include:

根除工作风险所需的个人防护用品包括（但不限于）：

Hazards and Associated PPE Choice

危害和相关的个人防护用品选择

Item	Hazard	PPE Choice
Eyes	· Chemical or metal splash, · Dust, · Projectiles, · Gas and vapour	· Safety glasses, · Goggles, · Face screens
Head and Neck	· Impact from falling or flying objects, · Risk of head bumping, · Hair entanglement	· Helmets
Breathing	· Dust, · Vapour, · Gas, · Oxygen deficient atmosphere	· Disposable filtering face piece or respirator, · Half/full face respirators, · Air-fed helmets, · Breathing apparatus
Body Protection	· Temperature extreme, · Adverse weather, · Chemical or metal splash, · Spray from pressure leaks or spray guns, · Impact or penetration, · Contaminated dust, · Excessive wear or entanglement of own clothing, · Fall of person, · Cuts, · Electric Shock	· Specialist protective clothing, e. g. chain-mail aprons, high visibility clothing, safety harness, · Gloves, wrist cuff, armlets, · Safety boots and shoes (steel toe caps), gaiters

项目	危害	个人防护用品选择
眼部	·化学物质或金属物质飞溅; ·灰尘; ·投射物; ·气体和水蒸气	·安全眼镜; ·护目镜; ·面罩
头部和颈部	·掉落或高空运动物体影响; ·头部碰撞风险; ·头发缠绕	·安全帽
呼吸	·灰尘; ·水蒸气; ·气体; ·缺氧环境	·一次性过滤面罩或呼吸器; ·半脸/全脸呼吸器; ·空气输送头盔; ·呼吸仪
身体保护	·过冷过热; ·恶劣天气; ·化学物质或金属物质飞溅; ·被泄压物或喷枪喷出物喷洒; ·冲击或穿透; ·被污染灰尘; ·自身服装过度磨损或缠绕; ·人员坠落; ·被割伤; ·触电	·专门保护服装,如链甲衣;醒目衣物;安全带; ·手套、腕套、臂条; ·安全靴和安全鞋(钢性鞋头);鞋罩

The minimum PPE requirements for all staff on site are:

所有现场人员的最低个人防护用品要求是：

· Hard Hat,

· 安全帽；

· Safety foot - wear, with good ankle support and laced up,

· 安全鞋，带良好的护踝和系紧绳带；

· Ear protection for all employees where required by task,

· 任务要求时，所有雇员需具备听力保护；

· Hi-visibility waistcoat or company uniform,

· 醒目马甲或统一制服；

· Safety glasses.

· 安全眼镜。

Other PPE that may be required will be assessed in relation to the task, and may include but not limited to:

针对特定任务，将对所需的其他个人防护用品进行评估，这些用品包括但不限于：

· Fall protection,

· 防坠保护；

· Safety equipment for working near to or over water,

· 近水或水上工作安全设备；

· Ear protection.

· 听力防护。

The Criteria for PPE replacement shall be determined based on the manufacturer's specifications, and standards. Such criteria shall be communicated to all concerned parties for their reference and regular review to coverall PPE used on site.

个人防护用品更换标准应按照制造商的规范和标准确定。此标准应传达至所有相关人员，供其参考和定期检查现场使用的所有个人防护用品。

2.14 Security

2.14 安保

Site security to be arranged according to battery limits, controls will be established to prevent but not limited to:

将根据界区范围安排现场安保人员和控制措施，以实现下列目的（不限于）：

· Unauthorised access to site locations and offices,

· 防止擅自进入现场地点和办公室；

· Protection of animals and livestock in the vicinity of work,

· 保护邻近动物和家禽；

· Protection and safe operation of temporary traffic routes,

· 保护和安全执行临时交通路线；

· Theft prevention and vandalism,

· 防止偷盗和故意破坏；

· Safety of staff and employees,

· 保护员工和雇员的安全；

· Fire prevention.

· 防火。

2.15 Evaluation, Selection and Control

2.15 评估、挑选和控制

When evaluating and selecting subcontractors, enquiry documentation for subcontractors on site shall address and include the:

在评估和挑选分包商时，为现场分包商编制的问询文件应涉及和包含：

· Subcontractors safety policy; and others,

· 分包商安全方针和其他；

· Subcontractor safety organisation, details of responsibility, track records in safety, working experience with clients of a high standard, safe systems of work/safety programmes in place, current safety management systems and training standards.

· 分包商安全组织、责任细节、安全追踪记录、与高水平客户的工作经验、正在执行的工作/安全计划安全体系、当前安全管理体系和培训标准。

Under a contractual agreement subcontractors are required to comply with the requirements of the health and safety plan throughout their duration on site. Confirmation of their understanding of the requirements and intentions to comply with the health and safety plan are gained at contract "start - up" meeting, and through safety meetings and inspections.

在合约协议下，分包商须在整个现场工作期内遵守健康和安全计划的要求。在合同“启动”会议上，取得说明其已理解健康和安全计划的要求并愿意遵守健康和安全计划规定的确认函。

2.16 Permits to Work

2.16 工作许可证

Work permits shall be issued to ensure that employees are aware of hazards and carry out the required safety procedures before undertaking potentially hazardous activities. Permits required but not restricted to:

应发放工作许可证，以确保雇员在进行有潜在危害的活动之前意识到危害，并落实必要的安全程序。必要的许可证包括但不限于以下几个方面：

· Isolation,

· General work permit,

· Extended work request form,

· Access egress permit,

· Grating floor removal permit,

· Powder actuated tool permit,

· Radiography permit,

· Working platform/personnel basket permit,

· excavation permit,

· Hot work permit,

· High voltage permit,

· Working at height,

· Confined space permit,

· 隔离；

· 通用工作许可证；

· 延伸工作申请表；

· 进出许可证；

· 整平/地面清理许可证；

· 弹药驱动工具许可证；

· 放射照相许可证；

· 工作平台/人员吊篮许可证；

· 开挖许可证；

· 动火作业许可；

· 高压许可证；

· 高空作业；

· 受限空间许可证；

· Close proximity/access under power line permit,

· Site driving permit.

Other permits may be developed as required, particularly in the case of tasks or activities that will only be performed once.

· 电力环境作业许可证；

· 现场驾驶证。

可按要求建立其他许可证，特别是针对执行一次的任务或活动。

2. 17 Inclement Weather

A safety procedure shall be established for working in inclement weather including cold temperatures, snow, sleet and dust. Working in Extreme Cold shall implement a cold stress prevention program that establishes:

(1) Worker training in the hazards, health effects and prevention of cold related illness.

(2) Criteria or monitoring method (e. g. acting on wind chill warnings or cold alert notices by measuring of wind speed and air temperature).

(3) A monitoring/sampling plan (e. g. when, where and what to measure or monitor).

(4) Responses or preventative measures (e. g. dressing in proper layers of clothing, acclimatizing workers to working conditions and required protective clothing, establishing warm - up schedule, provide warm shelter, use buddy system, suitable equipment, pace of work to avoid sweating or low activity).

(5) A plan to provide warm sweet drinks and soups (increases caloric intake and prevents dehydration which may increase risk of cold injury).

(6) First aid and emergency responses, including monitoring of worker symptoms, and investigating incidents of cold related illnesses/injuries.

2. 17 恶劣天气

在恶劣天气下作业，包括低温、下雪、雨夹雪和扬尘，应建立安全程序。在极冷环境下工作应执行冷应力方案计划，该计划规定：

(1) 接受危险、健康影响和防止寒冷造成疾病方面的培训的工作人员。

(2) 标准或检测方法（如：通过测量风速和空气温度做出风冷警示或寒冷警报通知）。

(3) 监测/抽样计划（如检测时间、地点和对象）。

(4) 响应和防范措施（如穿着适当层数的衣物、让工人适应工作环境和必要的防护衣物、建立热身计划、提供暖和的安全区、执行两人同行制度、使用恰当设备、以适当速度进行工作以免出汗或低效率）。

(5) 甜饮暖饮提供计划（增加热量摄入和防止可能增加寒冷受伤风险的脱水情况）。

(6) 建立抢救和紧急救援方案，包括监控工作人员症状以及调查寒冷造成疾病的事故。

2. 18 Fire Procedure

Fire procedures shall be established for onsite work and each site office. This procedure will be made available to all personnel working and/or visiting site. It will also form part of the general site induction process.

2. 18 消防程序

现场作业和各个现场办公室应建立防火程序。所有现场工作和/或访问人员均可获得此程序。此程序也构成普通现场进入培训流程的一个组成部分。

2. 19 Fire Prevention

2. 19 火灾防范

· Adequate fire extinguishers shall be made available at prominent positions at the work area.

· 工作区域醒目位置应配备充足的灭火器。

· All fire extinguishers shall be checked regularly for serviceability.

· 所有灭火器应接受定期检查，以保证其实用性。

· All leaders in work teams should be trained in the use of extinguishers.

· 所有工作组组长应接受关于使用灭火器的培训。

· Temporary buildings, store etc., shall be spaced so as to minimize the risk of fire spreading.

· 临时建筑和仓库等应隔开一定距离，以减少火势蔓延的风险。

· Access to hydrants and fire appliances shall be clearly indicated and accessible at all times.

· 应清楚说明获取给水栓和消防装置的途径，给水栓和消防装置可随时取得。

· "No Smoking" areas shall be demarcated and noted.

· 应清晰划分和标注“禁止吸烟”区域。

· Where personnel are carrying out hot works at heights, adequate fire resistant blankets or the similar must be used to protect persons on lower level.

· 有人员在高处进行动火作业时，必须采用足量防火毯等材料，以保护低处人员的安全。

· Hot work permits to be issued for working in high risk areas.

· 好风险区域将签发动火作业许可证。

· No unauthorized open fire is allowed on site.

· 不得擅自在现场进行动火作业。

· Dangerous good shall be stored according to the compatibility categories.

· 应根据兼容分类储存危险货物。

· Sufficient ventilation shall be ensured to prevent accumulation of flammable vapour.

· 应保证足量通风，以防可燃蒸汽积聚。

· Flammable liquids shall be stored in closed/safety cans to prevent leakage.

· 易燃液体应储存在封闭/安全罐中，以免泄漏。

· All vehicles, equipment and buildings will be fitted with dry powder type extinguishers, they are coloured red with a white band and are suitable for all types of fires.

· 所有车辆、设备和建筑应适用干粉灭火器，这些灭火器用红色白条样式，可用以应对各种类型的火势。

· Fire wardens to be appointed and trained in their duties.

· 将指定防火员，并对其进行履职培训。

3.0 Hazardous Operations

3.0 危险作业

Key health and safety issues that will need to be effectively managed throughout this project will be continually identified through risk assessments based on the works program. The following health and safety issues are risks identified and should be continually reviewed throughout the duration of the works. The below stated hazardous operations should be reviewed by management on site.

在整个项目阶段需有效控制的健康安全关键问题，将根据工作计划不间断地在风险评估过程中识别。下列健康安全关键问题是经识别的风险，应在整个工程阶段持续进行审查。下述危险作业应由现场管理人员审查。

No work will be carried out unless all operatives have been briefed on the task. The JSA must be completed and checks made that all operatives are wearing the correct PPE for the task. Emergency requirements must be in place and have been confirmed as working /fit for purpose.

所有操作人员说明任务后，才能动工。必须完成工作安全分析（JSA），检查证明所有操作人员穿戴正确的个人防护用品完成任务。紧急要求必须就位，且必须经过作业适用性确认。

3.1 Working at Heights

3.1 高空作业

Work at heights includes building works, unloading trucks and access and egress to large plant items. This introduces the risk of fatal injuries arising from falls. The site safety team/supervisors:

高空作业包括建筑工程，卸载卡车和进出大型设备。高空作业存在高空坠落致命风险。现场安全团队/监理：

· Ensures work is performed from man-lifts or completed scaffolds/working platforms.

· 确保在人力升降机或已建成的脚手架/工作平台上进行作业。

· All scaffolds are to be erected by a competent person (s) and inspected before use.

· 所有脚手架将由合格人员架设，并在使用前接受检验。

· Ensures fall restraint/arrest equipment is inspected on a regular, scheduled basis.

· 确保防坠设施按期按计划接受检验。

· Ensures that people working at height are trained/accredited/certified in carrying out the tasks at height.

· 确保高空工作人员在进行高空任务方面接受培训/检验/认证。

· Ensures all relevant subcontractor risk assessments have been completed.

· 确保完成所有相关的分包商风险评估。

· Ensure that no person to work at a height with potential fall more than 1.3 metres without the provision of fall protection.

· 确保在1.3m以上高空作业且有潜在坠落风险的人员均配备防坠保护设施。

· Ensures that a fall rescue plan is developed and in place prior to the commencement of any work at height.

· 确保在高空作业开始之前，先编制和实施坠落营救计划。

· Ensures that all personnel involved in fall rescue are trained in the specific techniques to be used.

· 确保所有坠落营救人员经过专门技术使用培训。

· Ensures that ladders are used for access/egress and secured to the structure.

· 确保采用梯子进出，且梯子在结构上有保障。

· Three point of contact maintained when using ladders-steps and handholds to be maintained-carry pouches to be used for small tools and other equipment.

· 使用梯子时维持三个接触点——需要台阶和扶手——携带装有小工具和其他器具的工具包。

3.2 Lifting Operations

3.2 起重作业

· Ensure that all cranes used are assessed for compliance with contractor's & subcontractors procedures.

· 确保所有工作吊车接受评估，看其是否满足承包商和分包商的程序。

· Ensure all crane lifts are performed under controlled conditions.

· 确保所有吊车其中工作在受控条件下完成。

· Approval for all heavy, Non-standard and multiple crane lifts, and approved lift plans in place.

· 对多种非标准重型吊车起重作业进行审批，且应实施经批准的起重计划。

· Ensure competence of operators and riggers and that they adhere to relevant codes of practice.

· 确保操作人员和配装工人的能力，并确保其遵守作业规范。

· For non-standard and critical lifts, permits must be obtained prior to lifting.

· 对于非标准的重要起重作业，必须事前获得许可证。

3.3 Access, Egress, Scaffolding Work and Working Platforms

3.3 进出、脚手架搭建作业、工作平台作业

· Ensures that scaffolding is erected by competent and certified personnel and is inspected, maintained in good working order, and are tagged in accordance with the approved scaffold procedure.

· 确保由合格经过认证的人员完成脚手架搭建工作。脚手架需接受检验，需能维持良好状态，还需根据经批准的脚手架程序进行标识。

· Work scaffolds shall be erected in accordance with manufacturer's instructions and shall comply with the prevailing statutory safety requirements.

· 应按照制造商的说明书搭建工作脚手架，还应满足通用法定安全要求。

· Working platform, walkway, passage and gangway shall be at least 400mm wide for passage of persons only & at least 650mm wide of for passage of materials.

· 供人通过的工作平台、走道、通道和过道应至少有 400mm 宽，供物料通过的工作平台、走道、通道和过道至少有 650mm 宽。

· Scaffolding structures shall only be modified by a competent and trained person.

· 经过培训的合格人员才能改变脚手架结构。

· Scaffolding only dismantled by competent persons.

· 合格人员才能拆除脚手架。

3.4 Noise at Work & General Requirements

3.4 噪声环境作业和一般要求

· Hearing protection shall be worn when carrying out noisy works.

· 在完成有噪声的工作时，应穿戴听力保护设施。

· Where noise is metered at 80dB(A) assessment of the risk will be undertaken and training provided

· 当测量噪声到达 80dB(A) 时，将进行风险评估，并提供培训。

· Hearing protection zones established where noise is metered at 85dB(A) or greater.

· 当测量噪声到达 85dB(A) 或更多时，应设立听力保护区。

· Noise Monitoring will be continuously reviewed to check that it falls within the set environmental standards.

· 将持续检查噪声监测，看其是否到达设定的环境标准。

· Vehicles to be regularly monitored with particular attention to silencers and mufflers.

· 定期对车辆进行检测，特别注意消声器和消音器。

· All construction equipment will conform to a standard of less than 90dB(A) .

· Where employees are continually working in noisy environments, annual health hearing assessments will be required.

3.5 Working in Confined Spaces

· Prior to entry into any confined space, a positive procedure to eliminate or control the potential hazard shall be established.

· Arrangement should be made for detecting toxic or explosive gas or oxygen deficiency and the procedures and detection equipment to be used shall be specified in the safe working procedures.

· Safety and emergency rescue equipment, including breathing apparatus, rescue harnesses and safety ropes shall be provided.

· An assessment should be carried out prior for work that only certified workers working in confined spaces is employed.

· Permits must be obtained for all confined space work.

· All personnel required to enter a confined space will undergo confined space entry training.

3.6 Electrical Power Supply

A "working near power line permit" will be required to travel equipment or work within 15 metres of a power line corridor.

Ensure that before work, plant travel or site establishment commences, an inspection of the area to identify all overhead services within the limit of work is completed.

Height restrictions will be clearly identified to prevent plant and equipment coming into contact with electrical supplies.

Recommended clearances beneath high-voltage distribution lines.

· 所有施工设备的噪声值应低于 90dB(A)。

· 针对雇员需持续在噪声环境中工作的情况，要求按年进行听力健康评估。

3.5 受限空间作业

· 进入空间前，应建立正面的清除或控制潜在危害的程序。

· 应安排检测有毒或易爆炸其他或缺氧情况，应在安全工作程序中规定检测程序和将使用的检测设备。

· 应提供安全和急救设备，包括呼吸器、安全带和安全绳。

· 应在开工前进行评估，对于进入受限空间进行工作，只能聘请经认证的人员。

· 所有受限空间工作，必须取得许可证。

· 所有需进入受限空间的人员将接受受限空间进入培训。

3.6 电力供应

在电线走廊 15m 范围内搬运设备或作业需获得“电力环境作业许可证”。

确保在工作、设施搬移或现场建立之前，检查工作区域，已确认工作范围内的所有架空服务已经完成。

应明确高空限制条件，以防设施和设备接触电线。

建议高压输电线下应保持的距离。

Voltage/V	Recommended Clearance/m
50000	3
50000~75000	3.5
75000~125000	4
125000~175000	4.5
175000~250000	5
250000~370000	6.5
370000~550000	8.5

电压/V	建议距离/m
50000	3
50000~75000	3.5
75000~125000	4
125000~175000	4.5
175000~250000	5
250000~370000	6.5
370000~550000	8.5

3.7 Portable Equipment and Tools

Ensure that the inspection and testing of subcontractors owned and hired equipment is conducted at regular intervals through an auditing/workplace inspection process. Residual current devices and other voltage reduction measures are to be fitted to all portable electrical equipment and will be periodically tested by competent electricians.

3.7 便携式设备和工具

确保在整个审查/工作现场检查过程中，定期检查和测试分包商自有和/或租用设备。其他使用设施和其他减压测量仪需适用于所有便携式电力设备，将定期接受合格电气人员的检测。

3.8 Working on or Near Power Supply

· Installation of electrical works should only be carried out by licensed electrician.

· Functioning test should be carried out on residual current breaker (RCB) regularly.

· Avoid operating electrical equipment and tools in wet conditions.

· Inspect the equipment before first use as good practice.

· Never touch plug, socket or electrical equipment with wet hand.

· Utilize water-proofed connectors to connect electric cables, never use insulating tape alone.

· Do not leave electrical cables scattering on ground in order to prevent tripping hazard.

· Make sure cables are long enough to reach your working place without straining or pulling.

3.8 电力环境中作业

· 持证电气人员才能安全电气工程。

· 应定期对漏电断路器（RCB）进行功能测试。

· 避免在潮湿环境中操作电气设备。

· 首次使用之前按照良好的习惯做法检查设备。

· 湿手不得触碰插头、插座或电气设备。

· 用防水连接器连接电缆，不仅仅使用绝缘胶带。

· 不将电缆线乱丢在地面上，以防绊倒。

· 确保电缆足够长，能够在不紧绷或拉伸的情况下达到你的工作地点。

· Report to Supervisor all defective electrical tools and equipment.

· 向经理报告有缺陷的所有电气工具和设备。

· Never use multiple sockets in order to avoid overload.

· 不使用复式插座，以免过载。

· Permit to work maybe required.

· 可能需要工作许可证。

3.9 Manual Lifting and Handling

3.9 人工搬抬和作业

Manual handling is often thought of as lifting and carrying by hand. Manual handling also includes other movements when force is exerted. It can also be defined as pushing, pulling, operating levers, lowering, lifting, holding or retaining.

人工作业往往被认为是用手进行搬抬工作。人工作业还包括其他费力的活动。可被定义为推、拉、操作杠杆，搬下，上抬，支撑或固定等。

Before performing manual tasks, the associated hazards and risks and the means of controlling these will be identified in consultation with the person expected to do the task. Pre planning of the intended task or activity will often eliminate double handling, therefore reducing potential muscular injury.

在进行人工作业之前，将与作业人员协商确认相关的危害和风险以及其控制方式。对计划任务或活动进行事前规划通常会避免二次处理，因此减少了肌肉受伤可能性。

· Manual handling will be avoided when suitable and available mechanical means are available.

· 若人工作业可以被适用的机械作业所替代，那么应尽量避免人工作业。

· It shall be made aware of the correct manual lifting procedures.

· 明确正确的人工起重程序。

· Ensure that ground conditions where lifting is to take place is stable and adequately levelled off.

· 起重作业时，确保地面条件稳定且足够平整。

3.10 Welding and Cutting

3.10 焊接和切割

· Prior to welding, a positive procedure to eliminate or control the potential hazard shall be established.

· 焊接作业前，应建立正面的清除或控制潜在危害的程序。

· For all welding and cutting procedure ensure that correct PPE is available (i. e. welding mask, screens, gloves, jackets) as to prevent burns, cuts and abrasions.

· 所有焊接和切割程序应确保正确的个人防护用品（例如焊接面罩、挡板、手套和工作服），以防止出现烫伤、割伤和擦伤。

· Ensure adequate ventilation.

· 确保充足的通风。

· All personnel required to undertake welding procedures should be adequately trained in both welding procedures and equipment use.

· 负责完成焊接作业的所有人员应获得在焊接程序和设备使用方面获得充分的培训。

· Portable fire suppression appliances to be available.

· 将配有移动式消防装置

· Hot work permits required for hot work conducted outside a designated hot work area.

· 在指定动火工作区域外进行动火作业需要有动火作业许可证。

3.11 Excavation works

· All excavations in excess of 1.5 meters will be barricaded at least 1 meter back from the edge on both sides of the excavation using rigid barricading.

· Existing excavations to be inspected prior to work.

· Excavations within the construction site less than 1.5 meters in depth shall be protected by using barricade tape.

· If access is required to excavations deeper than 1 meter a secured ladder or steps will be provided and the excavation will be battered, stepped or shored to prevent collapse of any loose materials. All ladders are to be secured by tying off.

· Where possible all excavations shall be back filled on the same day they are opened.

· Permits to be obtained for all excavations.

3.12 Traffic Control and Transportation

· Segregation of pedestrians and vehicles where ever possible.

· Ensure that high visibility PPE is worn at all times during set up and throughout traffic control.

· Ensure adequate signage is provided outlining any changes to traffic ahead and if required traffic controllers shall be put in place to stop and/or slow the traffic.

· Drivers to be made aware of access routes and maintain low speeds at all times 20m/h.

· Where temporary traffic routes are required a safe system of work will be agreed and documented prior to the commencement of the work. The safe system of work once agreed will be briefed to all staff involved in the work.

· Traffic management plans should be developed for access and egress to site locations.

3.13 Haul Roads (including access roads)

The following factors will be considered when planning, constructing and maintaining haul road systems:

3.11 开挖工程

· 超过 1.5m 的开挖作业应该采用硬质障碍物在两侧至少 1m 处设置障碍。

· 开挖作业前应检查已经完成的开挖作业。

· 施工现场低于 1.5m 深的开挖作业应采用路障胶带设置路障。

· 若需进入超过 1m 深的挖井，应提供安全梯，而且挖井应设置斜坡、阶梯或支撑以防松散材料塌陷。所有安全梯应采用绑绳做好安全措施。

· 所有挖井需在开挖当天回填。

· 所有开挖作业需备有许可证。

3.12 交通控制和运输

· 尽可能分开行人和车辆。

· 在设置交通控制时和整个交通控制过程中确保穿戴高亮发光的个人防护用品。

· 保证提供充足的标牌，说明前方交通变化情况；若有相关要求，还应确保交通控制人应在场暂停和/或减缓车辆行驶。

· 驾驶员应知晓进出路线应始终保持低速驾驶 20m/h。

· 若规定了临时交通路线，应在开工前书面协定安全工作体系。安全工作体系一旦建立，应通报给所有相关工作人员。

· 应针对现场进出建立交通管理计划。

3.13 运料道路（包括进出道路）

在规划、施工和维护运料道路系统的过程中将考虑下列因素：

· Avoid crossing under power lines and where this cannot be achieved adequate clearance and signage is provided.

· 无足够空间且提供警示的情况下不得在电线下行走。

· Radius of curvature and super elevation to be such as to allow safe cornering for the set speed limit.

· 曲率半径和超仰角应考虑到设定的速度限值允许安全转弯。

· Suitable material to be selected for construction.

· 选用恰当的施工材料。

· Adequate signs (in all common languages used on site) to be erected to display speed limits and driving rules, particularly on detours.

· 建立充足的标牌（所有现场通用语言）以列明速度限值和驾驶规范，特别是弯道处。

· Overtaking procedure to be clearly understood and implemented via induction, training and daily work activities.

· 通过指导、培训和日常工作活动熟练掌握和实施超车程序。

· Visibility to be adequate, i. e. blind corners to be avoided if possible.

· 充分可见性，如：尽可能避免盲角。

· Running surfaces to be properly maintained by grading and watering.

· 通过整平和洒水恰当维护行车路面。

· Haul road extremities to be clearly defined with bunting and delineators as required.

· 运料道路的各端将清楚划定界限，按要求设置标旗和标示。

3.14 Mobile Plant Repair Areas

3.14 可移动设施维修区

The following factors are to be considered when constructing and working in the Mobile Plant repair areas:

在可移动设施维修区施工和作业时将考虑以下因素：

· Hard standing-hardened concrete flooring provided suitable for all equipment where reasonably practicable.

· 硬质地面——在合理可行的情况下为所有设备提供适用的硬质混凝土地面。

· Lighting kits and inspection lamps.

· 照明用具和检查灯。

· All chemicals and dangerous goods to be stored by classification as per project waste, hazardous and dangerous materials plan.

· 根据项目废物、危害物及危险物计划的规定分类储存所有化学品和危险物。

· All oil storage areas are to be bunded and inspected daily for leaks and contamination of soil in area adjacent to them. Bunds to be constructed to hold potential leakages of contents plus 10%.

· 所有储油区将设堤，并接受日常检查，以防泄漏或污染邻近土壤。建立堤岸以容纳可能10%出现的泄漏物质。

· All heavy vehicle movement is to be marshalled.

· 将对所有重型车辆活动进行统一安排。

· Hearing protection is mandated a whilst plant is running.

· 当设施运转时，必须强制实施听力保护措施。

· Racks and shelving for storage of tools, test equipment and spare parts is to be of approved and certified type. A register of all racking and shelving is to be maintained.

· 工具储存货架及排架、检测设备和备用件为经批准和认可的类型。将维持所有货架及排架的登记册。

3.15 Dust Control

3.15 扬尘控制

· An effective dust control and monitoring program shall be adopted to maintain the dust levels at an acceptable standard.

· 应采用有效的扬尘控制和监控计划，以将扬尘水平维持在可接受标准内。

· Demarcate the work area and put up warning notice at dusty zone.

· 划分工作区域并在扬尘区域内张贴警告通知。

· Any debris and/or stockpile of dusty material shall be covered entirely by impervious sheeting or stored in a sheltered area.

· 易生尘埃物料的残留和/或堆放应用防水布料完全覆盖，或储存在有遮盖的区域内。

· Supplementary equipment such as water facilities and dust absorbers should be used in activities (e.g. grinding, drilling etc.) which generate dust.

· 产生尘埃的活动（如碾磨和打钻等）中应采用洒水设施和除尘器等辅助设备。

· Dusty loads on vehicles should be covered before they leave the site.

· 车辆若需在易生尘埃的道路上行进，那么在离开现场之前应先用覆盖物覆盖。

· Reduce time exposure in dusty areas and ensure that if dust cannot be reduced approved PPE to be used.

· 若使用的个人防护设备不能减少尘埃接触，应减少接触扬尘区域时间。

3.16 Housekeeping

3.16 房务管理

Housekeeping is to be considered an extension of every activity on the project. Good housekeeping practices contribute to the prevention of injuries.

项目每项活动均需考虑文明施工。良好的文明施工实践有助于防止伤亡事件。

· Vehicles and work areas shall be maintained in a tidy and safe manner.

· 车辆和工作区域应随时保证整洁、安全。

· Materials and equipment not in use shall be neatly stored away from work area and clear of access ways.

· 备用材料和设备应整齐堆放在远离工作区域的位置，不得阻挡进出通道。

· All office, camp and toilet facilities shall be kept clean.

· 所有办公室、营地和卫生设施应保持清洁。

· Materials should be properly stacked to keep clear access.

· 材料应正确堆放以免阻挡进出通道。

· Stacked materials should be kept at a reasonable height to avoid accidents.

· 堆放材料应维持在合理高度，以免发生事故。

· Rubbish shall be placed in allocated rubbish bins.

· Damaged tools shall be replaced and/or repaired as required.

· Keep limited quantity of flammables on site.

· Spillage of liquids should be cleaned up immediately to prevent slippage.

· Project encourages a "clean as you go" policy.

3.17 Fences and Gates

Where fences and gates are established due care will be taken to ensure that:

· No fence or gate is removed or altered except those required to be moved or altered for the proper execution of the works, and any negotiations I permissions have been agreed in writing.

· Watchmen will be placed as required where gates have to be removed in the course of the work to prevent animals from straying, until temporary fencing is installed.

· No gates are to be left open.

4.0 Construction Plant and Equipment

4.1 Construction Plant Register

· A register of all equipment on site shall be maintained throughout the duration of the project. This register should include plant name, model, registration, serial no's and certification status.

· Project manager shall ensure that only approved plant and equipment is utilized for the operations and that plant shall be operated as specified as per the manufacturer's instructions and/or manuals.

· Ensure that all inspection and testing of all owned and/or hired equipment are conducted regularly through an auditing/workplace inspection process.

· Each plant is equipped with fire equipment.

· 垃圾应堆放在指定垃圾桶内。

· 损坏工具应按要求替换和/或维修。

· 保证现场易燃物数量有限。

· 溢出液体应及时清理，以免造成滑倒。

· 项目鼓励“随走随清”原则。

3.17 围栏和大门

在设立了围栏和大门的情况下将倾注应有关注，以确保：

· 不得拆除或更改围栏或大门，除非适当的工程实施有此需求，并且已达成书面协商/许可。

· 若在工程作业过程中为防止动物被困而不得不拆除大门，那么将设定看守人员岗位，直至临时围栏建成。

· 大门应随时处于关闭状态。

4.0 施工设施和设备

4.1 施工设施登记册

· 在整个项目阶段中应维护所有现场所有设备的登记册。登记内容应包含设施名称、型号、注册、序列号和认证情况。

· 项目经理应确保仅将经批准的设施和设备用于项目作业，还确保设施运转符合制造厂的说明和/或手册。

· 确保在整个审查/工作现场检查过程中，定期检查和测试所有自有和/或租用设备。

· 各个设施配有消防装置。

· Personnel are qualified to operate plant.

· Ensure that loading ratings on plant are within specified limits to prevent overloading.

· Effective maintenance and inspection criteria are to be in accordance with the projects standards and procedures as a minimum.

· 人员具备资格操作设施。

· 确保设施的装载率不超过规定限值，以免发生过载事件。

· 作为最低要求，有效维护和检查标准应符合项目标准和程序。

4.2 Condition of Equipment

Effective maintenance and inspection in accordance with project standards and procedures is required as a minimum.

All operators are to be trained to recognise machine faults and report them immediately to their supervisor.

All maintenance shall be recorded, and shall be performed in accordance with the manufacturer's recommendations and requirements.

4.2 设备条件

作为最低要求，需按照本项目标准和程序进行有效维护和检查。

所有操作人员将获得培训以识别机器故障，并及时向其监理进行汇报。

所有维护情况应进行记录，还应按照制造商的建议和要求进行维护。

4.3 Light Vehicle Operation

· Operators must obey site speed limits and general rules of the road at all times.

· When inducted, employees will be informed of the site speed limits.

· Constant monitoring of site speeds will be carried out by site supervision.

· All occupants of light vehicles must wear seat belts. Seat belts are mandatory equipment for all light vehicles.

· All light vehicles must use headlights at all times on site.

· Site light vehicle permits are required before operating vehicles on site.

4.3 轻型车辆运转

· 驾驶员必须始终遵守现场速度限制以及一般道路规定。

· 入场时，雇员将被告知现场速度限值。

· 现场监督人员将不间断地监控现场速度。

· 轻型车辆内的所有人员必须系安全带。所有轻型车辆必须配有座位安全带。

· 所有轻型车辆现场作业时必须开启车头灯。

· 现场驾驶车辆要求现场轻型车辆许可证。

4.4 Heavy Equipment

· Operator competencies will be required for operation of all equipment. This will also include maintenance and contract personnel.

· Road rules apply equally to all heavy equipment and light vehicles.

4.4 重型设备

· 所有设备的操作要求操作人员能力。这将包括维护和合同人员。

· 道路规定同样地适用于所有重型设备和轻型车辆。

· Operators are required to always drive to the conditions encountered if adverse conditions occur, for example during heavy rain, fog etc.

· 如遇恶劣天气状况，如大雨和大雾等，操作人员也需要克服天气状况驾车。

4.5 Speed Restrictions

Traffic signs apply equally to all vehicles and are to be obeyed at all times.

Posted speed signs indicate the maximum permissible speed allowable.

The speed limits on this site are:

Open Haul Roads 50km/h

Road to Primary Crusher 40km/h

Access Roads into Site 20km/h

Repair Areas & Office Areas 20km/h

Camp Area 20km/h

Drive at a safe speed for the prevailing conditions. These speed limits may be less than that posted and are to be adhered to for all site traffic.

Should road conditions become hazardous or traffic congested, extreme caution should be exercised.

Always drive at speeds in accordance with road conditions, visibility, and the presence of animals, pedestrians dust.

4.5 速度限制

交通标志平等地适用于所有车辆，需随时遵守这些标志。

张贴的速度标志表明允许的速度上限值。

现场速度限制：

开放的运料路 50km/h

至粗碎机的道路 40km/h

现场进出道路 20km/h

维修区和办公区 20km/h

营地区 20km/h

以大多数情况适用的安全速度驾车。此等速度限值低于张贴的限值，以便遵守此等速度限值以保证所有现场交通安全。

若道路情况存在危险或拥堵，应谨慎驾驶。

始终根据道路条件和能见度情况，并考虑动物和行人出入和避免扬尘等因素，适速驾车。

4.6 Traffic Rules

Careful note should be taken of the traffic pattern around excavators, loaders, cranes and other heavy equipment. These are working areas for heavy equipment and all light vehicles should approach such areas with extreme caution

All vehicles are confined to defined roads.

A minimum of 50 metres is to be maintained between any vehicle or machine when travelling on the site. Adjust the distance according to conditions if required due to weather.

4.6 交通法规

应对挖掘机、装载机、起重机及其他重型设备周围的交通模式特别注意。这些事重型设备的工作区，所有轻型车辆在靠近此类区域时应特别谨慎。

所有车辆都限制在确定的道路上。

在场地行使的任何车辆或机器之间应保持至少50m的距离。按照需要，由于天气的原因而根据情况对记录进行调整。

Do not park:

· To block any access.

· To block views of other road users

Do not park within 50 metres of the swing radius of an excavator, without the excavator operator's permission. If, for maintenance or operational reasons, it is essential to park adjacent and in a closer proximity to a haul truck or excavator than allowed above, the driver must ensure that the operator is aware of your intentions, that prior contact has been made and acknowledged, and instructions given are followed. If it is necessary to park on sloping ground, turn the machine toward a ditch, berm or bank.

· Use the vehicle or equipment's indicators at all times to indicate turning movements.

· Free-wheeling (neutral gear) is forbidden.

No person is to ride in the back of open vehicles.

Broken down vehicles: activate the hazard lights and leave the warning beacon on if the vehicle is broken down and causing an obstruction on the road. You must ensure that flashing safety lights or witches hats (cones) are placed around the disabled vehicle before the vehicle is left unattended.

Do not leave the cab of a disabled machine until the wheels are chocked and the vehicle made safe, i. e. front wheels turned toward the bank or windrow, park brake applied and gear selector in neutral with hydraulic attachment on the ground.

It is a requirement of the project procedures that:

· A motor vehicle shall not be left unattended unless the controls are in the correct position for parking and the brake fully applied.

· Light vehicles and support vehicles shall not enter or drive on any area of the project unless the warning beacon is operational.

· Seat belts are to be worn on all plant and equipment where fitted without exception.

不得停车：

· 阻挡任何通道。

· 阻挡其他道路使用者的视野。

未经挖掘机操作者许可，不得在挖掘机半径 50m 内停车。若因维护或操作原因必须在附近停车或与托运卡车或挖掘机之间的距离小于上述允许的范围，则驾驶员须保证操作者知晓驾驶员的意图，并确保已事先进行了接触并得到认可，且在随后得到了指导。若需要在斜坡停车，则应将机械转向沟渠、崖径或堤岸。

· 随时使用车辆或设备指示器以对转向进行指示。

· 禁止单向转动（空挡）。

任何人员都不得坐在开放式车辆后部。

抛锚车辆：若车辆抛锚并在道路上造成了障碍，则应开启危险警示灯，并保持警告灯亮着。须保证车辆在无人看管前在抛锚汽车四周放置了安全闪光灯或警示角桶。

在抛锚车辆轮胎被楔子垫住，车辆变得安全之前不得离开抛锚车辆驾驶室，即：将前轮转向堤岸或料堆，进行停车制动，将变速杆挂空挡，将液压传动装置附件保持在地上。

项目程序要求：

· 汽车不得无人看管（除非控制装置处于停车的正确位置，并进行了充分制动）。

· 不得将轻型车辆及后勤车辆驶入项目任何区域或在项目任何区域上驾驶，除非具有警告灯。

· 一律在所有合适的设备及装备上佩戴安全带。

4.7 The Care of Vehicles and Equipment

It is the driver's or operator's responsibility to ensure, as far as reasonably practicable, that the vehicle or machine they are going to drive or operate is in a safe and undamaged condition.

Light vehicle safety features: all light vehicles must have the following safety features as a minimum prior to entering the mining, process or workshops areas:

· Horn.

· Flashing light.

· Windshield wipers.

· Head lights, tail lights, brake lights, reversing lights.

· Turn indicators.

· Reversing horn for light trucks and buses.

· Fire extinguisher.

· Seat belts and approved seating.

At the start of work, or should you change vehicles or equipment during shift, a walk around inspection must be completed and any defect or damage is to be reported to your supervisor immediately.

Pre start inspection is specific to machine types and includes the following:

· Oil leaks.

· Lights.

· Water leaks.

· Tyres and wheels.

· Fuel leaks.

· Steering.

· Brakes.

· Hand brake.

· Visible signs of defects or damage.

· Walk around the entire vehicle or machine.

4.7 车辆及设备的爱护

驾驶员或操作者负责在合理可行的条件下确保其所要驾驶或操作的车辆或机械处于良好无损的状况。

轻型车辆安全保护措施：所有轻型车辆在进入矿区、加工区或车间区之前须至少拥有以下安全保护措施：

· 喇叭。

· 闪光灯。

· 雨刷。

· 前照灯、车尾灯、制动信号灯、倒车灯。

· 转向指示器。

· 倒车喇叭（轻型货车及轻型客车）。

· 灭火器。

· 安全带及经检验的座椅。

工作开始时，或者在作业期间要变更车辆或设备时，须绕车辆或设备进行检查，并将发现的任何缺陷或损害立即报告给监管人。

开始前的检查针对机械类型，包括以下：

· 漏油。

· 灯光。

· 漏水。

· 轮胎及车轮。

· 燃料泄漏。

· 操纵。

· 制动。

· 手刹。

· 缺陷或损害的明显迹象。

· 绕整台车轮或机械走动。

· Move off slowly and ensure that the braking, steering and light systems are working correctly.

· Whilst driving or operating project vehicles and equipment, should a gauge exceed the operating range, park in a safe place and report the fault.

The cab, windows and mirrors must be kept clean at all times. Cleaning rags and fluid should be readily available.

4.8 Right of Way on Site

Drivers of all vehicles must give way to emergency vehicles while they are displaying emergency signals (red and blue lights) and/or sounding alarms.

Stop and give way signs apply equally to all vehicles and equipment.

Kazakhstan road rules apply on site.

Drivers with right of way shall exercise caution in all circumstances. Always drive defensively.

4.9 Approaching Equipment

Before approaching equipment, make sure you have been seen and acknowledged, or that the equipment is not operating.

4.10 Servicing Equipment

When equipment is being serviced or repaired, the operator will dismount from the machine. Vehicle repairs and maintenance will only be carried out in designated areas by qualified personnel.

5.0 Hauling Trucks and Other Special Plant Operational Requirements

5.1 Hauling Trucks

Refer to equipment manual for full information.

The size of the truck results in the creation of blind spots around it. Operators must be constantly aware of:

· Their surroundings.

· The loading unit.

· Other vehicular movements and traffic patterns.

· 缓慢离开，并确保刹车、转向及灯光系统正常工作。

· 若在驾驶或操作项目车辆及设备时，仪表超出了运转范围，则应将车辆或设备停靠在安全地带并对故障进行报告。

须随时保持驾驶室、车窗及镜子的清洁。清洁抹布及液体应随时可用。

4.8 场地先行权

当紧急车辆发出紧急信号（红色及蓝色灯光）和/或声音警报时，所有车辆的驾驶员都须给其让路。

停车及让路标志同样适用于所有车辆及设备。

哈萨克斯坦道路法规适用于现场。

拥有先行权的驾驶员在任何情况下都应小心谨慎驾驶。始终坚持安全驾驶。

4.9 接近设备

接近设备之前，确认被看到并被承认，或确认设备未运行。

4.10 设备维修

当设备正被维修或修理是，操作者将从设备里下来。只能在指定区域经由合格人员对车辆进行修理及维护。

5.0 拖车及其他特殊设备操作要求

5.1 拖车

参考设备手册获取详尽信息。

卡车的大小导致其周围盲点的出现。操作者须时常留意：

· 其周围环境。

· 装载单位。

· 其他车辆运动及交通模式。

When operating a haul truck in and around the site. Do：

在场地内部及周边操作拖车应当：

· Operate with the seat belt fastened.

· 系好安全带操作。

· Observe all speed limits.

· 注意所有的速度限制。

· Observe all traffic signs.

· 注意所有的交通标志。

· Observe all traffic regulations.

· 遵守所有的交通法规。

· Drive to prevailing conditions.

· 根据当前条件进行驾驶。

· Use indicators at all times.

· 随时使用指示器。

· Observe the crusher indicator lights before tipping.

· 在倾卸前注意破碎机的指示灯。

Do not：

不得：

· Over speed.

· 超速。

· Assume you will be given the right of way.

· 假定被给予了先行权。

· Tailgate（maintain 50 metres between moving haul units and vehicles）.

· 后挡板（移动的托运设备和车辆间保持 50m 的距离）。

· A driver shall not enter or leave his/her truck cab during the loading operations unless in an extreme emergency, or as directed by the loader/excavator operator when loading oversize.

· 驾驶员在装载作业期间不得进入或离开其载重汽车驾驶室，除非遇到极端紧急状况或在超载时按照装载机/挖掘机操作者的指示。

5.2 Grader Operations

5.2 平地机操作

Haul roads, and traffic routes are an integral part of maintenance carried out by the grader.

运料路及运输线路是由平地机所进行的维护工作必不可少的一部分。

When operating graders, follows these basic procedures.

应按照以下这些基本程序操作平地机。

Do：

应当：

· Operate with the seat belt fastened.

· 系好安全带驾驶。

· Operate with the warning beacon working.

· 操作时保持警报信号工作。

· Operate with the doors closed.

· 操作时车门关闭。

Do not：

不得：

· Change directions without checking in all directions for other traffic.

· 在未检查其他车辆方向的情况下改变方向。

· Leave the grader unattended unless the blade is lowered to the ground.

· 让平地机处于无人看管的状态（除非将其叶片降低至地面）。

Blade material over an edge without checking below your work area for the presence of:

· Personnel.

· Vehicles or machinery.

叶片材料超过了边缘，同时未检查工作区下面是否存在：

· 人员。

· 车辆或机械。

5.3 Dozer Operations

5.3 推土机操作

Before working a dozer in any area, the operators must satisfy themselves that:

· They and/or the machine will not be at risk.

· No other persons or machinery will be at risk

在于任何区域操作推土机前，操作者须使自身确定：

· 他们和/或机械不会有风险。

· 其他人员或机械也不会有风险。

Do:

· Operate with the seat belt fastened.

· Notify other traffic before travelling on the haul road system.

· Engage the transmission lock and lower the implements to the ground before leaving the machine unattended.

应当：

· 系好安全带驾驶。

· 在驾驶推土机驶于运料道路系统前通知其他车辆。

· 在使机械处于无人看管状态前锁住变速器并将工具降低至地面。

Do not:

· Change directions without checking in all directions for other traffic.

· Leave the dozer unattended unless the blade is lowered to the ground.

· Push material over an edge without checking below your work area for the presence of: personnel, vehicles or machinery.

不得：

· 在未检查其他车辆方向的情况下改变方向。

· 让推土机处于无人看管的状态（除非将其叶片降低至地面）。

· 将物料推动至边缘，同时未检查工作区下面是否存在：人员，车辆或机械。

5.4 Front End Loader Operations

5.4 翻斗叉车操作

Operators must always be aware of traffic movements around them.

Whilst operating the loader, follow these basic procedures.

操作者须随时注意周围的交通运行状况。

按照这些基本程序操作叉车。

Do:

· Operate with the seat belt fastened.

· Operate with the doors and windows closed.

· Look behind before reversing.

应当：

· 系好安全带驾驶。

· 操作时车门及车窗关闭。

· 倒车前往后看。

· Keep the working areas clean and level.

· 保持工作区的清洁及高度。

· Actuate the warning beacon when travelling on the haul road system.

· 在运料道路系统上行驶时开启警报信号。

· Carry the bucket as low as possible and the bucket teeth upturned when travelling

· 行驶时将铲斗尽可能保持低位，并将铲斗齿朝上。

· Ensure the park brake is applied and the transmission in neutral and the bucket is lowered to the ground before leaving the machine unattended.

· 在使机械处于无人看管状态之前确保采取了停车制动，转速器处于空挡，且将铲斗降低至地面。

· Use the same gear when descending a grade as required climbing it.

· 在下降叶片时，按照规定使用上升叶片时所使用的相同装置。

Do not:

不得：

· Undercut material stockpile faces.

· 减小材料存储面。

· Travel over uneven surfaces with the bucket raised.

· 行驶在粗糙地面时抬高了铲斗。

· Use the transmission brake when descending a grade.

· 在下降叶片时使用了传动装置制动器。

5.5 Excavator Operations

5.5 挖掘机操作

With the exception of trucks being loaded by the excavator, all other vehicles and personnel should keep out of reach of the bucket radius and machine turning circles.

所有其他车辆及人员应保持在铲斗半径及机械的会转圈以外（挖掘机对卡车进行装载时除外）。

When operating the excavator, follow the basic procedures.

按照基本程序操作挖掘机。

Do:

应当：

· Operate with the seat belt fastened.

· 系好安全带驾驶。

· Build ramps onto and off working benches.

· 将坡道建立在工作台上方或远离工作台。

· Ensure the working bench is competent to support the weight of the machine.

· 确保工作台能够支撑机械的重量。

· Avoid, where possible, loading trucks at right angles to the tracks.

· 在可能的情况下避免在卡车与轨道呈直角的时候对卡车进行装载。

· Lower the bucket to the ground and the implement's controls lock is engaged when the machine is unattended.

· 机械处于无人看管状态时，将铲斗降低至地面，并启动装置的控制锁。

Do not:

不得：

· Use the excavator as a crane as hydraulic restrictors have not been fitted.

· 因未配有液压限定器而将挖掘机作为起重机之用。

· Load a truck at any time if the loading operation involves swinging the bucket over the haul unit's cab.

· 当装载作业包含将铲斗在托运设备驾驶室转动时，随时对卡车进行装载。

5.6 Water Truck Operation

5.6 水车操作

Refer to equipment manual.

参考设备手册。

Driving surface conditions can vary dramatically with the application of water, caution must be taken when operating them.

驾驶路面的状况会因为水的使用而有显著差异，在进行操作时须十分谨慎。

When operating water trucks follow these basic procedures.

应按照以下这些基本程序操作水车。

Do:

应当：

· Operate with the warning beacon working.

· 操作时保持警报信号工作。

· Operate with the seat belt fastened.

· 系好安全带驾驶。

· Operate with normal traffic patterns.

· 在正常的交通模式下进行操作。

· Operate to keep up with other traffic flow to avoid unnecessary overtaking.

· 操作时与其他车辆保持联系以免不必要的超车。

· Operate the water spray intermittently.

· 实行间断洒水。

· Approaching bends.

· 靠近弯道。

· Approaching intersections.

· 靠近十字路口。

· Inform other vehicles and equipment of your presence and the section you are to water.

· 告知其他车辆和设备你将前往和你将在某些区域洒水。

6.0 Vehicles and Equipment General Rules

6.0 车辆及设备一般规则

6.1 Driving and Operating all Vehicles and Equipment

6.1 驾驶及操作所有车辆及设备

Never drive a vehicle into an area which you consider hazardous to the vehicle or other equipment. If you think an area is unsafe, notifying immediately.

不得将车辆驶进你认为会对车辆或其他设备带来危害的地区。若认为区域不安全，则应立即通知 。

NOTE: Books and reading materials and music are banned in all machines, and in all work places except recreational, dining rooms and offices. Portable audio equipment requiring the use of headphones/ear buds e.g. IPods are banned in all machines and vehicles and work areas other than offices.

注意：所有机械及工作场所内禁止阅读书籍、读物或播放音乐（娱乐室、餐厅及办公室除外）。禁止在所有机械、车辆及工作场地（办公室除外）播放需要使用听筒/耳机的便携式音频设备（如IPods）。

Mobile phones are prohibited during working hours for all operators and drivers or whilst operating a project vehicle.

禁止所有操作员及驾驶员在工作时间内或在操作项目车辆时使用移动手机。

Supervisors and staff are permitted to use mobile phones unless driving or operating machinery.

主管及员工可使用移动手机（驾驶或操作机械时除外）。

6.2 Vehicle Classification

6.2 车辆分类

The following vehicles are classed as heavy vehicles/plant:

以下车辆被归类于重型车辆/设备：

· Excavators and shovels (diggers).

· 开凿机及铲车（挖掘机）。

· Graders.

· 平地机。

· Haul trucks.

· 拖车。

· Scrapers.

· 铲运机。

· Fuel & water trucks.

· 加油车及水车。

· Cranes.

· 起重机。

· Tracked dozers.

· 履带式推土机。

· Low loaders.

· 轻型装载机。

· Service trucks.

· 服务车。

· Wheel loaders & dozers.

· 轮式装载机及推土机。

· Bus (18~22 seats).

· 公共汽车（18~22个座位）。

· Drilling equipment.

· 钻孔设备。

· Bobcats.

· Bobcats车。

· Forklifts.

· 铲车。

· Rollers.

· 压路机。

· Mobile compactors.

· 移动压土机。

The following vehicles are classed as light vehicles:

以下车辆被归类于轻型车辆：

· All utilities, sedans and similar commercial vehicles.

· 所有公共事业设备、轿车及类似的商用车辆。

· All 4 wheel drive vehicles (Toyota Land cruiser or similar).

· 所有的4轮驱动车辆（丰田兰德酷路泽或相似车辆）。

· Small buses (Toyota Hi or Lite Ace).

· 小型公共汽车（丰田Hi或丰田Lite Ace）

7.0 Hazardous Substances

7.0 危险物质

7.1 Storage and Handling

7.1 储存及处理

Whenever hazardous substances are to be used on site, appropriate control procedures must be adopted. A practical procedure is recommended for site management as follow:

当在场地上使用危险物质时须采取适当的控制程序。在这里推荐一种如下所述的场地管理实用程序：

· Label hazardous substances properly in accordance with its properties.

· Ensure that hazards associated with the substance are assessed and that material safety data sheet (MSDS) is available.

· Store the hazardous materials in a cool, dry and well-ventilated place.

· Do not smoke, eat or drink in places where hazardous material is stored or used.

· Ensure that information and training on the use of hazardous substances and the corresponding precautions have been outlined to store men, operators and any other personnel involved.

· Wear proper protective clothing (PPE) and/or equipment such as goggles, respirators, etc. while handling hazardous materials.

· Do not handle or use any hazardous materials without labelling. All chemicals on site should be clearly labelled indicating whether it is explosive, oxidizing, flammable, toxic, corrosive, etc.

· Wash body, clothes and equipment after handling or using hazardous materials.

· Report immediately to the supervisor if you feel ill or uncomfortable during and/or after handling hazardous materials.

Ensure that all hazardous substances are disposed of correctly in accordance with manufacture's specifications and site procedures.

7.2 Material Safety Data Sheets (MSDS)

For each chemical on site, details relating to physical properties, flammability, toxicity, special precautions, transport and storage can be found on a MSDS

A product cannot be used unless you are familiar with the contents of its MSDS and the safety precautions for the storage, handling, utilisation and disposal of it.

· 根据危险物质的属性将其进行适当的标记。

· 确定对物质相关的危险进行了评估，并有物料安全数据表（MSDS）可使用。

· 将危险物质储存在凉爽干燥及通风良好的地方。

· 不得在储存或使用危险物质的地方吸烟、进食或饮水。

· 确定向储存人员、操作者及任何其他参与人员概述了使用危险物质的信息和培训遗迹相应的预防措施。

· 在处理危险物质时穿戴适当的防护服（PPE）和/或设备，例如护目镜、面具等。

· 不得处理或使用任何未带标签的危险物质。对场地上所有化学品进行明确标记，表明其是否会爆炸、氧化、可燃、有毒、具有腐蚀性。

· 在处理或使用完危险物质后清洗身体、衣服及设备。

· 若你在处理危险物质期间或以后感觉不适或不舒服，则立即向监理报告。

确保根据制造商说明书及场地程序对所有的危险物质进行了正确的处理。

7.2 物料安全数据表（MSDS）

就每个场地上的化学品而言，与物理物质、可燃性、毒性、特别预防措施、运输机储存相关的细节可在物料安全数据表中找到。

只有在熟悉一件产品的物料安全数据表（MSDS）内容以及其储存、处理、使用以及处理的安全保护措施时才可使用该产品。

MSDS must be kept at each location where chemicals are stored. As a minimum MSDS are held on site at:

- Where the chemical is stored.
- Vehicle repair areas.
- Where the chemical is being used.
- The site office.

须在储存化学品的各个地方保有物料安全数据表。最低要求的物料安全数据表保有在场地的：

- 化学品储存地。
- 车辆修理区。
- 使用化学品的地方。
- 工地办公室。

7.3 Safe Operating Procedures and Safe Working Methods

Safe operating procedures (SOPs) and safe working methods (SWMs) shall be developed for all major items of plant and equipment on this project.

7.3 安全操作程序及安全工作方法

应为本项目所有设备及装备的主要项目制定安全操作程序（SOPs）及安全工作方法（SWMs）。

7.4 Isolation, Tagging and Lock out Procedures

It is a requirement of the project that before any cleaning, maintenance or repair work is carried out; the machinery must be de-energised, tagged and locked out.

7.4 绝缘、标记及锁定程序

项目要求：在执行清洁、维护或修理工作之前，须对机械进行切断电流、标记及锁定的工作。

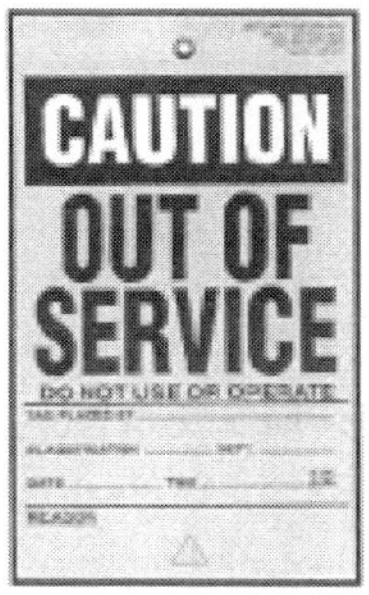

7.5 Types of Tags

There are two types of tags used on the project:

Out of service tag.

A yellow and black tag that is placed on a piece of equipment/machinery to indicate that the equipment is inoperable and/or shall not be used.

Personal danger tag.

A white background with black writing and the word DANGER printed in white on red background identifies a personal danger tag. It is used to warn potential users of a machine that interference with or starting of the machine may cause severe injury or possible death to the person who placed the tag. This tag shall not be used in place of an 'out of service' tag.

7.5 标记类型

本项目使用了两种类型的标记：

故障标记。

若一台设备/机械上贴有黄色及黑色的标记，则表明该设备无法操作及/或不得被使用。

人身危险标记。

人身危险标记为白底黑字，并在红色背景上印有白色字体的单词“危险”。此标记用于警告机械的潜在使用者：使用或开启机械可能对放置标签的人员造成严重伤害，且可能对其造成死亡。不得在贴有‘故障’标记的地方使用此标记。

8.0 Alcohol-Drugs-Medication and Smoking Policies

It has a zero tolerance to alcohol and drugs in the workplace.

It also prohibits any individual to be under the influence of, or to sell, distribute or possess alcohol or illicit drugs, when reporting for work, while working or while on active work duties or premises.

All personnel will be made aware of the alcohol and other drugs program, including its intent and application, during the project general induction and then periodically or as determined by site needs.

The following types of testing circumstances will be applied at ×××× workplaces:

· Random and blanket testing.

· For cause/for concern testing.

· Post incident testing. refusal to take an alcohol test will result in removal from site.

· Anyone with a reading greater than ZERO will be subject to disciplinary action and removed from site.

8.1 Appropriate use of Medication

Individuals must ensure that any prescription or non-prescription medication is taken safely. This requires individuals to:

· Discuss with the prescribing medical practitioner the nature of their duties and to ascertain any possible side effects of the prescribed medication, which may impact on their safety or performance at work.

· Notify the site paramedic and/or supervisor of any medication they are taking which could affect their safety or performance at work.

· Take any medication strictly in accordance with the medical practitioner or manufacturer's recommendations.

· Report any side effects to their medical practitioner and to advise their supervisor.

8.0 酒精-药物-用药及吸烟政策

将对在工作场所喝酒和抽烟的行为采取零容忍态度。

同时，也禁止任何人在报到上班、工作或履行其责任期间或在工作场所内受到酒精或非法药物的影响或出售、分销或藏有酒精或非法药物。

应当在项目一般入职培训期间及之后定期或按照现场需要确定的时间将《酒精和其他药物计划》（包括其意图和适用范围）告知所有人员。

将在××××的工作场所进行以下类型的测试：

· 随机和全面测试。

· 寻找原因/出于担忧的测试。

· 事后测试，拒绝接受酒精测试将导致被遣离现场。

· 若任何人的酒精测试读数高于零，则此人将受到纪律处分并且会被遣离现场。

8.1 药物的合理使用

所有人必须确保安全服用任何处方药物或非处方药物。这就要求每个人：

· 与处方医生谈论其职责性质以及确定处方药（即：可能会对他们的工作安全或业绩造成影响的处方药）可能产生的任何副作用。

· 将他们所服用的任何可能会对他们的工作安全或业绩造成影响的处方药告知现场医务人员和/或监督员。

· 严格按照执业医师或医药厂家的建议服用任何药物。

· 向他们的执业医师报告任何副作用以及通知他们的监督员。

· Be aware that alcohol and some medications are unsafe to be taken at the same time always read the label and follow the warnings.

· 应意识到同时服用酒精和某些药物可能会不安全，应始终阅读标签以及遵循警告提示。

8.2 Smoking

8.2 吸烟

Smoking is not permitted in any enclosed areas including:

禁止在任何封闭的区域内吸烟，所述区域包括：

· Cabs of plant and equipment.

· Crib rooms.

· Offices.

· Buses.

· All vehicles.

· 机器及设备的驾驶室。

· 工具室。

· 办公室。

· 公共汽车。

· 所有车辆。

Project regulations require that a person shall not smoke or use any open flame whilst handling, or within 8 metres of explosives. Smoking is not permitted within 10 metres of any oil and fuel storage areas.

项目规程规定任何人在搬运过程中或在距离炸药8m范围内不得吸烟或使用明火。在距离任何石油和燃料存储区域10m范围内禁止吸烟。

Smoking is forbidden during refuelling operations.

在加油作业期间禁止吸烟。

Smoking is strictly forbidden other than in designated smoking areas. Smokers are to ensure they place their cigarette ends in the bins provided.

严禁在指定吸烟区以外的区域吸烟。吸烟者应确保他们将烟头扔进所提供的垃圾箱内。

9.0 Fatigue Management

9.0 疲劳管理

9.1 Hours of Work

9.1 工作小时数

Shift times may vary from department to department.

轮班时间可根据各个部门的具体情况而有所不同。

9.2 Excessive Hours

9.2 超时小时数

It is the project's policy that none of its employees will work any more than 12 hours unless they have expressauthorisation from the project manager. Even when authorised, a break of at least 10 hours will still follow immediately thereafter. There is to be a minimum often (10) hours between successive work periods. A permit to work must be obtained for extended work.

根据项目的政策，除非获得项目经理的明确批准，任何雇员均不得连续工作超过12h。即使获得所述批准，也应在工作结束后立即安排至少10h的休息时间。在连续工作周期之间必须安排（通常）至少10h的休息时间。对于延时工作而言，必须获得此类工作的工作许可。

9.3 Welfare Facilities

9.3 福利设施

Adequate welfare facilities will be provided at strategic points throughout the site and adequate arrangements will be made to provide:

将在现场的所有战略点提供适当的福利设施并且还将适当安排提供以下设施或服务：

· Suitable latrines and wash basins, separate facilities for male/female.

· Supplies of clean drinking water.

· Messing facilities and heating.

· Cleaning.

· Signage.

· Measures to control flies, mosquitoes, pests and vermin.

· Rubbish containment and removal.

10.0 Risk Register and Hazard Identification

A Risk Register shall be developed outlining the identification & control of risks and/or hazardous situations. The following outlines the process for undertaking the Risk Register and the method for reducing either the likelihood and/or consequence of the risk occurring on site.

10.1 Classify Work Activities

Work areas shall be classified, for example:

· areas within/outside the companies premises.

· Stages in the construction process, or in the provision of service.

· Planned and reactive work.

· Defined task.

10.2 Work Activity Information Requirements

Information required for each work activity might include items from the following:

· Tasks being carried out: their duration and frequency.

· Location (s) where the work is carried out.

· Who normally/occasionally carries out the task.

· Others who may be affected by the work.

· Training received for the personnel about the tasks.

· Plant and machinery that may be used.

· 分别为男性和女性员工提供合适的公共厕所、盥洗盆以及其他便利设施。

· 提供清洁的饮用水。

· 食堂设施及加热设备。

· 清洗设施。

· 标牌设施。

· 控制苍蝇、蚊子、害虫和寄生虫的措施。

· 垃圾围堵和清除。

10.0 风险登记册和危害识别

应当编制一本风险登记册并在该登记册中对风险和/或危险情况的识别与控制进行概述。以下内容将对在风险登记册上进行登记的过程以及对降低现场风险发生的可能性和/或减轻风险后果的方法进行概述。

10.1 工作活动分类

应当对工作区域进行分类，例如：

· 经营场址内外的地理区域。

· 施工过程阶段或提供服务的阶段。

· 规划及反应性工作。

· 划分的任务。

10.2 工作活动信息要求

各项工作活动所需的信息可能包括以下项目：

· 当前正在执行的任务：它们的持续时间和频率。

· 执行工作的地点。

· 定期或不定期执行任务的人员。

· 可能受工作影响的其他人。

· 人员接受的关于工作任务的培训。

· 可能使用到的装置或设备。

· Written systems of work and/or permit procedures prepared for the task.

· 工作编写系统和/或为任务制定的许可程序。

· Powered hand tools that may be used.

· 可能使用到的动力手工具。

· Manufacturers' or suppliers' instructions for operation and maintenance of plant, machinery and powered hand tools.

· 制造商或供应商提供的设备、机器和动力手工具的使用和维护说明。

· Size, shape, surface character and weight of materials that might be handled.

· 可能被搬运的材料的大小、形状、表面特征和重量。

· Distances and heights that materials have to be moved by hand.

· 须进行手动搬运的材料的搬运距离和高度。

· Services used.

· 所使用的服务。

· Substances used or encountered during the work.

· 在工作期间使用或遇到的物质。

· Physical form of substances used or encountered.

· 所使用或遇到的物质的形态。

· Content and recommendation of hazard data sheets relating to substances used or encountered.

· 与所使用或遇到的物质相关的危害数据表内容和建议。

· Requirements of relevant acts, regulations and standards relevant to work being done, the plant and machinery used, and the substances used or encountered.

· 与所完成的工作、使用的设备和机器以及与所使用或遇到的物质相关的法律、法规和标准要求。

· Control measures believed to be in place.

· 认为须落实到位的控制措施。

· Reactive monitoring data and findings of any existing assessments relating to work activities.

· 反应性监测数据以及任何与工作活动相关的现有评估结果。

10.3 Three Questions Enable Hazard Identification

10.3 危害识别时候需考虑的三个问题

· Is there a source of harm?

· 是否存在任何危害源?

· Who or what could be harmed?

· 哪些人或物品将会受到危害?

· How could harm occur?

· 危害是如何发生的?

10.4 Categories of Hazards

10.4 危害的类别

· Mechanical.

· 机械危害。

· Electrical.

· 电气危害。

· Radiation.

· 辐射危害。

· Substances.

· 物质危害。

· Biological.

· 生物危害。

· Chemical.

· 化学危害。

· Fire and explosion.

· 火灾和爆炸危害。

10.5 Hazard Prompt List

When reviewing risk associated work activities the following hazards should be considered:

- Slips/fall on the level.
- Fall of persons from heights.
- Falls of tools, materials etc. from height.
- Hazards associated with manual lifting/handling of tools/materials, etc.
- Hazards from plant and machinery associated with assembly, commissioning, operation, maintenance, modification, repair and dismantling.
- Inadequate headroom.
- Vehicle hazards, covering both site transport, and travel by road.
- Fire and explosion.
- Violence to staff.
- Substance that may be inhaled.
- Substances or agents that may damage the eye.
- Substances that may cause harm by coming into contact with or absorbed through the skin.
- Substances that may cause harm being ingested.
- Harmful energies.
- Inadequate thermal environment.
- Lighting levels.
- Slippery, uneven ground surfaces.
- Inadequate guardrail or hand rail on stairs.
- Activities.

10.6 Hierarchy of Control

The following is the preferred order of control measures when preparing the risk assessment/job hazard analysis report:

- Elimination is a permanent solution to eliminate the source of risk and should be attempted in the first instance.

10.5 危害提示列表

当对风险相关的工作活动进行审查时，应当考虑以下危害或风险：

- 在水平面上滑倒或跌倒。
- 人员从高处坠落。
- 工具、材料等从高处坠落。
- 与用人力提举或搬运工具或材料等物品有关的危害。
- 与设备及机器的装配、调试、操作、维修、改造、修理和拆卸相关的危害。
- 净空高度不足。
- 车辆危害（包括现场运输和道路运输危害）。
- 火灾和爆炸危害。
- 对员工的采取的暴力行为。
- 可能吸入的物质。
- 可能会对眼睛造成伤害的物质或制剂。
- 与皮肤接触后或通过皮肤被吸收后可能造成危害的物质。
- 摄入后可能会造成危害的物质。
- 有害的能源。
- 未达到标准的热环境。
- 照明亮度。
- 湿滑、凹凸不平的地表面。
- 未达到标准的楼梯护栏或扶手。
- 开展的活动。

10.6 控制层次

当编制风险评估/工作危害分析报告时，以下控制措施的优先顺序应作为首选：

- 消除，即消除风险源的一种永久性解决方案，应当在起初时尝试采取此措施。

· Substitution involves replacing the hazard by one that presents a lower risk.

· Engineering controls involves some structural change to the work environment or work process to barricade or interrupt the transmission path between, the people at risk and the hazard.

· Administrative controls reduce or eliminate exposure, of the people at risk to the hazard, by adherence to procedures and instructions. Documentation should emphasise all the steps to be taken and the controls to be used in carrying out the task safely.

· Personal protective equipment is worn by people at risk as a barrier between themselves and the hazard and should be the last resort of control measures to be adopted.

10.7 Risk analysis and evaluation

10.7.1 Progress

START-RT is a process that utilizes employee participation to identify and resolve environmental, safety, and health hazards associated with a specific task prior to preforming the task. Supervisors will discuss the risks associated with the project scope of work (e. g., risk assessment and method statement for some projects) with the employees and compile information necessary to complete the START-RT Card.

Have all workers:

· Completed appropriate training on protection.

· Reviewed the job hazard analysis (or method statement) if applicable to the task.

· Fully aware of the associated hazards of the job to be performed and local surrounding, other tasks being performed locally.

· Reviewed permit-to-work, where applicable.

· Been made aware of safe access, egress routes.

· Inspected harness and lanyard for damage, etc.

· Obtained all the necessary correct personal protective equipment for the task.

· Ensured that material is stored neatly preventing hazards to the workers and others locally.

· Identified and cordoned off traffic routes as required to support safe movement of material.

· 替代，包括用一个具更低风险的物质替代当前具有危害的物质。

· 工程控制，包括对工作环境或工作流程进行一定的结构性更改以阻断或中断处于风险中的人员与危害之间的传输路径。

· 行政管理控制，通过坚持执行程序和指令降低或消除处于风险和危害中的人员所承受的风险。应当在文件中强调在安全执行任务过程中所采取的所有步骤以及使用的控制措施。

· 个人防护用品，应当由所有处于风险中的人员佩戴，作为人员与危害之间的一道屏障；个人防护用品应当作为最后一种须采用的控制措施。

10.7 风险分析与评估

10.7.1 程序

开工时即在某项作业开始之前组织工人参与发现并消除特定作业下存在的环境、安全以及健康危险的过程。

主管将就项目工作范围内所产生的危险与员工进行讨论（如：风险评估和项目工作方法详解），撰写必要内容信息以完善“开工时危险讨论卡”。

所有工人必须做到：

· 接受正确的培训。

· 检查作业危险分析（方法）是否适用该项作业。

· 充分意识到所要进行的作业、现场环境以及现场正在进行的其他作业所存在的危险。

· 检查过所需的作业许可。

· 已经了解安全的进出通道。

· 检查过安全带和系索是否存在损坏。

· 已经领取正确的个人防护装备。

· 确认现场材料整理完毕，不存在针对现场工作人员的安全隐患。

· 按照要求确认出材料运输路径并用警戒条加以隔离，增加材料运输的安全性。

Upon completion of the START-RT card, supervisors will review the requirements of the card with the employees.

“开工时危险讨论卡”完成后，主管将卡片要求详细介绍给工人。

The employees performing the work and supervisor will sign the card indicating their understanding of its contents. The card will be displayed and available for review in the immediate work area.

工人开始作业，主管将在卡片上签字确认其工人已经完全理解卡片内容要求。卡片需悬挂在现场醒目位置以备检查。

· At the discretion of HSE management, projects may be required to utilize the Re-START-RT process which requires personnel involved or affected by an unsafe act or condition to stop work, move to a class-room setting, and review the START-RT requirements. Any changes that may be required to ensure proper focus on all existing and potential job hazards can then be readdressed at the Re-START-RT session and incorporated into the START-RT process before the work is allowed to continue.

· 出于 HSE 部门慎重考虑，项目可能需要执行“重新开始”程序，程序要求处在不安全情况下或者受不安全情况影响的人员终止作业进入教室重新学习“开工时”安全要求。重新学习会重点研究解决现存的或者潜在的作业风险，在作业恢复之前确定解决现有问题。

· Required use of the Re-START-RT process shall be determined by the responsible HSE Manager. This determination shall normally be made during the project initiation and planning process, prior to site mobilization. Re-START-RT can also be implemented at any time during the life of a project, at the discretion of HSE and project management.

· “重新开始”程序开启应由 HSE 经理做出决定。该决定应在项目动员之前，在项目启动和计划过程中正常做出。也可以在项目进行过程中经 HSE 和项目管理层做出”重新开始”的决定。

START-RT cards are to be returned to the supervisor and forwarded to contractor at the end of each shift or completion of the work task and be available for inspection. The supervisor is responsible for ensuring that cards are properly completed and returned.

每班工作结束时或该项作业完工后，卡片要交还主管并提交给承包方以备检查。主管须保证卡片内容填写完整无误并及时交还。

START-RT cards are to be reviewed for proper usage/completion by the HSE supervisor and maintained on file START-RT cards will be retained for one month.

HSE 主管须对卡片的正确使用和完成情况进行检查并存档。卡片保存时间为 1 个月。

10.7.2 Job Hazard Analysis (JHA)

10.7.2 作业风险分析

The Job Hazard Analysis (synonymous with job safety analysis or JSA) will be conducted for all tasks that contain steps, which may pose a hazard risk to personnel.

作业风险分析（同义词为作业安全分析或 JHA）将针对所有可能包含对人员造成伤害步骤的作业开展。

The specific steps of the job that pose the hazard risk will be analyzed, the hazards and risks evaluated, and controls proposed.

对作业过程中所包含危险的特定步骤进行分析，评估并建议危险控制措施。

A JHA of specific jobs or operations is required for, but not limited to, the following:

特定作业作业危险分析要求如下，但不仅限于此：

· High-risk jobs.

· New jobs or tasks that present unspecified or unknown hazard.

· Jobs or tasks involving new equipment, machinery, or procedures.

· Major Job categories that will be repeated frequently.

· Jobs or tasks that have historically experienced a repeated or significant rate of accidents, injuries, exposures, or near misses.

· Jobs involving environmental remediation of hazardous waste.

· Jobs or tasks that, in the professional judgment of the responsible HSE supervisor.

· 高危作业。

· 存在位置危险的新作业或任务。

· 需要新设备、机械或操作程序的作业或任务。

· 重复性较高的主要作业类型。

· 具有事故、工伤、暴露，或侥幸事件高发记录的作业或任务。

· 涉及环境危害废物污染补救的作业或任务。

· 须按照 HSE 指导者的职责进行工作任务的专业判断。

Jobs or tasks are broken down into a series of successive steps or activities. Required or anticipated tools and equipment for each step or activity are to be included. All potential hazards within each step or activity are identified. Include the following hazard categories in the JHA:

每一项活动被分成若干个连续性的子项，每一项工程量中所包含的设备和工具也应该包含在内。要识别每一项活动中的所有的潜在的风险隐患。JHA 包括下列风险类别：

· Chemical exposures.

· Oxygen deficiency.

· Electrical hazards.

· Physical hazards.

· Fire and explosion.

· Temperature extremes.

· Excessive noise.

· Biological hazards.

· 化学物质泄漏。

· 缺氧。

· 电气危害。

· 物理危害。

· 火灾和爆炸。

· 极端温度。

· 噪声超标。

· 生物危害。

After all known, suspected or potential hazards have been identified and accident experience reviewed, a plan must be developed with solutions to eliminate or control hazards.

所有的可预期的或者潜在的风险被识别后，必须指定切实可行或者可控的计划来消除隐患。

The elimination or control of a hazard should be implemented according to the following order of precedence:

消除或控制危害应该实现按照下列优先顺序：

· Engineering Methods (make design changes and/or use engineering controls to eliminate or reduce risks).

· 工程方法（设计变更和/或利用工程控制来消除或降低风险）。

· Substitution (use less hazardous processes, equipment, chemicals, etc., to reduce the risks).
· Administrative controls (procedures, policies, training, and other such methods to control exposure to known risks).
· Personal protective equipment (as a last resort, protect personnel from residual risks through the mandatory use of prescribed PPE).

· 替换（使用更少的危险工艺、设备、化工等，以减少风险）。
· 管理控制（程序、政策、培训和其他类似的方法来控制接触已知的风险）。
· 个人防护设备（作为最后的手段，通过强制规范使用 PPE，来保护人员免受风险）。

11.0 Project Health and Safety Policy

11.0 项目的健康与安全政策

Projects is committed to provide working conditions that are safe and healthy for all employees and visitors. All projects operations shall be carried out so that as far as is reasonably practicable the health and safety of any person or property will not be adversely affected by our undertakings.

项目承诺为所有雇员和访客提供安全和健康的工作环境。应当在尽量合理确保任何人员或财产的健康和安全不会受到我方事业不利影响的情况下进行所有项目施工作业。

Compliance with legal requirements is seen as only as a minimum requirement and we will endeavor to seek continual effective improvement in the standards achieved.

遵守法律规定应仅被视为是应满足的最低要求，此外，我方将尽力寻求持续有效改进所达到标准的方法。

The health and safety policy is the direct concern of all employees within ×××× projects and senior management is all accountable for its implementation.

《健康与安全政策》将直接涉及××××项目的所有雇员，同时高级管理人员将全部负责《健康与安全政策》的实施。

Projects is committed to:

项目在此承诺：

The provision and maintenance of plant and safe systems of work that are safe and without risks to health.

提供和维护具有安全性且不会造成任何健康风险的设备和安全工作系统。

To provide information instruction, training and supervision for all employees.

为所有雇员提供信息指导、培训和监管服务。

To maintain safe and healthy working conditions and adequate welfare facilities. To ensure the safe handling, storage and use of substances.

保持提供安全和健康的工作环境以及足够数量的福利设施；确保物质的安全搬运、存储和使用。

To ensure that personal protective equipment is issued only as a last resort where the risk cannot otherwise be controlled and that it suitable for the work activity and affords the correct level of protection.

确保在无法控制风险的情况下发放个人防护用品（仅作为最后一种措施）以及确保此类个人防护用品适用于工作活动并且可提供适当程度的保护。

The prevention of all accidents, incidents, property damage and cases of work-related ill health.

防止所有意外事件、事故、财产损害以及工作相关健康损害等情况的发生。

The provision and maintenance of a working environment that is safe for all our employees and visitors, and the maintenance of access and egress from it, that are safe and without risk.	为我方所有雇员及访客提供并维护一个安全的工作环境，以及确保其出入通道的安全与无风险。
To manage HSE matters in the same manner as other critical business activities.	像管理其他重要业务活动一样对 HSE 事项进行管理。
The provision of competent staff and other resources to safely undertake work.	提供合格的人员和其他资源以确保工作的安全进行。
To ensure that all contractors selection is in line with this policy.	确保依照此政策对所有承包商进行筛选。
The promotion of a positive safety culture within the projects	在项目内部推广积极的安全文化。
To empower all employees to stop any work activity that is unsafe and presents a risk of any injury or related ill health.	授权所有雇员停止开展任何不安全并且可能造成任何伤害或相关健康损害风险的工作活动。
To setting of measurable targets for improving HSE efficiency.	设定可衡量的，旨在提高 HSE 效率的目标。
Include HSE performance in staff appraisals and the development of skills accordingly.	相应地将 HSE 绩效纳入到员工评估和技能培养计划中。
To review the health and safety policy and associated management systems, periodically taking action if necessary to ensure its effectiveness.	对《安全与健康政策》以及相关的管理系统进行评审；必要时可定期采取相关措施以确保《安全与健康政策》的有效性。

Definitions

Term	Meaning
Certificate	A certificate of competency issued under the occupational health and safety certificates of competency regulations
Competent Person	A person who has, through a combination of training, education and experience, acquired knowledge and skills enabling that person to perform correctly a specified task
Confined Space	An enclosed or partly enclosed space that is at atmospheric pressure during occupancy and is not intended or designed primarily as a place of work, and is liable at any time to: have an atmosphere which contains potentially harmful levels of contaminant; have an oxygen deficiency or excess; or cause engulfment; and could have restricted means for entry and exit
Functional Manager	The person in control of a work discipline
Hazardous Substance	As defined under the act/regulations
Hot Work	Welding, thermal or oxygen cutting, heating, including fire - producing or spark producing operations that may increase the risk of fire or explosion
Job Safety and Analysis (JSA)	A procedure that identifies safety and environmental hazards associated with a work task and develops solutions for each hazard that either eliminates or controls such hazard

定义

术语	含义
证书	是指依照《职业健康与安全合格证书条规》规定签发的合格证书
资格人士	是指通过接受培训、教育和亲身体验等方式获得了能够使之正确执行某项特定任务所需的知识和技能的任何人
受限空间	是指在被占用期间在大气压力下的任何封闭或部分封闭的空间；此类空间原本并不是主要设计用作工作地点并且在任何时候均容易：造成空气中含有具潜在危害程度的污染物；造成氧气不足或过剩；或者造成被深深卷入其中以及可能会进出方式
职能经理	是指负责管理工作纪律的人
有害物质	具有法律/法规项下所定义的含义
动火作业	是指焊接、热切割或氧气切割和加热作业（包括可能会增大火灾或爆炸风险的生火或引火作业）
工作安全与分析(JSA)	是指用于识别所有与工作任务相关的安全和环境危害以及制定针对各种危害的解决方案的一套程序

Term	Meaning
Lost Time Injury	Injuries that arise out of the course of employment and cause the person to be absent from work for 1 complete working day or shift following the day or shift on which the accident occurred
Manual Handling	Any activity requiring the use of force by a person to lift, lower, push, pull, carry or otherwise move, hold or restrain any object
Risk Assessment	The process of identifying any hazards, assessing the risks associated with the hazards and developing control measures to eliminate or minimise the level of risk. At the construction level on this project the risk assessment process will be referred to as a job safety and environmental analysis (JSA) and this will be conducted on each work activity by the relevant supervisor and work team
Safe Work Method Statement	A succinct description of how a construction activity is to be executed. It is developed by an engineer or suitably qualified person and required for all significant work activities.

术语	含义
失时工伤	是指在雇佣期间发生的工伤，造成雇员缺勤1个完整的工作日或该日或该事故之后进行轮班
人工搬运	是指任何需使用人力提举、降低、推进、拉动、搬运、移动、支撑或限制任何物体的活动
风险评估	是指识别任何危害、评估任何与此类危害有关的风险以及制定控制措施的流程，该流程旨在消除或最大限度地降低风险程度。就本项目的施工水平而言，风险评估流程将被称为工作安全与环境分析（JSA），所述分析将由相关监理和工作团队在各项工作活动中进行
安全工作方法说明书	是指对如何开展施工活动的简要说明书。该说明书应由工程师或具有适当资格的人士进行编制，并且需用于开展所有重大工作活动

15.14 国际工程承包项目 HSE 管理规范术语缩写（中英文对照版）

术语	英文名	含 义
IMS	integrated management system	综合管理系统
JSA	job safe analysis	工作安全分析
KPI	key performance indicator	关键绩效指标
MSDS	material safety data sheet	材料安全数据表
H&SAct	health and safety act	健康与安全法
H&SMS	health and safety management system	健康与安全管理体系
H&SMP	health, safety and rehabilitation management plan	健康、安全与康复管理计划
PMP	project management plan	项目管理计划
RTW	return to work	复工
SWMS	safe work method statement	安全工作方法说明书
LTIFR	lost time injury frequency rate（LTI/hours worked ×1000000）	失时工伤频率（LTI/工时数 ×1000000）
TRIFR	total recordable injury frequency rate（LTI + RWC+MTI/hours worked ×1000000）	可记录伤害总频率（LTI+RWC+MTI/工时数 × 1000000）

16 国际工程承包项目培训管理

16.1 国际工程承包项目培训管理原则

国际工程承包项目培训是对承包项目业主方的有关国外工程技术人员和管理人员、项目施工方的外派劳务人员进行的项目管理理念、设备体系、工艺流程、操作规程、工程管理、安全质量、专业技能和方法等方面的教育培训；对承包项目分包商及其工程技术人员进行的外派劳务、项目标准、项目设计、项目建造、项目管理、项目施工、项目试车、项目验收、项目监理、项目竣工等有关项目合同及分包工程合同规定的各类工程专业及涉外活动的培训及管理。

16.2 国际工程承包项目培训目的

通过系统的培训，使培训对象具备系统思维、工作思维的主动意识，规范管理和工作方式，遵守有关标准、规程、法规，掌握具体管理及工作方法，掌握相关工程技术知识和技能，知晓不同国家和地区的工作、信仰、习俗、禁忌等，达到项目合同要求的培训标准，提高工作效率。

16.3 国际工程承包项目业主方及其有关外方人员的培训

国际工程承包项目经理部及其隶属的上级公司须严格执行国际工程承包合同规定的项目业主方及其有关外方人员培训条款，具体拟定、落实有关培训工作的目标、人员、数量、专业、期限、时间、预算、资源、师资、培训单位、培训教材、培训合格证的考核与颁发等内容的项目培训组织管理计划与实施计划。

国际工程承包项目管理及业务培训工作须由专人负责，专门组织，具体落实外方来华接受培训的时间、地点、行程、票务、住宿、接待、餐饮、培训课程、培训考核等相关具体工作内容。

项目培训负责人为项目经理，培训任务负责人为项目经理指定的具备相关专业技术能力和外语能力的具体责任人。国际工程承包项目管理及业务培训工作的具体责任人须按时完成培训任务，确保承包项目培训工作落实执行。

国际工程承包项目管理及业务培训工作是指承包项目的各种培训系统、方法和人员有效组织，培训工作的目标任务须在规定的时间、预算和质量、目标、培训范围内达标完成。

16.4 国际工程承包项目外派劳务培训

国际工程承包项目管理及业务培训工作须切实加强工程承包项目的外派劳务培训管

理，提高外派劳务人员素质，保障外派劳务人员合法权益。

国际工程承包项目经理部协同承包项目隶属上级公司有关部门，负责组织实施承包项目培训工作。承包项目经理部及其隶属上级公司的工程管理部、人事部、财务部须负责协调配合，对项目业主方有关人员及施工方的外派劳务人员进行系统培训。

国际工程承包项目管理及业务培训工作的适应性培训是指外派劳务人员必须了解和掌握的国内外法律规章教育、外事教育、所在国（地区）风俗习惯和日常语言教育。

国际工程承包项目管理及业务培训工作业务涉及的施工单位须承担外派劳务人员的培训义务，按照国家外派劳务有关规定，参照承包项目合同及工程分包合同有关培训条款的要求，接受外派劳务的专业资格、专业技能、外事管理等培训，承担相关的培训费用。

国际工程承包项目培训管理业务涉及的施工单位须指定专门的外派劳务培训管理人员，负责组织、配合外派劳务人员的培训与培训管理。

16.5 国际工程承包项目外派劳务培训内容

国际工程承包项目外派劳务培训内容包括：

（1）国家有关外派劳务的法律、法规和方针政策，爱国主义和安全，外事纪律和涉外礼仪的教育。

（2）国家工程承包项目涉及的工程建设教育，树立正确的劳务观念和职业道德教育。遵守项目所在国家及其地区的劳工制度，认真学习项目所在国家及其地区的有关先进生产技术和管理经验，服从管理，认真履行合同。

（3）根据派往国家（地区）的特点和要求，开设外语、适应性技能、国别概况等课程教育及培训。

（4）派往国家（地区）的有关法律、法规、社会常识和当地的风俗民情。

（5）其他需要培训专业、技能、安保、健康等内容。

16.6 国际工程承包项目外派劳务培训教材

培训教材包括公共课教材、语言培训教材和专业技能教材。国家的法律、法规和方针政策，外事纪律，涉外人员守则，外国的法律、法规、风俗民情，涉外礼仪及职业道德等公共课程培训教材。

公共课教材、语言培训教材、教学大纲、考核大纲均参照商务部（原外经贸部）统一组织编写的培训教材执行。专业技能教材由负责培训外方人员的培训单位根据我国或项目所在国家的有关技术标准及承包项目业主方的要求编写。根据培训工作的需要，承包项目经理部可组织有关专家编写适应性专业技能补充教材。

国际工程承包项目培训工作中涉及的所有中外工程管理、技术、劳务人员在培训前应进行专业资格考试或考核。根据不同的专业工作、技术级别、职业资格、能力层次和不同国家对外籍劳务人员的培训规定要求，采取相应的培训教育：

（1）具有初级职称以上（含初级职称）从事技术劳务的，如已经掌握了相应技术和派往国家（地区）官方语言日常用语，凭技术职称证和外语考试证书（成绩表）可免试技术和外语课程，只进行规定时间内的公共课程培训。

(2) 普通技术劳务应进行适应性技能培训和简单生活用语和工作用语的外语培训及公共课程培训。

(3) 对于成建制派出（指 15 人以上）的劳务人员（含管理人员），专业技能方面的考核由执行合同的单位或派出单位进行把关，公共课程应由外经贸部批准的培训中心统一培训并考试。

16.7　国际工程承包项目培训时间

公共课程内容的培训一般不得小于 40 课时；语言培训时间应根据劳务人员被派往国家的要求进行安排，但至少要进行 40 课时的简单生活用语和工作用语的强化培训；专业技能的培训，由各个专业或行业部门按照国际惯例和项目所在国家及业主的技术要求自行安排，也可分批次进行每期不超过两个月的培训。

16.8　国际工程承包项目培训考试及结业

国际工程承包项目培训结束时应进行考试。考试须按培训大纲和培训教材命题，规定具体标准，确保培训质量。参加国家外派劳务培训中心培训的人员，经培训考试合格后，将取得国家外派劳务培训中心颁发的《外派劳务人员培训合格证》。

16.9　国际工程承包项目培训单位管理

负责国际工程承包项目培训单位、培训中心的培训教师、讲师、技师、专家等须具备相应的专业知识、实际工作经验、理论与实践技能、相应的专业技术职称等。特别，专业培训师资人员须具有相关专业领域的实践经验和管理经验。

16.10　国际工程承包培训工作责任人职责

根据承包项目合同规定完成培训工作内容，执行培训计划，完成培训任务；根据培训的专业特点进行培训研究，改进培训方式，提高培训质量。

16.11　国际工程承包项目培训经费

根据承包项目合同有关培训条款的规定收取相关培训费用，对于未明确的培训费用部分进行合同增项，落实培训费用。培训计划中须明确、详细列支培训预算，按照承包项目经理部及其隶属上级公司规定的财务管理制度使用培训费用。

16.12　国际工程承包项目培训合格证的颁发

国际工程承包项目培训单位负责对通过培训考试的业主方人员及其有关的外方培训人员颁发培训合格证。国际工程承包项目经理部负责协调配合培训单位或培训中心对考核合格的外方人员颁发承包项目有关的《专业技术培训合格证书》。

国际工程承包项目经理部原则要求项目分包商及其外派劳务人员须取得《外派劳务培训合格证》或《外派研修生培训合格证》，该证是外派劳务人员的资格证明，也是外派劳务人员办理出国（境）手续的证明文件之一。

16.13 “外派劳务航班通知表”参考样本

外派劳务航班通知表

收件人:	发件人:
传　真: 00　-　-	页　数: 1
抄　送:	编　号:　　-FAX-L0　-0
主　题: 外派劳务航班接机通知	日　期:　　　年　　月　　日

__________:

您好！按照外派劳务工作安排，__________公司下列人员赴现场工作。

请安排接机事宜。

TO COUNTRY	SURN NAME/ GIVEN NAME	SEX	DATE OF BIRTH	PASSPORT NO.	UNIT	TIME OF FLIGHT
ARAK/IRAN						
1		M	25 NOV 1965	G		CZ6025 18：20 DT
2		F				
3						
4						

谢谢!

项目部

年　　月　　日

17 国际工程承包项目项目手册的编制管理

17.1 国际工程承包项目项目手册编制管理原则

国际工程承包手册包括：项目设备（包括标准设备、非标设备）手册、操作手册、维修手册、培训手册（以下简称四大手册）。国际工程承包手册的编制与管理是指上述四大手册编制过程的计划与管理。项目四大手册是项目建设、建造、运行、管理、操作、维修等各个建设生产经营过程中的依据。

国际工程承包项目的设备管理就是对项目设备的规划、设计、制造、选型、购置、安装、调试、使用、维修、改造、更新，直至报废的全过程所进行的技术、经济的综合管理。为此，根据合同、冶金及机电设备工程的技术、操作、维修等特点，在设备厂家技术资料的基础上，结合相关生产企业厂家的实际管理经验和总结，依据合同技术标准和指标参数等大量资料，编制承包项目的系统成套专业手册。

项目设备手册、操作手册、维修手册、培训手册的技术文件汇总及编制管理：四大手册相关文件的汇总、编制是设备手册的基础工作，四大手册是相关设备管理工作的基本准则。

四大手册的相关文件汇总涉及的系统内容十分庞大，因此，须按照不同的类别、专业、分项等进行汇总，在翔实的资料基础上编制相关四大手册。

遵循并参照项目设备厂家提供的相关文件，细分列表，采集相关有效数据，依照项目合同要求标准，将大量的资料化整为零，完成编制四大手册需求的资料收集和整理。

四大手册依据的基本文件包括：图纸、数据、参数、标准、材料、图表、设备说明书、设备参考表、零备件说明等，以及其他非标设备的专有文件。

在上述翔实的资料基础上，组织项目设备厂家、设计单位、生产单位、管理部门的相关专家组成编制小组，分工协作，“化零为整”，编制和完善相关项目设备的四大手册。

国际工程承包项目的四大手册编制须遵循国际工程承包项目项目合同规定的标准，进行各种有关技术基础资料的准备、手册编制专业人员组建、专业工程项目分工编制、项目技术设计及标准的协作、手册草稿审议、手册初稿审定、专家组对手册的会审、手册修订完善定稿、手册中外文翻译、手册校对出版的编制管理与编制完成过程。

国际工程承包项目的四大手册编制完成之后，须按照项目合同和公司管理的有关规定，及时向项目业主方及承包项目经理部隶属的上级公司及其信息档案管理部门室交付，保障承包项目相关工作的使用，便于承包项目及其隶属上级公司存档备查。

17.2 国际工程承包项目设备手册的规范、标准及编制管理

项目设备（包括标准设备、非标设备）手册的编制规范、标准须严格依照项目合同规定，依照项目所在国的强制规范、标准及法律法规，参照项目设备生产厂家的“企标高于

国标、国标高于行标、行标高于国际标准”的原则，以“就高不就低”的标准规范原则进行编制与管理。

17.3 国际工程承包项目设备维修手册的标准管理

国际工程承包项目设备维修是指项目设备投入使用后，由于物理和化学的作用而产生磨损、腐蚀、老化等，使项目设备实物的技术性能逐渐劣化，因而需要修复与更新。另一方面，设备维修是为了使项目设备在实物形态、运动过程、可靠性、维修性、工艺性、安全环保性等方面均恢复或近似于其投入使用时的基本状态。因此，国际工程承包项目设备维修手册的编制标准须基于项目合同标准，也要高于项目合同标准。

国际工程承包项目设备维修与保养须体现“以保养为主、保修结合”基本原则，实行“三级”维修保养制：日常维护保养、一级保养和二及保养等三种级别的保养。因此，国际工程承包项目设备维修手册须满足项目设备实际保养与维修的技术规范、维修保养条件、维修保养方法。

17.4 国际工程承包项目设备培训手册内容与管理

为了使国际工程承包项目所涉及的项目甲方管理人员、工作人员、维护人员等全面了解设备，增强管理、维护和使用设备的技能，须向业主方提供项目相关设备的技术说明、操作说明、维修说明等相关的全面培训。

国际工程承包项目培训的目的主要是使项目管理和使用设备的人员不仅对设备有全面的科学认识，而且具备严谨规范的操作使用能力，达到相关人员能够胜任所承担的工作职能，确保承包项目设备投产移交给项目甲方之后安全可靠地运行使用。

国际工程承包项目培训内容基本包括：设备结构、工作原理、控制工艺等理论培训及设备操作规程、现场操作、设备的维护保养工作、设备安装调试、设备运行参数调整、设备故障排除、事故应急措施等内容。

17.5 国际工程承包项目手册中专利、Know-how（特定的诀窍、实际知识、专门技能、专有技术等）等知识产权的管理

国际工程承包项目手册中包括的专利、Know-how（特定的诀窍、实际知识、专门技能、专有技术等）等知识产权是指已经纳入承包项目公司及其分包公司所属工程范围内所有涉及的专利、Know-how等知识产权管理。上述工作均须严格依照知识产权的相关法律法规制定项目合同有关条款，原则采用相关专利、Know-how等知识产权在项目范围内归项目承包公司所有的原则。

18 国际工程承包项目人力资源与劳务管理

18.1 国际工程承包项目人力资源及劳务管理原则

国际工程承包项目人力资源与劳务管理必须遵守中华人民共和国商务部《对外劳务合作管理暂行办法》的原则规定。

国际工程承包企业申请对外劳务合作经营权资格：

(1) 大型全民所有制工业企业。

(2) 有能力从事对外劳务合作，独立经营、独立核算、自负盈亏的经济实体。

(3) 有与开展对外劳务合作相应的人员、资金、技术等经营条件。

(4) 有对外提供劳务人员的实绩。

(5) 经对外贸易经济合作部批准赋予对外劳务合作经营权的企业可以在全国范围内代理全民所有制工业企业对外提供本企业的劳务人员；无对外劳务合作经营权的企业可以选择有经营资格的企业代理。

开展对外劳务合作业务应参照国际惯例并遵循下列原则：

(1) 遵守我国的法律、法规，符合我国外交及对外经济贸易的政策。

(2) 遵守开展对外劳务合作所在国家和地区的法律、法规，尊重当地的风俗习惯。

(3) 平等互利，守约保质。

18.2 国际工程承包项目 HRM 计划管理

HRM 是 human resource management 的缩写，是指人力资源管理（也称 HR 管理）国际工程承包项目 HR（human resource）计划管理是指为国际工程承包项目建设计划而组织实施的承包项目人力资源的预先研究、配置、规划、招聘、培训、外派、使用、管理等系列化的 HRM 时间与需求的统一计划管理活动，目标实现国际工程承包项目 HRM 有关职业素质、岗位管理、薪资管理、绩效考核等方面的计划需求和工作目标。

国际工程承包项目 HRM 组织管理是为了实现承包工程项目对 HRM 组织结构及变更需求的管理，对招聘职位及其标准要求有关信息、职位设定职责及其管理与工作关系界定，也是根据承包项目需求的岗位所进行的 HRM 配备组织。按照承包项目 HRM 组织结构及其人力、管理及其劳务规划提出的承包项目 HRM 成本计算的管理，组织建立承包项目 HRM 人力资源与劳务管理编制表及其组织结构网络图等管理活动。

国际工程承包项目 HRM 招聘管理是指按照承包项目 HRM 岗位需求发布的招聘岗位、岗位信息、采集应聘者简历、筛选符合招聘需求的人员、组织应聘人员的考核、签订劳动合同等一系列 HRM 管理活动。通常，国际工程承包项目采用成建制聘用劳务人员的方式，或是采用劳务派遣制方式解决承包工程项目的 HRM 需求。因此，上述国际工程承包项目 HRM 的招聘管理工作基本由派出单位完成。

国际工程承包项目 HRM 绩效管理是指 KPI 管理。国际工程承包项目通过 KPI 绩效考核是对员工的特征、行为、工作结果等进行定性和定量的考评。KPI 根据不同职位在知识、技能、能力、业绩等方面的要求，综合评价有关人员的岗位配置、工作绩效、继续教育、人员素质、岗位培训等 HRM 效果，根据考核结果对有关人员进行奖惩。同时，也为承包工程 HRM 决策提供人力资源与外派劳务管理的依据。

18.3 国际工程承包劳务派遣管理

国际工程承包劳务派遣管理是指劳务派遣单位根据国际工程承包项目及其隶属上级公司的用人需要，招聘承包项目需求的合格人员，并通过 HRM 招聘程序将所聘合格人员派遣到承包项目工作的一种用工方式。

国际工程承包劳务派遣管理的特点就是“招人不用人”、“用人不招人”的招聘与用人相分离的用工模式，主要体现在以下 5 个方面：

（1）国际工程承包项目只负责对派遣单位所派遣的员工使用及使用岗位的管理，原则上不负责派遣员工的人事管理。

（2）国际工程承包项目和派遣单位双方签订派遣协议，约定各自的权利和义务，同时也约定被派遣员工的权益和保障。

（3）国际工程承包项目不和派遣员工发生劳动关系，劳务派遣单位和派遣员工签订劳动合同并负责派遣员工的通用培训、工资福利、社会保险、绩效考核等日常的 HR 管理。

（4）国际工程承包项目中使用的被派遣员工是派遣单位聘用的员工，派遣单位必须承担相关的法律责任。

（5）国际工程承包项目中派遣单位通过向国际工程承包项目收取包括派遣员工工资、社保、福利、管理费等各项费用，维持其劳务合作经营发展业务。

国际工程承包项目派遣员工的管理：国际工程承包项目招聘派遣员工应坚持面向社会、公开招聘、全面测评、公开竞争、择优录用的原则，从学识品德、能力水平、工作经验、健康状况、岗位匹配度等方面进行多方位评价。

18.4 对外承包工程项下外派劳务管理

“对外承包工程项下外派劳务”是指具有对外承包工程经营资格的企业向其在境外签约实施的承包工程项目（含分包项目）派遣各类劳务人员的经济活动。所派各类劳务人员受雇有关企业，而非外方雇主。对外承包工程项下外派劳务管理是国际工程承包项目工程管理的重要组成部分。

国际工程承包项目项下外派劳务应由总包商（对外签约单位）自营，或由总包商通过签署分包合同将承包工程中的部分工程连同其项下外派劳务整体分包给具有对外承包工程经营资格的分包商。

国际工程承包项目项下外派劳务管理的总包商不得将工程项下外派劳务单独分包或转包。分包商不得将其承包的工程及项下外派劳务再分包或转包。

国际工程承包项目项下外派劳务管理的总包商或分包商须直接与外派劳务人员签订《劳务派遣和雇用合同》，不得委托任何中介机构或个人招收外派劳务。

国际工程承包项目项下外派劳务管理的总包商和分包商依据双方签署的分包合同明确

各自的责任与义务。分包商应接受总包商对其承包的工程项下外派劳务的相关管理，总包商对整个工程项下外派劳务管理负总责。

18.5 国际工程承包项目外派劳务纠纷管理

国际工程承包项目外派劳务纠纷处理的原则是按照外派劳务合同及国家的有关法律法规处理外派劳务纠纷。

国际工程承包项目须建立健全对外承包工程项下外派劳务纠纷或突发事件快速反应机制，做到出现问题及时、妥善处理，以保护外派劳务人员的合法权益，避免造成有损我国声誉或引起外交争端的涉外事件。

国际工程承包项目发生劳务纠纷或突发事件时，承包项目及其隶属的上级公司不得以任何方式限制外派劳务通过适当方式向我驻当地使（领）馆经济商务机构反映情况。

18.6 国际工程承包项目外派劳务人员派出单位资格手续管理

国际工程承包项目的“外派劳务人员”是指外派单位按照与国（境）外有关政策机构、团体、企业、私人雇主所签承包工程、劳务合作、设计咨询等合同规定，派出从事经济、科技、社会服务等活动的各类专业劳务人员。

国际工程承包项目的“外派单位”是指经过商务部（原外经贸部）批准，具有对外承包工程、劳务合作、设计咨询经营权的企业。

国际工程承包项目外派劳务人员的外派单位必须持有商务部（原外经贸部）颁发的《外派劳务人员许可证》和对外签订的合同。

不享有出国任务审批权的地方外派单位派出劳务人员，须填写“外派劳务出国报批表”，并持合同向所在省、自治区、直辖市及计划单列市或经济特区、沿海开放城市对外经济贸易委员会（厅、局）申报批准。

不享有出国任务审批权的中央外派单位派出劳务人员，须填写“外派劳务出国报批表”，并持合同向其享有出国任务审批权的上级外经贸主管部门或归口挂靠的国务院部委、直属机构业务主管司局申报批准。

18.7 国际工程承包项目外派劳务人员护照申办管理

国际工程承包项目外派劳务人员护照的申办和管理规定：外派单位可为外派劳务人员申办因公护照或因私普通护照。下列外派劳务人员需办理因公护照：

（1）为执行我国政府部门对外签订的协定、协议而派出的劳务人员，以及可直接实施管理的成建制派出的劳务人员。

（2）派往国家和地区要求持因公护照的劳务人员。

（3）除以上规定的范围，其他外派劳务人员办理因私普通护照。

国际工程承包项目外派劳务的外派单位负责为其外派劳务人员办理因公护照。办理因公护照须向外事部门提供如下材料：

（1）外派单位的外派劳务人员许可证。

（2）申请因公出国护照事项表。

（3）外派劳务出国报批表。

（4）外派劳务人员出国审查表。

（5）外事部门可根据需要查验外派人员身份证和户籍证明。

国际工程承包项目外派劳务的外派单位为其外派劳务人员办理因私普通护照，须向公安机关提交下列文件：

（1）外派单位的外派劳务人员许可证。

（2）外派劳务出国报批表（附对外签订的劳务合同）。

（3）外派劳务人员出国审查表。

（4）外派人员身份证或户籍证明。

国际工程承包项目应根据不同工作需要和合约，界定项目各类劳务人员工作管理的责任、薪酬、期限、违约等权力。规定项目人力资源与劳务实施管理的责任和权力。

19　国际工程承包项目专家及实习生管理

国际工程承包项目具有规模大、涵盖专业技术领域广、工程技术标准高、设备工艺装备复杂、系统集成广泛的特点。因此，充分发挥国际工程承包项目专家及专业技术人才的咨询管理和参谋服务作用，势在必行且意义重大。但是，专家服务一般具有服务周期短、临时性、突发性的特征，因而在服务时间、薪酬、待遇、医疗、保险等各个方面存在不规范的问题较多。为了更好地执行完成国际工程承包项目合同，提高工程管理质量和服务水平，国际承包工程专家技术人员及实习生管理亟待规范化、制度化。

19.1　国际工程项目专家应具备的基本条件

国际工程项目专家应具备下列基本条件：

（1）正确执行国家的方针政策，坚持原则，实事求是，有较强的敬业精神；遵纪守法，科学求实，道德高尚，工作严谨，品行端正，爱岗敬业，具有良好的职业道德和科学求实、团结协作精神。

（2）一般应具有高级以上专业技术资格、职称，有较高学术或技术水平，熟悉本专业领域国内外科技发展动态，具有较强的科研、技术和综合能力的学者、研究人员和企业经营管理、技术人员。专业造诣深，主持过有关国际承包重大项目或重大建设工程，在国际工程承包项目建设开发工作方面取得业界内及有关机构、部门的认可或工作研究成果，在本行业、本领域内有一定影响力，富有丰富的实践与理论经验。

（3）具有履行本专业岗位职责所需要的组织管理能力，对本专业技术领域及行业建设、本专业工程领域及专业研究工作具有创新性和战略性思维，善于培养带领国际工程承包项目团队协调工作。

（4）国际工程承包项目专家须身体健康状况良好，适应国际工程承包项目现场自然环境及工作环境，能够在承包项目一线从事具体指导工作，能亲自深入现场进行考察、调研，能适应专家工作担负的劳动强度，具有指导、培养、带领项目团队的专业技术管理能力和工程咨询管理研究水平。

（5）有良好的职业道德，工作认真负责，坚持原则，秉公办事，廉洁自律。年龄一般不超过65周岁（特别优秀的可适当放宽）。

19.2　国际工程承包项目专家职责管理

国际工程承包项目专家专业技术类别管理：通常，国际工程承包项目公司会设立专家库，专家库按照专业技术类别进行分类，勘察设计、工程技术、监理、质量监督、工程造价、招标代理等。

国际工程承包项目专家人员组成：国际工程项目领域勘察设计、工程技术、监理咨询、质量监督、工程造价、招标代理的各类专家专才；包括部分国家级专家及退居二线或已离退休的国家级专家人才；在国际工程承包行业的某一专业、管理、技术或工程领域有特别建树、具有特别威望的专家专才；国内外国际工程项目有关科研机构、大学院校、投资管理、技术管理等专业机构的专家、学者、研究人员，特别，适合国际工程承包项目管理需要的、且熟悉国际工程承包行业发展与建设的学科带头人。

国际工程承包项目专家人员基本职责：

（1）组织制定本岗位工作、技术、管理、建设、研究的工作计划与方案。

（2）主持本岗位安排的各类工程项目开发、招投标、评审、指导等工作。

（3）解决项目技术、管理、建设难题，达到公司及项目经理部工作要求。

（4）完成聘任合同期限内规定的其他工作职责。

19.3　国际工程承包专家管理

国际工程承包专家管理包括如下主要内容：

（1）组织程序。国际工程承包项目经理部推荐，国际工程承包公司专家管理部门每年组织专家申报、评议、审核一次，专家聘任及专家岗位每轮设置期限为1年。

（2）管理程序。国际工程承包项目经理部根据承包项目的专业工程和技术标准等工作范围需要，申请设置、聘请相关的工程项目专家。承包项目部推荐并填写“国际工程承包项目专家聘任申请表”，经承包项目隶属的上级国际工程承包公司及有关工程管理部门备案预审，再由国际工程承包公司人事部门组织相关专家进行面试、考核、审核，报公司总经理或公司级管理决策机构主管经理审核批准，按照公司相关工程专家选聘制度规定程序聘任使用。

（3）考核程序。国际工程承包管理技术专家聘任获得批准之后，按照工作需要和要求开展具体工作，工作业绩按照公司管理规定定期开展KPI考评，考评结果由公司专家管理委员会和工程管理部门、信息档案部门专门存档，并按照项目经理部及公司的有关考核奖励规定予以奖励。对于考核结果不合格的专家，按照有关管理规定予以解聘或辞退。

19.4　国际工程项目专家工作义务管理

国际工程项目专家须承担相关领域的工作义务，主要工作义务内容包括：坚持独立、客观、公正、科学的工作原则，为国际工程承包项目及其上级工程承包公司提供真实、可靠、专业、规范、标准的技术、管理、专利、投资、建设、建造等专家级意见、建议或方案。

国际工程项目专家须承担相关项目及公司的工作保密义务，严格遵守保密工作规定、纪律、法律法规要求，不得随意向外界泄露有关国际工程承包项目工作的各类信息内容、专业技术、管理决策等商业机密。

国际工程项目专家须承担相关工程项目及公司管理的义务，不得发生与工程项目及公司关联公司、竞争公司、商业伙伴、同业竞争及其他有关方面的恶意串通、串标、篡改等各种违法、违规行为。

国际工程项目专家受聘从事项目评审、咨询论证等工作，凡参与过受评项目的编写、指导、评估、咨询或任何其他有关活动者，按照规定须主动申请回避。

国际工程项目专家须承担相关工程项目合同的法律法规义务，严格遵守项目合同规定的法律、法规和规章规定的其他义务及要求。

19.5　国际工程项目专家行为准则管理

国际工程项目专家参与的工作均属于项目重大、技术关键、标准复杂、专业精深、价值昂贵、内容机密的重大核心工作，因此，专家在开展评审、咨询、管理、指导、论证等各类工作时，应遵守以下行为准则：

（1）国际工程项目专家不得索取或收受项目单位、有关机构或个人馈赠的财物或给予、授予、接受、交换其他不当利益。

（2）国际工程项目专家不得泄露承包项目及其上级公司、有关机构的技术和商业秘密，不得擅自对承包项目及其上级公司、有关机构以外的项目、公司及其他组织机构做出与目前工作相关的承诺。

（3）国际工程项目专家不得进行其他不负责任、弄虚作假、有碍专家责任工作关系到的廉洁公正活动。

（4）国际工程项目专家违反上述工作准则要求的，将按照有关管理制度规定取消其专家资格，予以解聘或辞退，根据其造成结果的严重程度依法追究相关法律责任。

19.6　国际工程项目受聘专家聘任合同及待遇管理

国际工程项目专家须严格履行合同管理。合同中须明确规定受聘专家在岗工作时间、工作目标与任务、成果归属权、聘期及待遇，有关条款要规范、合法、明确、具体。

国际工程项目专家聘任合同中，可根据特殊工作需要或特定待遇要求，由项目经理部补充特殊条款，经项目经理部隶属上级公司领导批准，公司有关工程管理部门、人事管理部门审核执行，纳入专家签署的聘任合同。

19.7　国际工程承包项目实习生管理

国际工程承包项目实习生管理工作目的：一般来说，国际工程承包项目可通过特定专业岗位高端实习生的聘任与规范管理，解决承包项目经理部短期人才短缺的需求，降低工程管理成本；同时，为项目经理部发展需要解决特定专业岗位需求的高端人才，也可以为承包项目隶属的上级国际工程承包公司储备相关的优势实习生人员。

国际工程承包项目实习生管理的目标：使参加承包项目工程工作的实习生了解承包项目及其隶属上级公司的企业文化，掌握相关工程项目管理制度、工程专业要求、技术工作流程等，在实习过程中掌握相关专业工作技能，培养其对公司的认同及归属感。

国际工程承包项目实习生对承包项目及其隶属上级公司的管理要求：工程项目经理部须认真组织协调项目经理部内部的工作管理，同时，也要对项目隶属上级公司及其工程管理部、人事部等有关部门进行推荐、审核、考评参加承包项目及其隶属上级公司有关工作的优秀实习生。

国际工程承包项目实习生管理要求：

（1）国际工程承包项目实习生须接受承包项目经理部及其隶属上级公司人事部、工程管理部及有关部门的实习生专业面试及考核。

（2）国际工程承包项目实习生须提交实习生专业工作计划。

（3）国际工程承包项目实习生须参加实习生培训，接受实习工作安排。

（4）国际工程承包项目实习生须学习并通过公司企业文化、规章制度、商务礼仪、现场管理、安全生产等方面的培训及考核。

（5）国际工程承包项目实习生实习考核结果优异、实习工作表现优秀者，可根据实际情况将其列入公司年度招聘人选、优先招聘、直接聘任。

（6）国际工程承包项目实习生须完成实习岗位任务，遵守工作规范、作业流程，达到实习岗位的各项基础专业知识技能及工作要求，规范标准地履行完成实习工作任务。

（7）实习生须遵守项目工作及其隶属上级公司的考勤管理、劳动纪律、工作规范和实习工作质量管理等。

19.8　申请实习

申请实习的学生需按照国际工程承包公司的 HRM 管理制度要求，向公司人事部提交书面申请，经所在院校证明，由人力资源部审核后，承包项目经理部报公司及有关工程管理部组织专业实习考试，考试通过后方可提交有关个人必要信息资料、确定实习薪酬待遇、办理有关保险等相关手续、签订实习合同、参加工程项目工作实习。

19.9　国际工程承包项目实习生补贴

通过考评进入项目实习的实习生须由项目经理部组织，按照上级公司人事管理制度报批，按照上级公司的相关规定给予一定的生活、实习补贴薪酬。组织实习生参加岗前培训，参加公司有关部门组织的企业文化、规章制度、商务礼仪、安全生产等各方面培训，通过培训并进行考核。考核通过的实习生按照有关管理制度转入实习工作；未通过考核或考核不合格的实习生，不得安排正式的实习工作。

19.10　国际工程承包项目实习生专人负责管理

国际工程承包项目经理部须严格依照工作程序和标准，指定专人负责带领相关的实习生参加工作，对实习生的安全、健康、实习岗位、规范标准、工作技能全面负责与指导，负责对实习生定期的督导考核及实习评价。

19.11　国际工程承包项目实习生考核鉴定及聘任管理

国际工程承包项目经理部会同其隶属的上级公司人力资源部门组织实习生的考核鉴定，办理实习生聘任加入公司的人力资源相关手续。

20 国际工程承包项目风险管理

随着我国国际工程承包工作的迅猛发展，国际工程承包企业参与全球化国际竞争日趋普遍。国际工程项目业主方及所在国家和地区普遍希望利用中国经济发展的有利条件，建设他们的工程项目，更希望将工程项目的风险转嫁到承包项目的中国方面来。面对目前复杂的国际环境，中国国际工程承包企业要在国际竞争中求发展，普遍面临风险管理的问题。发展与挑战共存、机遇与风险共存，风险管理客观地存在于国际工程承包项目经营管理的各个环节之中。国际工程承包是一项风险与效益并存的事业，做好国际工程承包项目的风险管理十分必要。

20.1 国际工程承包项目风险管理原则

国际工程承包项目风险（risk）是指一切与承包项目有关的不确定性风险因素对承包项目的影响。风险管理（risk management）是针对承包项目发生的风险应对解决的指挥和控制组织协调的管理活动。风险管理原则是指依据承包项目合同进行的、符合相关法律法规的、实现承包项目的风险管理方针、目标、指令及承诺。

国际工程承包项目风险管理组织安排包括计划、关系、责任、资源、过程和活动。国际工程承包项目风险管理框架须落实到承包项目管理组织、管理架构的整个战略和运营的方针和实践活动之中，贯彻落实到承包项目各个环节的经营管理工作之中。

国际工程承包项目风险管理须结合工程项目实际，从承包项目的全过程角度入手，根据项目所在国家及地区的基础条件、历史条件、发展趋势等方面，进行综合评估筛选，将各种各类发生的、未发生、有可能发生的风险进行归纳与评估。

国际工程承包项目应依据国际承包项目的多样性与复杂性，将项目风险按照项目阶段，项目结构，风险因素进行分解分类。

国际工程承包项目应持续地收集与项目风险和风险管理相关的内部、外部信息，包括历史数据和未来预测。

国际工程承包项目风险管理包括风险识别与评价、风险应对与响应、风险控制、风险工作评价等过程。

国际工程承包项目应根据风险特点明确各层次相应管理人员的风险管理责任，减少各种可能的不确定因素对承包项目的影响。

20.2 国际工程承包项目风险管理类别管理

按照国际工程承包项目风险的类别，基本可以划分为：项目投标报价风险、合同管理风险、项目变更风险、项目索赔风险、项目资金风险、项目管理风险、政治风险、自然灾害风险、战争风险等。

国际工程承包项目由于其国际环境的特点，在项目工程施工过程中必然会遇到各种各样的风险，这些风险将直接影响到项目投标报价。项目投标报价的准确与否直接关系到国际工程承包项目的经济效益，也是取得国际工程承包项目中标的关键条件之一。因此，做好项目投标报价风险管理，合理确定投标报价是国际工程承包项目出奇制胜的管理法宝。

项目投标报价风险要素：项目管理水平、施工人员素质、工资水平、施工效率、机械设备、周转性材料的配备情况；项目所在国建筑材料的采购渠道和市场价格变化；项目所在国家地区的自然地理条件；工程量计算标价；工程项目直接费、施工管理费、独立费用、不可预见以及预期利润、税金汇总、成本造价；采购、运输、仓储、报关、清关；定额、人工单价、机械台班单价；项目业主方在项目所在国及其地区的影响力，其他有关项目投标报价需要考虑的必要条件和变化因素等。

国际工程承包合同条款不全面、不完善的风险主要包括如下情况：国际工程承包项目合同商务、技术、标准等不清晰；合同条款文字表述不细致、不严密，致使合同存在严重的理解分歧和漏洞；合同条款存在业主方或其他单方面的约束性超出合同范围的内容；合同各个重要部分的核心内容存在过于苛刻的责权利不平衡、不平等条款；合同缺少因第三方影响及风险造成的工期延误或经济损失的条款；合同风险、担保、索赔、保险等相应条款不完整等。

承包项目发包人资信因素风险的主要内容包括：发包人履约能力差、发包人经济能力变化、发包人方法变化、发包人信誉差、发包人无力支付工程款、发包人不诚实、发包人恶意拖欠工程款、发包人失去项目控制权等。

承包项目分包合同管理风险主要内容包括：选择分包商不当、分包合同有漏洞、条款出现差错、合同规定自相矛盾、分包商违约、未能按质按量按时完成分包工程等。

有关上述，最典型的著名案例是2009年9月发生的“波兰A2公路项目”，中国中铁旗下的两家全资子公司：中国海外工程有限责任公司、中铁隧道集团有限公司联合上海建工集团及波兰德科玛设计公司组成联营体，以低于项目业主方预算一半的低价中标，合同签约总价4.5亿美元。但是，项目合同中存在严重的不利条款：项目合同无预付款、合同总价锁死、项目合同排除一切变更、项目违约金无上限、合同赔偿金覆盖直接和间接损失、合同争议及仲裁诉讼均在波兰法院等。2010年6月正式开工，因大面积拖欠分包商款项，工程被迫停工，预测按期完成工程亏损将高达3.95亿美元。因此，联合承包的中海外联营体经过研究权衡，只能毁约退场。波兰项目业主方则开出了2.71亿美元的罚单、三年内禁止承包方公司在波兰市场参与工程投标。

20.3 国际工程承包项目变更风险管理

国际工程承包项目具有建设规模大，周期长，整体性强，投资额巨大，工程建设合同、设计合同、分包合同涉及利益方面复杂，承包工程项目管理环境地处不同国家地区的特殊性。国际工程承包项目的这些特殊性决定了项目建设过程中工程变更发生的必然复杂风险。国际工程承包项目从投资决策到项目建成、竣工、验收、移交给项目业主方，通常需要经历相对较长的管理过程。因此，在国际工程承包项目的管理过程中，常常会因为某些特殊的需求和原因发生工程变更，而这些工程变更常常具有不规范变更风险。所以，国际工程承包项目必须面对这些工程变更带来的管理、建造、延误、超支等系列风险，用科学、规范、标准的管理方法防范、协调、解决这些风险问题。所以，项目变更风险管理在国际工程承包项目管理中尤为重要。

中国国际工程承包行业以“多快好省”著称于世，很多国际工程项目业主选择中国国际工程承包商目的就是为了加快项目建成投入使用的速度，追求项目的经济效益，因此，很多项目业主都会尽量压缩中国国际工程承包项目工程的前期勘察与设计周期，导致出现承包工程项目急于开工，“边技术交流边设计、边设计边采购、边采购边施工”的国际工程叠加式高频管理。因此，工程变更风险陡然高升。

国际工程承包项目业主方要求变化不定存在风险。随着国际工程承包项目的各项工作实施推进，项目业主方往往会因前期考虑不周而出现频频变化的要求。这些来自于项目业主方的要求变化造成了项目有关各个方面的变更。甚至，导致部分工程前期工作的废止和浪费，也会因为业主方项目要求的变化导致设计、建造、采购等方面的变更与错误。因此，必须依照合同，认真做好相关方面的风险预研及引导，避免出现大面积的工程变更风险发生。

20.4　国际工程承包项目风险识别管理

国际工程承包项目风险识别管理包括以下内容：

（1）政治风险。包括政治局势风险、国家政府风险、恐怖主义、局部战争风险。

（2）法律法规风险。包括不同的作业时间规定、劳工法、税收政策等。

（3）经济风险。包括项目所在国的宏观经济政策、产业政策的调整，通货膨胀，汇率变动，市场的动荡，资金短缺。

（4）社会文化风险。包括不同的人文社会环境、不同的宗教信仰导致的潜在风险。

（5）技术标准风险。包括对不同标准的认识和理解、因不熟悉技术标准导致的工程项目延误或停工。

（6）工程项目模块化集成管理的风险。包括设计、采购、施工、安装、试车之间存在大量的工作界面交叉与工艺工段的大跨度衔接。

（7）业主风险。包括业主过度干预国际工程承包项目的设计、频繁更改要求、提高技术标准、报批拖延、未能根据合同规定的时间审批国际工程承包项目的付款申请、克扣国际工程承包项目的款项、不按时支付国际工程承包项目的应付工程款项等。

20.5　国际工程承包项目风险识别管理程序

国际工程承包项目风险识别管理程序如下：

（1）风险识别启动激发。

（2）项目进行风险判定。

（3）项目风险识别整理。

（4）分析风险集成影响。

（5）形成风险识别清单。

风险识别成果应该清楚地表明：风险类别，风险名称，风险因素描述，风险后果，风险状况等内容。风险名称应是对风险的概括性描述。

风险因素描述宜列出产生风险的若干可能原因。风险状况应对承包不同阶段预计发生，出现征兆，已经发生等状况进行描述。

风险后果应包括设计影响、质量影响、工期影响、费用影响、声誉影响、人员伤亡等。

风险响应程度逐级上升依次为：报告、救援、处置、封闭、隔离、守护、疏散、撤出、放弃……

20.6 国际工程承包项目索赔风险

我国加入 WTO 之后，中国国际工程承包行业与国际工程承包管理规则全面接轨，工程项目管理竞争日益激烈，竞争对手成为国际上拥有先进管理体制、先进管理技术、国际化规范管理模式、丰富国际管理经验的国际公司。同时，国际工程承包管理发展和承包项目内外部环境的变化，使得国际工程承包项目所涉及的不确定性管理因素日益复杂，面临的项目索赔风险也越来越高，不可避免的工程索赔问题变得尤为突出，由此导致的项目索赔风险损失也越来越大。因此，必须认真做好项目索赔风险管理，避免项目索赔带来的管理损失和经济损失。

国际工程承包项目存在两个方面的索赔风险：一是来自于项目合同乙方向项目合同甲方（项目承包方向项目发包方）提出的索赔风险；二是来自于项目合同甲方向项目合同乙方（项目发包方向项目承包方）提出的索赔风险。

国际工程承包管理应采用先进科学严谨的科学技术手段防范国际工程承包项目索赔风险。目前，国际上已经成功开发并投入使用的工程风险管理应用软件很多，如美国的 Palisade Corporation 的 Analytical Power Tools 系列软件；英国的“Risk Net”软件；挪威的“Dyn-Risk”软件等。在欧美发达国家，工程承包项目风险管理的应用范围十分广泛，甚至从最初的国防工程、航天工程推广应用到矿山工程、石油工程、冶金工程等领域。世界一流的国际工程咨询管理公司经过科学论证研究，制定了较为系统完善的工程项目风险管理手册，采用专有的工程项目风险管理软件，实行工程项目风险管理科学规范的制度化风险管理。因此，我国的国际工程承包项目风险管理必须跟上国际工程风险管理水平的发展，与国际工程风险管理接轨。

国际工程承包项目索赔风险管理须对索赔风险的识别及其对项目工程施工造成的影响、索赔依据、索赔确认、索赔诉求、合同解释等各种不同索赔风险进行分析研究，找到防范解决上述索赔风险的预案和方法。

国际工程承包项目索赔风险管理须注重合同形式对解决项目索赔风险的影响以及各种索赔争端解决的方式。项目索赔风险分析、评价技术、解决方法都要依照合同进行系统的组织论证，充分利用项目管理的专业手段和工程手段解决项目索赔风险问题。

国际工程承包项目索赔风险管理须从项目合同甲乙方不同的责任主体角度出发，避免单纯从承包方的角度考虑项目索赔风险问题，也要避免单纯从项目业主方的角度考虑项目索赔风险问题。只有换位思考，才能根据项目的实际情况，全面客观发现项目索赔的风险。知己知彼，才能防范并解决项目索赔风险的问题。

国际工程承包项目索赔风险管理须始终遵循合同原则，处处依据工程项目的法律根据。主要从合同和合同适用的法律角度看待索赔风险，从根本上解决国际工程承包项目的索赔风险问题。

20.7　国际工程承包项目资金风险

国际工程承包项目资金风险的辨识、评估、预防、解决方案须结合对国际工程项目的现金流量分析，系统分析国际工程承包项目可能遇到的资金风险，建国际工程承包项目资金风险防范与解决的管理机制。

国际工程承包项目的模式较多，主要模式包括：

（1）设计承包（D）。由业主与设计承包商签订设计承包合同，勘察、设计可分别承包，也可一并承包设计承包内容包括的技术规范编制、提供设计图及其说明等。

（2）施工承包（C）。由业主与施工承包商签订施工承包合同，施工承包内容包括人工、材料、设备供应、施工并完成工程维护。

（3）总承包（general contracting）。由业主与承包商签订总承包合同。

（4）设计与建造总承包（DB）。

（5）永久设备设计与制造总承包（DB）。

（6）设计采购施工总承包（EPC）。

（7）设计采购施工管理总承包（EPCm）。

（8）设计采购施工咨询总承包（EPCa）。

（9）设计采购施工监理总承包（EPCs）。

（10）联合承包转包（assignment contracting）。是中标公司将承包权转让给另一家公司的行为，中标公司向其转包公司收取转包管理费用，双方根据需要可以另行签订其他合作条件。

（11）联合承包（united contracting）。是指同一国籍或不同国籍的两家以上的工程公司以合同方式组成联营或合营公司之后，共同参加某项国际工程项目的承包人资格审查、投标，项目中标后共同签约承包建设该工程项目。联合承包的模式是几个公司共同向项目业主方承担项目合同责任。但是，联合承包方的各个联合公司在履约过程中须各自负责联合体内部协议所规定的责任范围，承包工程有相对独立的分工责任。

国际工程承包项目通常为大型、超大型工程，使用资金额度巨大，工程项目建设工期跨度长，项目需求的设备材料建造采购繁杂量多，项目业主综合资金水平能力参差不齐。因此，必须根据国际工程承包项目的不同模式研究不同项目的资金风险问题。我国国际工程承包企业基本是国企组织结构体系，大部分企业尚未完全适应国际工程承包多种模式引发不同资金风险的客观要求，尽管大型国企资金规模很大，但在项目执行过程中难免发生内部利益复杂平衡的问题，加之国际承包项目管理经验积累不足，专家型管理人才稀少，对国际承包项目的资金风险识别、预控及管理能力不足，造成很多资金风险问题引发的巨额亏损和巨大风险。

上述问题，最典型的案例是2010年中国铁建承包的“沙特麦加萨法至穆戈达莎轻轨项目”。该承包项目采用EPC+O & M的总承包模式，由于签约时仅达到概念设计，工程项目的许多细节基本不清楚。项目签约生效开始实施，结果发现实际工程量比签约预测的工程量增加巨大，因而造成工程资金风险巨大。另外，项目业主方的资金风险导致项目工作量和成本投入大幅增加。尽管中铁建公司投入了大量资金、人力和物力，项目主体工程按期完工，但是，导致项目资金成本巨额增加，截止到2010年9月30日亏损高达41.53

亿元。

20.8　国际工程承包项目管理风险

国际工程承包项目的管理风险是综合性的，但是，可以按照项目管理的分类，将国际工程承包项目管理风险进行细化。在国际工程管理过程中，在项目整个建设过程中存在各种各样的风险，按照项目合同甲乙方可分为业主风险和承包商风险。

国际工程承包项目业主方的风险包括： 投资风险、组织风险、经济风险、管理风险、自然风险、社会政治风险等。

国际工程承包项目承包方的风险包括： 投标决策风险、成本管理风险、分包或转包风险、物资管理风险、信息失误风险、业主履约能力风险等。

国际工程承包项目的其他风险： 设计风险、合同风险、人员风险。

综上所述，项目管理风险包括项目管理过程中的各方面细化分项风险，例如：项目计划的时间、资源、人员、设备、材料、项目质量管理、项目管理技术、项目管理流程、标准规范、施工技术、分包管理、施工工机具等。在项目现场管理、项目分包管理等有关篇章中均有过基本的论述，本节不再逐一详细赘述。

20.9　国际工程承包项目政治风险

国际工程承包项目政治风险是指国际工程项目所在国家发生的国内外政治结构重大变化，以及这些政治变化导致的政府决策出现的重大调整给国际工程项目带来的影响、冲击、信用损毁、人员财产损失、项目失败等风险。

国际工程承包项目政治风险进一步细化： 项目所在国家政府由于某种政治原因或外交政策上的原因，对项目实行接管、征用、没收等；或者，对项目的产品实行抵制、禁止、征用、没收等；以国家的名义下令终止项目债务关系等风险。

国际工程承包项目政治风险还可以进一步细化： 项目所在国家政府被另一方政治力量以非法的极端方式推翻，引发国家政治法律出现暴乱、外汇管理失控、货币制度崩溃、税收标准激变、劳资冲突激发、环境保护失控、资源主权变更、项目政策废止等，导致国际工程项目无法正常维持或失败的政治风险。

上述政治风险须在项目进入、项目投资、项目执行、项目建设等不同阶段予以认真评估，遵守我国政府有关部委及使领馆发出的预警，采取对等的风险预防措施。切忌凭借中国的“关系学”考量国际工程承包项目的政治风险，必须用理性合法的思维方式和规范严格的法律原则评估、预防、处理政治风险导致发生的风险问题。

国际工程承包项目政治风险基本对策管理： 首先，必须对政治风险科学评估，采取对应的措施包括缩短项目最低投资回收周期；提高项目投资收益比率；调整现金流量中成本回收的控制资本；用产品等确定性等价物冲抵或替代现金流量等。其次，在项目实施中随时做出战略和管理的改变，在项目规模、资本结构、技术水平、项目选址、项目设计等方面随时对应做出改变，谨慎进入，随时撤出。将风险收益最大化，将风险损失最小化。

上述政治风险给我国国际工程承包项目造成的损失浩大，例如：2003 年，伊拉克政府被推翻、2011 年，利比亚政府被推翻、2011 年苏丹分裂为南北苏丹等，均给当时我国在这些国家的国际工程承包项目带来了巨大的损失。

20.10　国际工程承包项目自然灾害风险

国际工程承包项目的自然灾害风险涵盖于项目风险管理范畴之内，它是指承包项目所在国家及其地区发生的某一种自然灾害所导致项目损失的不确定性。国际工程承包项目须对项目地理领域内的自然灾害风险进行分析与评价，通过对承包项目所面临的自然灾害风险所进行的危险性和脆弱性分析，得出承包项目所在地理区域内自然灾害发生的概率及损失曲线，采用对应的风险预案防范管理。

20.11　国际工程承包项目战争风险

国际工程承包项目面对的战争风险具有突发性和地域性特征。欧美发达国家极其少见，而落后发展中国家多见。特别，非洲地区多发战争风险。因此，国际工程承包项目必须采取妥善保险的管理措施，应对项目战争风险。

国际工程承包项目战争风险管理须首先考虑评估战争风险发生的等级。特别，国际工程承包项目对于战争风险涉及项目人身安全，项目必须制定相关的战争风险管理要求和制度，制定相应的安全规程。

国际工程承包项目必须制定严谨、合理的应对战争风险的管理预案，包括对于战争预警、局势升级、战争发生应对、项目设备物资保全、固定资产托管、人员撤出方案等方案。

国际工程承包项目必须就针对战争风险预案及应对方案定期演练，确定不同等级情况下实施的不同方案，明确人员责任及分工，明确战时联络、后勤、交通、安保等人员责任和物资保障。

21 国际工程承包项目信用保险和工程保险管理

国际工程承包项目信用保险（credit insurance）是指国际工程承包项目权利人向保险人投保债务人的信用风险的一种保险，是一项国际工程承包项目公司（企业）用于风险管理的保险产品。其主要功能是保障国际工程承包项目公司（企业）应收账款的安全。其原理是把债务人的保证责任转移给保险人，当债务人不能履行其义务时，由保险人承担赔偿责任。

21.1 国际工程承包项目信用保险的风险管理

国际工程承包项目的信用保险会在投保的国际工程承包项目公司（企业）的欠款遭到延付的情况下，按照事先与该公司（企业）约定的赔付比例赔款给该国际工程承包项目公司（企业）。引发这种拖延欠款的行为可能是政治风险（包括债务人所在国发生汇兑限制、征收、战争及暴乱等）或者商业风险（包括拖欠、拒收货物、无力偿付债务、破产等）。

国际工程承包项目的信用保险限额管理：国际工程承包项目的信用保险实际操作中，投保项目公司（企业）需要为其买家向保险公司申请限额，限额规定了投保公司（企业）在一定时期内向该买家赊销，能够获保的最高金额。限额体现了保险公司对于与该买家进行交易的潜在风险的认定。

国际工程承包项目的信用保险保费：投保信用保险需要支付一定比率的保费。一般，国际工程承包项目的保费比率（费率）较低，由债务人所在国风险以及债务人自身风险等标准厘定。

国际工程承包项目信用保险有相关的限制。国际工程承包项目信用保险的一般条件除与其他财产保险一样之外，还有以下限制：

（1）放款赊销，以对经常有清偿能力而且信用好的人或企业为限。

（2）被保险人应视为共保人，或规定损失超过一定百分比时，由保险人就约定保险金额内负责。

21.2 国际工程承包项目信用保险应用的基本类型

出口信用保险（export credit insurance），也称出口信贷保险，是各国政府为提高本国产品的国际竞争力，推动本国的出口贸易，保障出口商的收汇安全和银行的信贷安全，促进经济发展，以国家财政为后盾，为企业在出口贸易、对外投资和对外工程承包等经济活动中提供风险保障的一项政策性支持措施，属于非营利性的保险业务，是政府对市场经济的一种间接调控手段和补充。是世界贸易组织（WTO）补贴和反补贴协议原则上允许的支持出口的政策手段。

贷款信用保险是保险人对银行或其他金融机构与企业之间的借贷合同进行担保并承保

其信用风险的保险。在市场经济的条件下，贷款风险是客观存在的，究其原因既有企业经营管理不善或决策失误的因素，又有灾害和意外事故的冲击等。这些因素都可能造成贷款不能安全回流，对此必然要建立起相应的贷款信用保险制度来予以保证。

短期出口信用保险：保单规定，凡是在中华人民共和国境内注册的，有外贸经营权的经济实体，采用付款交单（D/P），承兑交单（D/A），赊账（OA）等一切以商业信用付款条件产品全部或部分在中国制造（军品除外），信用期不超过180天的出口，均可投保短期出口信用保险。经保险公司书面同意，也可以是适用于下述合同：规定以银行或其他金融机构开具的信用证付款的合同；由中国转口的在中国以外地区生产或制造但已向中国政府申报进口的货物的合同；信用期限超过180天的合同；信用证方式改为非信用证方式，付款交单（D/P）方式改为承兑交单（D/A）方式或赊账（OA）方式的合同；延展付款期限超过六十天的合同。短期出口信用的投保范围不包括出口货物的性质或数量或付款条件或付款货币未定的合同。

21.3 国际工程承包项目工程保险管理

国际工程承包项目合理投保工程保险是规避项目风险的一种有效手段。工程一切险是主险，其中的附加险第三方责任险及其他类别的险种是否投保则需要根据承包项目的实际情况进行决策。

国际工程承包项目工程保险的险种基本如下：

（1）建筑工程一切险（CAR）。

（2）安装工程一切险（EAR）。

（3）机器损坏险（MB）。

（4）第三者责任险。

（5）雇主责任险。

（6）合同风险以及承包者的设备保险（CPM）。

（7）利润损失（LOP）/业务中断（BI）。

（8）利润的进一步损失（ALOP）/开业延误（DSU）。

（9）完工风险和行业一切险。

（10）十年责任险/两年责任险和潜在缺陷的风险等。

国际工程承包项目工程保险中，建筑工程一切险和安装工程一切险以及机器损坏险可以作为工程保险的主要险种；第三者责任险则可以作为附加于建筑/安装工程一切险的附加险；而雇主责任险则是对雇员所遭受的人身伤亡进行赔偿。

国际工程承包项目投资保险又称政治风险保险，承保投资者的投资和已赚取的收益因承保的政治风险而遭受的损失。投资保险的投保人和被保险人是海外投资者。开展投资保险的主要目的是为了鼓励资本输出。作为一种新型的保险业务，投资保险于20世纪60年代在欧美国家出现以来，现已成为海外投资者进行投资活动的前提条件。

21.4 国际工程承包项目投保基本条件

国际工程承包项目合同中有明确要求承包商办理保险的条款，特别是在工程量清单中包括保险费用项时须投保工程保险。

国际工程承包项目合同要求承包商办理工程保险，在合同特殊条款和附件中会就具体险种、保额、保期或其他要求进一步明确。

国际工程承包项目风险较大。大部分工程项目合同没有要求承包商必须投保，所以承包商一般不主动投保，但如果工程项目风险较大，工程保险是转移风险的有效手段。

国际工程承包项目合同业主方集中办理保险。有时，国际工程承包项目合同业主方同时管理拥有并管理多项工程，项目合同业主方会集中办理保险，项目承包商遭到损失时可以根据保险条款索赔。

国际工程承包项目所在的国家及地区命令执行的强制性法律规定保险。例如：一般机动车辆险和员工的社会保险等。

21.5 国际工程承包项目信用保险及工程保险的优势

国际工程承包项目面向国际市场。国际工程承包项目风险较大，竞争激烈，如果项目合同甲方出现信用危机，国际工程承包项目就会陷入危机，也会影响国际工程承包项目隶属上级公司的国际工程市场开拓和国际竞争力。因此，承包项目投保出口信用保险及工程保险，在遇到或发生项目风险或政治风险不能从项目合同甲方收回工程款或项目合同无法执行时，国际工程承包项目则可以从保险公司取得赔偿。因此，出口信用保险和工程保险有利于国际工程承包项目及其隶属上级公司的经济利益，有利于其在国际市场开拓竞争经营管理，具有其特殊的国际工程承包项目保险优势。

21.6 国际工程承包项目信用保险和工程保险管理目的

国际承包工程项目的信用保险和工程保险应满足业主与国际工程承包项目签订的合同的要求，包括但不限于对保险范围、保险险种、保险公司、再保险的要求。

国际工程项目的信用保险和工程保险必须满足工程所在国的法律要求和合同的具体要求。

国际工程项目的信用保险和工程保险必须满足国内外对于国际工程项目（资产）和工程服务人员的保险要求。

国际工程承包项目须根据合同规定的特殊险种要求，如十年期（或更长期限）民事责任保险、缺陷责任保险、长年限职业责任保险等。国际工程承包项目企业需要采取统筹兼顾、多措并举的方式满足合同保险要求。

22 国际工程承包项目信息管理

国际工程承包项目信息管理是国际工程承包项目管理工作中的重要组成部分。它是项目管理建设过程中规范化、标准化、制度化、国际化的管理达标重要标志，也是国际工程承包项目及其隶属上级公司企业标准化管理工作的重要组成部分。

22.1 国际工程承包项目信息管理原则

根据质量标准化管理体系的系列标准规定，国际工程承包项目必须认真履行贯彻信息管理的质量标准工作，认真做好项目信息管理的规划、控制、协调和决策。国际工程承包项目合同执行过程中信息管理是贯穿项目全过程的信息流通主线，也是国际工程承包项目设计、咨询、管理、策划、验收、质量、环保、技术、服务等各个工作环节的有效信息记录。

大型国际工程承包项目需要按照合同要求落实信息管理工作，将工程项目繁纷复杂的大量信息进行专业化处理加工，归档保存，对于项目启动、执行、竣工均起着至关重要的基础管理作用。工程项目信息管理包括项目全部的信息交流与常规管理，也包括规范标准的信息系统管理。

22.2 国际工程承包项目信息管理程序

国际工程承包项目信息管理的基本程序包括如下内容：

（1）项目管理信息架构。

（2）项目设计、采购、施工、进度、费用等各方面的信息管理功能。

（3）项目现场进度、工程量和质量数据信息。

（4）项目专业、工程、人力资源信息管理。

（5）项目工程管理报表、技术报表的自动生成，信息交流及上报。

（6）项目管理部管理人员信息交流管理系统。

（7）项目设计、采购、施工、进度、费用等各专业工作信息管理。

（8）项目对外包括项目甲方、设计方等信息分类管理及动态管理。

（9）项目合同进度计划、质量计划、人力资源计划信息管理。

（10）项目合同技术服务跟踪管理信息系统。

（11）项目合同管理信息系统。

（12）项目造价、成本信息管理系统。

（13）项目风险及项目事故管理信息系统。

（14）项目监理、验收管理信息系统。

（15）项目工程各级各类培训管理系统。

（16）项目工程决策管理信息辅助系统。

（17）项目工程协同工作平台及上级公司管理信息系统。

（18）项目工程动态管理及标准化档案管理系统。

（19）项目工程文档标准编码及保密、加密信息系统。

22.3　国际工程项目专项工作信息管理

国际工程项目专项工作信息管理包括以下内容：

（1）投标报价信息管理。通过投标报价信息收集、整理、归纳、筛选、应用、加工、模型数据等管理过程，辅助投标报价的合理利润决策，达到投标报价准确、合理的信息管理目标，保障工程项目投标在竞争中获胜，达到工程承包项目及其隶属上级公司的经济效益。

（2）工程项目信息管理通过加工处理工程承包项目内部的标准工程量清单，建立材料信息价格数据库、分类工种价格数据库、机电安装标准价格参照数据库、工程费用、取费定价、工程定额、建筑材料定额等数据库，辅助项目投标报价及项目启动实施的工程管理。

（3）工程项目采购信息管理。采购信息管理包含为达到项目范围而从项目外部获取设备材料物资服务所需的各种过程及价格。采购信息管理包含5个过程：编制采购计划、编制询价计划、编制供方信息、编制合同信息、采购信息归档。同时，采购信息管理系统须对项目采购发生的设备材料进行跟踪记录，以设备建造为起点，项目建造中监制、建造完成、验收、包装、发运、报关、运输、清关、设备材料到达项目现场、仓储、分配、安装、调试、试车、验收、竣工等全程的信息管理。另外，上述工作过程中发生的所有管理文件的记录及归档。

（4）工程项目施工信息管理。施工信息管理针对工程承包项目及现场管理、场地管理、施工记录、组织协调的各个方面的信息交流，为工程项目施工技术准备、施工招标、工程分包、现场HSE管理、现场进度管理、质量管理、计划管理等信息服务功能。通过信息服务与管理功能的实现，达到项目施工管理、工程管理、安全管理、环境管理的各个信息管理工作功能。

（5）工程费用信息管理。工程费用信息管理主要是通过信息系统控制承包项目的费用管理实现。信息管理操作包括：计划成本、预算成本的输入输出；实际成本的采集录入与输出；计划进度与实际进度的信息数据输入与输出；工程管理各种提交、申报、数据对比分析报表等各类表单文件的生成及输出等。特别，须采用现代信息的编制及分析管理软件（P6）即时管理承包项目的全面管理状态，包括项目预算、预算科目、计划科目、费用科目、人力配置、资源配置、WBS、成本责任单位等多维信息管理。

（6）工程材料信息管理。材料信息控制管理是检查和监督材料的进度计划和材料的预算执行情况，通过不间断地信息监测和报告，使工程管理的实际执行情况与控制基准之间的偏差减少到最低程度。工程材料信息管理须保证工程材料按工程项目的实际需要在规定的期限内采购、订货并运抵现场。

（7）工程HRM信息管理。工程项目HRM信息管理须通过工程项目及其隶属上级公司普遍采用且规定采用的信息管理系统，对项目HRM进行专业管理。具体说，辅助工程项目进行KPI信息管理集成考核，辅助工程项目进行HRM薪酬分析、人员配置等专业化的 HRM 管理工作。

（8）工程项目质量信息管理。质量信息管理是保证工程项目满足所承诺的质量标准要求的管理过程。工程项目信息管理的最终质量是工程项目完成标准达标的重要指标。质量信息管理是工程建设管理的重要环节，主要内容应包括：质量信息保证体系、质量信息策划、质量信息过程管理、质量信息文档管理以及质量信息统计分析管理。

（9）工程项目 HSE 信息管理。工程项目 HSE 信息管理工作包括 HSE 管理过程文件的存储、环境及危险源识别、各类安全事故台账、安全教育培训与考核的信息记录、HSE 管理过程积累形成的 HSE 管理数据库等。HSE 信息管理过程包括业务处理以及管理信息控制，业务信息处理包括承包项目的各种管理信息的输入输出、危险源辨识处置、安全事故处理、安全教育培训与考核的记录等管理信息操作控制。HSE 信息管理控制是针对现场各类安全管理信息的汇总、申报、分析、归档、安全作业管理的审批等。

（10）工程项目文档信息管理。按照工程承包项目标准化信息管理规定及编码规范要求，提供项目全过程的信息文档记录、保存、版本变更等过程记录，实现与“图文声像集成管理”工程项目信息系统管理。

工程承包项目应建立项目信息管理程序，对项目信息进行管理。项目信息管理程序应包括项目信息的产生、分类、标识、收集、传递、处理、存档、使用及安全保密等内容。

22.4　信息管理基本要求

工程承包项目应确保项目信息内容准确、有效，并及时对其进行收集、传递、处理和归档。

工程承包项目工程事业部及项目经理部应视项目规模，设置项目文控部门或信息管理岗位。

工程承包项目应对项目信息管理程序实施情况进行监督、检查，并确保管理程序规范、标准、专业。

22.5　工程项目管理信息分类

以国际工程承包项目工程事业部及项目经理部为中心，按照项目信息流入流出关系进行分类。

按照项目信息产生的过程进行分类，如：项目管理过程、工程设计过程、采购过程、施工过程、试运行过程。

按照管理对象的属性进行分类，如质量管理、职业健康与安全管理、进度管理、环境管理、费用管理、财务管理、风险管理、资源管理、合同管理、设计管理、采购管理、施工管理、试车管理等。

22.6　工程项目信息保密管理

按照国家有关法律法规、项目管理标准化规范、项目合同有关规定做好信息分级及保密管理工作。

22.7　《工程项目管理报告》样本

密级：机密 编号：

LOGO

国际工程承包项目管理

（ 月 季）

报 告

××××部

年 月 日

声明：本报告涉及公司国际工程管理的核心数据和实际状况，属于上市公司未经批准披露的内部经营管理机密，因此，本报告依法保密。

第一部分　国际工程承包项目管理概况

1　简要介绍（责任人：　　　　）
2　重点要点（责任人：　　　　）

第二部分　国际工程承包项目管理综述

1　工程计划管理（责任人：　　　　）
（工程项目年度计划、季度计划、月度计划、计划调整、计划报备）
2　工程进度管理（责任人：　　　　）
（工程项目目标进度、进度差异、单项进度、综合进度、进度问题）
3　工程组织管理（责任人：　　　　）
（工程项目组织制度、组织体系、组织实施、组织问题、组织方案）
4　工程成本管理（责任人：　　　　）
（工程项目成本构成、预算管理、回款管理、核算管理、目标管理）
5　工程采购管理（责任人：　　　　）
（工程项目招标管理、投标管理、评审管理、合同管理、采购问题）
6　工程施工管理（责任人：　　　　）
（工程项目施工方案、质量管理、安全管理、设计监理、验收管理）
7　工程分包管理（责任人：　　　　）
（工程项目分包工程、分包核算、分包管理、分包考核、分包问题）

第三部分　国际工程承包项目管理分析

1　项目某部分析（责任人：　　　　）
2　项目某部分析（责任人：　　　　）
3　其他项目分析（责任人：　　　　）
……

第四部分　国际工程承包项目管理总结

国际工程管理总结（责任人：　　　　）

附注：

（1）明确分工。上述工作应通过公司文件（通知）的形式固化各个项目部的专职负责人，按照规定要求的内容填写相关有效数据等内容，按照规定的时间向工程管理部提交工程管理基础材料，形成常态工作机制。

（2）各司其职。工程管理部人员按照各自的专业和职责，分工负责对国外各个项目部的工程管理数据及基础材料收集、整理、汇总、分析工作；公司内部各个有关部室的工程管理数据及基础材料协调、配合、整合、分析工作，各司其职，形成固化的常态工作机制，编制《工程管理报告初稿》。

（3）专业高效。工程管理部负责人组织工程管理、工程核算、工程招标、工程施工等各方面的专业工程技术管理人员进行分析及总结，提出具有时效性、标准性、专业性的《工程管理报告》。

23 国际工程承包项目争议管理

国际工程承包项目合同执行过程中，由于项目发包方和承包方对承包项目合同建设的期望值存在差异，在项目合同执行过程中必然会存在各种各样的争议。国际工程承包合同的履行过程是一个包容着利益的对立和统一、冲突与和解、斗争与合作的矛盾过程。因此，在国际工程承包合同的履行过程中，争议随时随地都可能发生。国际工程承包项目的争议管理，成为工程项目管理重要的常态管理工作。

23.1 国际工程承包项目争议管理原则

国际工程承包项目争议管理依照合同原则。一般情况下，工程项目及施工现场日常发生的争议可以通过当事人之间的沟通和协商达成谅解或妥协，重要的问题则可由当事方谈判达成协议的方式解决。当发生重大争议性原则问题，当事方之间的利害关系无法通过洽商、谈判、调解解决时，方可启动合同争议、仲裁直至诉讼解决程序。

23.2 国际工程承包项目争议解决方法

国际工程承包项目争议解决主要有四种方式，具体包括：和解、协商（consultation）、工程师/争议裁决委员会（DAB）的决定（decision）、诉讼。

（1）国际工程承包项目合同履行过程中争议和解。合同甲乙双方的协商是可以不拘形式、不分场合随时进行的。从工程管理实践管理角度解释，争议协商是广义的。因此，在启动项目合司争议解决程序之前，合同双方都应该努力消除彼此的分歧，认真解决合同甲乙方往来的争议函件、正式或非正式争议协商会议纪要、争议索赔谈判、争议双方就有关承包方施工管理人员、工程技术人员、工程师、监理工程师及有关方面的代表进行的争议协商与解决。

（2）国际工程承包项目争议协商的内容可以是技术方面的，也可以是商务方面的，甚至是法律方面的。总之，凡是与项目合同履行相关的一切争议问题都可能涉及，只是随着项目合同争议协商进展而发现问题的不同性质，参与争议协商的工程师及代表也会发生相应的变化，管理职能职权在合同争议协商过程中有相应的体现。国际工程承包项目争议协商的管理实践证明，通过对合同争议进行协商这种方式，对于消除合同争议的根源，降低合同争议的风险，解决合同争议具有十分重要的意义。

国际工程承包项目争议和解是指当事人通过自行友好协商，解决合同发生的争议。调解是由当事人以外的调解组织或者个人主持，在查明事实和分清是非的基础上，通过说服引导，促进当事人互谅互让，友好地解决争议。

（3）工程师/争议裁决委员会（DAB）的决定（decision）。如果合同争议通过协商机制未能解决争议问题，那么，争议程序的启动则是从项目合同某一当事方将另一当事方之间的某项争议提交给工程师/争议裁决委员会。

国际工程承包项目争议友好解决（amicable settlement）。从 FIDIC 红皮书第四版开始，FIDIC 引入了友好解决机制。按 FIDIC 指南中的解释，合同争议程序中引入友好解决机制，是基于某些 FIDIC 成员国家的法律依据。如果合同中没有提及用友好方式解决条款，负责执行合同的有关人员就无权进行其他方式的友好解决方式。争议程序的启动意味着合同争议双方当事人之间的矛盾深化，某种程度上导致合同争议的利益冲突不可友好解决，只能进入下一个争议解决的方式程序。

国际工程承包项目争议仲裁（arbitration）：按照 FIDIC 红皮书的规定，争议仲裁是争议解决的最终阶段。仲裁人不仅有权解释、揭示、复查、修改与争议有关的工程师的任何资料、验收、指令、估价等证据文件，而且有权复查、修正、纠正项目管理、监理工程师/DAB 的任何决定。

国际工程承包合同当事人如果不愿意和解、调解，或者和解、调解不成功，可以根据达成的仲裁协议，将合同争议提交仲裁机构仲裁。仲裁具有办案迅速、程序简便的特点和优点，而且进入仲裁程序以后，仍然采取仲裁与调解相结合的方法，先调解，后仲裁，首先着力于以调解方式解决。经调解成功达成协议后，仲裁庭即制作调解书或者根据协议的结果制作裁决书，调解书和裁决书都具有法律效力。

（4）国际工程承包项目争议诉讼。如果国际工程承包合同当事人没有在合同中订立仲裁条款，发生争议后也没有达成书面的仲裁协议，或者达成的仲裁协议无效，合同双方的任何一方当事人，都可向合同条款规定的第三国法院提起诉讼。在法院提起合同诉讼，应依照项目合同的规定进行。经过诉讼程序或者仲裁程序产生的具有法律效力的判决、仲裁裁决或调解书，合同有关方面的当事人须予以履行。如果负有履行义务的当事人不履行判决、仲裁裁决或调解书，项目合同对方的当事人可以请求法院予以强制执行。

23.3　国际工程承包项目争议管理注意事项

国际工程承包项目合同中均有项目合同甲乙方发生争议须通过仲裁最终解决争议的条款约定。但是，一旦发生通过项目所在国家的司法诉讼最终解决争议的情况时，作为另一方当事人即成为外国承包商则须慎重考虑。通常，外国承包商并不十分熟悉项目所在国家的法律法规及仲裁条件，无法保证仲裁法院不发生保护本国企业利益的倾向。因此，项目合同中规定的仲裁国家应以第三个中立的国家法庭为合同仲裁国。

国际工程承包领域争议解决比较常见的是采用机构仲裁方式，如 FIDIC 条件中的 ICC 仲裁，或中国国际经济贸易仲裁委员会（CIETAC）仲裁。由于临时仲裁在国际上的应用十分广泛，在很多国家得到认可。因此，国际工程承包合同拟定或谈判中也应制定临时仲裁的方式解决合同争议。

23.4　国际工程承包项目提起诉讼及反诉讼的法律步骤

国际工程承包项目合同争议提起法律诉讼的步骤：

（1）提起诉讼。先将合同争议中的当事人向有管辖权的法院提出诉讼请求。按照有关国家法律规定，法院决定受理诉讼以后，须将诉讼状副本送达给被告，并限期被告提出答辩状。

（2）法律答辩。合同争议的法律诉讼中，被告方一旦向法院就起诉事项做出实质性的答辩，就表示接受了法院的管辖权，其后有关任何法律辩解均不得再以此法院无管辖权为由提出抗辩。

（3）证据保全。对于合同争议法律诉讼的一切与争议案件有关的证据，如果在争议案件发生之后有灭失、湮没、损毁或难于采纳使用的可能，那么，提起诉讼的当事人可以在起诉前或起诉后向法院提出申请，要求法院采取必要措施将案件的有关证据予以保全。

（4）诉讼举证。国际工程承包项目合同争议的诉讼当事人要证明其诉讼主张的事实或要求时，必须首先提出证据予以证明，采取谁诉讼谁举证的原则提供诉讼证据，证据包括人证、物证、书证、鉴定、勘验笔录等。

（5）保全措施。国际工程承包项目合同争议诉讼过程中，为防止被告方隐匿、变卖或转移合同项目的财产，企图使原告日后取得胜诉时一无所获，使得法院的判决无法强制执行，那么，提起诉讼方须及时向法院提请保全，申请启动保全法律程序。

（6）诉讼审理。国际工程承包项目合同争议诉讼，务必需要按照合同规定选择的管辖国家及其地区的法院提起诉讼，确定具体的诉讼审理和答辩。

（7）裁判和上诉。国际工程承包项目合同争议诉讼双方在法院做出第一审判决之后，如果合同双方当中的任何一方对诉讼裁判的结果不服，那么，这一方就可以在法律规定的时间之内提出上诉。

（8）国际司法协助及对外国法院判决的执行。国际工程承包项目合同争议诉讼法庭判决生效之后，诉讼判决国家法院的判决，原则上只在诉讼判决发生的国家领域内具有法律效力。那么，如果诉讼判决的对象是该国之外其他国家的当事人，该诉讼判决则必须得到该当事人所在国家的认可，方可在被判决当事人所在的国家强制执行。有关是否承认和执行外国法院判决的条件，不同国家在其国内有关法律及其有关的国际条约中都有具体的法条规定。

国际工程承包项目合同争议申请仲裁及反诉讼的步骤：

（1）仲裁申请、答辩与反诉。国际工程承包项目合同争议案中，如果申请人要向仲裁委员会提交仲裁申请书，须附具有关申请仲裁的证明文件。而且，仲裁申请中须在仲裁员名册当中指定一名仲裁员，委托仲裁委员会主任指定其中的另一名仲裁员。同时，申请仲裁人须现场足额预缴仲裁费。

（2）仲裁庭的组成。国际工程承包项目合同争议案中，合同双方当事人需要各自在仲裁员名册中指定和委托仲裁委员会主任指定一名仲裁员，第三名仲裁员由双方当事人共同选定或共同委托仲裁委员会主任指定。

（3）仲裁审理。通常，国际工程承包项目合同争议案的仲裁庭需要开庭审理合同争议案件。但是，经过合同争议双方当事人申请或者征得双方当事人同意，仲裁庭也认为不必开庭审理的情况下，仲裁庭可以只依据书面文件进行合同争议审理并做出裁决。

（4）仲裁裁决。国际工程承包项目合同争议仲裁，仲裁庭须要在组庭后九个月内做出仲裁裁决书。根据仲裁庭的要求，仲裁委员会秘书长认为确有必要和确有正当理由延期的，可以延期做出仲裁裁决。仲裁裁决的执行仲裁裁决是终局裁决，对国际工程承包项目合同争议仲裁的双方当事人都有法律约束力。

综上所述，国际工程承包项目合同争议仲裁涉及的专业性、技术性、法律性专业要求非常高，耗费的时间、费用、精力都很大，如果希望争取较好的仲裁结果，聘请对国际工程领域及法律专业领域均经验丰富的专业律师参与起诉及仲裁为宜。

23.5　国际工程承包项目争议解决管理建议

国际工程承包合同产生的争议纠纷，除了可以采取上述一般的国际贸易纠纷解决机制解决有关争议问题，还可以采取仲裁、纠纷审议委员会、NEC 裁决程序、FIDIC 合同条件下的工程师准仲裁等方式探讨解决合同争议。从法律规定出发，DAB 提出的裁决不具有强制性的法律约束力，不是争议结果的最终结局，如果合同争议双方当中有一方对裁决结果仍然不满意，这一方仍然可以提请仲裁或诉讼。

在国际工程承包合同中，宜采用争议委员会方式解决争议。在争议评审委员会、争议评审专家和争议裁决委员会中，宜采用争议裁决委员会。争议委员会通常包括常设和临时两种类型。国际工程承包项目和业主应当根据国际工程的内容、争议复杂程度、专家所需的知识面等，协商确定争议委员会的类型。国际工程承包项目和业主应当按照合同约定的期限和方法组建争议委员会。合同中应当明确约定在双方未能就争议委员会的组建达成一致时，由约定的国际机构任命争议委员会的成员。

附　录

国际工程承包项目管理常见中英文术语

国际工程 international project

国际工程是指在中华人民共和国境外所承包、承建、承办、组织、实施的以法律程序签约的各级各类的工程项目。包括但并不限于项目业主方或发包方负责技术或标准、产能等设计，国际工程承包方负责建造、施工、建设的国际工程，也包含以 DB、EPC、BOT、PPP 等形式签约的国际工程，是以工程业主方和承包方彼此认可的国际工程管理形式，以工程发包方和承包方彼此认可的国际工程监理方、咨询方协助设计、监理、建造、建设、实施的国际工程项目。

国际工程承包项目 general-contracting for international project

国际工程承包项目是指在中华人民共和国境外通过招标、邀标、议标、投标等方式中标签约承建的国际工程项目。项目承包形式通常以双方签订项目合同确定的交钥匙合同工程（turn-key contract）、设计+采购+施工（engineering procurement and construction，EPC）、设计与施工（design-build，DB）等为主要承包形式的国际工程承包项目。国际工程承包项目内容一般包括：初步设计、详细设计、设备采购、技术标准、产能指标、建设安装、技术服务、质量保证、试车投产、项目费用、项目劳务、项目融资、项目担保等主要工程内容，工程项目合同各个章节合同条款规定的具体国际工程要求内容。

业主 owner

业主是指某一具体国际工程项目的所有人，一般是项目发包方在项目招标文件及合同文件中用法律条款界定的项目所有者，也被称为项目的甲方或项目及所属资产关联的合法继承者。

国际工程承包者 contractor

国际工程承包者是指与国际工程项目业主签订工程承包合同的承包者，承包者可以是企业法人及法人代表及其授权委托的自然人。国际工程承包者必须严格依照法律程序与国际工程项目业主方签署项目合同文件及相关的法律文件，依照合同履行其义务与责任，行使其合同约定的权利，是合同项目建造、实施、建设、完成的执行人、当事人及其合同规定的相关范畴的合法继承者。

设计+施工 design-build（DB）

项目包括工程设计和工程施工的一种项目模式。设计+施工模式主要适用于专业设计与专业施工一并完成的工程产品服务合同。

设计-采购-施工 engineering procurement construction（EPC）

EPC 是指公司受业主委托，按照合同约定对工程建设项目的设计、采购、施工、试运行等实行全过程或若干阶段的承包模式。通常，公司在总价合同条件下，对其所承包工程的质量、安全、费用和进度进行负责。

在 EPC 模式中，engineering 不仅包括具体的设计工作，而且可能包括整个建设工程内容的总体策划以及整个建设工程实施组织管理的策划和具体工作；procurement 也不是一般意义上的建筑设备材料采购，而更多的是指专业设备、材料的采购；construction 应为“建设”，其内容包括施工、安装、试车、技术培训等。

工程师 engineer

工程师是按照合同的规定，业主任命的或在投标书附录中指明的、为执行项目合同监理目的而担任工程师的人员，或由业主随时任命并通知国际工程承包项目的任何其他工程管理人员。

分包商 subcontractor

分包商是国际工程承包项目中与项目承包方签订分包合同的一方，负责实施业主和国际工程承包项目主合同中的部分工程的任何当事人，或者经项目工程师同意取得工程的某一部分分包工程的任何当事人，以及取得该当事人资格的任何合法继承人。

供应商 supplier

供应商是国际工程承包项目中提供材料、设备、配件、备件的任何当事人，以及取得该当事人资格的任何合法继承人。

业主代表 employer’s representative

业主代表是业主根据合同规定，业主指定或任命的、代表业主行使管理和监督职能权限的人员及其代理人员。

国际工程承包项目代表 contractor’s representative

国际工程承包项目代表是国际工程承包项目中代表国际工程承包项目履行合同义务的负责人。或根据合同规定，由国际工程承包公司任命为其项目代表的人员。

国际咨询工程师联合会 FIDIC

国际咨询工程师联合会（fédération internationale des ingénieurs conseils，法文缩写 FIDIC)，中文音译为“菲迪克”。其英文名称是 international federation of consulting engineers，指国际咨询工程师联合会这一独立的国际组织。FIDIC 于 1913 年由欧洲 5 国独立的咨询工程师协会在比利时根特成立。FIDIC 是国际上最有权威的被世界银行认可的咨询工程师组织。

合同 contract

合同是国际工程承包项目业主方与承包方之间就项目签订的具有法律约束力的协议。

主合同 main contract

国际工程承包项目业主方与承包方之间就项目全部工程签订的具有法律约束力的协议，在项目分包合同关系中，该协议被称为主合同。

分包合同 subcontract

分包合同是国际工程承包商与分包商之间签订的，由分包商负责实施工程某一部分的具有法律约束力的协议。

工程 works

工程指工程活动中设计、建造、存在的永久性工程或临时工程，或视情况指二者之一。

业主要求 employer's requirement

业主要求指合同中签名为业主要求的文件，包括工程的目标、范围、设计和其他技术标准，及其按照合同对合同文件所做的任何补充和修改。

永久工程 permanent works

永久工程指工程活动中设计、建造、存在的永久性工程。

临时工程 temporary works

临时工程指工程活动中为实施和完成永久性工程或修补其任何缺陷所实施的各类临时性工程。

现场 site

现场指国际工程承包项目实施永久性工程、组织项目工程集成建造建设的地点，以及工程合同中可能指定为现场组成部分的任何其他场所。

项目经理 project manager

项目经理指国际工程承包项目公司指定或任命的作为公司所属承包项目的管理代表或负责人。

现场经理 site manager

现场经理指国际工程承包项目公司指定或任命的作为公司所属项目经理部工程现场的管理代表或负责人。

项目经理部 project management department

项目经理部是国际工程承包项目公司及其为实施承包工程项目合同组成的机构或组织。

项目管理计划书 project management plan

项目管理计划书指中标的国际工程承包项目在开工之前编制的，旨在指导工程项目实施阶段各项管理工作的总体纲领性和指导性文件。

进度管理 schedule management

进度管理指项目按合同约定的时间完成所制定的进度实施文件。主要包括进度活动定义、活动排序、活动历时计算、进度计划编制、进度控制、进度实现节点。

进度控制 schedule control

进度控制指项目按照进度计划，对进度及其偏差进行测量、分析和预测及其必要时采取的纠正措施或实施进度计划变更的管理。

质量计划 quality plan

项目质量计划是指为确定项目应该达到的质量标准和如何达到这些项目质量标准而做的项目质量的计划与安排。

质量控制 quality control

为达到质量要求所采取的作业技术和活动称为质量控制。质量控制活动基于质量计划，质量计划基于质量标准。

设计管理和控制 design management and control

设计管理和控制指国际工程承包项目对于设计工作的全过程管理和控制。

项目计划管理 project planning management

项目计划管理是用于协调项目相关资源实现科学配置、规范执行的基础路线图，是指导项目执行与控制的文件。

设计分包商 design subcontractor

设计分包商是国际工程承包项目聘任的负责工程项目设计工作的分包商。

项目设计经理 design manager

项目设计经理是国际工程承包项目及其设计分包商设立的专门负责设计工作的人员。

成本 cost

国际工程承包项目为完成项目合同所支出的所有项目费用，包括除项目利润之外的所有人力、物力及其管理费。

财务计划 financial plan

财务计划是指编制的有关项目管理、人力、设计、采购、运输、建设、生产、物料、供应、质保、检验、监理、验收等各项工作的财务使用计划。主要目的是为了确立财务管理的具体指标，使相关经营活动产生经济效益。

项目管理财务计划 financial plan of project management

项目管理财务计划指项目以合同规定的货币形式进行项目各阶段预算、决算的计划及总体项目建设资金的取得、收支、使用、盈亏等财务管理的财务专项工作文件。它是项目管理的核心文件，也是项目财务管理与审计的依据。

成本计划 cost plan

成本计划是以货币形式规定项目在设计、实施和完成工程，并修补任何缺陷过程中各项资源的价值耗费、成本水平以及相应的成本降低水平和为此采取的主要措施的书面方案。

成本控制 cost control

成本控制指根据一定时期预先建立的成本管理目标，由项目成本控制主体在其职权范围内，在生产耗费发生以前和成本控制过程中，对各种影响成本的因素和条件采取的一系列预防和调节措施，以保证成本管理目标实现的管理行为。

成本核算 cost accounting

成本核算指将一定时期内项目执行过程中所发生的费用，按其性质和用途，分类归集、汇总、核算，计算出该时期内项目发生的费用总额和每项工程（或作业）的实际成本和单位成本的管理活动。

成本分析 cost analysis

成本分析是利用成本核算及其他有关资料，分析成本水平与构成的变动情况，研究影响成本升降的各种因素及其变动原因，寻找降低成本的途径的分析方法。

自雇分包商 domestic subcontractor

自雇分包商是国际工程承包项目自己选择确定的并与之签订分包合同的分包商。

指定分包商 nominated subcontractor

指定分包商是业主或工程师指定的，负责实施或完成某部分工程或服务的并与国际工程承包项目签订分包合同的分包商。

缺陷通知期限 defect notification period

缺陷通知期限也称质量保修期、质保期、缺陷责任期，是指在业主接受工程项目后，国际工程承包项目根据合同要求对工程项目进行修复、更正和完善的期限，以达到业主最终接收项目的目的。

HSE

HSE 是健康（health）、安全（safety）和环境（environment）管理体系的简称。HSE 管理体系是将组织实施健康、安全、环境管理的组织机构、职责、做法、程序、过程和资源等要素构建成完整的管理体系，通过先进、科学、系统的运行模式落实执行 HSE 动态管理体系的过程。

项目风险 project risk

项目风险指可能使项目产生损失的未来不确定因素。

项目风险管理 project risk management

项目风险管理指项目风险的识别、评估、管理规划与决策、管理规划实施和检查的过程。

项目融资 project finance

项目融资指以项目的现金流量和预期收益作为偿还贷款的资金来源，并以项目的资产、预期收益或权益作为安全保障的一种融资方式。

无追索权项目融资 non-recourse project finance

无追索权项目融资指贷款人对项目发起人无任何追索权，只能依靠项目自身所产生的收益作为还本付息唯一来源的一种融资方式。

有限追索权项目融资 limited-recourse project financing

有限追索权项目融资指项目发起人只承担有限责任和义务的一种融资方式。

财务模型 financial model

财务模型是项目参与者使用计算机工具建立的，用来模拟现实中项目前提和假设以及主要参数之间量化关系的工具，是项目发起人评估投资可行性及其可融资性的重要手段。

建造-经营-移交 build-operate-transfer（BOT）

建造-经营-移交指东道国政府通过特许权协议，授权项目发起人为某个项目成立专门的项目公司，负责该项目的融资、设计、建造、运营和维护，在规定的特许期内向该项目的使用者收取适当的费用，由此回收项目的投资、经营和维护等成本，并获得合理回报的一种项目建设模式。

公私合伙 public-private partnership（PPP）

公私合伙指东道国政府与民营机构签订长期合作协议，授权民营机构代替政府建设、运营或管理基础设施和其他公共服务设施，并向公众提供公共服务的一种项目建设模式。

出口信贷 export credit

出口信贷指一国政府为支持和扩大本国大型机械设备、成套设备、大型工程项目等的出口，以提供利息补贴即信贷保险的形式，鼓励本国的银行对本国出口商或外国进口商提供贷款、分期付款及其他资金融通便利的一种国际信贷和融资方式。

买方信贷 buyer's credit

买方信贷指出口商银行为支持和扩大本国资本货物出口，对进口商提供的出口信贷，以使国外进口商即期支付出口商的一种融资方式。

卖方信贷 seller's credit

卖方信贷指出口方向国外进口商提供的一种延期付款的信贷方式。

优惠出口买方信贷 preferential export buyer's credit

优惠出口买方信贷指为配合国家政治、外交需要，推动与重点国家和地区的经贸合作，采用出口买方信贷形式对外提供的具备一定优惠条件，由中国进出口银行承办的特定贷款。

对外优惠贷款 concessional loan

对外优惠贷款指中国政府指定中国进出口银行向发展中国家政府提供的具有援助性质的中长期低息贷款。

福费廷 forfeiting

福费廷原意为丧失、没收，也称包买票据或票据买断，在延期付款的大型设备贸易中，出口商把经进口商承兑的、期限为半年以上到五六年的远期汇票，无追索权地售予出口商所在地的银行，提前取得现款的一种资金融通形式。

对外承包工程贷款 international engineering construction loan

对外承包工程贷款指银行对我国企业承接的能带动国产设备、施工机具、材料、工程施工、技术、管理出口和劳务输出的境外工程承包项目所需资金发放的本、外币贷款。我国使用世界银行或亚洲开发银行等国际金融组织的贷款、外国政府贷款的国内项目采取国际招标，国内企业中标的承包工程项目也在该种贷款支持范围内。

国际商业贷款 international commercial loan

国际商业贷款指一国的商业银行或国际金融机构作为贷款人以贷款协议方式向其他国家的借款人提供的商业贷款。

出口信贷保险 export credit insurance

出口信贷保险指一国为了推动其产品的出口，保障出口企业收汇安全而制订的由国家财政提供保险准备金的非盈利性的政策性保险业务。

再保险 reinsurance

再保险也称分保，是保险人在原保险合同的基础上，通过签订分保合同，将其所承保的部分风险和责任向其他保险人进行保险的行为。

保险经纪人 insurance broker

保险经纪人是基于投保人的利益，为投保人与保险人订立保险合同提供中介服务，并依法收取佣金的单位。

保险公估人 loss adjustor

保险公估人依照法律规定设立，受保险公司、投保人或被保险人委托办理保险标的的查勘、鉴定、估损以及赔款的理算，并向委托人收取酬金的公司。公估人的主要职能是按照委托人的委托要求，对保险标的进行检验、鉴定和理算，并出具保险公估报告，其地位超然，不代表任何一方的利益，使保险赔付趋于公平、合理，有利于调停保险当事人之间关于保险理赔方面的矛盾。

索赔 claim

索赔指国际工程承包项目根据合同和法律规定，向业主提出的要求给予金钱补偿和（或）工期延长的权利申张。

业主的索赔 employer claim

业主向国际工程承包项目提出的，要求国际工程承包项目给予金钱补偿的索赔。

索赔策划 claim management plan

索赔策划指国际工程承包项目在中标后开工之前编制的，旨在进行合同索赔管理的指导性文件。

索赔管理 claim management

索赔管理指国际工程承包项目在项目实施过程中对索赔的全过程管理。

项目信息 project information

项目信息指自工程项目启动至结束的整个实施过程中产生的与项目有关的信息。

信息 information

信息指有意义的数据。

资料 data

资料是描述事物的符号。

文件 document

文件指信息文件，例如：记录、纪要、规范、程序、制度、图纸、文件、图样、报告、标准。也指承载媒介，媒介可以是纸张、磁性的、电子的、光学的介质、计算机盘片、照片或标准样品，或它们的组合。

记录 record

记录是阐明所取得的结果或提供所完成活动的证据的文件。记录可用于文件的可追溯性活动，并为验证、预防措施和纠正措施提供证据。通常记录不需要控制版本。

电子文件 electronic records

电子文件指在数字设备及环境中生成，以数码形式存储于磁带、磁盘、光盘等载体依赖计算机等数字设备阅读、处理，并可在通信网络上传送的文件。

专有技术 proprietary technology/know-how

专有技术又称秘密技术或技术诀窍，是指从事生产、管理和财务等活动领域的一切符合法律规定条件的秘密知识、经验和技能，其中包括工艺流程、公式、配方、技术规范、管理和销售的技巧与经验等。

替代性争议解决方式 alternative dispute resolution（ADR）

替代性争议解决方式指除诉讼和仲裁之外的，可以被法律程序接受的，通过协议而非强制性的有约束力的裁定，如和解、调解等解决争议的任何方法。又称选择性的争议解决方式。

争议委员会 dispute board（DB）

争议委员会是争议评审委员会（DRB）、争议评审专家（DRE）、争议裁决委员会（DAB）的统称。

争议评审委员会 dispute review board（DRB）

争议评审委员会是在工程建设项目中合同当事人聘请争议评审专家设立争议评审委员会，对项目实施过程中产生的争议进行评判和处理的一种争议解决制度。除合同另有约定外，争议评审委员会针对当事人的争议所做出的建议，通常不具有约束力。

争议评审专家 dispute review expert（DRE）

争议评审专家指当事人根据合同任命的一名争议评审专家。除合同另有约定外，争议评审专家针对当事人的争议所做出的建议，通常不具有约束力。

争议裁决委员会 dispute adjudication board（DAB）

在工程建设项目中，合同双方共同认可的国家或地区的争议裁决委员会，对项目实施过程中或结果所产生的争议进行评判和做出裁定的一种争议解决制度。除合同双方公司另有约定外，争议裁决委员会针对当事人提请的争议所做出的裁定，通常具有临时约束力，或在满足法律约定条件下具有最终的合同约束力。

仲裁委员会 board of arbitration 或 arbitration commission（BA 或 AC）

在国际工程合同中提到的仲裁委员会，通常是合同双方认可的第三国的仲裁机构所设立的仲裁委员会。仲裁委员会是独立、公正、高效解决相关公民、法人和商业组织之间发生合同纠纷和财产权益纠纷的常设仲裁机构。

参考文献

[1] 国际咨询工程师联合会 . FIDIC 条款 International federation of consulting engineers FIDIC contracts guide to the construction, plant and design-build and EPC/turnkey contracts. 2000.

[2] 土木工程施工合同条件（红皮书）. International federation of consulting engineers CONSTRUCTION CONTRACT 1ST ED（1999 RED BOOK） MD Robinson Review of the FIDIC Conditions of Contract for Construction（CONS）- 'The Red Book' Copyright © 2011 John Wiley & Sons, Lt.

[3] 电气与机械工程合同条件（黄皮书）. International federation of consulting engineers PLANT AND DESIGN-BUILD CONTRACT 1ST ED（1999 YELLOW BOOK） MDRIC Engineer Conditions of Contract for Plant and Design-Build（1999）（P & DB）'The Yellow Book' John Wiley & Sons, 2013: 145-149.

[4] 设计、建造和交钥匙工程合同条件 . International Federation of Consulting Engineers EPC/TURNKEY CONTRACT 1ST ED（1999 SILVER BOOK） FIDIC: conditions of contract for EPC Turnkey projects International Federation of Consulting Engineers 1999 1st ed.

[5] 简明合同格式 . International Federation of Consulting Engineers SHORT FORM OF CONTRACT 1ST ED（1999 GREEN BOOK）.

[6] 招标程序 . International federation of consulting engineers FIDIC tendering procedure international federation consulting engineers（FIDIC） published first edition tendering procedure. 1982.

[7] 业主/咨询工程师标准服务协议书（白皮书）. International federation of consulting engineers client/consultant model services agreement（White Book）. 4th Ed, 2006.

[8] 咨询公司合资协议 . International federation of consulting engineers FIDIC CLIENT CONSULTANTMODEL SERVICES AGREEMENT GENERAL CONDITIONS General Conditions Fourth Editions THIRD EDITION 1998 FOURTH EDITION. 2006.

[9] 分包协议 . International federation of consulting engineers conditions of subcontract for works of civil engineering construction fédération internationale des ingénieurs-consei…, 1994.

[10] 国际标准化组织（ISO）系列标准：Greg Hutchins The ISO 9000 Workbook John Wiley & SonsInc ISBN-13 9780471142454 1988.

[11] 国家技术监督局 . 中华人民共和国 GB 工程系列标准 . 北京：中国标准出版社，1995.

[12] 中华人民共和国建设部《建设工程质量管理条例》. http://www.mohurd.gov.cn/zcfg/xzfg/200611/t20061101_158929.html.

[13] 中华人民共和国商务部《对外承包工程项下外派劳务管理暂行办法》. http://www.mofcom.gov.cn/aarticle/b/bf/200602/20060201553432.html.

[14] 中华人民共和国商务部《外派劳务培训管理办法》. http://tfs.mofcom.gov.cn/article/ghlt/b/200407/20040700251301.shtml.

[15] 欧洲设计规范（EURO CODE）系列规范 Eurocode 1990~1999 AISC EN1999.

[16] 美国 ACI、ANSI、ASME、ASTM 系列标准 http://www.asme.org.sg.

[17] 俄罗斯标准及系列规范 Russian: Корпорация Русский Стандарт, 2010.

[18] 中国对外承包工程商会 . 国际工程总承包项目管理导则 . 北京：中国建筑工业出版社，2013.

[19] 中华人民共和国商务部系列法规 http://www.mofcom.gov.cn/article/swfg/.